完整而系统的生长发育监测体系，
详尽而细致的家庭育儿过程专家解读，
现代家庭全面育儿必备！

宝贝，我们能为你做什么

儿童家庭培养全方案操作方程（0～1岁）

把神圣的父爱、母爱融进游戏，让游戏还你一个优秀卓越的孩子

帝高儿童潜能开发研究中心　文晓萍◎著

中国妇女出版社

宝贝，我们能为你做什么？

人生关键期

奥地利心理学家劳伦斯（K.Z.Lovenz）研究发现，刚孵化出来的小鸭第一眼看见谁，以后就总是跟在谁的身后走来走去，即使后来见到自己的妈妈也不理不睬，这就是人类与动物都有的“印刻”现象。人类的“印刻”发生在0~3岁婴幼儿时期，这一时期就是我们所说的“关键期”，是人类的多数行为发展最快、技能和知识掌握最容易的时期。

很多人都知道“狼孩”，婴儿出生后不久被狼叼走抚养，七八年后小孩回到人类社会，无论怎样进行语言教育和训练，“狼孩”都无法学会说话。而一个成人与世隔绝30年，只要回到人类社会，最多3个月就能恢复语言能力。科学研究发现，人类有些能力，如果错过了关键期培养，造成一部分脑组织发育不足，以后再努力学习也不可能获得。“狼孩”现象是关键期训练重要性的生理学依据。

生命最初的3年，是幼儿开发潜能的人生关键期。在这3年，儿童大脑对外部环境极为敏感。正确地引导可以收到事半功倍的效果。关键期很短暂，一旦错过，花费几倍的努力才能弥补，甚至永远无法弥补。

在6个月至 3岁期间，语言和智力发育尤为重要。如果这一时期幼儿未受到充分激励，或在心理和生理上未获得适当呵护，脑发育就会受到影响，这将导致婴幼儿智力、社交和行为发展迟缓。这些孩子今后将难以应付复杂的情况和环境。幼儿期遭受重大挫折或承受压力，可能会增大成人后罹患与压力有关的疾病的风险和学习障碍的风险。

把握 “关键期”，促进婴幼儿智力、社交和情感的发育，有助于充分开发其潜力，使其成长为迅速变化的全球社会的活跃成员。

父母是关键

世界卫生组织每年都有关于儿童生长发育的专门研究报告，并公布在自己的官方网站上。这些研究报告明确告诉我们一个事实性的结论：“幼儿期的经历决定了今后的健康、教育和经济参与程度。”对于身为父母的我们，这个结论的应用性解读应该是：在最能影响孩子成长的生长发育阶段，如何通过有效的措施，将孩子从一个生物意义上的生命体，转变成一个富有家庭属性和社会属性的生命体，父母有很多事情可以做、应该做、必须做。

父母和家庭是儿童早期发育的关键。发展与父母的早期情感联系对婴儿的成长很重要。如果经常更换照料人且缺乏亲情，会对脑发育和认知能力培养造成严重的不利影响。

父母因为相爱，走到了一起，有了一个家，有了爱情的结晶。保持相亲相爱，营造一个和睦、温馨、可爱的家庭，这是孩子成长最宝贵的环境和土壤。

孩子的大脑就像一幢房子，当智慧之门打开时，要有阳光和空气进入，房子中的植物才能生长和发育，也才会有鲜花开放和硕果累累。智慧之门的开启就好比是孩子发育的“关键期”，阳光和空气如同父母的教育和培养，而鲜花和硕果就是孩子各种能力的发展。阳光照射时间的长短、空气质量的优劣直接影响到鲜花的开放和硕果的收获。

在关键期，年轻的父母要尽可能多与自己的宝贝待在一起，与宝贝一起玩游戏。父母给予宝贝最重要的礼物，不是玩具，不是高档的婴幼儿用品，更不是金钱，而是时间。父母陪伴宝贝所花费的时间长度，就是献给宝贝的爱的深度。

小游戏大潜能

人类的长期经验和现代大量的科技实验表明，游戏是符合婴幼儿生长发育特点、开发婴幼儿潜能最有力的方式与手段。

本书结合国内外专家的研究成果，确定了0~3岁关键期婴幼儿近300个能力发展点，通过1000多个小游戏开发孩子潜能。从游戏着手，让孩子在快乐的情绪中认知世界，激发孩子最大潜能，完成孩子最早的心理与行为的塑造。

0~3岁的幼儿，身、智、心的发育，可以说是一天不同于一天。我们对孩子每一项能力的发展都给出了具体的关键期，设定了与“动作发展”“智商开发”和“情商培养”三个方面相对应的游戏项目。书中简单明确地告诉年轻的父母，某个时间段是宝贝某项潜能开发的关键期，应该与自己的宝贝一起活动，做特定的小游戏，通过这些小游戏，与宝贝互动，建立彼此适应、熟悉、信任和亲密的关系，营造良好而高效的培养体系，让宝贝茁壮成长。

需要说明的是，本书设计的关键期幼儿培育方案虽然细致明确，但是体系却是开放的。父母要把培育方案看成一种理念、一种参照标准和提示，而不要当成刻板的、静止的教条。我们希望父母在对照游戏方案进行亲子互动的时候，可以根据自己和宝贝的特点，灵活而富有个性地应用。父母通过了解游戏目的和培养目标，可以创造性地设计新的小游戏。

家庭游戏如老生常谈，但如何让这些游戏科学、系统、有效地进入家庭，进入父母与宝贝的亲子互动体系中，却是一门全新的学问。因为新颖和独特，难免有不当之处，希望得到读者、家长的宽容，也期待您的批评与指正，您的批评与指正将进一步促进幼儿培育体系的完善，使关键期教育更健康地发展，让天下更多的爸爸、妈妈与宝贝们受益！

父爱、母爱，情深似海，如何实施，判若云泥。我们的建议：从游戏入手，以游戏相伴，一切尽在不言之中！

阅读提示

“儿童全方位家庭培养父母操作方程”丛书，按年龄段分为0～1岁、1～2岁、2～3岁3册。每册均以月为单元。每月设有“动作发展”“智商开发”“情商培养”和“发育评价”4方面内容。“动作发展”“智商开发”和“情商培养”分别设有10个左右儿童家庭培养父母操作方案（简称培养方案），“发育评价”设有“动作”“智商”和“情商”3个评价指标。每个培养方案设有“目的”“方法”和“爱心提示”3项内容。

一、内容介绍

1. 动作发展：主要为孩子大动作和精细动作的发展提供培养方案。

大动作发展，主要为促进孩子抬头、翻身、坐、爬行、站立、行走、奔跑和跳跃等动作的发展提供培养方案，并通过爬台阶、上下楼梯、走平衡木、踢球、投球和前后翻滚等方案发展孩子身体的协调能力、平衡能力和对身体的控制能力。

精细动作发展，主要为孩子抓取小物体及手的推、压、触和勾等动作的发展提供培养方案，并通过套叠、拼插玩具以及搭积木、涂鸦、面塑和拼图等方案，发展孩子双手的灵活性、协调性，以及眼和手的配合能力。

2. 智商开发：主要是为孩子的认知行为和语言能力的发展提供培养方案。

认知能力包括听觉、视觉、味觉、嗅觉和触觉等感觉能力，对物体的大小、颜色、形状的辨识能力，对日常生活中所接触的事物、图片和文字的识别能力，对多少、大小、长短、高矮、轻重、时间等数学能力。认知行为的开发主要是为上述能力提供培养方案，并通过发展孩子的认知行为开发孩子的感知力、专注力、观察力、记忆力、想象力和思维能力。

语言能力开发，主要为孩子发声能力、语言的理解和表达能力的发展提供培养方案，并通过听故事、念儿歌、阅读、朗诵、识字、唱歌和跳舞等活动，激发孩子对文学和音乐的兴趣，丰富日常生活知识，养成学习习惯。

3. 情商培养：情商有很多种解读，本书的情商培养涵盖了智力因素以外的所有非智力因素，重点是为孩子以下7个方面的发展提供培养方案。

（1）情绪和情感的发展。指导孩子认识、体验、理解自己和他人的喜、怒、哀、乐，培养孩子正确地表达、控制、调节自己的情绪和情感，促进孩子积极情绪、情感和行为的发展，减少其消极情绪、情感和行为的发生。

（2）自我概念的发展。促进孩子的自我意识发展，引导孩子客观地进行自我认识和自我评价，塑造积极的自我形象和自我归因，培养孩子的自尊心和自信心。

（3）社会适应性的发展。建立对父母的正常依恋关系；学习社会交往的技巧，包括互惠与分享、竞争与合作的技能，避免冲突和处理冲突的策略，适应新环境和应对陌生人的方法，等等。

（4）社会认知能力的发展。引导孩子理解和采纳父母的意见；培养孩子角色承担能力、遵守生活和群体常规能力，以及理解社会和道德规则能力。

（5）意志品质的发展。培养孩子对正确行为的坚持力、对无意义行为的自我控制能力，以及克服困难的能力。

（6）道德品质的培养。引导孩子关心和理解他人的痛苦，培养孩子具有同情心、怜悯心、爱心、利他心和诚实正直的品质。

（7）独立性的发展。培养孩子日常生活中的自理能力和独立解决问题的能力。

二、本书特点

1. 动作发展与智商开发、情商培养并行，让孩子全面发展成为可能。以往的婴幼儿早期教育大多数只重视孩子的智商发展，而忽略了孩子运动能力的发展和情商培养。专家认为，智商像一个操作系统，而情商像一个动力系统，一个人的成功，80%取决于情商，智商只起20%的作用，因此情商更大程度上决定着孩子未来的成功与幸福。情商的早期培养是对孩子心理和行为的一种塑造。1～3岁是人一生的行为习惯、人格特征形成的关键期。情商培养可让孩子初步学习如何对人、对事、对自己，为培养孩子优良的个性特征，完美的道德品质，良好的行为习惯打下基础。

动作发展对孩子认识环境和适应环境起着重要的作用，3岁前孩子动作的发展与智力发展有很高的相关性，动作的发展能促进孩子的认知能力和创造力，让孩子更聪明。动作的发展也能拓展孩子的运动能力，运动能让孩子体验兴奋、激动、愉悦等更多的积极情绪和情感，运动也能拓展孩子的社会交往能力，在促进孩子的情商发展上也起到积极的作用。大量研究表明，目前孩子因运动减少等原因，身体素质越来越差，感觉统合失调症发病率逐年升高。动作的早期发展和运动能力的早期培养可让孩子拥有健康的体魄、良好的身体素质，并养成爱运动的行为习惯。

本书把孩子早期的动作发展放在与智商开发、情商培养同等重要的地位，为爸爸妈妈提供实用、易于操作的培养方案，让孩子所有的能力都得到均衡发展。

2. 培养方案以关键期为中心，月月有评价，让孩子早期开发成为可能。本书结合国内外专家的研究成果，给出了近300个儿童能力培养的关键期，根据孩子发展的关键期安排孩子每个月的活动内容，拟定培养方案。孩子每一项能力的发展都存在关键期，在关键期对孩子采取正确的教育可收到事半功倍的效果。而关键期又非常短暂，一旦错过这个时期，就需做更多的努力才能弥补，甚至永远无法弥补。因此，把握关键期是实现家庭早期教育的基础，是早期教育成功的保障，同时这也是本书的独到之处。只要抓住孩子能力发展的关键期有计划、有目的、科学地对孩子进行训练和培养，就能取得最佳的教育效果。

本书还给出了宝宝每个月的“发育评价”。这些评价项目的标准是多数孩子在该月龄能够达到的，也是孩子在该月龄要发展的主要项目和应达到的目标，通过它家长还可及时掌握孩子的发展状况，制订早期开发的计划。孩子达到同月龄测评标准的项目是孩子的强项，没有达到标准的项目是孩子的弱项。对于强项，你可以让孩子进入下一个月相关项目标准的早期教育和培养，让强项更强；对于弱项重复进行本月或退后1个月本项目的训练和培养，直到此项目通过测评后再进入下一个月相关项目的训练和培养，这样确保孩子每一项能力都不会落后，都有赶上发展的机会，让弱项不再弱，从而达到全面发展的目标。

3. 培养方程简单易行，让每个父母都成为早期教育的高手。本书内容丰富，语言生动活泼，所有的培养方案都以最经典的游戏方式呈现，符合儿童的年龄特点，易于操作。游戏中所选择的玩具多是最普通、最常用的日常生活用品，或是最易得的自然产品，使操作方案变得经济实惠又有效。所有的教育过程都融入你和孩子的生活中，育儿就在你的日常生活之中，就在你的言行举止之间，让培养方案简单易行，皆可实现。不管什么年龄、什么文化程度的爸爸妈妈，都能理解其中的内容，应用其中的方案，因此这是一套让所有的爸爸妈妈都能实施的“儿童家庭培养全方案父母操作方程”。

三、使用方法

1. 预先阅读。孩子每一项能力的发展都是连续的、有规律的，早期教育就要遵循孩子的发展规律进行。因此，本书在体例上虽然以月为单元安排内容，但全书的内容是连贯的，月与月之间都有相互联系。所以，当你使用本书时，最好先将全书通读一遍，即使时间很紧，也需阅读孩子本月龄和后2~3个月的内容，以便全面地了解孩子在今后一段时间内发展的内容和目标，以及你所需要做的各项事宜，并根据孩子的发育测评制订下一个月的发展目标。

2. 正确理解关键期。简单地说，“关键期”是指孩子某项能力最容易掌握和发展最快的时期。书中给出了关于关键期的三个数据和三个时期，如“俯卧转头”动作发展的关键期为出生3~25天，三个数据为：孩子能够做俯卧转头动作最早为出生3天、多数在出生15天、最迟在出生25天。三个时期为：从“最早”到“多数”的天数，即3~15天为“学习期”；从“多数”到“最迟”的天数，即16~25天为“赶上期”，在这段时间不会的孩子，要加强训练赶上发展，争取让孩子早日达到目标；超过了最迟时间称为“危险期”，说明孩子这项能力可能出现发育迟缓，最好带孩子去医院检查是否存在发育异常。

3. 科学使用发育评价。每个爸爸妈妈都会关心自己的孩子聪明与否，小儿智力发育测评能从某些程度上帮助我们了解孩子的智商情况，但是做爸爸妈妈的，不要错误地解读小儿智力发育测评结果。要知道，任何智力发育测评都是有局限的，比如，智力测评的内容是有限的，所以不可能反映孩子智力的全部情况；通过一次或几次测评不可能对孩子的智力潜能全部了解；智力测评不能预测孩子的智力发展；测评结果受多种因素影响，如遗传、民族、性别、习俗、环境和教育方式，以及测评时孩子的情绪、现场环境等。总之，爸爸妈妈不要把各种小儿智能测评作为评价儿童智力水平的标准，更不要因为孩子得分高就高兴和得意，得分低就抱怨和生气。本书每个月末所介绍的宝宝“发育评价”结果，并不代表孩子的运动商、智商和情商，它只是作为孩子早期教育的钥匙，为孩子的能力培养提供路径，通过测评，让爸爸妈妈知道哪些是孩子的强项，哪些是孩子的弱项，知道在孩子发展的下一个阶段该做什么，怎样去做。

能够在“儿童家庭培养全方案父母操作方程”丛书中将我所知道的关于育儿的一切奉献给年轻的父母，是我的心愿，也希望每个父母都能在本书中得到自己想要得到的一切。

目　录

第1个月（1~30天）全面发展方案

动作发展

智商开发

情商培养

第2个月（31～60天）全面发展方案

动作发展

目 录

目　录

第4个月（91～120天）全面发展方案

动作发展

智商开发

情商培养

目　录

目　录

智商开发

情商培养

第7个月（181～210天）全面发展方案

动作发展

智商开发

情商培养

情商培养

第10个月（271～300天）全面发展方案

动作发展

智商开发

情商培养

第11个月（301～330天）全面发展方案

动作发展

智商开发

智商开发

情商培养

第1个月

（1～30天）全面发展方案

第1个月（0～30天）全面发展方案

动作发展

俯卧转头

目的： 训练俯卧转头，加强颈部力量，促进情感交流。

方法： 让孩子趴在床上，妈妈躺在孩子身旁，与孩子头对头，脸和眼睛与孩子处于同一高度，目光与孩子相接触，叫孩子的名字、和他说话、用玩具逗引孩子，让他转头看你。你也可以用手摸摸孩子的脸或招手引起他的注意。看孩子是否能将头部转向一侧，如果孩子还不会自己转头，爸爸或妈妈可帮助孩子把头转向一侧，让他注视着你。

爱心提示： 面对刚出生的孩子，多数爸爸妈妈都有些手足无措。他那么小，小得无法抱在怀中，他那么弱，弱得让人不敢惊动他。实际上新生的孩子并不像我们想得那样虚弱，他有着非常强烈的生存本能。还在妈妈的子宫里时，他就已经练好了一些生存本领。如妈妈在怀孕中、晚期感觉到的胎动，这就是胎儿在运动。新生儿一出生就会踢腿、挥手、蠕动身体，还具有很多种先天性的、与生俱来的无条件反射，如与进食有关的吸吮反射、觅食反射、吞咽反射，与防御有关的眨眼反射、呕吐反射、打喷嚏、抓握反射等。它们的存在保证了新生儿最基本的生命活动和认识世界的能力，也反映了新生儿神经系统发育情况。如果新生儿的这些无条件反射缺失，就说明孩子大脑的发育存在问题。但新生儿的动作属于无意识的、不协调的，这是因为新生儿大脑发育尚不成熟、大脑神经纤维连接尚未完成。随着孩子的年龄增长（3～4个月），那些先天性的反射也会随之消失，取而代之的是有意识的、协调的动作。

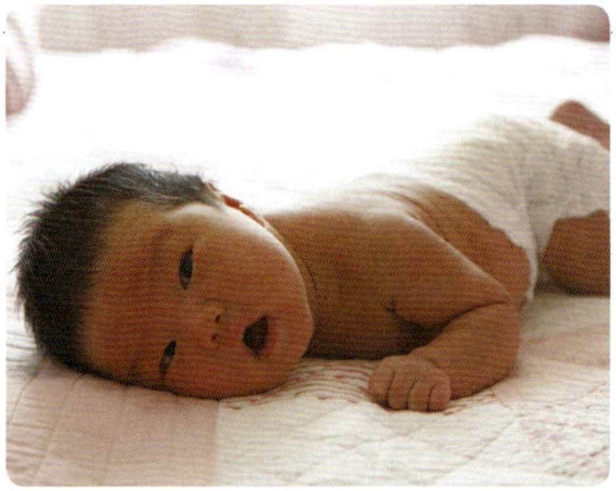

潼潼18天，俯卧时头能伸直，可左右转动。

孩子一出生就一直在学习如何有目的地控制自己的肌肉，协调自己的动作，获得运动技能。人的手、脚、躯体的动作都是大脑所掌控的，运动和游戏能促进孩子的大脑发育，因此，父母要意识到发展孩子运动能力的重要性。动作的发展、运动技能的培养不仅仅对孩子的身体健康非常重要，对于孩子的智商发育、情商培养也非常重要。如运动可以促进孩子肌肉、骨骼和心血管系统的发育，训练灵敏度、协调性和平衡能力，让孩子有一个健美的体魄。运动还可以改善大脑供血，在运动中孩子的观察力、注意力、记忆力都会得到加强。孩子对运动有着天生的兴趣，运动给孩子带来快乐。在运动中孩子的意志力、耐力、自制力和独立性都会得到锻炼。运动技能的掌握，又会让孩子的自信心和安全感得到提高。

培养孩子的运动能力要从新生儿开始。让孩子一出生就动起来，而不是静静地躺在床上。3~4个月前孩子参与运动和游戏是被动的，往往需要爸爸妈妈投入更多的引导和更主动。如果爸爸妈妈不和孩子一起去运动和游戏，孩子自己多数时间只能躺在床上，这可能会错失了动作发展的时机。同时爸爸妈妈进行亲子游戏时要满怀爱意，把你们的爱传递给孩子，让孩子感觉到你们的爱心。在爸爸妈妈爱的包围中孩子会获得足够的安全感，这将为孩子的心理健康发育打下良好的基础，所以爸爸妈妈在亲子游戏中要保持愉快的心情很重要，注重营造亲子之间一种充满信任和爱意的情感氛围。

此游戏可在孩子出生3天后开始，每天早晚孩子洗完澡后各练习1次，每次30秒至1分钟。有研究发现，孩子最早出生3天（多数15天，最迟25天）能俯卧时左右转头。俯卧时将头部左右转动，让眼睛和鼻孔获得自由，以便眼睛能看，鼻子能呼吸。同时孩子俯卧在床垫上时两条腿要能有交替地伸开和缩回的动作，就像在表示“我要爬”一样的动作最早在出生3天（多数12天，最迟3个月），这说明孩子此时动作发育是正常的。如果孩子25天后还没有俯卧转头和3个月没有出现爬动，就要引起注意，最好到医院去检查有无发育异常。

竖抱看远

目的：锻炼颈部肌肉，发展视觉能力。

方法：先让孩子仰卧在床上，妈妈面对孩子，弯下腰，一手从孩子的腋下抱住他的身体，手掌放在孩子背部，手指沿着孩子的颈部向上，托起孩子的头，另一只手放在孩子的腰部，手指向下，托起孩子的臀部，将孩子竖立抱起，并让他的身子靠在你的肩上。在天气晴朗、风和日丽的时候应该抱着孩子到室外走走，让孩子看看室外来来往往的人、车，看看绿色的大树和小草，漂亮的花朵及高耸的楼房等。如果天气较冷，可抱着孩子在窗户和阳台上看看室外，也可在室内转转，还可让孩子看看墙上的画和装饰物，认识电视、收录机等。妈妈要一边让孩子看，一边慢慢地讲述所看的事物。

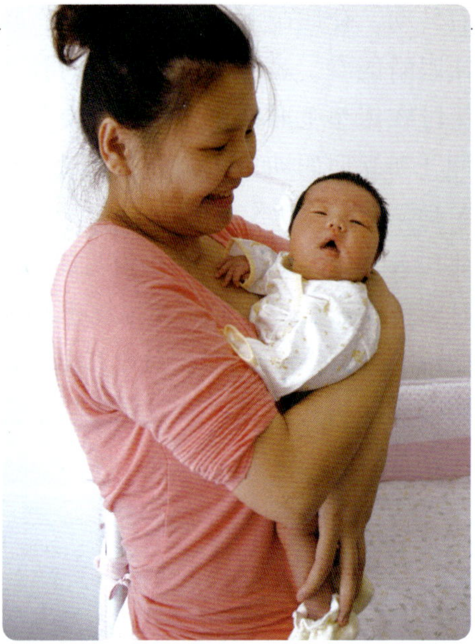

潼潼18天，妈妈竖抱着她，她正好奇地看着这多彩的世界。

爱心提示： 新生儿早期大部分时间是在睡觉，他们醒着的时间非常短暂。持续时间一般不超10分钟，即使在喂奶时，多数孩子醒着的时间也不会超过半个小时。这是孩子神经系统和脑发育尚不成熟，为了避免受过多刺激而采取的自我保护现象。因此，如果孩子睡觉了，不要去打扰他，不可为了训练和做游戏等理由去摇醒他，干扰他的睡眠。在孩子出生3天后，醒着的时间增长了，活动增多了，已经不再满足于躺在床上，这时爸爸妈妈可经常竖立地抱着他，这样可以扩大孩子的视野，让孩子看得更远，看人和物更加清晰，能促进视力发展。同时多在室外走走，多接触新的事物和人，能帮助孩子认识世界，丰富知识，促进社会性的发展。

发育正常的孩子出生3天后当你要去抱他时，他能主动地调整姿势，以便你能抱起他。当你抱起他后，他会在你的肩上自由地、间歇地抬头片刻。最早在孩子出生9天（多数24天，最迟3个月），当你支撑他颈部的手离开，他的头部能稳定地竖起3秒以上；最早21天（多数48天，最迟4个月）就可稳定地竖起15秒以上。如果孩子4个月后头部还不能稳定地竖立，要引起注意，最好去医院检查有无异常。

俯卧抬头看

目的： 锻炼颈部肌肉，渐渐由转头至抬头。

方法： 让孩子趴在床上，将不倒翁放在他的前方，让不倒翁摇来摇去，或将铃铛在孩子前方摇响，同时和孩子说笑，引起孩子注意，让他抬头看玩具和妈妈。

你也可以和孩子头对头趴在床上，用自己的声音和笑脸去逗引孩子，引起孩子注意时笑着说："孩子抬头，看看妈妈！"同时你逐渐抬高你的头，让孩子模仿你抬头。

爱心提示： 此游戏可在孩子出生7天以后，醒着时、情绪好的时候进行，最初可1天做1次。如果孩子做这个游戏不哭闹的话，可适当增加游戏次数。如果孩子哭闹，先暂停游戏。

听到爸爸妈妈的声音和玩具的响声后，孩子会抬头看。这时爸爸妈妈要继续摇铃、不断鼓励孩子，让孩子继续抬头向上看。孩子最早出生11天（多数25天）俯卧时额头能抬离床面，但脸颊还贴在床上，但如果孩子35天后额头还不能抬离床面，就要引起注意。最早15天（多数满月时）俯卧时脸颊能抬离床面，但下巴还会贴在床上，在出生50天后孩子还不能做到脸颊抬离床面，就要引起注意了。经常做俯卧训练的孩子，最早21天（多数66天）就能借助他的双臂、双手或双肘从床垫上或桌上抬起他的头部和上半身。如果孩子5个月还不能做到，要引起注意。

18天的潼潼，能借助她的双臂从床上抬起她的头部和上半身。

有的爸爸妈妈担心孩子做此游戏会太累、会伤及孩子的颈部和头部，不敢给孩子做此游戏，其实孩子自己有能力调节运动的时间和强度，只要爸爸妈妈仔细观察就不会出现危险。每当孩子抬头时间长，感到累了时，他会主动趴下，这时你要让他休息一会儿。玩游戏和吃饭一样，均属不能太少、也不可太多的事情，注意适度和量力而行就可以。出生时孩子的颈椎支撑力还很差，经常练习，孩子的颈部肌肉得到锻炼，有利于孩子早日直立看物，促进视觉和听觉发展。

侧卧转成仰卧

目的：训练颈、腰和四肢肌肉运动的协调性，扩大活动范围，为翻身训练做准备。

方法：先让孩子仰卧在床上，再将孩子翻转到侧卧，注意把孩子身下的手臂拿出来放在身子的前面，确保其手臂不被身体压着，同时把身体上面的那条腿的膝盖稍微弯曲，放在另一条腿的前面，让孩子稳定地舒服地在侧卧位上躺着。你可与孩子头对头地躺在孩子身旁，看着孩子，叫孩子的名字，逗引他和他说话，让他与你“对话”和“交流”。过一会儿你走到孩子的身后，叫孩子的名字，逗引他和他说话，再让孩子从侧卧转身至仰卧。

爱心提示：你是想把孩子培养成一个充满活力、喜欢蹦蹦跳跳的小精灵，还是安安静静、整天坐着玩游戏和看电视的宅男宅女？如果你想要一个喜欢运动、积极、充满活力的孩子，那么就要从孩子一出生开始培养。孩子天生对运动有着极大的兴趣，可是为什么现在的孩子对运动调动不起来情绪呢？是现在的孩子太懒吗？不是！这主要是与爸爸妈妈的观念和教育方法有关。有的爸爸妈妈没有意识到要从小培养运动的爱好，有助于孩子动作发展的游戏做得少，让孩子躺着不动，动作能力发育不好，协调性差。有的爸爸妈妈对孩子的运动能力认识不够，担心孩子受到伤害而不让或阻止孩子运动。没有安排充分的运动时间和适当的空间供孩子玩耍，经常让孩子看电视，也很少带孩子到室外活动。这些因素都造成了孩子缺乏运动的激情。1~3岁的孩子动作发展是智力发展的范畴。动作协调发展不仅拓展了孩子的运动技能，还能使孩子的情感、社会交往、创造以及认知能力得到发展。运动不仅对孩子身体的健康非常重要，对孩子的智商开发和情商培养也同样重要。爸爸妈妈想要孩子健康聪明，一定要从孩子出生开始就经常和孩子一起做有助于动作发展的游戏项目。

游戏最好在孩子愉快时进行，尽量让孩子的衣服不要穿得太多，室内温度要适宜。翻身动作是孩子最好的全身运动。要注意翻身动作要左右两边训练，先从左侧卧位转成仰卧，再从右侧卧位转成仰卧，动作能力差的一边要多加训练。练习时要注意把身体上面的那条腿的膝盖稍微弯曲，并放在另一条腿的前面，使孩子保持稳定的侧卧位。你还可以把手放在孩子的身上，看孩子翻身时是否在用力。

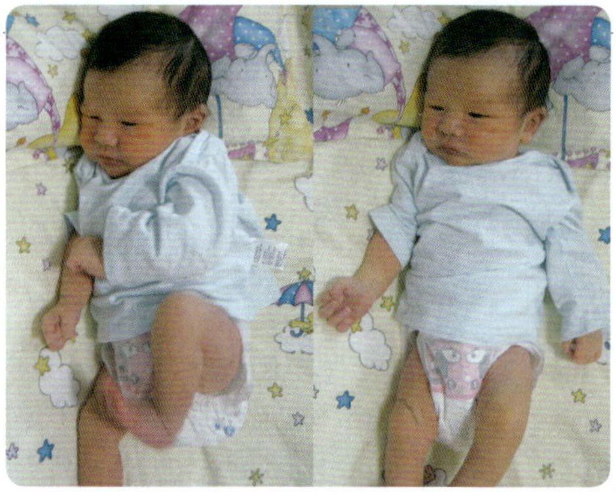

皮皮7天，能从侧卧转成仰卧。

据观察，孩子最早可在出生后21天（多数54天，最迟4个月）能从侧卧位转成仰卧。了解孩子各个动作的发展时间，爸爸妈妈能了解孩子的发展进程，才能了解孩子训练的最适宜时机，既不会因训练过晚失去早期开发的机会，也不会因期望过高而挫伤了孩子的积极性。

扶站迈步

目的：练习行走反射，促进运动神经和下肢肌肉的发育。

方法：让孩子光着脚，趴在铺有毛

巾的地板上或桌子上，妈妈双手放在孩子的腋下托起孩子，孩子与妈妈同一方向站立，头部靠在妈妈的胸前，妈妈的两个大拇指扶住孩子的头部防止后仰，让孩子的足底接触桌面或地面，此时孩子能足跟着地自发性地做踏步运动，协调地向前“迈步”和“走“。孩子一边走，妈妈可一边喊口令：“一二一、一二一。”也可念儿歌《小小鸭》：“小小鸭，嘎嘎嘎，一摇一摆，找妈妈。”

训练可在孩子出生1周后觉醒状态时进行，每天早晚洗澡后，做完俯卧运动各进行1次。第1个月每次扶站走10余步，第2~3个月每次2分钟，第3~4个月每次5分钟。注意在孩子2次喂奶之间进行。另外注意孩子的情绪变化，如果孩子情绪不好就不必勉强。

爱心提示：行走动作训练可促进大脑、小脑和前庭系统的发育，有利于视、听觉和身体平衡的统合，使孩子动作灵活、协调，视听范围扩大，促进智力发育。

“踏步反射”是孩子一出生就具有的先天性反射之一，它一般会在3～4个月消失。如果新生儿期经常练习“踏步”，这种反射就会保留下来，渐渐形成条件反射。有了这种练习，多数孩子到10个月就能独立行走两三步，1岁时就能独自行走了。如果不练习，孩子学习独自行走的时间要长得多，有的孩子在16个月才能独自行走。

孩子“行走”时足部要完全踏平落地，有时孩子会用足的外侧着地，这样难以支持体重，先要将孩子的足底放平。要坚持在硬板上练习。

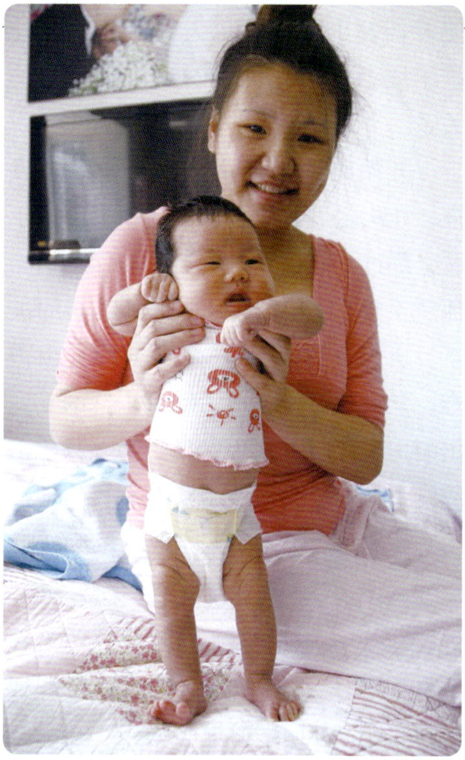

潼潼18天，妈妈扶在她的双腋下，她双脚能踏在床面，腿直立，双腿交替“踏步”。

如果孩子“踏步反射” 缺失，可能大脑有疾患。如果双腿踏步运动不对称，神经系统可能有损伤，父母一定要引起注意，到医院去检查和诊断。同时注意，早产、低体重儿、体弱和佝偻病患儿，不宜长期时间做此游戏。

伸臂和踢腿玩耍

目的：训练孩子有目的地运动手足。

方法：将一个手铃戴在孩子手腕上或脚踝上。先轻轻摇晃孩子的手臂，使铃铛发出声音。每天重复几次，让孩子逐渐体会到自己的动作和声音的关系。

开始时孩子会全身滚动使手铃发声，几次之后，他会试着活动上肢或下肢，经过多次挥手、响铃的动作之后，他就会明白声音与手的动作之间的关系，并且试图用手去控制手铃发出声音。学会了有目的地活动戴手铃的手发出响声，此时可把手铃换到另一只手上或脚上，孩子会很快地学会有目的地活动身体的每一部分。

只要孩子能让手铃发出响声，都要给予表扬和鼓励，拍手对孩子说“好”!让孩子有信心去学会有目的地活动肢体，从而学会控制游戏。

爱心提示：当孩子注意到自己的动作和铃铛的联系时，他会觉得非常好奇，也许会在想：“我一动铃铛就会响吗？”他会不停尝试，一而再再而三想尽办法去让铃铛反复响起，会练习有意地活动戴手铃的手腕，让铃铛发出响声，学会自己玩铃铛。多数孩子都很喜欢这个游戏。

家长要注意经常更换手铃的位置，让每只手和脚都得到锻炼。当孩子睡觉时将手铃取下，放在床外，以免手铃伤着孩子。同时要随时检查手铃上的铃铛是否牢固，确保不会掉下，防止手铃上的铃铛掉下，被孩子误食。

纤纤6天，已经伸臂踢腿玩得很欢了，手掌已经能自己打开。

当爸爸妈妈抱着孩子，对他说话，帮他穿衣、脱衣，孩子会表现出满足的情绪。你最早在孩子出生后第9天（多数出生后15天，最迟2个月）观察到孩子会随意、快乐地伸动手臂，顽皮地踢腿玩耍。最早出生后第15天（多数30天，最迟45天）孩子的两手可在胸前偶然相遇。

坐摇篮

目的：发展平衡能力。

方法：让孩子躺在摇篮中，一边逗

孩子笑一边摇动摇篮。让孩子在摇篮中左右翻动。你可以让孩子仰卧或俯卧在摇篮里。

随着孩子年龄增长，你还可让孩子坐在或扶着栏杆站在摇篮里，然后轻轻地摇动。这些都是孩子非常喜欢的游戏方式。

如果没有摇篮，也可把婴儿床斜对的两只床脚垫高一点，做成摇篮。

孩子都喜欢坐摇篮，坐摇篮可发展平衡能力。

爱心提示：孩子睡摇篮以往在中国各地都是比较普遍的，由于城市化进展加速和家庭中孩子数量减少，摇篮好像已经淡出了人们的视线。有观察发现，让孩子躺在摇篮中摇动是发展平衡能力的好方法。因此，不要认为摇篮是古老的育儿用品而弃用，不要认为经常摇动孩子会养成不摇就哭的坏习惯，而放弃这种发展孩子平衡能力的好办法。

有的爸爸妈妈担心摇篮的晃动会伤到孩子的大脑。其实，这种担心是多余的。只要注意左右或前后有节奏地摇动摇篮，不要旋转摇动、幅度太大、剧烈地、左右冲撞摇动就可以。

抓放玩具

目的：训练抓握和放手动作。

方法：将哗铃棒放入孩子的手心，让孩子握住哗铃棒，然后对孩子说“放、放、放”，看哗铃棒会不会掉下来。如果掉下，再放入，反复多次进行。如果孩子不能放开哗铃棒，可以握住孩子的小手，从手背往手指方向抚摸孩子的小手，小手就会自然张开，让哗铃棒掉下。然后再放入手心，反复多次进行，他就知道怎样做了。慢慢地他会开始同你做抓、放物体的游戏了。

此游戏可在孩子出生的第1天，孩子觉醒状态时进行，每天练习2次，每次2分钟。也可不定时进行，如妈妈可一边喂奶一边让孩子抓住你的手指。

爱心提示：手的动作发育也称为精细动作的发育。孩子出生时双手是紧握拳头的，妈妈用手指轻轻地触摸孩子的手心，一边说：“抓，抓，抓。”孩子会反射性地紧握住妈妈的手指不放，这种现象在心理学上被称为“抓握反射”。“抓握反射”也是先天性反射之一，“抓握反射”的存在说明孩子的触觉器官已经发育好，能感受到了外界的刺激，并能够做出反应。以后“抓握反射”逐渐消失。一般孩子到出生第5天手掌开始放松（多数20天，最迟30天）。孩子最早出生15天（多数30天，最迟45天），用哗铃棒触孩子的掌心，孩子会马上紧握哗铃棒，但哗铃棒很快掉下。孩子最早21天（多数78天，最迟5个月）双手以张开为主，也就是说双手没有抓东西时，多数情况下是张开的。孩子自己张开手，开始出现无意识地抓握，这就标志着手的动作开始发育了，为以后随意抓握物体做好了准备。

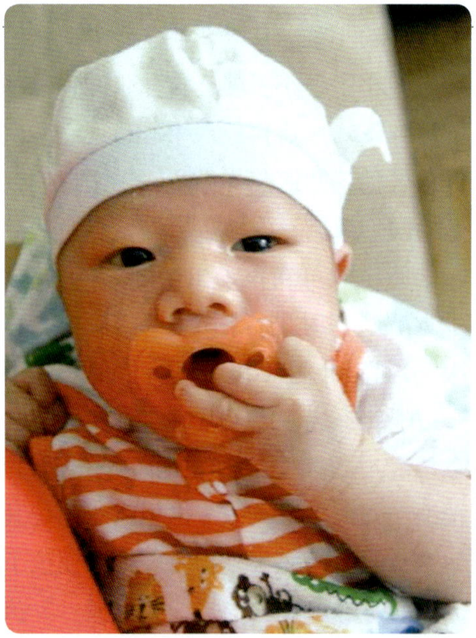

纤纤19天，能握住安慰奶嘴，也会和妈妈做抓握及放松玩具的游戏。

孩子越早学会放手越好，因为只有学会了把手放开后，主动抓握才变成可能。这种抓握练习能让孩子学会放松小手。一般孩子握哗铃棒2～3秒后会放开手，哗铃棒掉下为正常。

如果孩子出生后缺乏握持反射，特别是5个月手掌仍紧握拳头，不能松开，或孩子紧握哗铃棒不会放开手指让它掉下，则要引起注意，提示大脑或神经系统可能有问题，要及时到医院去检查和诊断。

手伸向悬吊的玩具

目的：引诱孩子伸手，训练眼—手协调能力。

方法：可在孩子的小床上悬挂一两件色彩鲜艳的玩具，高度让孩子伸手可及。在孩子睡醒时，拨动玩具，吸引孩子注意，或拿起孩子的小手去碰这些玩具，引导孩子伸出小手去抓这些玩具。拿给孩子一个玩具，放在孩子眼前15厘米处摇动逗引孩子伸手来抓住玩具。

爱心提示：一开始孩子眼和手的功能是分开来的，眼睛看到的东西，孩子伸手不一定能抓到，也就是做不到眼看与手摸的统一。孩子要想积极投入生活，就得学会眼—手协调。看见一个东西之后，把手伸出去抓过来，这个动作就叫做“眼—手协调”。我们无法“教会”孩子眼—手协调，但孩子要学会眼—手协调的动作却需要我们的帮助。多次训练孩子做伸手动作，让孩子反复伸手来抓眼前的玩具，逐渐地他就能

“判断”手与玩具的距离和方向了，为以后准确地伸手抓住玩具打下基础。

1个月的潼潼，看见悬吊的玩具，会向玩具的方向伸手，但还不能抓住玩具。把玩具放入她的手中，她能抓紧并注视它。

据观察，孩子最早满1个月后（多数96天，最迟5个月），当玩具放入孩子的手中，他就会观看它，并且这一只手就会动来动去，有了要抓住它的愿望。而有的孩子可能会摇动玩具或能抓住玩具。满2个月后（多数111天，最迟6个月）孩子看到悬吊的玩具，能够向玩具方向伸手，但动作不协调，不能抓住玩具；而动作发育较好的孩子满2个月后（多数126天，最迟6个月）能用双手或单手抓玩具至少1次。不同的孩子手的精细动作技能发展有一定的差异，但发展步骤是有规律的，多数孩子3～4个月前看到玩具会手脚乱动，但拿不到玩具，5个月左右才能用一只手或双手抓起玩具。

智商开发

看这里

目的：训练视听定向能力。

方法：在孩子的小床上面挂一些颜色鲜艳的玩具，如一个红色的圆环、球、娃娃、小动物、可摇响的铃铛或可捏响的塑料娃娃，距孩子的眼睛20厘米。让孩子一醒来就能看到这五彩缤纷的世界。当孩子醒来时，你可摇动或捏响这些玩具，让孩子注意它们。

游戏时家长可以配合动作轻轻和孩子说话，游戏氛围将会更加愉快。

家长也可以采用一些比较环保和节约的做法，用一些旧丝巾或丝带，在一端打一个蝴蝶结挂在婴儿床上，效果也一样。

爱心提示：大量的科学研究证明，新生儿有视觉、听觉、触觉、味觉和嗅觉这5种感觉能力。孩子一出生就用眼睛看、耳朵听、鼻子闻、嘴巴尝、手触摸的方式接受新鲜事物，感知和认识这个世界，获取所有知识和经验。

脑科学研究的进展表明，智力发展是先天因素和后天环境相互作用的结果。每一次的感官体验，都是促进孩子成长的机会。出生第1年是孩子5种感觉能力发展最为关键的时期。在这个时期为孩子提供丰富的感觉刺激，促使感觉能力健全地发展，是儿童智力开发的重要基础。

孩子对外界信息的接受，70%是通过视觉看的方式实现的，孩子的眼睛就像一部照相机，从环境中摄取画面，再送至大脑。而视觉信号传递到大脑的路线对孩子来说并不是天生完美的，需要后天的训练。因而，早期视觉上的兴奋和刺激，对孩子的视觉和智力发育尤为重要。有观察发现，孩子出生后眼睛长时间被包裹，即视觉被剥夺，会导致孩子永久性的视力损失，同时脑发育也会受到严重的阻碍。

6个月前的孩子还不能坐和站，多数情况下是躺在床上，面对着单调白色的天花板，这种单一的环境是孩子不喜欢的，也是对孩子的感知发展不利的，在孩子的床上方挂上颜色鲜艳的玩具，让孩子一醒来就可以看到一个色彩缤纷的世界，这是一个很好的视觉刺激方法。

有观察发现，孩子出生3天（最迟1个月），让孩子仰卧在床上，把一个红色圆环吊在孩子眼睛上方20厘米处摇晃，孩子就能短暂（至少1秒）注视圆环。多数12天（最迟2个月）能较长时间（3秒以上）注视圆环。如果孩子不能注意你手中的玩具，特别是出生1个月还没有上述表现，就需要注意孩子的视力是否正常。这时你还可用手电筒突然照射孩子的双眼，孩子会出现眨眼动作，或紧闭双眼、皱眉、不安、头往后仰。如果当物体或气流刺激睫毛、眼皮或眼角时，孩子也会做出眨眼的动作。这是一种保护自己的眼睛的防御性的、本能的眨眼反射。如果孩子有上述反应出现说明孩子的视力正常，如多次检查没有出现上述反应，应及早到医院眼科检查。

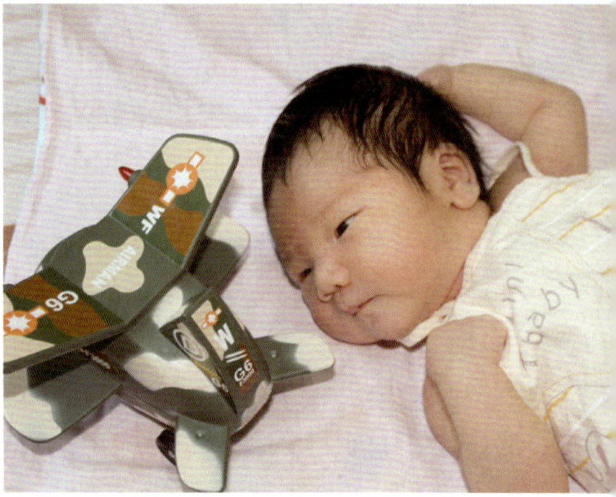

扣扣7天，正在集中注意力看身旁的玩具。

需要注意的是，孩子天生“近视”，所以要让孩子能看见你手中的或悬吊的玩具，一定放在20厘米左右。同时孩子的定向观察力差，注意力不容易集中，并且集中时间短，因此一定要采用比较大的玩具，同时一边说一边慢慢地摇晃玩具才能引起孩子的注意。

听这里

目的：初步筛查听力是否正常，促

进听力发展。

方法： 准备声音清脆悦耳的可发声、摇响或捏响的玩具，如摇铃、塑料娃娃或手表。

在室内安静、孩子清醒、愉快时，不让孩子看见玩具，距孩子耳朵30厘米处摇铃或捏响玩具，让它发出轻柔悦耳的响声，让孩子听。或把走动的手表放在距孩子的耳朵10厘米处不动，让孩子听。或者扳动电源开关，发出“咔嗒”声让孩子听，看孩子是不是出现眨眼、皱眉、啼哭或停止啼哭、转头等反应。

可先放在孩子一侧耳朵，再放在另一侧。如果孩子没有反应，可多次和孩子玩“听这里”的游戏，直到孩子出现上述反应。如果反复试验孩子都没有反应，就要引起注意，最好带孩子去医院做听力检测。

爱心提示： 新生儿能听得到声音吗？这个问题曾有许多争议。以往有专家认为“孩子刚生下来时都是耳聋的”。近代科学研究证明，在胎儿2个月时耳朵就开始发育了，到胎儿5个月时，耳朵已发育完全了。在胎儿13周时，母亲腹部附近响起铃声就会引起痉挛性胎动和胎儿眨眼反应，这说明在胎儿时已经产生听觉了，并有了听觉眨眼反射。

研究还发现，孩子刚一出生就能听到声音。过去大家总认为新生儿怕声音，旧式的做法是，让新生儿的房间里静得没一点儿声音，走路也要小心翼翼，生怕弄出一点儿声音吓着新生儿。这种旧的做法是不对的。现代脑科学研究发现，孩子听到的所有声音都能促进他的大脑发育，让孩子聆听各种声音是早期开发儿童智力的一个重要方面。

为了促进孩子的智力发展，首先要给孩子一个有声的环境，不要限制家人的正常活动所产生的各种声音，如走路声、关开门声、流水声、洗漱声、扫地声、说话声等。除生活环境中存在的声音外，你还可以人为地给孩子创造一个有声的世界。可以让孩子听音乐，有节奏的优美的乐曲会给孩子安全感。给孩子买些有声响的玩具——拨浪鼓、八音盒、会叫的小鸟等让孩子玩耍。这些声音他们听到都会很高兴。孩子出生的第1年，听力的发展极为迅速。如果有计划地对孩子进行听觉专注力和分辨力等功能训练，将有助于促进孩子语言能力和音乐能力的发展，提高孩子的智商。

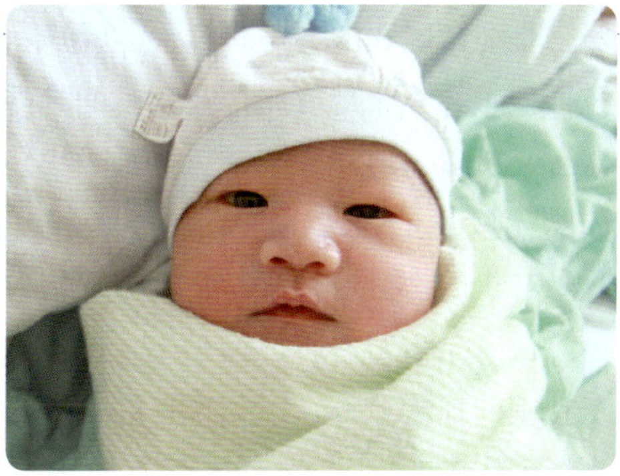

纤纤12天，正在听铃声。

研究也发现，孩子从一出生即有无条件的定向反射，当听到大的声音和看到颜色鲜艳的物体时，会自动地把眼睛转向它，或停止正在进行的活动。但在出生的早期由于颈部肌肉缺乏力量，听到声音后还不能转头去寻找。新生儿期表现出来的是对声音的警觉，会转动双眼寻找声源。随着孩子颈部肌肉控制能力增强，当你把发声的玩具移动到孩子的另一侧发出声音，孩子不只是会用眼睛去寻找发出声音的方向，同时也会转头，所以也有人称孩子的头是自动天线，能自动地移动到最好的接收声音的方向。

新生儿突然听到声音，会受惊哭起来，这并不是异常行为，这是孩子的一种无条件反射“惊跳反射”。突然受到强声刺激时，孩子会双臂伸直，张开手指，弓起背，头向后仰，双腿挺直，此反射在4个月消失。上述反应存在表示孩子有正常的神经反射。

但是爸爸妈妈也要知道孩子的听觉器官是非常脆弱的，声音过大、噪声、拉扯孩子的耳朵都可能伤及孩子的听觉器官，所以，要让孩子避免接触噪声，如突然发生的过大的关门声、电视、收录音机的声音、打雷声、汽车鸣笛声等。放音乐需要有所选择，不宜选择过于吵闹的摇滚乐等，以免孩子的听觉器官受到伤害。

根据孩子听到声音的反应，你可以初步检查孩子的听力是否正常。当孩子刚出生时，如果你在床的一尺外拍手，或声音突然发生并且太大，孩子会出现惊吓反应，会出现全身发抖，好像害怕一样，多数孩子出生10天（最早3天，最迟20天）会出现惊吓反应。听力正常的孩子在哭闹时听到铃声或拍手声会停止哭闹、动作减少，最早出生25天（多数40天，最迟50天）。孩子哭闹时听见音乐声特别是熟悉的音乐，会由哭闹转为安静，最早出生57天（多数65天，最迟75天）。孩子在安静时听到铃声，活动多起来，头或视线还会转向铃响一侧，最早出生52天（多数66天，最迟84天）。如果你站在孩子的后方，在孩子的视线之外说话，最早出生9天（多数21天，最迟2个月），孩子也会对你的说话声有反应。

看移动的物体

目的：训练对色彩的感知能力和锻炼眼睛的协调运动能力。

方法：1. 看移动的玩具。准备红色或黄色等色彩鲜艳的玩具。让孩子平躺在舒适的小床上或抱起孩子，将玩具放在孩子眼睛正前方20厘米处（也就是孩子吃奶时与妈妈脸的距离），轻微晃动玩具，引起孩子注意，然后慢慢地左右、上下、旋转移动数次。

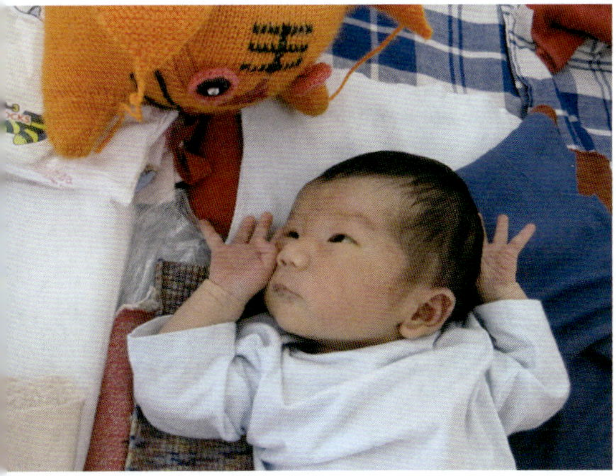

犇犇6天，眼睛和头部都努力在跟随妈妈手中的玩具移动。

2. 看移动的光。在手电筒上罩一块红布。在孩子眼睛正前方20厘米左右、上下、旋转移动光束数次。注意不要用强光照射孩子的眼睛。

你可以每天都和孩子做一做这个游戏，让孩子的视觉跟随移动的物体和光左右、上下、旋转移动，让孩子对色彩的感知能力和眼的协调运动能力得到锻炼，如果孩子的眼睛不能追踪物体，可将玩具向孩子眼前移近一点，摇晃一下引起孩子注意再移动或等几天再观察。

物体的光束旋转时要在孩子眼睛上方，光束缓慢地画数个直径30厘米的圆圈。要引导孩子的目光追随光束的移动。

爱心提示： 儿童大脑发育研究表明，孩子感知的所有东西都会在他们的大脑神经细胞中形成内在的图画，而每一次新的认知，都会激活孩子大脑神经细胞，同时改变和拓宽大脑中已有的内在图画，作为新的“记忆图画”在大脑中固定下来。反复的感知刺激会使大脑中的图画被反复激活和重新唤醒，在这一过程中，大脑各个区域的神经细胞连接就一步一步地建立起来，形成发达的网络。只有那些经常被激活的神经细胞才最终被保留下来，而很少使用的细胞则会萎缩和逐渐消失。因此，孩子的早期经历不同，形成的神经网络也不同。在生命的早期，如果孩子某个方面的神经细胞没有形成连接，以后在这方面的学习就会变得非常困难。可见早期教育对孩子大脑的发育是何等的重要，如果家长认为做这些游戏都是无聊的事，而不让孩子得到早期培养，将是非常让人惋惜的。

定向反射是孩子一出生就带来的先天性无条件反射，当新的刺激如大的声音或鲜艳的物体出现时，他会自动把头朝向它，或停止正在进行的活动，好像在注意和探究一样。观察发现，孩子最早出生3天（多数15天，最迟2个月），如果你在孩子注视红色圆环时再把它慢慢地水平移动，他的眼睛就能跟随圆环水平协调移动眼睛3次以上。最早3天（多数21天，最迟3个月），让孩子看手电光束，他的眼睛还能追踪光束左右协调地移动至少1次。最早9天（多数24天，最迟3个月），孩子的眼睛就能随光束上下移动。最早15天

（多数36天，最迟3个月），孩子的眼睛能随圆环上下移动，跟随圆环或光束旋转180°。

这个游戏还能测试孩子的视力是否正常，可作为孩子的视觉筛查，如果孩子能注视红色圆环，并追随移动的圆环或玩具移动双眼，说明视力正常。如果孩子不能在上述时间内做到这些，最好尽早去医院检查和确诊孩子视力有无异常。

看黑白图

目的：促进视觉分辨能力。

方法：在墙上挂上三四幅黑白的图画，如黑白棋盘方格图、竖条纹图、斜条纹图、同心圆图，竖抱孩子观看挂图。你可抱起孩子一面看一面介绍图片的内容，每天重复一两次。你会发现孩子的视线会长久落在其中一幅图上，好像对此图特别有兴趣，会看个不停，对着图笑，动手想摸，看到不熟悉的图会长久注视，这显示孩子对此图的偏好。

图片可每周更换三四幅图。到第4周选出孩子偏好的图片重新罗列展出，让孩子在所偏好的图片中再选择最喜欢的1幅，爸爸妈妈可将此图保留下来，记下孩子当时的表现，也可以将看过的图片按不同组合再展出，看看孩子在选择上有无改变。

爱心提示：新生儿并不是多数人的印象中那样软弱无知，只知吃、喝、拉、睡。孩子一出生除了具备生存能力、各种感觉能力外，同时具备了注意和记忆能力，因而，具备了一定的学习能力。

潼潼18天，正专心地看爸爸手中的同心圆图片。

有研究发现，新生儿还有了注意的选择性。出生3天新生儿就可把视线集中在某物体，如妈妈的面孔上，而且孩子还有自己的兴趣和偏好。孩子最早在出生15天（多数39天，最迟3个月），到一个新的环境，他就会环视周围，自由地转动头部四处张望，有明显的视觉探索行为出现。孩子的兴趣偏好还表现在看到喜欢的图画时会笑，看个不停，好像就要去动手摸一摸，看到不熟悉的图画时会长久地注视。你要注意观察孩子看到图片时是否有以上表现。据研究专家们发现，0~3个月的孩子注意选择性发展有以下特征：相对直线来说更喜欢曲线；相对不规则图形，更喜欢规则图形；相对密度小的图形，更喜欢密度大的图形；相对无中心的图案，更喜欢有同一中心的图案；相对不对称的物体，更喜欢对称的物体。你可以看看你的孩子更注意和喜欢哪类图形。

闻气味

目的：促进孩子嗅觉发育和情绪稳定。

方法：爸爸妈妈要经常拥抱孩子，让孩子被你们的气息紧紧地包围。妈妈可以把乳汁涂在手上，在拥抱孩子之前，把手放在孩子的脸上，抚摸孩子的脸，让孩子闻一闻你手上的乳香味，孩子闻到妈妈的乳香味时，通常会把头凑过去。对于爸爸来说，如果孩子不喜欢你，你可以试一试这个办法，也许你会赢得孩子的欢心。

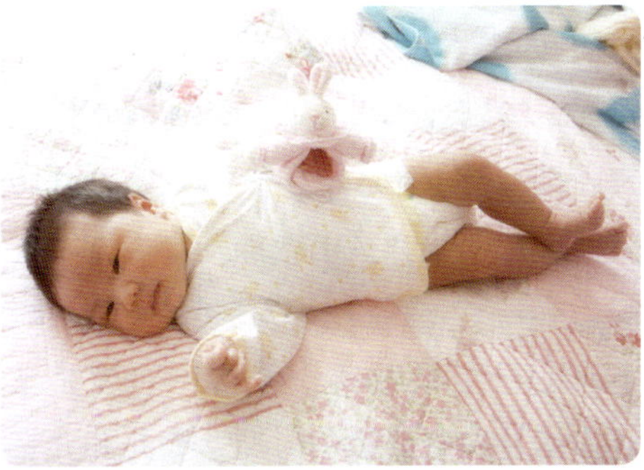

潼潼18天，喜欢闻妈妈的奶香味，她会把头转向有妈妈味道的一边。

你也可把有爸爸汗味的毛巾、衣服让孩子闻一闻。闻到爸爸的汗味时，孩子可能会表现出不愉快，可能会把头扭向一边，这时家长就不要反复让孩子闻这种气味了，否则孩子可能会不愉快地哭起来。

妈妈在坐月子时，不要涂化妆品和香水，也不要用气味太浓的洗浴用品，让自己保持自然的乳香味，孩子会更喜欢与你接近。

爱心提示：孩子一出生后嗅觉就相当灵敏，新生儿已能对各种气味做出相应的典型反应，能从嗅觉上辨认出自己的妈妈。有研究发现，孩子一出生闻到醋味会皱眉（多数5天，最迟10天），孩子出生3天时就能依照气味，从多份沾不同乳汁的毛巾中挑出妈妈的那份。不止于此，孩子不仅能识别并记忆妈妈的气味，他还非常喜欢妈妈的气味。孩子闻到妈妈的毛巾会表现出愉快的样子，而闻到其他的气味会出现皱眉头等不愉快的反应。当妈妈抱起孩子的时候他总是愿意在她的胸前钻来钻去，那是在说：“妈妈，我喜欢你的味道！”嗅觉交流也是母婴交流的一种方式，有研究证实，闻到妈妈的气味对孩子大脑可产生良性的刺激，让孩子感到舒服，情绪稳定，有安全感和幸福感。新手妈妈一定要充分认识和利用母婴间的这些交流，多抱抱、多亲吻、多照料你的孩子，让孩子通过嗅觉交流与你建立良好的亲子关系。

尝尝看

目的：进行合理的味觉刺激，促进味觉智能的迅速发育。

方法：当你吃水果、喝果汁和各种乳品饮料时，你可以先让孩子闻一闻，再在孩子的舌头上滴一点儿，让孩子尝试一下各种不同的味道。在吃饭时，你也可在孩子舌头上滴一点儿清淡的蔬菜汁，看他的反应，以唤醒孩子的味觉。

纤纤30天，妈妈给他尝了一点儿醋，看他的表情，好像在说："好酸啊，我不太喜欢这个味道。"

人工喂养和混合喂养的孩子，一开始你可以准备多种配方奶粉"样品"，让孩子逐一尝试，最后选择孩子喜欢的奶粉。这样不但可以开发孩子的味觉能力，还能让孩子吃到自己喜欢的奶粉。

爱心提示：掌管味觉的那些细胞主要位于舌头上，叫味蕾。味蕾能感知酸、甜、苦、咸的味道，同时能把感觉传到大脑相应的中心，激活主管味觉的脑细胞。其实让我们"好吃"的感觉不仅来源于我们的味觉，同时也来源于我们的嗅觉。我们的嘴巴和鼻子相距很近，嗅觉细胞位于我们的鼻子里，因此我们在吃食物时，常常又闻到了食物的气味，又尝到了食物的味道，这些感觉同时传入大脑，引起大脑的反应。好吃的、熟悉的气味和味道会让人感到舒服、愉快和产生幸福感。相反，不好的味道和气味会让我们不舒服、恶心。气味和味道还有警告危险的功能，比如它可以告诉我们哪些是变质和腐败的食物。所以，孩子与生俱来的对不同味道的反应对他的生存有着重要意义。孩子的味觉相当敏锐。一般出生第2天的婴儿就有味觉能力，1个月以内的婴儿能辨别香、甜、柠檬汁和奎宁等不同味道，表现出对甜味明显的"偏爱"，尝到咸、酸、苦的液体有不愉快的表情。到4个月时，他们开始喜欢咸味，这种变化为孩子增加辅食做好了准备。4～5个月的孩子对食物味道的微小改变已经很敏感，6个月～1岁是宝宝味觉发展最灵敏的时期，婴儿和儿童期味觉最发达，以后就逐渐衰退。尽早让孩子接触不同味道的食物，让孩子的大脑建立味道及气味“图画”，为孩子适应食物的不同气味和味道做好准备，能够让辅食添加更加顺利，预防孩子偏食和挑食，使今后的膳食更合理，营养更平衡，身体更健康。

但是要注意，不要让4个月内的孩子喝过多的果汁，吃过咸、辣、油等刺激性大的食物，奶粉选择好后就不宜经常更换了。

触摸脸颊和嘴唇

目的：发展孩子的触觉，训练孩子的反应能力和进行情感交流。

方法：在孩子清醒状态时，爸爸或妈妈把双手放在孩子左、右两侧脸颊，目光温柔地注视孩子，一边与孩子说话，一边用手轻轻抚触孩子的脸颊或嘴唇。

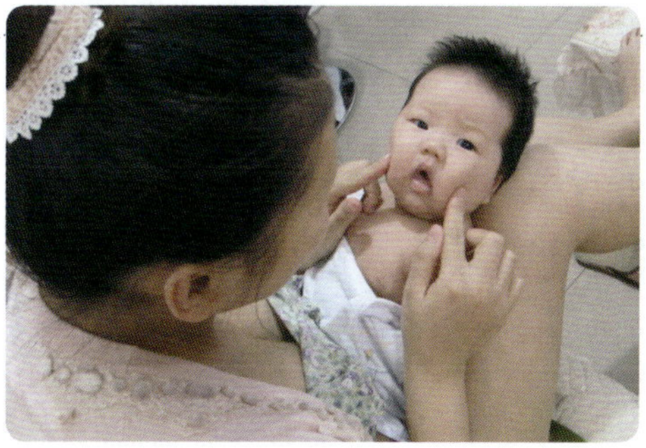

潼潼妈妈在一边触摸她脸颊和嘴唇，一边和她“说话”。

在孩子吃奶时，妈妈用目光温柔地注视孩子，一边与孩子说话，一边用乳头轻轻触动孩子的左、右两侧口角，或用手抚摸孩子左右脸颊，使其头往左、右转动，这种触觉刺激可以训练孩子的反应能力。

爱心提示：新生儿一出生，当你用手指碰他的口唇，或放入他的口中，会相应出现口唇及舌的吸吮蠕动，这就是吸吮反射。在你轻轻地叩击他的腮或口唇时，他会将头转向你的手，这就是觅食反射。它们都是新生儿先天的、无条件反射的一种。一般在出生后3~4个月自行消失，逐渐被主动的进食动作所代替。若新生儿期吸吮反射消失或明显减弱，表明脑内可能存在病变。

新生儿的触觉已经很敏感，孩子的脸颊和嘴唇都是触觉最为敏感的部位。有人认为，嘴唇的吸吮是孩子主要的触觉快乐的来源。因此，哺乳的时刻是最有积极意义的亲子触觉交流时刻。妈妈拥抱着孩子，孩子的脸颊依偎在妈妈温暖的胸前，嘴唇吸吮着香甜的乳汁，会产生安全感、舒适感，并有利于调节他的情绪。爸爸妈妈要经常拥抱孩子，触摸孩子的脸颊和嘴唇，特别是人工喂养的孩子，妈妈在喂养时要如母乳喂养时一样拥抱孩子。有观察发现，如果孩子出生后，长期缺乏爸爸妈妈的拥抱以及触觉、视觉、语言等交流，今后有可能会出现表情冷漠，语言迟钝，难与同伴相处等人际交往困难的问题。

揉手指和脚趾

目的：锻炼触觉，并让孩子逐渐认识自己的身体部位。

方法：当孩子吃饱喝足、心情愉快的时候，爸爸或妈妈可轻轻地掰开孩子的拇指，然后轻轻打开孩子的手掌，先沿着手掌的外围按顺、逆时针方向各揉3圈，再在手心按3下，然后将大拇指、食指、中指、无名指和小指，一根一根地打开，一边打开手指一边数数：“1、2、3、4、5。”再从指根部往手指尖方向揉3～4次，然后再一根一根合拢，像揉手掌一样揉一遍手背。一边揉手心、手背和手指一边对着孩子说话，可以告诉孩子这是什么部位，也可以说些母子之间的悄悄话：“贝贝，这是手心，妈妈给揉一揉，揉一揉，快快长大，揉一揉，心灵手巧。”还可以念“大拇哥、二拇弟、中轱辘、四小弟、五小妞爱看戏”等儿歌。对孩子的脚趾也可以做同样的揉抚。

可以根据孩子的情绪和反应调节做游戏的时间，如孩子很高兴可反复多做几次。揉动的力量要掌握好，不要过重，轻轻地揉抚就可以。

揉抚时各个部位都要注意到，手指、脚趾的背部、腹部及两侧都不要遗漏，重点是指（趾）端，可以在指（趾）端多揉抚一点儿时间。

爱心提示：手是人类最复杂、最精细的器官。手可以做各种动作。孩子通过小手感知世界、探索世界。手的灵活不是与生俱来的，而是要经历一个相当长时间的训练和发展才能形成。孩子刚出生时双手是紧紧地握拳的，如果孩子要学会抓握物体，必须先要能放开手指。通过按摩孩子的手指和脚趾，和孩子玩数手指和脚趾，展开一个个手指和脚趾，帮助他放松，可促进孩子的手掌尽早地打开，为今后抓握物体打下基础。

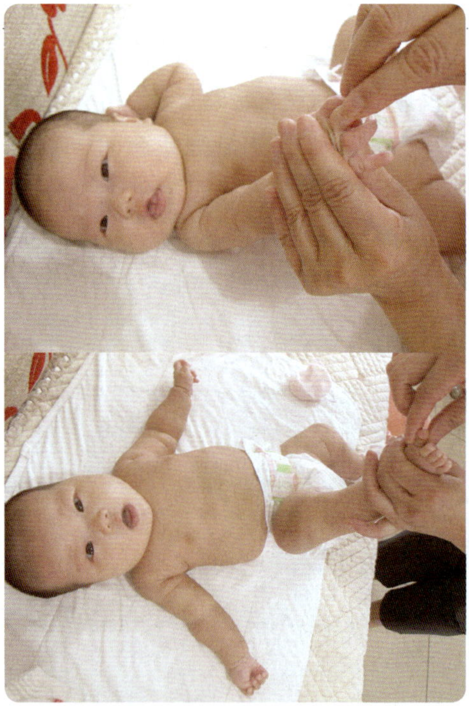

经常给孩子揉揉手指和脚趾，开发触觉功能，促进手和脚的灵性性。

手上特别是指尖上布满了丰富的感觉神经，是感觉最敏锐的部位之一，按摩指（趾）端对孩子触觉的发育很有好处，更能刺激大脑的发育，是早期开发孩子智力，促进孩子智力发育的有效做法。同时，脑科专家发现，大脑中负责手指灵活性的区域与负责语言能力的区域紧密相连。手指游戏能促进孩子语言功能的发育，还有助于稳定孩子的情绪及增进亲子间的联系。手的动作，特别是手指的动作，越复杂、越精巧、越娴熟，大脑就可以建立更多的神经联系，孩子也会越聪明。

摸不同质地的物品

目的：让孩子对不同质地的物体有触觉经验。

方法：把丝绸、棉布、毛绒等柔软的布包裹在哗铃棒的把手上，或找一些丝绸、棉布、毛绒等做的玩具，在孩子清醒时分别把它们放在孩子的手心让孩子摸一摸。特别是出生后半个月，孩子睡眠时间逐渐缩短，清醒时间变长，有机会和孩子做一做“摸不同质地的物品”的游戏。你可以同时低声跟孩子说话：“这是丝绸做的小娃娃，来摸一摸，有点平平的、光滑滑的、凉凉的。这是棉布做的小绣球，来摸一摸，有点粗糙、有点厚。这是毛茸茸的小猫咪，来摸一摸，软软的、暖暖的，摸起来很舒服。”

爱心提示：手能做各种动作，还具有触觉识别功能。对物品的颜色、大小和形状的认识我们可以用眼睛看，对音乐和语言的认识我们可以通过耳朵听，你不用看，不用听，只要你用手接触到物体，触摸一下就能感受到物体的软硬、粗细、厚薄、冷暖、大小、长短、轻重等特性，这就是触觉的识别功能。孩子一出生就要认识和适应新环境。孩子出生后，第一个“醒”过来的感觉就是触觉，新生儿的抓握反射就是通过触觉来完成的本能活动。除了触觉识别功能外，还有触觉防御功能，触觉防御能力可以让孩子了解环境的安危。当孩子感觉到不适和危险时，就会啼哭，引起妈妈的注意，进而保护自己。在我们的皮肤、口腔、舌头上都布满了末梢神经，这些末梢神经就是触觉接收器。皮肤是我们最大的触觉器官，皮肤上有无数的神经细胞，而人的手指上的皮肤神经末梢最丰富，因此，我们的手特别是手指上有非常强的触觉能力，而此游戏就是为发展孩子手的触觉能力而设计的。

据科学研究发现，触觉系统比其他的感觉神经发展得早，当胎儿在母体子宫内10周大的时候就开始发展。胎儿会借着吸吮拇指来感受触觉刺激，如果妈妈抚摩腹部，胎儿也能感觉到，然后伸伸胳膊、踢踢腿来回应妈妈的问候。孩子在出生时自然分娩，经过产道的挤压，在成长过程中吸吮妈妈的乳头、受到妈妈的爱抚和拥抱，和同伴玩耍游戏，这些都是很好的触觉刺激经验和学习，可促进触觉功能的发展。但如果孩子是剖宫产、人工喂养，缺少妈妈的拥抱和爱抚，独生子女没有与兄弟姐妹玩耍游戏的机会，活动过少，都可能造成孩子触觉障碍。触觉障碍对孩子的操作能力、情绪状态，甚至于人际关系都会有相当大的影响。

有触觉功能障碍的孩子，其主要表现为紧张、孤僻、不合群、爱惹别人、偏食或暴饮暴食、脾气暴躁、害怕陌生的环境、爱吃手、爱哭、爱玩生殖器等。在长大后的学习过程中容易出现好动、注意力分散、情绪不安、固执不听话等。因此，要从小注意孩子触觉功能的培养，特别是剖宫产的孩子，要多进行一些与触觉相关的游戏，防止孩子出现触觉功能障碍而导致智商和情商发育障碍。

潼潼18天，正在抓握手中的棉布娃娃。给孩子抓握各种质地的东西，发展手的触觉能力。

与孩子说话

目的：锻炼孩子的听觉，启发沟通欲望，促进情感交流，建立牢固的亲子关系。

方法：孩子睡醒时，让孩子仰卧，爸爸或妈妈与孩子谈话、对孩子微笑或用动作去抚摸、逗引孩子，吸引孩子的注意力，让孩子注视你并模仿你发声。

当孩子注意你后，你再一边说话一边转到孩子身后，逗引孩子跟着你转头、发声回答你，注意你的移动。如果孩子没有上述反应，可反复重复上述动作。

孩子哭闹时，妈妈一边抚摸他的头，一边用缓慢、柔和的语调叫着孩子的名字说：“贝贝乖，不哭了，让妈妈抱抱。”或者说：“别哭了，妈妈给你唱支歌。”

孩子睡醒时，你还可以搂着孩子轻轻摇晃，轻柔地跟孩子说：“好孩子，笑一笑。”“贝贝，我是妈妈，妈妈喜欢宝宝，你是个乖孩子。”

给孩子喂奶、把尿、穿衣服时，家长可以一边操作一边与孩子说话，比如说：“贝贝，吃奶了，你要多吃点，长得强壮又健康。”你想到什么就说什么，只要告诉孩子你正在为他做什么，你的心情如何以及你的期待就可以。

什么样的生活场景都可以跟孩子说，比如爸爸上班外出前可以对孩子说："贝贝，爸爸上班去了，再见！"下班回家时可以说："贝贝，你好吗？爸爸回来了！"

爸爸妈妈与孩子讲话时一定要与孩子有目光交流，也就是要与孩子对视，你可将脸靠近孩子微笑着对他讲话，让孩子注视你的脸，看见你愉快并且充满爱意的表情。

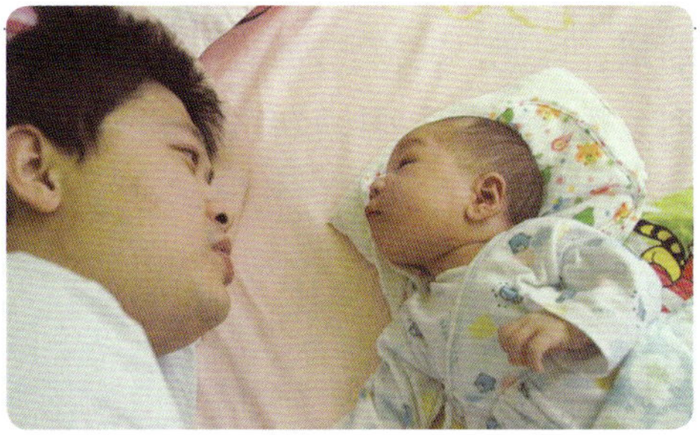

爸爸正在和28天的纤纤说话，纤纤专注地望着爸爸。孩子虽然不懂爸爸说什么，但他会感受到爸爸的语音、语调的变化，这对孩子理解语言和学习说话很有帮助。

爱心提示：有的爸爸妈妈觉得刚刚出生的孩子每天睡眠时间长达18~20个小时，而且孩子身体柔软，活动能力差，孩子太小，什么都不懂，无法与孩子进行交流和游戏。其实不然，这时孩子的5种感觉都已经基本发育完全，会通过所有的感觉器官与爸爸妈妈交流并回应家长的行为，爸爸妈妈可以用适当的方法与孩子进行游戏。爸爸妈妈可以和孩子进行语言交流，与孩子面对面，一边亲切地说话、微笑，一边做动作。孩子会紧盯着爸爸妈妈的脸，认真听你说话，似乎懂得你的话和身体语言，这种听觉、视觉交流不仅让孩子熟悉你的声音、你的表情，也和你有了初步的情感交流。这些刺激会加强爸爸妈妈与孩子之间的感情联系。孩子虽然还听不懂你的话，但孩子喜欢听到你和他说话，喜欢与你"交谈"。爸爸妈妈的声音不仅刺激了孩子的听觉发育，还有益于孩子语言的发展。这些有益的语言刺激，总有一天会带给孩子意想不到的收获。

妈妈与孩子进行对话时心情一定要平和，一定要充满爱意，妈妈亲切、温柔、动听的声音，能让孩子心情愉快，会显出高兴、满足的神情。爸爸妈妈要不厌其烦地尽量多和孩子说话，启发孩子的沟通欲望，促进亲子情感交流。但要注意说话时间不要持续很长，否则孩子会失去兴趣而不予配合。

观察发现，孩子一出生就能辨别各种声音的细微差别，并表现出对人讲话的声音的兴趣，在出生1周左右，能够辨认出妈妈的声音，并对妈妈的声音有明显的偏爱。妈妈的声音会使他感到亲切。这可能是因为他在胎儿期听惯了妈妈的声音。哭闹的孩子听到自己妈妈的声音或躺在妈妈的怀中听到其心跳声，就变得安静起来，全身放松。

有的孩子在出生第9天时（多数21天，最迟2个月）对在他视线之外出现的说话声有了反应，如站在孩子的后面不停地说话，有的孩子会改变面部表情、停止活动，好像在听你说话一样，有的孩子还会发出声音，有的孩子还会转头看你。如果孩子没有上述反应，应该引起重视，及早到医院做听力检查。

模仿哭声

目的： 教孩子张嘴模仿说话，除哭声外能发出叫声。

方法： 当孩子啼哭时，你可以模仿孩子的哭声，孩子听到你的声音会暂时停止啼哭，静静地听，他会以同样的口型再号叫几声，这是他第一次发出非啼哭的声音。有了这种经验，他会在高兴时故意号叫。你再模仿孩子的号叫声，逗引孩子跟着你发声，母子一呼一应地发声对答。你还可以面对面地抱起孩子，口型夸张、音拉长地发出音符，如“啊、喔、鹅、衣、呜、迂”6个单元音，让孩子模仿发音。

爱心提示： 孩子出生的第1周处于最初的发声阶段，这时孩子会发出两种声音，一种是哭声，一种是叫声，如“啊”之类的声音。刚出生1～2天的孩子对言语就有明显的“同步反应”，就是身体的某部位（如手、胳膊或嘴唇等）随着言语变化而呈现相应的动作，也就是说孩子会一边发声一边做动作。据观察，孩子最早出生15天（多数27天，最迟2个月）除哭声外就能发出小的喉声或叫声，如发出啊嘿、呜嘿、咕咕声、叹息声、呼噜声、爆破声、尖叫声、喷气声、冒泡声1至2次。最早15天（多数48天，最迟5个月）至少能发出上述声音4次，如果孩子超过了5个月不能发出上述声音，一定要去医院做听力检查。

孩子一出生就能够察觉嘴的运动同他们听到的声音是联系在一起的。实质上新生儿就能很好地读懂爸爸妈妈的唇语，因此，爸爸或妈妈在和孩子对话时，嘴唇的动作要比较夸张，让孩子注视你的口型。要抓住一切时机对孩子说话，逗引孩子发声，在孩子发出细小喉音的时候，你模仿孩子的声音，孩子也会很高兴。诱导孩子啼哭时发出声音，母子一呼一应地发声对答时，孩子会产生一种愉快的沟通欲望。

妈妈正在教纤纤发“啊”的声音。纤纤一出生妈妈就经常和他做发音游戏，17天纤纤就会模仿发出“啊、哦、嗯”。

此游戏只要在孩子醒来时就可以进

行，这是母子进行语言交流的好办法。有人认为若孩子早期缺乏母子交流，有可能导致孩子出现语言障碍，而这种障碍以后很难克服，也就是说，母婴间的交流对其情感、智力和今后的行为发展都有重要影响。

谁在说话

目的：熟悉爸爸妈妈的声音。

方法：当孩子哭闹时，爸爸抱起孩子，妈妈站在孩子后面，不要让孩子看见，在孩子耳边说悄悄话或拍拍手，看孩子听到妈妈的声音是否停止哭闹，转头看，发出声音，静下来注意听。

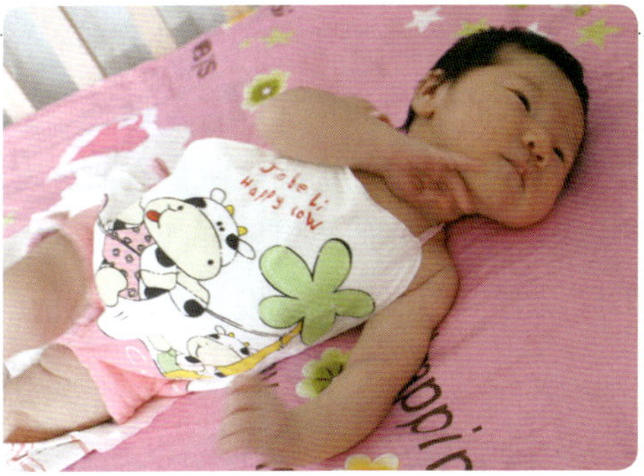

扣扣12天，听见妈妈的声音，眼泪汪汪的她会停止哭泣，等待妈妈来看她。

听到孩子哭叫时，妈妈可站在孩子看不见的地方大声说话，如告诉孩子说：“贝贝，饿了吗？要找妈妈了，不要哭，等一会儿，妈妈就来给你喂奶了。”或者说：“贝贝等一会儿，妈妈正在给你配奶。”你还可以敲一敲杯子说：“贝儿，不要哭了，妈妈就来陪你玩。”看孩子听到你的声音的动作和表情如何。

相反，妈妈抱着孩子，爸爸在孩子耳边说话，观察孩子听到爸爸的声音有什么反应，与听妈妈说话的反应相同吗？

如第一次来家的“陌生人”在孩子耳边说话，观察孩子听到陌生人的声音的反应如何。

爱心提示：据观察，当妈妈从孩子看不见的地方呼唤其名字时，10~12天的新生儿会转向妈妈，而对其他女性的呼唤则毫无反应，说明孩子对妈妈的声音较早熟悉和敏感。当孩子饿了、尿湿了，或其他原因大声啼哭时，最早25天（多数45天，最迟70天）听到拍手或摇铃声时会停止啼哭。最早57天（多数65天，最迟75天）听到妈妈的说话声或配奶的声音停止啼哭。孩子已经知道，听到妈妈说话、熟悉的杯子碰撞声等配奶时发出的声音即妈妈将会来陪他玩、来抱他，来给他喂奶了，孩子对声音建立了条件反射。你可以利用孩子的这一特点，在孩子哭闹时，要吃奶时先用声音来安慰孩子，延迟满足孩子的需求，训练孩子的忍耐能力和自控能力，培养良好的个性品质。但是如果听见妈妈的说话声或脚步声，却迟迟不见妈妈来，孩子又会大声啼哭起来，直到妈妈来才会停止。因此，对孩子的啼哭和呼唤要在一定时间内给予满足，你可以从较短时间开始试验，再逐步延迟满足需求的时间，以免让孩子对你失去信任。

音乐欣赏

目的：训练孩子的听觉，开发孩子的右脑，培养孩子的智商和情商。

方法：每天在孩子吃饱或睡醒后情绪稳定的时候，选择一些旋律优美、节奏舒缓的乐曲，如舒缓的摇篮曲、节奏鲜明的钢琴曲等给孩子听。

在每天晚上临睡前放音乐陪伴孩子入眠也是一个很好的办法。

选择孩子精神旺盛的时间给孩子播放音乐，如早晨吃饱和排便以后，每天的时间大致固定。每次重复播放一首曲子2～3遍，大约5～10分钟。播放时先将音量调到最小，然后逐渐增大音量，直到比正常说话的音量稍大一点儿即可。

爸爸妈妈也可以抱着孩子随着音乐的节拍摆动，或者低声哼唱。

爱心提示：音乐是大脑和心灵的安慰剂。研究发现，让孩子多听音乐，不仅能提高孩子的艺术修养，同时也可开发孩子的智力。人的大脑分左、右两半球，它们各有不同的功能。人们简单地称左脑为学术性左脑，称右脑为创造性右脑。左脑的主要功能是进行逻辑推理和语言表达，又称为“文字脑”，有人说左脑就像一个科学家和雄辩家，善于语言和逻辑分析，长于抽象思维和复杂计算。右脑具有音乐、绘画、空间几何、想象等功能，又称“艺术脑”，有人说右脑就像个艺术家，对音乐、美术、舞蹈等艺术活动有超常的感悟力。

右脑的存储量大，是左脑的100万倍。右脑的潜能如不加以开发训练，会在成长的过程中逐渐丧失。但有研究发现，95%的人只是使用了自己的左脑，右脑没有得到很好的开发，很多功能在

潼潼喜欢听音乐，会随音乐舞动手脚。

生命的早期就被白白地浪费掉了。现代科学研究表明，右脑功能的开发和利用，对整个大脑的协调，促进思维的广度和灵活性将有积极的意义。在孩子一出生，优美健康的音乐能为孩子右脑的发育增加特殊的“营养”。音乐启蒙和开发，又能给孩子的想象力、创造力及记忆力安上一对有力的翅膀，有助于孩子情商的培养和智商的开发。

选择适合孩子的音乐有3条标准：优美、轻柔、明快。中外古典音乐、现代轻音乐和描写儿童生活的音乐，都是训练孩子听觉能力的好教材。无论是胎儿期还是孩子出生后，经常重复播放的乐曲都会在孩子的心灵中或大脑中留下深刻的印象。当音乐声响起，观察孩子是否停止活动认真听，一般孩子在出生3天就能观察到对声音有反应，如出现皱眉头、眨眼睛、缩鼻子。如果孩子是静止的，听到声音时四肢活动会增加。如果孩子正在活动，听到声音时活动会减慢或停止，突然听到较大的声音，孩子全身会出现惊恐或哭泣等反应，如有上述反应说明孩子的听力正常，对音乐有较强的感知能力。

让孩子听音乐，不存在“听懂”或“理解”的问题，而是让孩子感受，着眼于“熏陶”和“感染”。有观察发现，新生儿喜欢柔和、缓慢、醇厚的声音，表现为安静、微笑。对于尖锐的声音则表现为烦躁、不安。新生儿对有节奏的声音更为敏感，可能与胎儿期天天听到母亲有节律的心跳有关，它给予新生儿一种安全感。

让孩子亲近音乐，唤起孩子对音乐的兴趣并保持下去，你需要每天让孩子听一定时间的音乐，让音乐来“滋养”孩子纯净的心灵，开发他巨大的智力潜能。

情商培养

注视移动的人

目的：认识妈妈或其他照料他的人。

方法：当孩子吃饱后表情愉快时，让他仰卧在床上，你俯下身子，在孩子能注视到你的距离（离孩子约20厘米处），对孩子说话、微笑，抚摸和逗引孩子，吸引孩子的注意力。当孩子注视你时，你抬起身，告诉孩子：“妈妈走了，再见。”然后慢慢地走开，让孩子的视线追随你的身体移动。过一会儿你再说：“贝贝，妈妈来了。”让孩子注视着你，视线追随你身体移动。你也可以伸手去抱他，看他有什么反应，是不是很兴奋和很期待的表情。你不抱他，看他有什么反应，是不是有不高兴的表情。

爱心提示：据观察，孩子最早出

生后3天（多数6天，最迟1个月），当你对着孩子说话时，他就能短暂地注视你，对你的语言或动作给予的视觉刺激有反应。最早出生后9天（多数21天，最迟2个月），如果你在孩子容易观察到的范围内来回地走动，孩子的眼睛就能追随你的身体而移动了。最早满1个月（多数51天，最迟4个月），当你走近孩子开始抱他时，给他喂奶时，他会感觉得到你的到来，出现期待和兴奋的表现，如动作增加、呼吸加快、高兴地发出声音来，甚至身子绷紧、肩膀和手好像要伸向你、迎接你来抱他。如果你突然消失，孩子最早满1个月（多数66天，最迟5个月）会表现得不高兴，微笑会突然消失，动作会减少，眼睛会努力去寻找你。

纤纤12天，正转头看旁边来回走动的妈妈。

这一切说明孩子喜欢和期待与人交往。1岁以内的孩子非智力因素的发展，主要表现为情感的发展，社会交往能力的发展及行为习惯的培养。你的孩子以后如何交朋友，交怎样的朋友，如何处理自己与他人的关系，这些都是从父母那里学习来的。在孩子1岁之前，爸爸妈妈是孩子的第一个玩伴和主要玩伴。孩子一出生就出现了与人交往的需求，他喜欢听爸爸妈妈的声音、看爸爸妈妈的脸、被爸爸妈妈抚摸和拥抱。爸爸妈妈用什么态度对待他，用什么方式养育他，都会影响他与人交往的方式及情绪情感的表达方法，影响他对世界的基本态度，是信任的还是不信任的，是积极的还是消极的，最终影响他的情商的发展。如果爸爸妈妈对他的吃、喝、玩等生理需求，期待与你交流、期待你的关注和爱等心理需求给予及时地满足，他对外部世界就是信任的，会以积极的、肯定的态度去探索环境，结交朋友，会经常保持愉快的和平和的心境。相反，孩子会以不信任、消极的、否定的态度去面对世界和其他人。孩子是在与爸爸妈妈的交往中体会到安全、快乐和幸福，才会进一步去结交、熟悉其他人，才会喜欢与其他人交往。这就是孩子社交技能发展的开始。情商的培养要从孩子出生那一刻，甚至是从胎儿期开始，从爸爸妈妈的一言一行，一举一动着手。因此，爸爸妈妈要多与孩子玩耍，照顾好孩子的生活，满足孩子的心理需求，这是培养聪明健康孩子的基础。

模仿妈妈

目的： 让孩子模仿各种动作和表情。

方法： 面对面竖抱起孩子，妈妈一边对孩子说话或发出声音，一边做出不同的表情，如笑、哭、鼓腮、伸舌、咂舌作响、吹口哨等，引导孩子模仿。

爱心提示： 孩子从出生那一刻起，就对人脸感兴趣，对他来说，没有什么比爸爸妈妈表情丰富的眼睛、鼻子和嘴巴更有吸引力了。在孩子对图形的偏好的观察中发现，与其他形状相比，孩子对标准人脸的图形关注的时间更长。而且孩子辨认和记忆脸孔的能力很强，对妈妈的脸有更多的兴趣。同时孩子一生下来就有学习能力。国外学者曾研究了孩子出生后对人类面部表情的模仿学习能力，发现成人伸舌头，孩子也跟着伸舌头；成人张嘴，孩子也跟着张嘴；成人笑或咳嗽，孩子也跟着模仿笑或咳嗽。据观察，孩子最早出生20天（多数35天），别人和他说话时，他会张开嘴巴模仿，如果孩子超过50天还不能做到，应该引起注意。经常让孩子模仿各种表情和动作，可开发孩子的学习能力，发展孩子的社会性。

笑一笑

目的： 逗引孩子微笑和大笑。

方法： 你站在孩子床的一侧，俯身离他30厘米，对他微笑、点头、和他说话、用手轻轻地在他腹部搔痒痒，逗引孩子发出微笑或大笑。

抱起孩子，轻轻地摇摆，对着孩子微笑。并用食指轻轻地抚摸孩子嘴边的皮肤，然后说："一、二、三，笑一笑。"

在孩子洗澡前或洗澡后也可用手挠孩子胸前、胳肢窝或腹部。一边挠一边说："抓一抓，挠一挠，摸摸小脸蛋，挠挠小肚皮。逗引孩子发出咯咯的笑声。

孩子朝你微笑时，爸爸妈妈一定

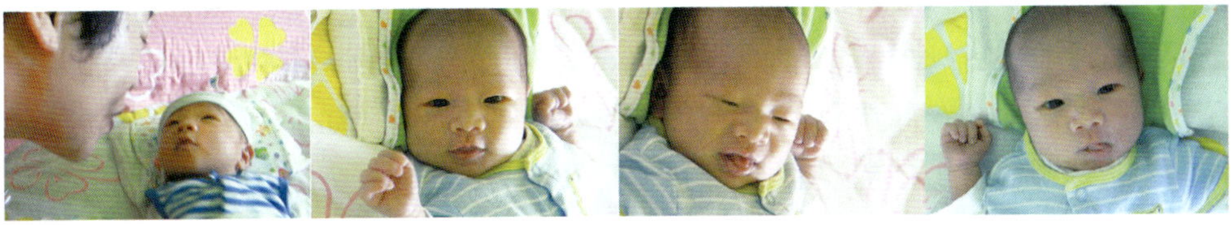

纤纤14天，正在模仿姥姥嘬嘴的动作。16天他还会模仿张嘴闭嘴、吐舌头、卷舌头等动作，只要爸爸妈妈经常教孩子，孩子会学得很快，模仿得很像。

要及时做出积极的应答，包括表情、语言和动作。如对他笑，亲亲他，夸奖他说：“孩子，你笑得真棒！”

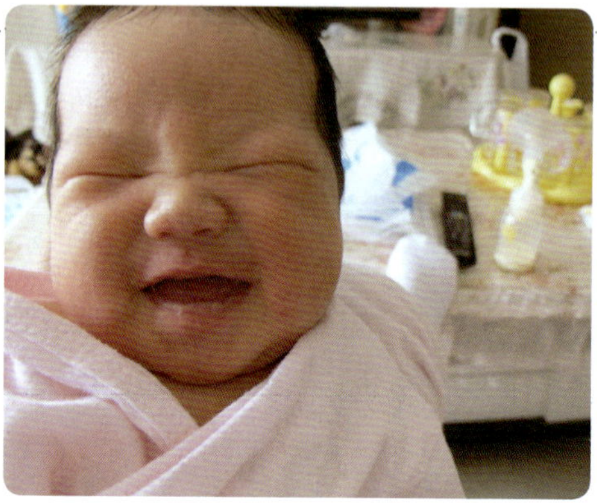

10天的潼潼吃饱了正自发地发出微笑，爸爸妈妈要经常和孩子做逗笑游戏。

爱心提示：微笑是人类表达感情最温柔的手段，是新生儿和父母互相沟通和传递感情最重要的方式。让孩子笑，对孩子的大脑发育有好处。民间也有“越早会笑的孩子越聪明”的说法。

孩子出生1~2 天就有自发性微笑反应，但这种笑是反射性的，也被称为内源性的笑，不是社会性微笑。这种微笑常常在没有任何外部刺激的情况下发生，通常发生在孩子的睡眠中或困倦时。如果在孩子清醒时，爸爸妈妈有意逗弄孩子，如轻轻地抚摩其面颊、腹部，孩子的眼神会变得温柔，口角会渐渐向两边咧开，引起微笑。这种微笑是诱发性的微笑，也是反射性的，不是社会性的微笑。

社会性微笑最早发生在孩子出生第15天（多数45天，最迟4个月），此时大人逗引他，触摸他，他就会对你微笑或大笑。到孩子满1个月后（多数57天，最迟4个月）在没有任何刺激时，即你没有对他说话和逗他，没有对他微笑、对他点头，他就会对你报以微笑，但对电筒光、铃、积木、球等则没有微笑反应，说明孩子的这种微笑已经属于社会性微笑了。但孩子在4个月前的社会性微笑是一种无选择的社会性微笑，这个时期孩子只要看见人的面孔，听见人的声音都会报以微笑，不管是熟悉人还是陌生人，不加区分。4个月以后开始出现有选择的社会性微笑，这个时间孩子对熟悉的人有更多的微笑，对陌生人笑得少或不笑了，真正意义上的社会性微笑发生了。

每个孩子的气质表现不一样，一些孩子经常会用笑声来回应妈妈的微笑，有些却对妈妈的笑熟视无睹，甚至是皱起眉头来。有研究发现，出生后最初几天甚至几个月里笑得少的孩子长大后性格很可能孤僻羞怯。因此，爸爸妈妈应该注意孩子的这种情况，并进行适当的纠正。

但要注意过分的逗笑却会带来一些不好的后果，如果让孩子大笑的持续时间过长，可能会造成孩子瞬间窒息、缺氧，引起暂时性脑缺血和脑损伤，因此，不要过分逗弄孩子。不要在睡前逗孩子大笑，以免影响孩子入睡。

依恋父母

目的：满足孩子生理和心理的需求，培养孩子积极的情绪反应，建立安全的亲子依恋关系。

方法：尽可能用母乳喂养孩子。母乳喂养不仅有益于孩子身体的生长发育，还可以使孩子通过哺乳时与妈妈身体的密切接触，通过妈妈的语言、动作，体会到妈妈的温暖和爱抚，增进母子间的感情交往。

尽量自己带孩子。条件许可的话最好爸爸妈妈自己带孩子至3岁，最好不要把孩子送到亲戚家寄养或交给保姆抚养，也不要频频地更换保姆，致使孩子没有相对固定的抚养人。

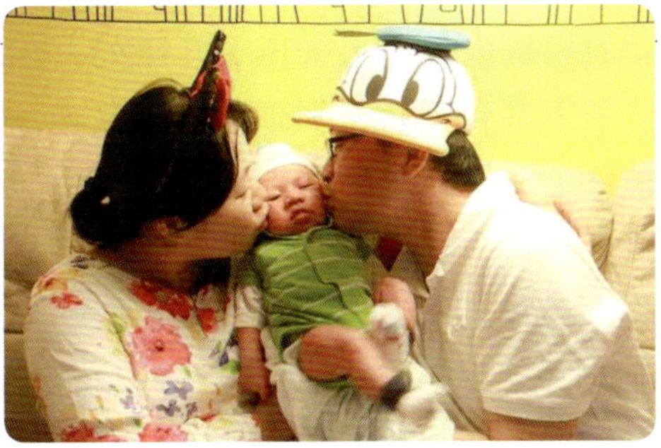

爸爸妈妈要精心照料和关爱孩子，你们的爱是孩子安全的堡垒，是孩子走上社会、探索世界的保障和动力。

精心照料孩子。当孩子哭闹时，要及时抱起他，抚慰他。当他饿了时，就喂他。大小便后及时换尿片，让他保持干净。经常拥抱他、亲吻他、关注他，和他说话、一起玩耍。

在照料孩子的过程中，要避免自己情绪上的反复无常。如果父母对待孩子的情绪变化无常，态度忽冷忽热，这对孩子良好的心境及生活习惯的培养都很不利，情感依恋关系也很难建立起来。

爱心提示：近年来国外普遍认为，要给孩子3种“营养”，这就是饮食、智力刺激和爱抚。饮食营养是维持身体健康和脑的正常发育，保证智力正常的基本条件。智力刺激包括孩子的视、听、触、嗅、味觉的感官刺激，运动和语言能力的发展等，它是开发孩子智力的另一种营养。爱抚指慈爱的感情和身体的抚摸与接触，它是培养良好性格和道德品质的有益“营养”。

爸爸妈妈对孩子的抚养方式，直接对孩子的情绪和情感产生影响。如果孩子的生理和心理需求得到满足，如孩子出生之后，爸爸妈妈精心地照料他，耐心地哺喂他，经常抚摸他，爱他，他和爸爸妈妈在一起能得到最大的舒适、安慰、满足和安全，这样孩子则会产生积极的情绪体验，感受到的是满意、愉快、喜悦等。孩子在这一过程中逐渐体会到爸爸妈妈的存在是不可缺少的，明显地表现出对爸爸妈妈特别亲近，不愿意让爸爸妈妈离开，形成了一种对爸爸妈妈的情感依恋关系。当有依恋之情的孩子需要安慰与爱抚时，爸爸妈妈能及时地予以满足，孩子的依恋之情就会逐渐加深，并形成良好的亲子关系，孩子对爸爸妈妈有了安全的依恋，这使孩子从对爸爸妈妈产生的信任感逐渐形成自身的安全感，进而形成对这个世界的信任感和安全感，为孩子个性的健康发展奠定良好的基础，这也是造就孩子高情商的基石。反之，如果孩子的日常生活得不到好的照顾，寻求安慰与爱抚的需要被忽视或拒绝，生理需求和心理需求得不到满足，则产生消极的情绪体验，如不满意、痛苦、忧虑、恐惧和愤怒，他便会产生一种不安全感和焦虑的情绪，这一切将不利于他以后人际关系的发展。迟迟建立不起正常的情感依恋关系的孩子，对周围的人和环境缺乏信任感，还会变得胆小和不合群。依恋缺失，严重的还会导致孩子冷漠、无情，对人易产生敌对情绪，最终影响孩子的情商，甚至有的孩子会出现反社会人格、品行问题和违法行为等。因此，要像重视饮食营养、智力开发一样，重视爱对孩子发展的价值，注重对孩子情商的培养。孩子不能缺少爸爸妈妈情感上的温暖与抚慰，这是建立安全亲子依恋关系的必需条件。

抚触孩子

目的：进行触觉交流，促进孩子身体和心理健康。

方法：首先将房间温度调至25℃，这样在孩子脱掉衣服全身抚触时不会着凉。播放一些柔和的音乐，一方面可以避免外界噪声的干扰，同时也可以让母婴双方逐渐放松。准备好毛巾、尿片、换洗的衣物以及宝宝润肤油。将指甲修剪整洁，摘掉戒指等可能对孩子造成伤害的饰品。将手洗干净，手上抹一些宝宝润肤油，让孩子躺在床上或大桌子上、地板上，铺上棉毯进行。双手摩擦至发热就可以开始了。

头面部抚触。让孩子仰卧，双手拇指放在孩子前额眉间上方，用指腹从额头轻柔向外平推至太阳穴。再将双手拇指放在孩子上唇或下唇，沿着脸的轮廓向外向上推压至耳垂处，在孩子上唇和下唇分别画出一个笑容，让孩子能够充分感受到快乐。再拉一拉耳垂，用拇指和食指轻轻按压耳朵，从耳朵最上面一直往下按压到耳垂处，反复向下轻轻拉扯，然后再不断揉捏。

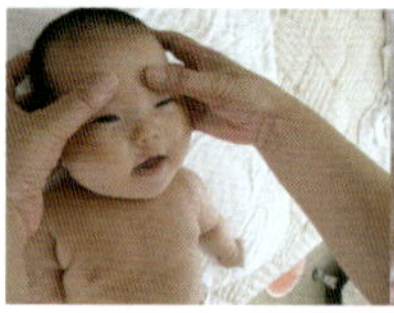
前额抚触

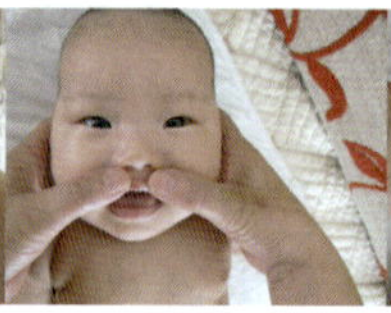
上唇抚触

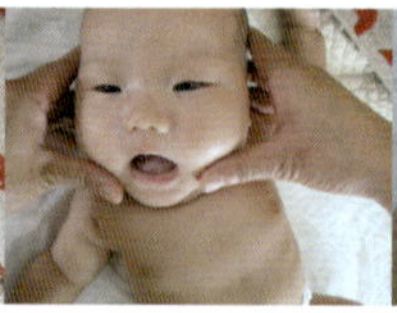
下唇抚触

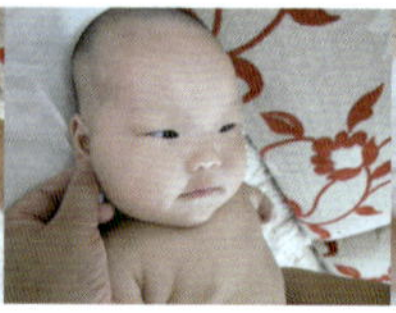
左耳抚触

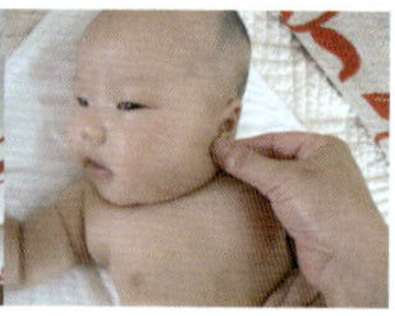
右耳抚触

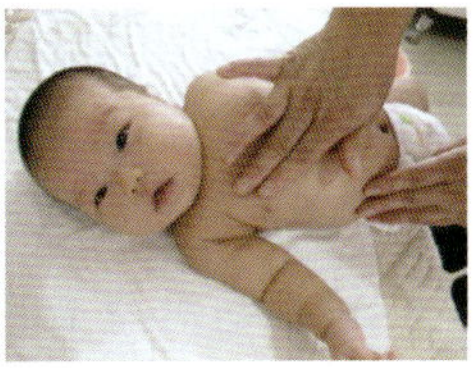

胸部抚触

胸部抚触。双手放在孩子的两侧肋缘，右手先从左侧肋缘向上滑向孩子右肩，左手再从右侧再向上滑到孩子左肩，在胸前画一个大大的“X”。

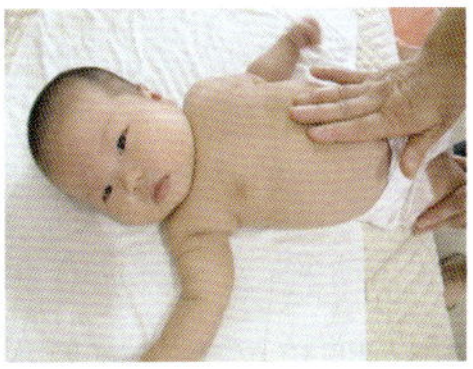

腹部抚触

腹部抚触。手掌平放在孩子的肚脐部上方，顺时针方向画圆抚摩孩子的腹部。注意动作要特别轻柔，不能离肚脐太近，脐带未脱落前不要按摩肚脐处。

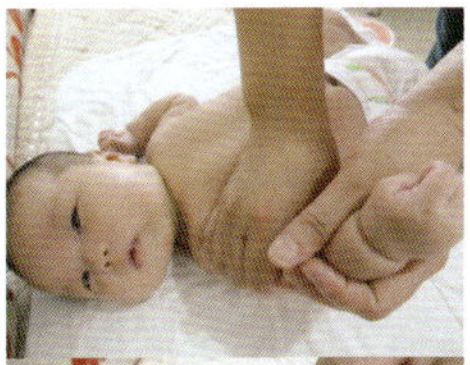

手臂抚触

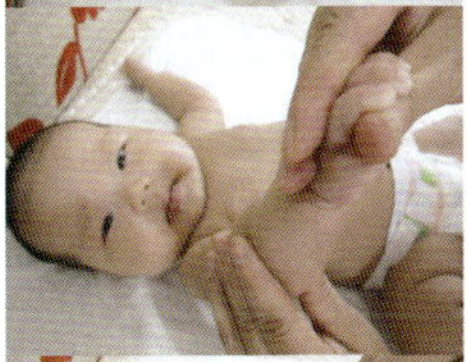

手掌抚触

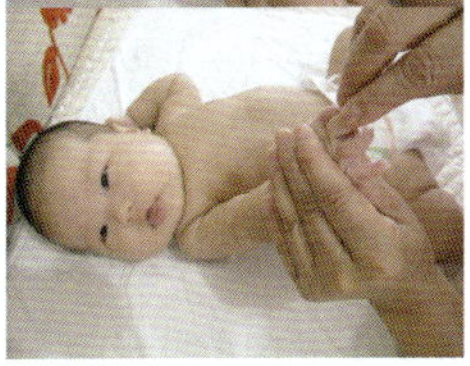

手指抚触

手部抚触。一手抓住孩子的手腕，一手抓住孩子的上臂一边转动一边轻轻挤捏手臂至手腕，再双手握住上臂从上往下搓动，手腕处多转几圈，抚触手腕。再双手抓住孩子的手掌，两只大拇指放在孩子的手掌根部沿手指方向挤压至手指尖。再一只手托住孩子的手，另一只手的拇指和食指轻轻捏住孩子的手指，从指根往指尖方向转动、挤压、拉伸每个手指。再抓住孩子的手指，用拇指从指尖往手腕处按摩孩子的手背。

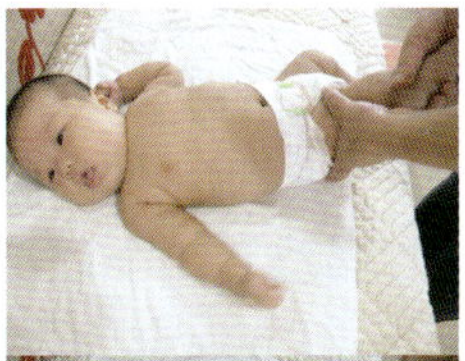

腿抚触

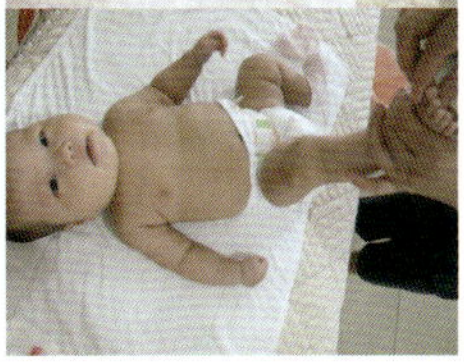

脚抚触

腿脚部抚触。腿脚部抚触与手臂和手掌抚触手法相同，握着孩子的腿，从脚尖到臀部方向，对小腿、大腿进行按摩，再抚触脚掌。

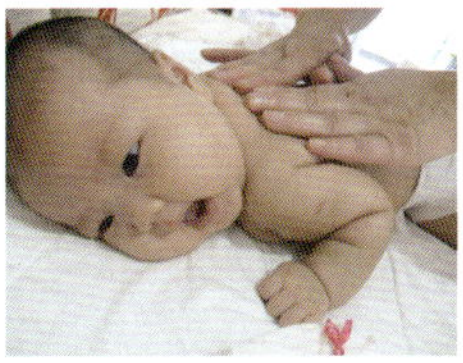

背部抚触

背部抚触。让孩子俯卧，双手大拇指平放在孩子脊椎两侧，其他手指并在一起扶住孩子的身体，拇指指腹分别由中央向两侧轻轻抚摸，从肩部移至尾椎，反复3~4次。

注意事项：抚触可在孩子一出生就进行，一直可以持续到孩子长大之后。抚触时间先从5分钟开始，再逐渐延长到15～20分钟，每日1～2次。抚触时间建议选择在沐浴前后或者午睡、晚睡之前孩子情绪和精神较好的状态进行，这样才能保证孩子对抚触有一个良好的反馈。绝对不能选择在孩子太饿或者太饱的时间进行抚触，不能选择在孩子过于疲倦的时候进行抚触，当孩子在抚触当中情绪不佳的时候，应该马上停止抚触。抚触可以适当用力，以孩子感觉舒服为宜。抚触时不要让孩子躺在灯光下，避免孩子眼睛受到光源刺激，对眼睛造成伤害。

爱心提示：抚触是以科学为指导、通过抚触者双手对被抚触者的皮肤和身体部位进行有次序、有手法技巧的抚摩，让大量温和的良好刺激通过皮肤的感受器传到中枢神经系统产生生理效应。抚触对孩子有什么作用呢？许多国家已公认，抚触是对孩子健康有益的医疗技术之一。因此，近年来孩子抚触渐渐受到重视。国内外的研究也显示，抚触有以下好处。

抚触可促进孩子的智能发育，并且开始的月龄越早，效果就越为显著。因为人脑细胞增殖期从妊娠3个月到1岁，脑的结构和功能具有可塑性，年龄越小，脑细胞的增殖和网络化发展越快。但必须在脑发育关键期内有良好适度的外环境刺激，而抚触通过皮肤这一最大的感觉器官给孩子的发育以积极的刺激，每一次抚触都是对孩子的神经系统和大脑发育的促进。

抚触可改善孩子的睡眠。它对于入睡困难、易惊醒等睡眠障碍的孩子有良好帮助，能够促进孩子正常睡眠节律的建立。

抚触可以促进孩子的生长发育，增进食物的消化和吸收。正常婴儿从新生儿期开始进行抚触，其体重和胸围增长都明显快于没有接受抚触的孩子。

抚触能使孩子免疫能力增强，减少生病。

抚触既能使亲子共享天伦之爱，也强化了亲子的关系，让孩子感觉安全和温暖，接受抚触的孩子情绪与行为较为稳定，更容易抚慰。有研究发现，让孩子舒适的感觉在大脑中保存得更好，不好的感觉大脑就会试图消灭它。

抚触不是一种机械的操作，也不仅仅是与孩子身体的接触和按摩，更是对孩子心灵的安抚和交流，能增强亲子情感交流和亲子关系，满足了孩子肌肤渴望亲人爱抚、心理渴望亲人安慰的需求。科学研究表明，孩子一生下来就有被触摸的要求，如果这种需求被剥夺，孩子就可能会长时间处于“皮肤饥饿”状态。得不到爸爸妈妈充分抚触和拥抱的孩子，就会导致食欲不振、生长迟缓，智力低下，长大后还可能会行为异常，往往会自发地咬手指、啃玩具、哭闹不安，甚至头或身体乱撞，这些都是“皮肤饥饿症”的表现。常被拥抱和抚触的孩子能意识到同亲人紧密相连的安全感，因而啼哭少、睡眠好、体重增加快、抵抗力较强，智力发育也明显提前。

孩子抚触并不是要求非常精确的技术，只要心到手到就可以。不要相信把孩子交给专业的抚触师有多好，爸爸和妈妈才是最适宜孩子的抚触师。爸爸妈妈在自己的家里给孩子做抚触才是最好的。爸爸或妈妈给孩子进行抚触的时候一定要饱含感情，眼睛要注视孩子，要一边抚触一边不停地和孩子说话，给孩子亲吻，通过皮肤接触、视觉的交流、声音的传播，将爸爸妈妈浓浓的爱意传达给孩子。说话的内容爸爸妈妈可以自己定，结合抚触的位置，如抚触到下巴时可说：“贝贝，来笑一个，你好棒。”

爸爸妈妈记住一定要每天给孩子进行抚触，最好由爸爸妈妈而不是由医生和月嫂进行。记住孩子喜欢爸爸妈妈温柔的触摸、亲切的声音、和蔼的笑脸。

学游泳

目的：促进体格发育和心理健康。

方法：准备一个大的、半米深的塑料桶或木桶，或购买孩子专门的游泳便携池和孩子专用的游泳圈。孩子的游泳便携池要放在环境比较优美且通风良好的地方，如周边有色彩鲜艳的画，可以播放优雅的背景音乐，挂上能发出悦耳声音的风铃。爸爸妈妈先脱去手表等可能伤及孩子的物品，在游泳池旁放一个高矮适中的小板凳，供给看护孩子游泳的爸爸妈妈坐。先调节好室内温度，对于3个月以内的孩子，室温保持在28℃左右，对于3个月以上的孩子，室温保持在25℃左右。在泳池中灌满水，3个月以内的孩子水温控制在38℃左右，3个月以上的孩子水温控制在34℃左右。新生儿的体温调节中枢不完善，水温过高或过低均会对孩子造成不利影响。

给孩子脱下衣物，套好游泳圈，检查孩子的下颌、下颏部是否托在游泳圈的预设位置，保险按扣是否牢固，游泳圈有无漏气，一切妥当后抱起孩子逐渐地、缓慢地放入水中。

爸爸或妈妈坐在游泳池旁，一手扶着游泳圈，一手可轻轻地拨动泳池中的水，一边看着孩子，和孩子说话，给孩子唱唱儿歌，用手拨动游泳圈让孩子在池中前后、左右或转圈运动。

新生儿游泳的时间在5~10分钟即可，满月以后可增加到15~20分钟，随着年龄增大，根据孩子的身体情况还可逐渐增加时间，以孩子在水中游得快乐而又不疲劳为原则，每天1~2次。游泳结束后抱起孩子放在床上，取下游泳圈，游泳完毕要迅速擦干身上的水迹，用毛巾包好保温。亲吻、拥抱孩子一下，让孩子感受到爸爸妈妈对他的赞美和肯定。

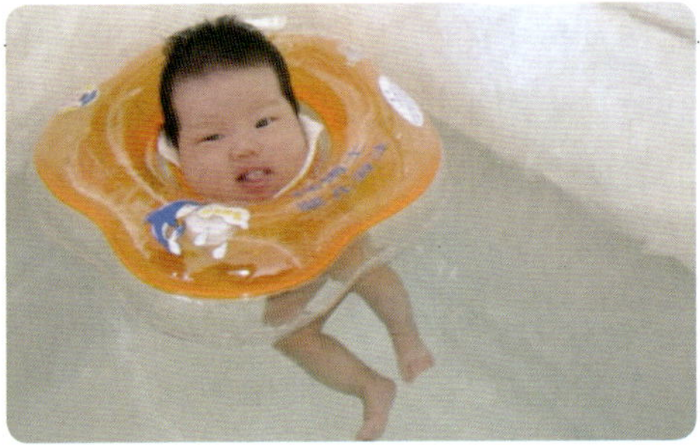

游泳让孩子很快乐和开心，创造条件让孩子经常游泳，可培养孩子强壮的体魄。

游泳后可进行按摩抚触，有利于克服孩子的恐惧感。

游泳时间最好选择在吃奶后1小时进行。最好是在孩子脐带脱落后，脐部表面表肤干燥才进行。如果脐带未脱落，游泳前脐部必须贴防水护脐贴。游泳完毕要当时就取下防水护脐贴，用碘消毒液或75%的乙醇溶液消毒脐部两次，并用一次性护脐带包扎。

爱心提示：孩子出生前在妈妈的腹中就生活在水中，喜欢水是每个孩子的天性。新生儿具有游泳反射。让孩子俯卧在床上，托住他的肚子，他会抬头、伸腿，做出游戏姿势。如果让婴儿俯伏在水里，他会本能地抬起头，同时做出协调的游泳动作，这也是一种先天的无条件反射，这种反射如果得不到强化，6个月左右就会消失。充分利用孩子这一天性，让孩子从出生就开始每天游泳来增强孩子的身心健康。据观察发现，新生儿游泳能刺激新生儿的视、味、嗅、触觉，尤其是平衡觉，促进脑神经发育，提高大脑的功能，让孩子的大脑对外界环境反应快，智力发育好。还能促进新生儿排便、黄疸程度下降。减少哭闹，有助睡眠。孩子经常游泳可使心肌发达，新陈代谢旺盛，心跳比同龄孩子慢且有力。孩子游泳可以提高呼吸系统的功能，消耗过多的脂肪，利用全身各部位的肌肉，使体形匀称健美。经常游泳的孩子比同龄儿更早会行走。水温的变化和水中的运动都能锻炼孩子的肌肤，提高孩子耐寒和抗病的免疫能力，因此爸爸妈妈可以为孩子创造条件，让孩子每天游泳。

在孩子游泳的过程中，爸爸妈妈要守护在孩子身边，千万不能离开。如果有电话和敲门声，可以把孩子抱出泳池，摘下游泳圈，安全地放在婴儿床上后再去处理。游泳圈使用前要进行安全栓检查，包括型号是否匹配、保险按扣是否牢固、游泳圈有无漏气。在大浴缸中游泳，妈妈或爸爸一定也要保护孩子。浴缸周围常常很滑，抱着孩子来回走动一定要防止滑倒，把浴室的门和抽风机打开，确保空气新鲜。

“把”大小便

目的：让孩子养成大小便的条件反射。

方法：在估计孩子有小便或大便时，如喂奶后10分钟左右、孩子睡觉前、起床后是有尿的时间，早晨吃饱后，可以给孩子“把”小便和大便了。

新生儿的重点是“把”大便，你可以将孩子每天大便的时间记录在日历上，根据孩子每天的排便规律，找到孩子排便最频繁的时间，到时就给孩子“把”便。喂奶粉的孩子大便较干燥且次数少，容易“把”住，喂母乳的孩子大便稀且次数多，“把”住比较困难。开始“把”住大小便有一定难度，每天能“把”住1次也是不错的进步，慢慢地孩子“识把”后，“把”住的次数就会增加。

“把便”的姿势要正确，首先妈妈坐在椅子上，把孩子朝向前方抱起，妈妈稍微弯曲身子，两手分别托着孩子的大腿根，让孩子头和背部贴在你的肚子上，调整姿势到舒服、放松的自然位，这也让孩子感到舒服，就可以开始“把”孩子大小便了。

一边“把”孩子，一边发出“嘘嘘嘘”的声音，形成条件反射，诱导孩子尿尿。如果是“把”孩子大便，可以发出“嗯、嗯、嗯”的声音。也可以配合歌谣进行，如念《把便便》：“小宝宝，要尿尿，嘘嘘嘘，尿尿尿；小孩子，拉屉屉，嗯嗯嗯，吧吧吧。”

“把”大小便的时间不要过长，一般不超过3分钟，如果孩子没有尿和便可以停“把”，如果拉了，要抱起孩子亲亲他，并夸奖孩子：“真乖，学会排大小便了。”让孩子知道这样可以让妈妈高兴，他也会给你积极的反应，会在有排尿、排便需求时会用动作或声音发出信号，还会等你“把”他才会尿呢。

刚开始时“把”，孩子不一定配合，有的孩子“把”时不尿不便，身体向后挺，蹬腿或者大声哭闹，这是孩子对“把”训练反感的信号，应提高警惕，可暂停“把”孩子，等孩子心情愉快时再进行。不要强迫训练孩子大小便，也不要抱怨孩子不识“把”，更不应该因孩子尿或便在身上而指责和抱怨孩子。多试几次，多等待一些时间，等孩子生理功能成熟、心理准备好就行了，只是不放弃就好。

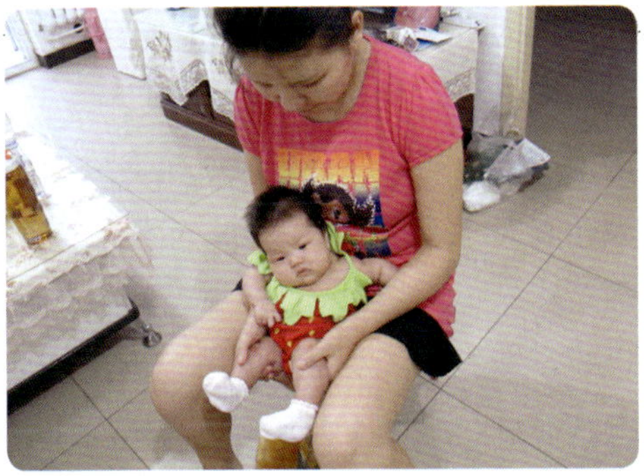

出生7天就可以“把”大小便。1个月14天潼潼已经习惯妈妈给她“把”便便了。

爸爸妈妈要细心观察孩子大小便的规律，观察小便与进食、喝水的关系，慢慢掌握和调整“把”的时间。同时可观察孩子在大便时的表情变化和动作，如孩子大便前他会在床上来回翻腾，有的孩子大便时会出现腹部鼓劲、脸发红、发愣等现象，这是告诉爸爸妈妈快来“把”我吧。通过对孩子的观察，了解孩子大小便时间规律。

爱心提示：对于要不要“把”孩子大小便，何时开始“把”孩子，目前国内外有很大的争议。中国的家长习惯尽早培养孩子有规律大小便的行为习惯，认为这不仅使孩子的胃肠活动具有规律性，有利于孩子皮肤的清洁卫生，减少家长洗尿布的麻烦和用纸尿片的经济压力和不良影响，还可以训练孩子膀胱储存功能及括约肌收缩功能，同时通过“把”尿动作建立条件反射，促进大脑发育。但在西方人们认为过早给孩子“把”尿不好，认为大小便是孩子成长阶段的人生快乐，不该剥夺。过早训练会影响孩子的性格发展。一般认为1~1岁半以前随天性，想尿就尿，“把”大小便的姿势是违反自然，看上去很痛苦。2~3岁的孩子有了更多的自我意识和自控能力，慢慢摘去尿布，让孩子大小便自然而然、水到渠成。所以西方国家的孩子2岁多还带着尿片。长时间穿纸尿裤会给孩子带来什么危害，对这个问题的研究很少（也许商家不太愿意去研究），但纸尿片都存在不透气、使会阴部温度升高的问题。有的研究已经证实，高温会危害睾丸的功能，导致男性不育，高温也可导致女婴会阴部炎症等问题。因此，不少专家也认为要尽量少给孩子用纸尿裤比较好，特别是在夏天最好不用。或者是白天尽量不用纸尿裤，晚上再用。

在“把”与“不把”这种对立的说法面前，爸爸妈妈应该如何做呢？爸爸妈妈可以自己决定，不给孩子造成困惑就好。给孩子早“把”是可以的，重要的是不要强迫孩子，也不要期待孩子一“把”就尿就便。如果孩子不愿意被“把”，如“把”时哭闹、双腿伸直，应立刻停下来，或超过3分钟不尿或不便，也不应再“把”，下次再试就好。让孩子慢慢地熟悉和接受“把”的过程，这样不会因为强迫“把”尿和“把”便而影响孩子的性格形成。也可以白天“把”孩子，晚上让孩子用尿片，这样既不影响“把”的训练，也不影响孩子晚上因“把”而影响休息，同时避免长时间用纸尿片而造成的危害。

孩子形成良好大小便的习惯早与晚，完全与培养的早与晚有关。如果家长从出生后1周左右就开始训练孩子，孩子的大小便能比较早地形成很好的习惯规律。如果不培养孩子的这种习惯，孩子甚至三四岁还在用纸尿裤。

防止新生儿夜哭

目的：了解和预防孩子不良情绪产生，发展孩子的积极的情绪。

方法：新生儿期的孩子每天睡眠时间长达18～22个小时。有的孩子白天吃得好，玩得好，可晚上就哭哭闹闹，俗称“夜哭郎”。家长发现孩子爱夜哭时，要先到医院检查，了解孩子是否是因病夜哭。如果孩子除了夜哭外，白天吃奶、玩耍、睡眠及体重增长都正常，经医生检查，孩子的身体没有异常，爸爸妈妈可从以下方面做一下调节，以改善孩子的状况。

“喂养得当”。喂养不当是导致孩子哭闹的常见原因之一。母乳喂养的妈妈乳汁太少、质量太差或太稀，人工喂养时奶粉与水的比例调配不当，冲得过稀，都会引起饥饿性啼哭。晚上喂奶太勤，干扰孩子睡觉，也会引起孩子啼哭。饥饿原因引起的哭闹，往往喂奶后孩子就会安静入睡，过一会儿孩子就会醒来，又大口大口地吸奶。母乳喂养的妈妈可以把乳汁挤出来看一看是不是太稀，也可送医院检验一下，看看蛋白质和脂肪的含量是不是太低。奶水太少和质量差的妈妈要增加营养，多进食鱼、肉、猪蹄等蛋白质丰富的食物。或者晚上喂完母乳后再给孩子喂一些牛奶，改母乳喂养为混合喂养。如果孩子吃饱后就让他安静地睡觉，不要随便去打扰他，晚间尽量少喂奶、不喂奶，保证孩子休息。

“培养规律睡眠的习惯”。睡眠分快动眼睡眠和非快动眼睡眠。在非快动眼睡眠期孩子睡得很香很沉，而在快动眼睡眠期孩子可能会做梦，面部抽动，手脚乱动，有时还会发出声音等，但此时孩子仍是在睡眠中。所以在晚上孩子醒来哼哼发声时，如果你估计还没有到喂奶时间，可能是孩子在做梦呢，千万记住不要把孩子抱起来，也不要去摸他、摇他，不要去惊动他。如果他哼哼的声音越来越大，你可以把手轻轻地放在他身上，或用手臂紧紧地搂住他，让他感觉到你在他身边，慢慢地他就会安静下来再睡。如果晚上需要哺乳或换尿布了，也不要开灯，只需要一点暗光即可，也不要和孩子说话，尽快喂完奶和换完尿片让孩子睡下，让孩子适应暗的环境，开始有昼夜之分，晚上多睡。

“让孩子分清昼夜”。孩子白天和晚上睡觉时间颠倒了是发生夜哭的原因之一。新生儿的睡眠时间就比较长，只有几小时是处于清醒状态。孩子一醒来就会哭，因为哭就是孩子的语言，但有的爸爸妈妈不太了解孩子的这一“语言”信息，当孩子白天一哭就抱起来，又是摇，又是拍，结果孩子又睡觉了。白天睡多了，晚上就不睡，就可能出现夜哭现象。遇到这种情况，重要的是改变孩子白天睡觉的习惯。白天孩子睡醒后哭时，要和他说说话，用玩具去逗引他，和他一起玩耍，做做游戏，如俯卧转头、竖抱看远、扶站迈步、学游泳、抚触、对视对话等游戏，在游戏中让孩子得到发展，同时消耗体力，这样到晚上孩子就睡得香了。

“注意肠胀气痛”。有的孩子夜里会突然号啕大哭，哭哭停停，间隔不定，会连续哭闹三四个钟头，不论爸爸妈妈怎样哄他、逗他、安慰他，都很难让他安静下来。多数孩子白天玩得、吃得、睡得都比较好，晚上会定时发作哭闹。哭闹时会有明显的不安、小脸涨得通红、膝盖蜷缩，两手握拳，双腿乱踢、腹部隆起胀气的情形，有时在放屁排气后会有所缓解。如果出现上述情况可能是婴儿“肠胀气痛”。据观察发现，有20%的儿童会出现绞痛，常发生在出生后第2~4周，4~6周达到高峰，多在3个月时完全停止。发病的原因不太明确，可能是由于孩子对某些刺激过分敏感。这些孩子通常每天吃得不少，而且也多半健壮。如果你的孩子被诊断为肠胀气痛引起的夜哭，不要过分焦虑和担忧，你要知道这只是暂时的，并不会妨碍孩子的生长和发育，要沉着应对。让孩子趴着睡会比较舒服，用温水袋（注意不要太烫，外面要包一层毛巾）放在腹部也可以。用薄荷油涂在肚子上，轻轻地按摩，也可有一些功用。抱他出去走一走，将孩子抱在肩上，唱唱儿歌，揉一揉，轻轻地摇，多半会奏效。白天即使孩子没有哭闹，你也多抱他一会儿，让他远离太嘈杂的环境，温柔地对他说话和抚摸他。如果以上的办法都未奏效，你最好带孩子去医院检查一下。

“防止缺钙”。这也是孩子爱夜哭的原因之一。在春天和初夏出生的孩子由于在孕期经过了一个长长的冬季，出生14天后没有补充鱼肝油滴剂，又没有到户外晒太阳，就有可能缺钙导致佝偻病。早期佝偻病的表现主要是夜惊、夜哭、睡觉不安静，出汗多，喜欢摇头。需要提醒爸爸妈妈的是，血化验不缺钙，并不能说明孩子没有佝偻病，因为往往是血钙下降之前体内就已经缺钙了，佝偻病就发生了。这类孩子要先补钙剂3~5天，再补充鱼肝油滴剂，约10天孩子夜哭的症状就会改善。

“防止其他不适”。夏季天气炎热，孩子睡不安会啼哭。冬天有的爸爸妈妈怕孩子受凉，把室内温度调得过高，衣服穿得太多，被子垫得、盖得太厚，也会让孩子热燥难受而啼哭。这种情况孩子常常脸发红，汗多，可将室内温度调低。孩子感冒、发热、不舒适晚上也常常哭闹。孩子有湿疹，蚊虫叮咬，衣服上或床上有较硬、较尖锐的东西刺疼皮肤也会哭闹。

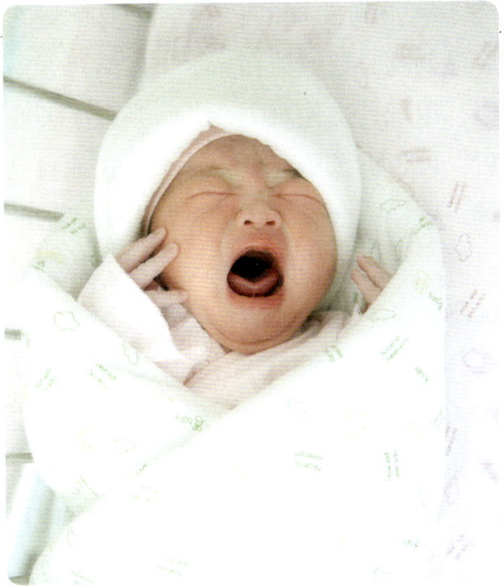

潼潼出生第1天，哭声很洪亮。

爱心提示：在孩子学会说话前，哭是表达需要的唯一方式。最初孩子的哭声多属于生理反射性的哭，进而因环境中的不适引起应答性的哭。再进一步孩子从经验中学到哭可以得到爸爸妈妈的照顾，便出现主动的操作性哭泣，这是社会性的哭。孩子哭是一种不愉快的消极的反应，初生孩子有多种不同模式的哭声。但研究表明，所有1岁前的孩子啼哭的规律都是相同的，孩子啼哭有5种原因，饥饿、瞌睡、身体不佳、心理不适、感到无聊都会引发哭闹。

哭是孩子一出生就存在的原始的情绪反应。孩子的情绪反应直接与他的生理需要是否得到满足有关。有人说，孩子哭是运动，不要抱他，甚至不要管他，其实这样做是要不得的。孩子出生时的第一声啼哭，就是他来到这个世界说出的第一句话！新生儿啼哭是生理或心理的需求，这是孩子力图告诉爸爸妈妈他舒服不舒服、愉快不愉快、喜欢不喜欢、高兴不高兴，他需要什么不需要什么。例如：“我肚子好饿，能喂我一点奶吗？”“我身上好湿，能给我换尿片吗？”他也许在告诉爸爸妈妈：“我好孤独，你们能来看看我吗？”“我好寂寞，爸爸妈妈能陪我说说话吗？”孩子就是这样来呼唤爸爸妈妈的照顾和爱抚的，爸爸妈妈能否满足孩子这种生理和心理的需求，是亲子间情感依恋建立的基础。所以孩子的每一次啼哭，妈妈都要细心地倾听，学习和了解孩子的这一“语言”，知道他“所说的话”是什么意思，是饿了、尿湿了，还是希望妈妈抱抱？以便能读懂孩子的“心”，能够积极有效地处理，满足孩子的生理和心理需求。为孩子提供一个舒适、令他感到安全的环境。母子间的“对话”就这样开始了。通过不断地“对话”，亲子间的纽带就会越系越牢。

生活中爸爸妈妈对孩子夜哭的具体原因有时很难分辨。总的来说孩子还不适应新的生活环境是最主要的原因。爸爸妈妈的爱和温情是最好的安慰剂。当孩子夜哭比较严重，无法安抚时，你可以采取以下措施帮助孩子，也许能减轻他的不适而缓解夜哭。

晚上睡觉时可用包布将他包得紧一些。孩子夜哭时，你用手臂紧紧把他搂在你的身边，让他的身体紧贴着你。因为在妈妈的体内他是被子宫包围起来的，被紧紧抱着，能让孩子重温在母体的温暖，感觉到舒适、安全。

让孩子的耳朵贴近妈妈的心脏，孩子对母亲的心跳声特别喜欢，这使他重温在母体内所听惯的妈妈的心跳声，会有神奇的止哭效果。

将哭闹的孩子浸泡在温水中也有奇妙的止哭效果。孩子出生前在母体子宫内是浸在羊水中的，温水浴可以模拟子宫内的环境，使孩子感到习惯和舒适。

抚摸他，亲吻他，轻言细语地和他说话也是安慰孩子的有效办法。

用不同的方法去抚慰啼哭的孩子，观察他最喜欢哪一种，随时调整，使他得到安慰。得到抚慰的孩子容易满足，好哄，以后啼哭会逐渐减少。对于只有抱才能得到安抚的孩子，在安抚好之后你就及时把他放在床上，然后再亲亲他，用玩具逗他玩一会儿，当孩子开心后，再告诉孩子你要干什么，让他自己玩，这样不会形成孩子经常要大人抱的习惯。当然也不能让孩子形成只能抱着玩耍，而不能自己躺着玩耍的毛病。

如果你的孩子经检查没有什么疾病，生长发育也正常，经观察也没有发现什么异常，说明孩子没有大的问题，夜哭只是还不适应新的环境。即使使用上述做法处理，效果也不明显，你也不要太焦虑，因为你的不安直接会影响孩子的情绪。如果你焦虑不安，只会让孩子感到不适和不安，哭泣会加剧。你可

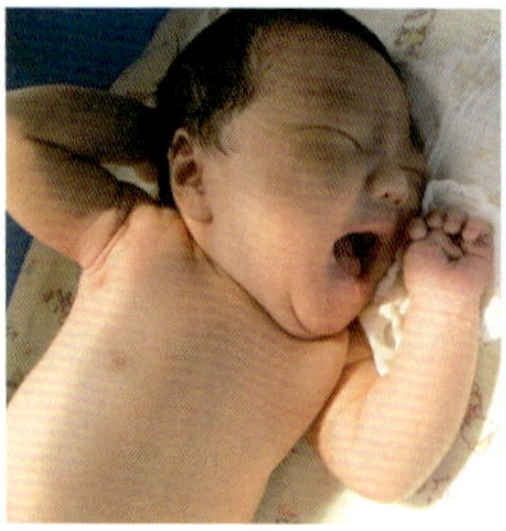
大笑

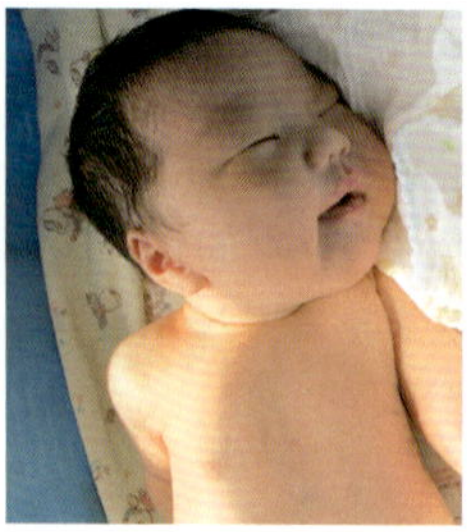
微笑

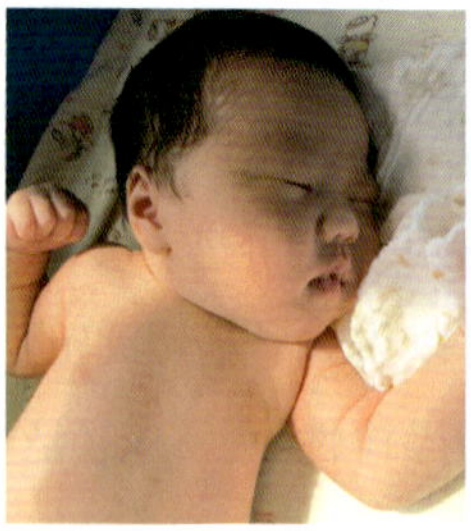
安详

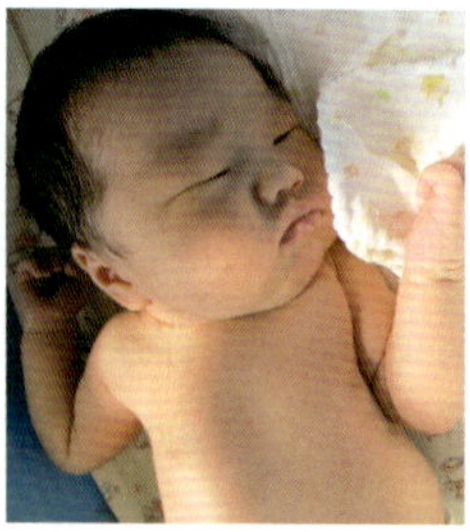
难过

孩子睡眠时有各种各样的表情和动作，看！10天的诗童睡觉的表情和动作多么丰富。不要破坏孩子的睡眠规律，培养好的睡眠习惯。如果孩子夜哭，重要的是了解孩子哭闹的原因并及时给予抚慰。

以搂抱着他，用柔声细语安慰他，使他情绪稳定、有安全感，逐渐建立起对父母亲的信任。慢慢地孩子夜哭的时间就会缩短，最后他就学会晚上安静下来睡觉了。年轻的父母们，孩子稚嫩的身体和心灵都需要爱抚。不要因孩子经常啼哭而扰乱了你们的心情，而忽略了对孩子的爱。

同时，你也要注意孩子生活规律的培养，据观察，孩子最早出生57天（多数75天，最迟3个月）能养成定时睡觉的习惯。孩子最早出生满2个月（多数87天，最迟4个月）晚上10点喂饱后夜间不用再喂奶。

第1个月发育评价

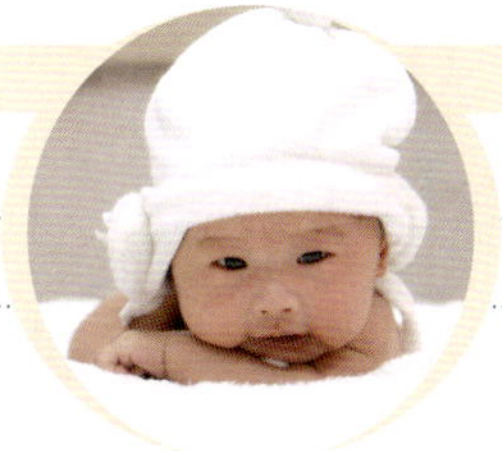

动作

★俯卧能转头和抬头
★仰卧可伸臂和踢腿玩耍
★竖抱能主动调整姿势，间歇地抬头
★手掌能放松，玩具放入手心能马上抓紧

智商

★可注意到眼前摇晃的玩具，视线能跟随玩具左右移动
★听到声音有眨眼、惊动、活动增加或减少等反应
★除了哭会发出咕咕声、叫声、呼噜声等喉音
★有人在视线外说话有转头、发声、停止活动等反应

情商

★会用哭声表达需要
★不愉快时会皱眉
★逗弄时会笑
★喜欢拥抱和抚摸

第2个月

（31～60天）全面发展方案

第2个月（31～60天）全面发展方案

动作发展

婴儿被动操

目的： 发展孩子的肢体动作，增强躯体运动力量。

方法：

第一节 扩胸

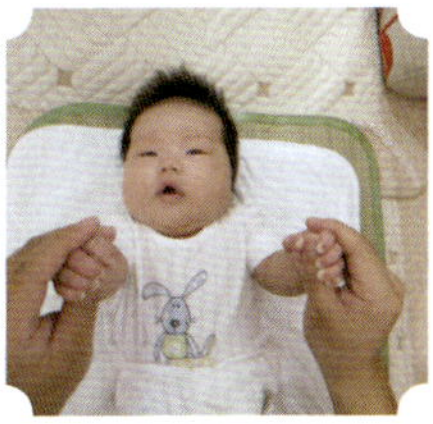

准备：孩子仰卧，将大拇指放入孩子手心中，让孩子握住，其余手指轻握孩子手腕部。使孩子双臂向前平举。

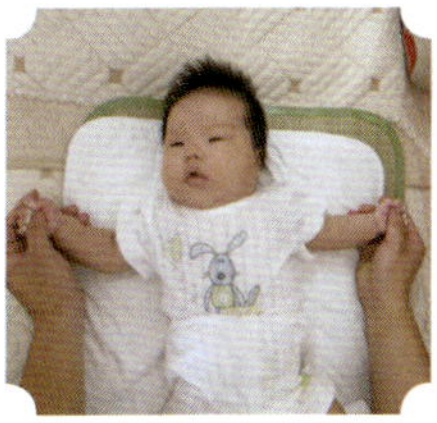

第1拍：双臂向左、右两侧分开，肘关节伸直。

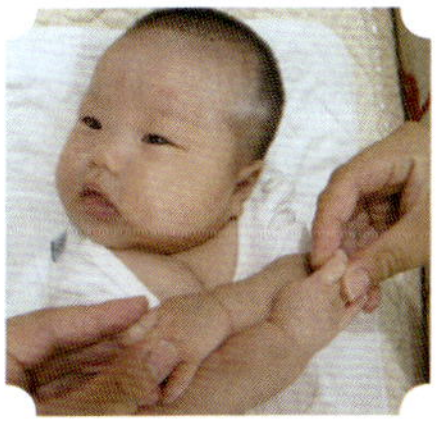

第2拍：双臂在胸前交叉。

重复8拍。

第二节 双臂上举

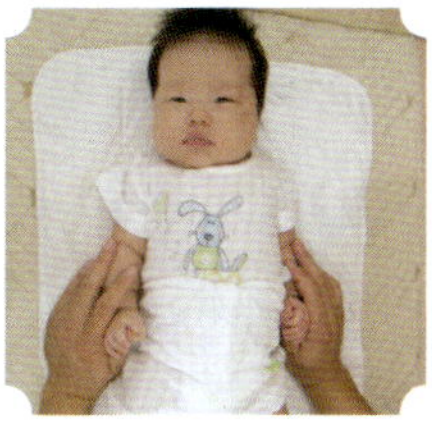

准备：让孩子仰卧，轻握孩子手腕，放置孩子身体两侧。

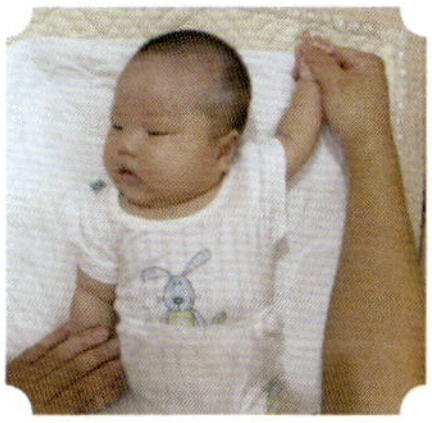

第1拍：左臂上举。

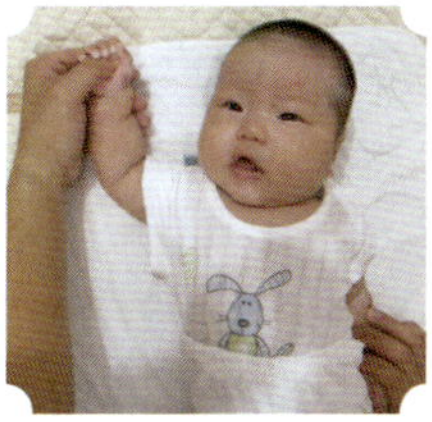

第2拍：右臂上举，左臂放下。

第3拍：左臂上举，右臂放下。

第4拍：右臂上举，左臂放下。

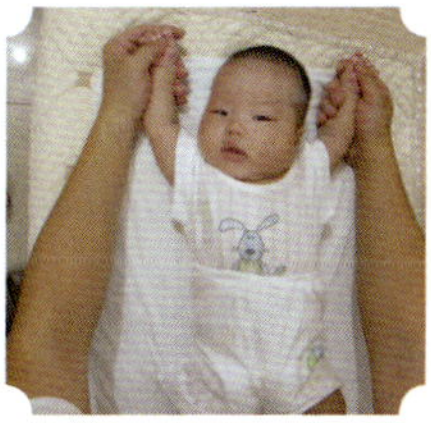

第5拍：右臂放下再双臂向上举。

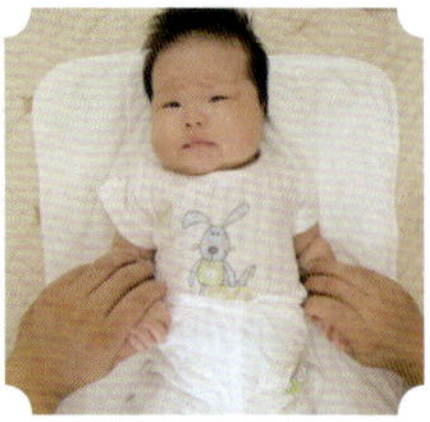

第6拍：还原。

第7、8拍同5、6。

第三节 双臂伸屈

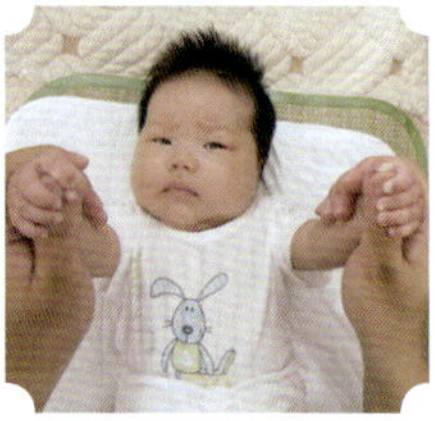

准备：与第一节准备同。

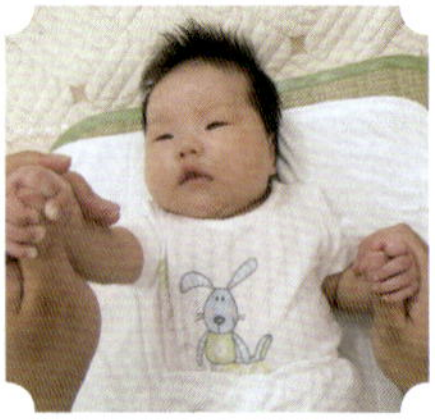

第1拍：左臂肘关节屈曲，右臂向前伸直。

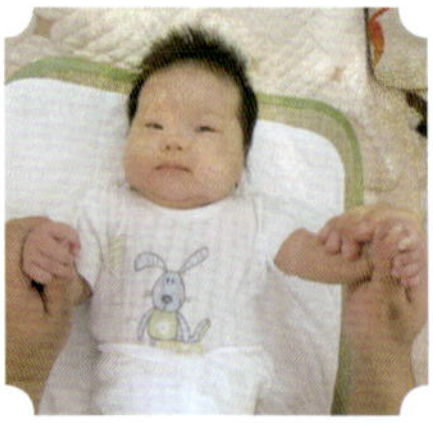

第2拍：右臂肘关节屈曲，左臂向前伸直。

第3、4拍同1、2拍。

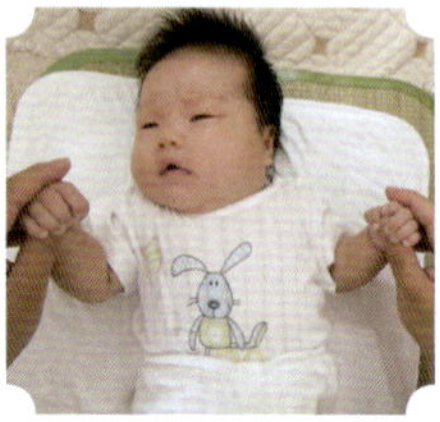

第5拍：双手臂肘关节屈曲。

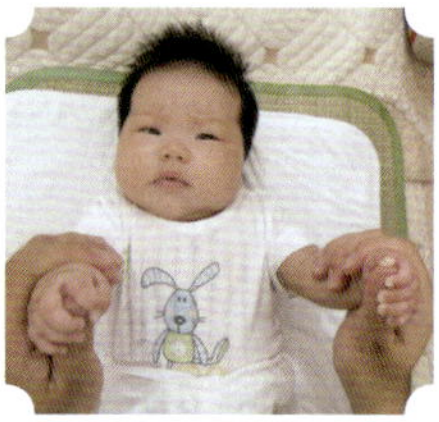

第6拍：双手臂关节伸直。

第7、8拍同5、6拍。

第四节 双臂环绕

准备：与第二节准备同。

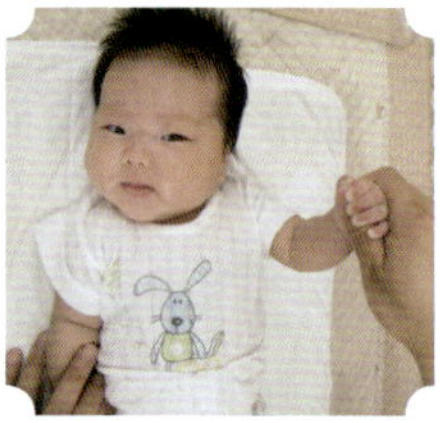

第1、2、3、4拍：左臂由上向下环绕。

第.5、6、7、8拍：右臂由上向下环绕。

重复1次8拍，左、右臂分别由下向

上环绕。

第五节 双腿伸屈

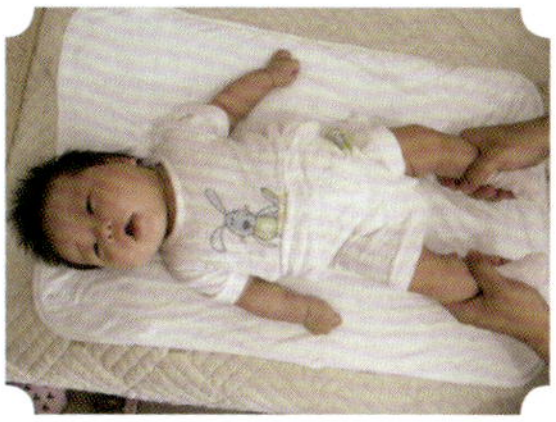

准备：让孩子仰卧，双手轻握孩子两脚踝外侧，让孩子双脚伸直。

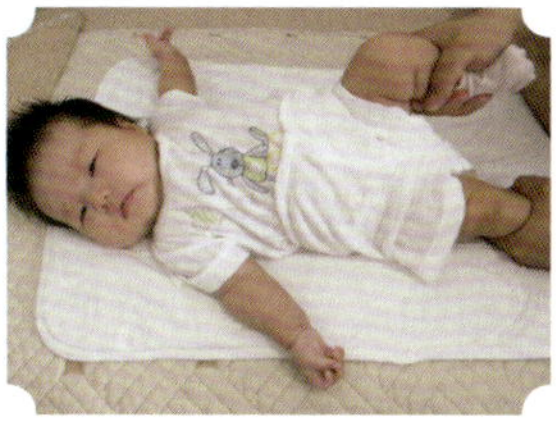

第1拍：左膝关节屈曲，膝盖向上缩至腹部，左腿伸直。

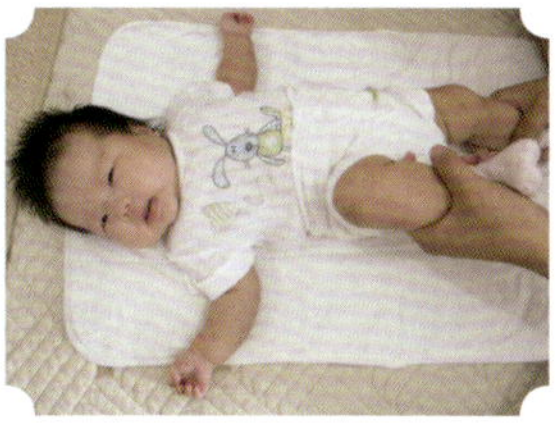

第2拍：右膝关节屈曲，膝盖向上缩至腹部。

第3、4拍同1、2拍。

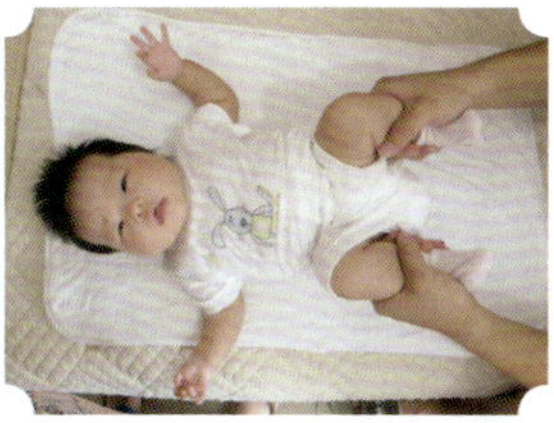

第5拍：双腿同时屈缩至腹部（双腿并拢）。

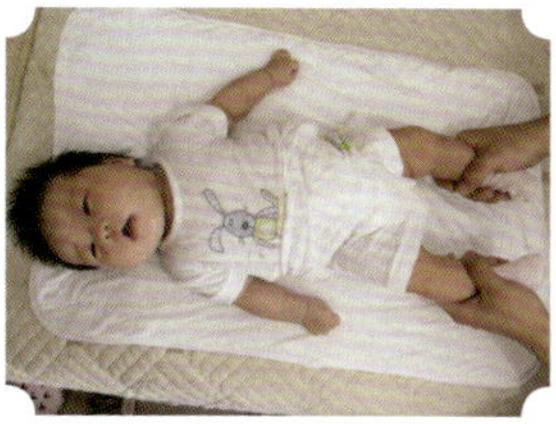

第6拍：还原。

第7、8拍同5、6拍。

第六节 双腿上举

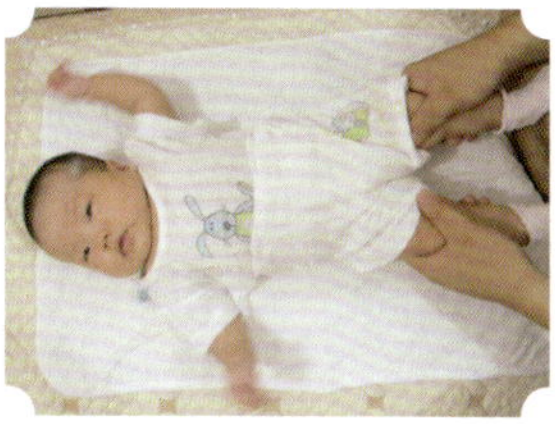

准备：让孩子仰卧，双手轻握孩子膝部，双腿伸直。

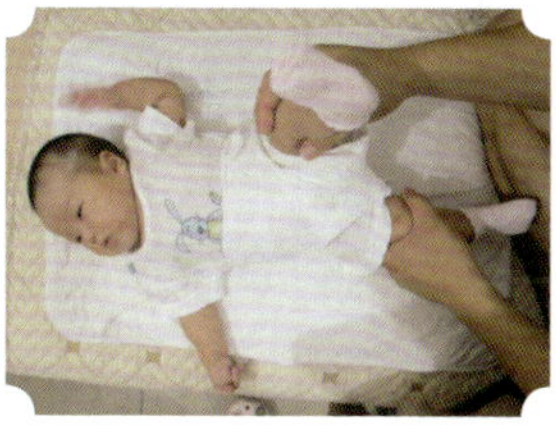

第1拍：左腿上举与腹部成直角，右腿伸直。

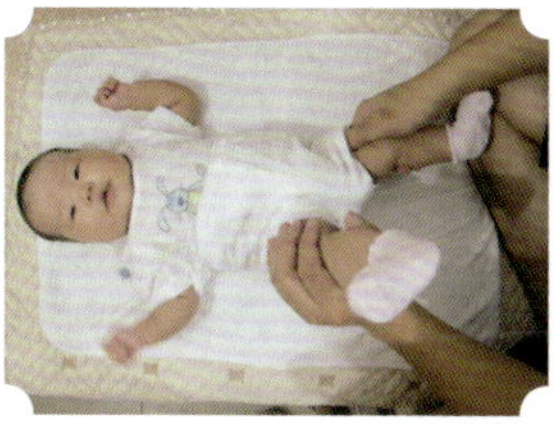

第2拍：右腿上举与腹部成直角，左腿伸直。

第3、4拍同1、2拍。

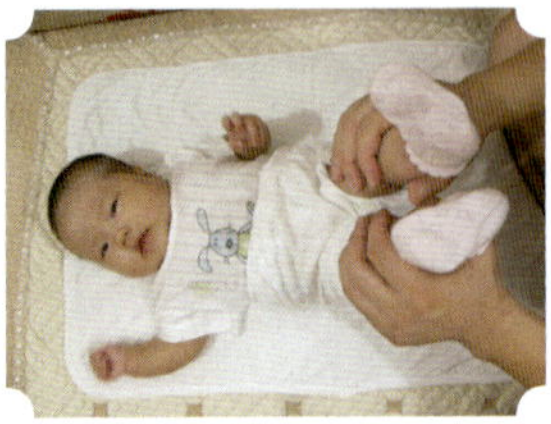

第5拍：双腿上举与腹部成直角。

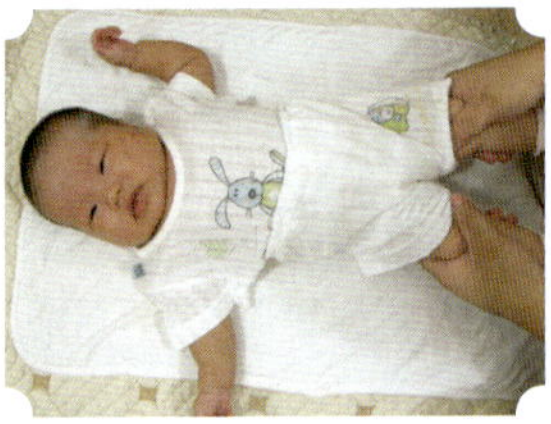

第6拍：还原。

第7、8拍同5、6拍。

第七节 伸屈踝关节

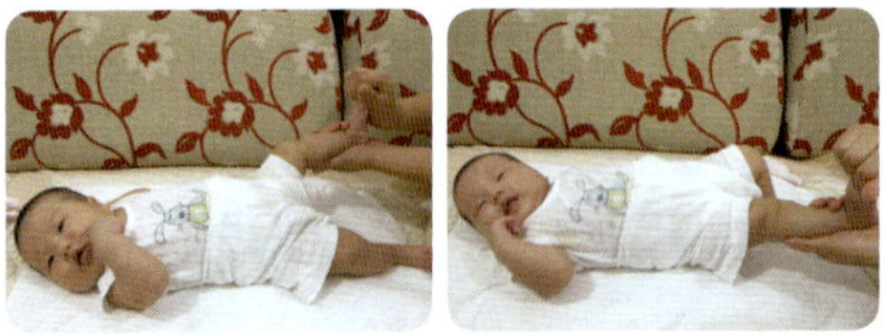

准备：孩子仰卧位，一手握孩子的踝关节，一手掌紧贴孩子脚面，手指抓住脚趾。

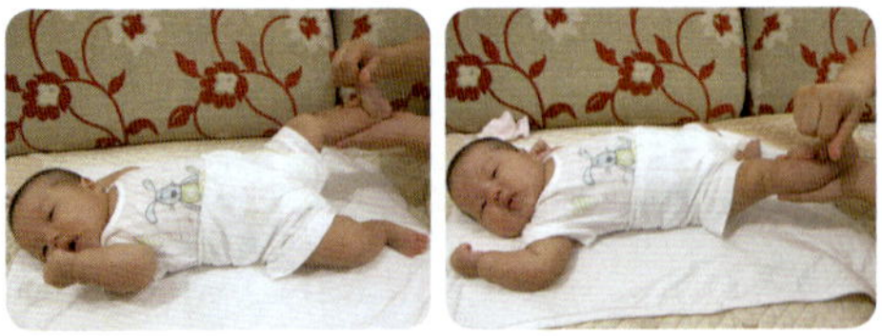

第1拍：手向前压，让踝关节屈曲。

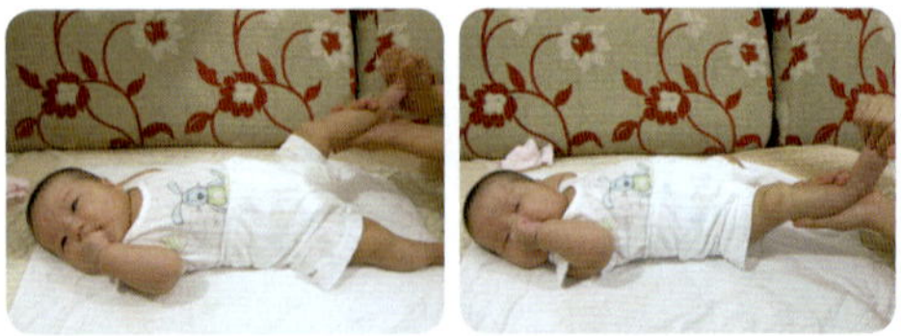

第2拍：手往后拉。让踝关节伸展。

第3、4拍同1、2拍。

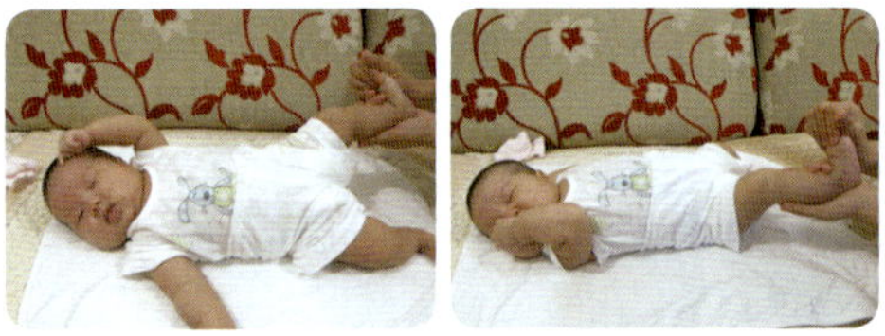

第5、6拍：让踝关节向左旋转一圈。

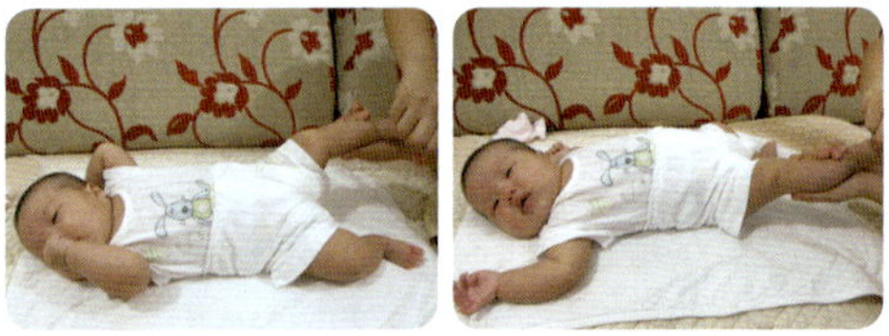

第7、8拍：让踝关节向右旋转一圈。

左右踝关节各做1个8拍。

第八节 翻身

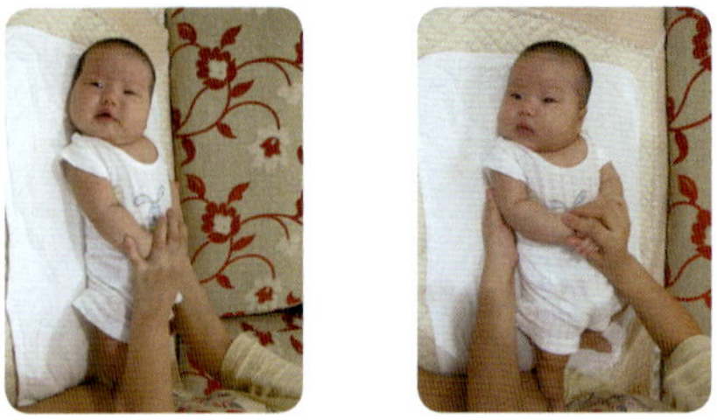

准备：让孩子仰卧，双臂交叉放在胸前，妈妈左手抓住孩子的双臂，右手扶着孩子的背部。

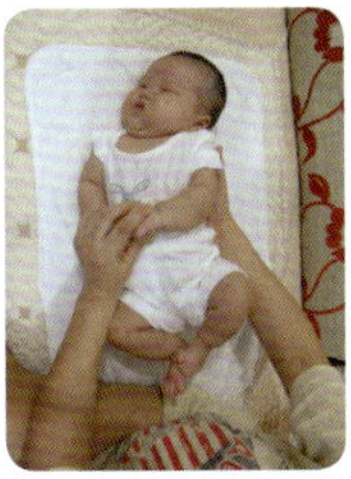
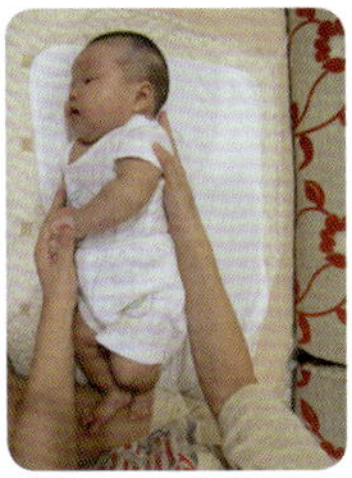

第1、2拍：让孩子向右翻身成侧卧位。

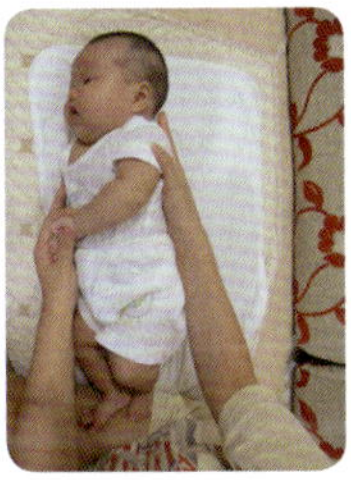
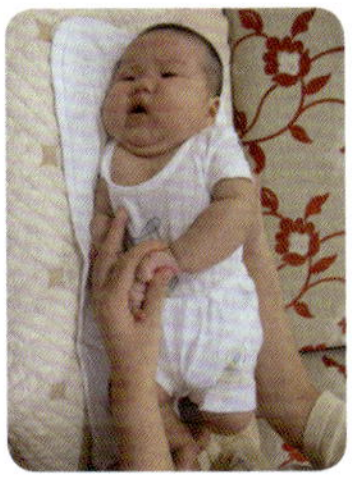

第3、4拍：还原。

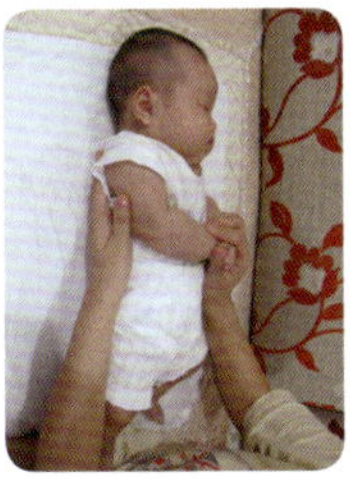
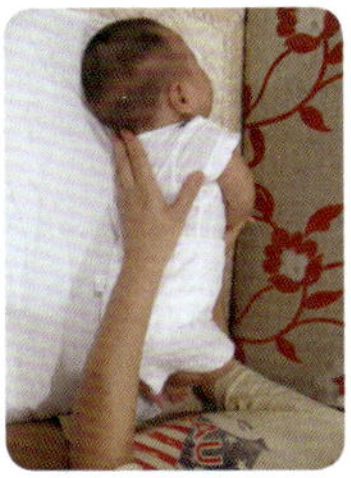

第5、6拍：让孩子向左翻身成侧卧位。

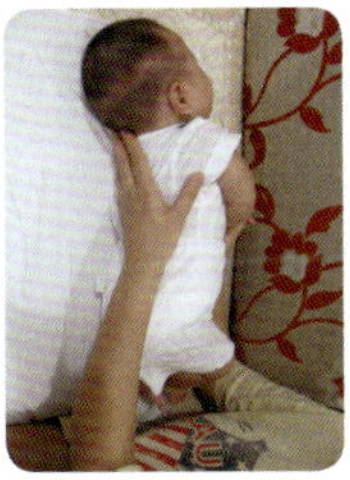
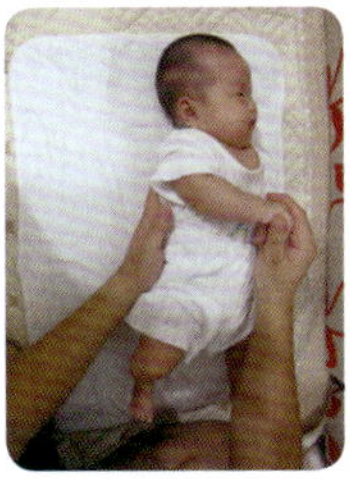

第7、8拍：还原。

爱心提示：本保健操适合2～6个月的孩子。每日1～2次，边做边放舒缓的古典音乐，并有节奏地数节拍“一、二、三、四”，“二、二、三、四”。每次可做2个8拍。爸爸妈妈可以边做操边唱儿歌：“乖孩子，来做操，伸伸手，蹬蹬腿，天天锻炼身体好。”或者根据肢体的位置说：“上、下、左、右。”给孩子做被动操不但可以使孩子产生舒适愉快的情绪，还能锻炼孩子的大肌肉，但动作一定要轻柔。爸爸妈妈可以边唱歌边做，也可以打开音乐让孩子随着音乐节奏来做。如果孩子有些紧张烦躁，可暂时停下来，以皮肤抚摸替代，帮助孩子放松。爸爸妈妈经常帮助孩子做运动，不仅能提高孩子身体机能的灵活性和协调性，而且培养了孩子空间的概念，促进右脑的发育。

抬头挺胸

目的：锻炼颈部、胸背部肌肉和手臂力量。为坐、爬行和站立做准备。扩大视野范围。

方法：在地板上铺上薄毛毯，或选择稍有硬度的床。让孩子趴在地板上或床上，两手臂朝前放。用色彩鲜艳有响声的玩具如哗铃棒或不倒翁在他前上方摇晃，逗引他抬头向上看，可以说：“贝贝，好漂亮的玩具，抬头看一看。”来逗引他努力抬头挺胸往上看，头和胸抬得越高越好。

还可以将玩具从孩子的眼前慢慢地移动到头部的两侧，让孩子的头随着玩具移动，这个方法不仅锻炼了他俯卧抬头的持久力，而且也锻炼了他颈部转动的灵活性。

爱心提示：游戏要在孩子清醒空腹后，喂奶前1小时进行。游戏从30秒钟开始逐渐延长，每次不宜超过2分钟。开始每天1次即可，以后根据情况增加到每天3~4次，以不让孩子感到疲劳为宜。

纤纤1个月24天，正俯卧着玩耍。你还可用玩具逗引孩子抬头挺胸，训练孩子的颈部、胸背部和手臂力量。

抬头挺胸游戏是在第1个月俯卧抬头训练的基础上连续进行的，通过训练孩子的颈部、胸背部和手臂力量，使孩子逐渐能抬头，胸部能离开床，双手支撑身体。这些动作是有序发展的，在满1个月时（最早30天，多数50天，最迟80天）孩子俯卧时能躺平，下肢可自由活动。在快满2个月时（最早57天，多数82天，最迟96天）俯卧时能抬头，下巴和肩部能离开床。到3个月（最早多数，最迟96天）多数孩子下巴离床7寸，体重落在前臂上。快到5个月（最早115天，多数147天，最迟174天）多数孩子胸部能离开床，体重落在手上。

仰卧到侧卧翻身

目的：让孩子学习从侧卧到仰卧，再从仰卧到侧卧翻身。

方法：先让孩子面朝上躺着，在孩子上方摇动玩具，当孩子注意到玩具时，再慢慢地往侧面移动玩具，逗引孩子往侧面看，一边说：“贝贝，翻身了。”这样孩子可能会不知不觉就从仰卧翻身到侧卧了。然后让他自己保持侧卧位玩一会儿玩具。如果孩子不能保持侧卧位，可用一床小褥子或一个枕头支撑在孩子的背后，让他侧着身子玩一会儿。经过多次练习之后，当镜子立在一侧时，孩子会自己转过去看镜子，不必在背后垫东西也能稳定侧卧了。

如果孩子不能自己翻身，你可以帮助他将一侧的胳膊放平，不要压在身体下面，把另一胳膊放在胸前，同侧大腿的膝关节稍微弯曲，再轻轻推一推他的足和臂部，帮助孩子从仰卧转向侧卧，经过多次训练，孩子就会轻松侧翻了。

注意左右侧翻要同时训练，侧翻后再让孩子从侧卧位转身到仰卧位。

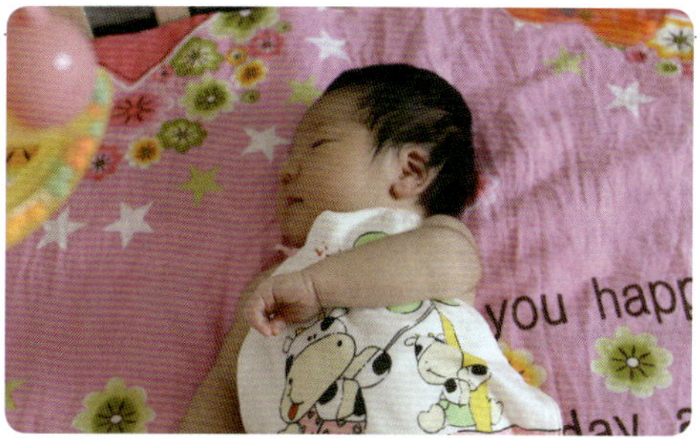
妈妈经常用玩具逗引扣扣翻身，12天的扣扣能从仰卧翻身到侧卧了，并能保持在侧卧位一会儿。

爱心提示：有的孩子21天就能从“侧卧到仰卧翻身了”，但多数孩子在51天才能做到。“从仰卧到侧卧翻身”难度稍微大一点，最早满2个月（多数129天，最迟6个月）才能做到。学翻身时尽量不让孩子穿得太多，以免影响孩子活动。要注意让孩子左翻一下，右翻一下，身体的两边都得到很好的锻炼。在天气暖和时，也可带你的孩子到公园或小区花园里，把毯子铺在草地或较软的地面上，让孩子学侧翻。翻身是孩子早期全身运动的好方法，多数孩子喜欢翻滚动作。当孩子学会翻身后，活动能力增强了，要注意不要让孩子独自躺在无栏杆的床上，不要把孩子放在沙发上，以免孩子从高处翻滚下去而跌伤。

坐一会儿

目的：训练孩子坐的能力。

方法：先抱起孩子坐在你的腿上或桌子上，再慢慢地松开你的手，同时说：“贝贝，坐一会儿。”然后赶快扶着孩子。开始可以每天让孩子坐3次，随着孩子年龄增长逐渐再增加坐的时间。

抱起孩子坐在爸爸或妈妈的腿上，让孩子靠在你的胸前，面向前方，和孩子一起看一会儿画书或玩一会儿玩具。

让孩子坐在沙发上或床上，用一个枕头支撑他的背部，让孩子坐一会儿。

让孩子坐在桌子上或地板上，将他的腿摆成V字形，让他的双手可以放在两腿之间。这样可以保持平衡，学着用手支撑自己坐立。

爱心提示：当孩子满1个月（多数75天，最迟5个月），你竖抱着孩子，让他靠在你的肩上，不用手去支持孩子的头部，他就能保持头部竖起。此时你就可以让孩子练习坐一会儿。当孩子满

纤纤1个月23天，靠着沙发坐着，努力让头部与身体平衡，维持坐位。

1个月（多数66天，最迟5个月），让孩子坐在你的腿上或床上，慢慢放开扶他的手，孩子就能努力拉紧肌肉维持坐位。到孩子满2个月（多数105天，最迟6个月），让孩子坐在桌子或床上，让他的双腿伸直，并分开，只要轻轻地用你的手扶一下孩子的背部，或用一个枕头支撑他的背部，他就能坐起。

孩子学会坐，能以不同角度去看和听周围环境，对孩子来说是一个全新的生活，对促进孩子的认识发展有很大的意义。但孩子还小，腰背部的肌肉力量还不够强，因此不要长时间进行坐的游戏和训练。扶坐这个动作的发展，有的孩子2个月就能做到，有的孩子6个月才能做到。但你不用过分担心，只要在这个年龄段内能做到，就说明孩子此项动作发育正常。爸爸妈妈不要为了让孩子早一天做到而过度训练孩子。孩子动作的发展不仅与训练有关，也与孩子内在的发育模式有关，与遗传因素有关，如果后两种因素不具备，训练是不会有成效的，这一点爸爸妈妈一定要记住。有的孩子开始发展某个动作或某个生理指标，如坐、爬、行等动作，身高等指标，开始可能发展得缓慢，但突然有一天孩子会快速发展，赶上甚至可能超过发展指标，把所有失去的时间都赶了回来，我们称之为“赶上发展”。所以爸爸妈妈要给孩子时间，耐心等待孩子动作发展成熟的那一天。

坐轮船

目的：锻炼孩子抬头能力和发展触觉能力，加强亲子间的情感交流。

方法：爸爸或妈妈穿上柔软轻薄的衣服，将孩子抱在胸前，与你面对面，再慢慢地斜躺或平躺在床上，让孩子自然而然地俯卧在你的胸前。再扶着孩子的头部至正中位，并将孩子的两手臂放在他的头两侧，然后轻轻和孩子说话，这样可引导孩子努力抬头看你的脸和听你说话。双手放在孩子脊背上轻轻按摩，帮助孩子放松。然后妈妈慢慢地深呼吸，使腹部跟着呼吸上下起伏，让孩子感受妈妈身体的缓慢运动。也可以加大腹部运动幅度，先用手抱住孩子，再抬高和放下腰部和臀部，让孩子感受“轮船”在波涛中的起伏和摇晃。

边做游戏还可以边跟孩子唱儿歌。

坐轮船：小宝宝，坐轮船，左颠颠，右颠颠，晃晃悠悠真舒坦。

潼潼1个月17天爬在爸爸的肚子上“坐轮船”，能抬起头，保持身体平衡，真棒。

姥姥家：坐轮船，坐轮船，船哪里去，船到姥姥家去。

爱心提示： 选择孩子空腹的时候做此游戏，游戏中要注意保护好孩子的头部。这个游戏也可以训练孩子抬头，让孩子的颈部、背部肌肉得到很好的锻炼。让孩子趴在妈妈的腹部上，你与孩子面对面的语言交流对孩子早期的情感发展也非常重要。增加你和孩子的亲密指数。身体接触有助于帮助家长与孩子之间建立起亲密的关系和良好的依恋关系，而良好的依恋关系的建立有助于孩子日后建立良好的社会关系。通过俯卧抬头训练，孩子满2个月（多数99天，最迟6个月）家长双臂竖抱孩子，不要用手去扶孩子的头，来回走动，他能保持头部竖立。

踢打吊球

目的： 发展眼—手协调能力，同时锻炼腿部的力量和灵活性。感受自己对外界环境的影响。

方法： 准备一个带铃铛的彩球，孩子仰卧在床上，爸爸或妈妈摇响球，逗引孩子，孩子会因爸爸妈妈的出现，看到鲜艳的色彩，听到悦耳的铃声兴奋得舞动手脚，这时拿球去触碰孩子的手或脚，引导孩子抬起胳膊或腿去打或踢彩球。或者直接拿着孩子的手或腿去拍打和踢家长手中的球。

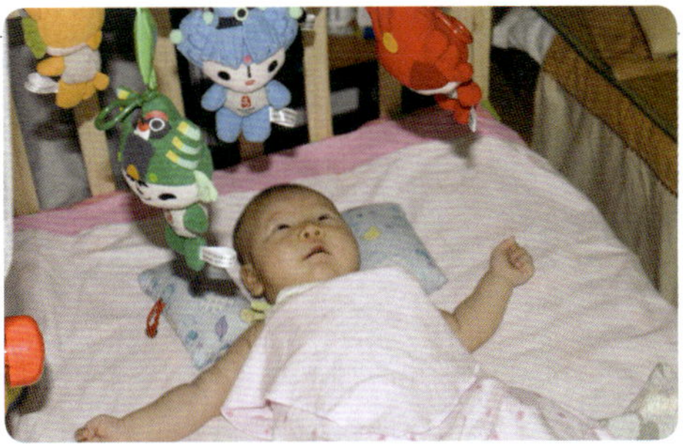

扣扣1个半月，看见吊球想伸手去拍打，有时还会用脚本去踢，但她还拍不到和不能踢到吊球。

把带铃铛的两个彩球和两个木环吊在木棍上（环吊在最外面，彩球在里面），再把木棍固定在婴儿床上。拿起孩子的双手抓住两边的环，再抓孩子的一只脚，“踢”彩球，彩球发出响声，孩子会非常喜欢。待彩球静止后，拿起孩子的另一只脚，再“踢”彩球，经过几次训练后，孩子就能自己用手抓住吊环，极力向上牵拉身体，好像要坐起来一样，同时还会努力地抬起脚去踢球。

如果天气够暖和，你可以把彩球拿到户外，系在结实的树枝上，抱着孩子去拍打。

爱心提示： 彩球或玩具大小要适中，色彩以鲜艳的单色为宜。2个月的孩子会伸手去抓物体，但有的还抓不着，所以玩具要放低一点，让孩子不自主地伸手就能够到和碰到，有助于他获得信心。多数孩子4个月左右才能伸手或伸腿去拍打和踢吊球，此时球的位置可稍微挂高一点，让孩子需要用一点劲才能打到玩具。有时因为孩子眼手还不能协调，要试很多次才能拍和踢到球。通过训练孩子才能逐渐完善拍打的动作技巧，到4个月后孩子就能眼手协调地拍和踢球了。

当孩子吃饱、睡醒后，可让孩子自己躺在床上玩拍球、踢球游戏，不用打扰他，他会玩得兴高采烈。有时他会两手抓住吊环使劲地引体向上，让自己的头、胸和背甚至是屁股抬离床上。也会把自己的小脚抬高90°，不停地去踢响吊杆上的玩具，常常一个人玩得不亦乐乎。

玩吊球和吊环游戏可使全身各个部位都能得到运动和锻炼。有颜色的彩球和有声的玩具能给予孩子色彩和声音的刺激。孩子在游戏中还会感受和认知到他的动作与铃声的关系以及对彩球影响，这对孩子的思维能力发展有很好的促进。

握握手

目的：练习抓握，促进情感交流。

方法：爸爸或妈妈可把食指放在孩子手心让他握住，对他说："握握手，好朋友。"孩子逐渐学会握住爸爸或妈妈的手指，高兴地随爸爸妈妈的手上下左右摇动，长时间不松开。通过反复训练后，在6个月前后，当见到小朋友或见到熟人时，爸爸妈妈说"握握手"，孩子就会伸手与别人握手。练习抓握可以促进情感交流和社会性发展。

爱心提示：孩子2个月时已经对自己的手有所感觉了，细心的爸爸妈妈会发现，孩子在玩耍时常常会注视自己的小手。有观察发现，最早87天（多数98天，最迟110天）孩子会将双手放到面前观看，用一只手抓住另一只手的手指，有时还会将小手放进嘴里吮吸，好像在用心去认识和感觉自己的手的能力一样。

手是孩子认识事物的工具，我们一定要让孩子尽早认识自己的手和运用自己的手。同时手的触觉非常发达，抓握是3个月以内的小孩子触觉训练的主要方式之一。这种方式能让孩子体验到不用双眼认识物体的喜悦。游戏时要看着孩子，轻轻摇晃手指，不能太用力。孩子会无意识地紧紧握住手指不放，这时候再轻轻晃动手指，慢慢地他会懂得握手的含义。

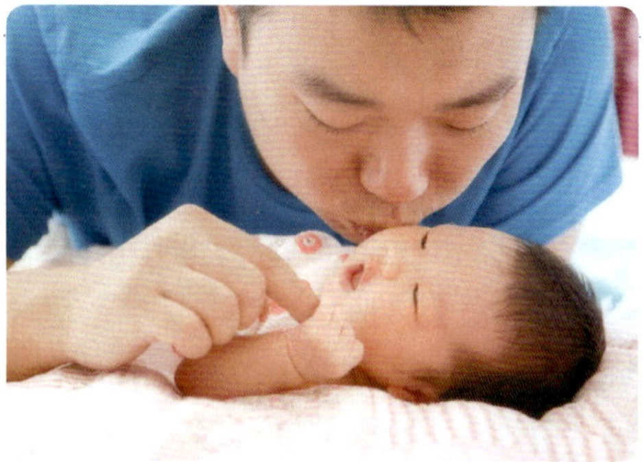

潼潼1个月18天，紧紧地抓住爸爸的手，还一边和爸爸"对话"。

亲子游戏的目的是为了在爸爸妈妈和孩子之间营造一种充满信任和爱意的情感联系。因此，游戏过程中爸爸妈妈要注意，与孩子的游戏不仅仅是重复这些程序，整个过程都是母爱和父爱的传递，只有让孩子感觉到爱，他才会有足够的安全感，所以，爸爸妈妈的心情也要愉快。

注视和紧握积木

目的：训练眼手协调和抓握能力。

方法：当孩子吃好睡足处于清醒状态时，你可抱起孩子坐在桌子前，把一块小积木放在孩子面前，拿起积木敲一敲，让积木从桌子一边滚到另一边，让积木旋转，引起孩子的注意，让他的目光能追随着积木移动而移动，并逗引他伸手来抓积木。

把积木放入孩子的手中，让孩子握住方木。注意积木和玩具不要太大，约2.5立方厘米大小就可以。注意要用语言鼓励孩子去抓握积木。

爱心提示：据观察，孩子最早满1个月（多数72天，最迟4个月），会有目的地、很明显地注意到你手中的积木。也就是说孩子能更快地把目光集中到放在他眼前的物体上了。据观察还发现，孩子最早54天（多数69天，最迟87天）开始学会自己展开手指了。孩子能张开自己的小手，为抓握物体开始做好准备。因此，你要借助于抓玩具的游戏来帮助孩子进一步学习眼手协调。把玩具放在他手边，让孩子看到玩具并伸手去抓玩具，但在这个月孩子还不能主动地伸手去抓取玩具。你可把玩具放入孩子的手中让他抓握。有观察发现，孩子最早满2个月（多数102天，最迟6个月），家长把积木放入他的手中，他就能短暂地（2秒钟以上）抓握积木。

潼潼姥姥从她出生开始就喜欢用各种东西来训练她的抓握能力。1个月19天的潼潼还不能伸手抓玩具，但能握住紧手中的摇铃。

要想提高孩子的眼—手协调能力和手抓握物体的能力，爸爸妈妈可经常在桌子上放一个便于抓握的玩具，如方形积木、拨浪鼓、铃铛和触摸球等，抱起孩子坐在桌子前，摇一摇或敲一敲拨浪鼓、铃铛、积木或触摸球，引起孩子注意，去看着你玩这些玩具，或倾听它们发出的声音，再让孩子自己伸手去抓握桌子上的玩具随意玩耍，这是训练孩子的抓握动作、促进孩子精细动作发展的基本做法。要想让孩子小手灵活，要多让孩子做抓物游戏。

玩哗铃棒

目的：学习手的抓握和运动。

方法：准备哗铃棒。妈妈先摇动色彩鲜艳、能发出声响的哗铃棒吸引孩子的注意，再把哗铃棒触碰孩子的手掌，让孩子能握住哗铃棒，再拿着孩子的手和他一起摇动哗铃棒，发出声响。

你可以把哗铃棒作为一般的玩具，放在孩子的手中让孩子去玩耍。开始孩子的抓握能力不强，不能够摇响哗铃棒，但爸爸妈妈不要着急，多让孩子抓握哗铃棒就可。

妈妈可以给孩子各种可以摇动并发出声响的玩具玩耍，引导孩子去抓握和去摇响。

爱心提示：拨浪鼓是中国孩子最古老玩具之一，它与哗铃棒一样可训练手的抓握动作、听觉及视觉能力。训练这个年龄的孩子主动张开小手去抓握物体的能力，有利于孩子精细动作的发展。摇动哗铃棒和拨浪鼓，发出的响声会引起孩子注意，他会想："为什么它会响？是我的手在动吗？"孩子会专注地观察、倾听，一旦他明白了听到的拨浪鼓的响声和看到的拨浪鼓的运动与自己的手的动作有关时，他会摇得更加起劲。孩子会初步意识到视、听和手的动作是有联系的。

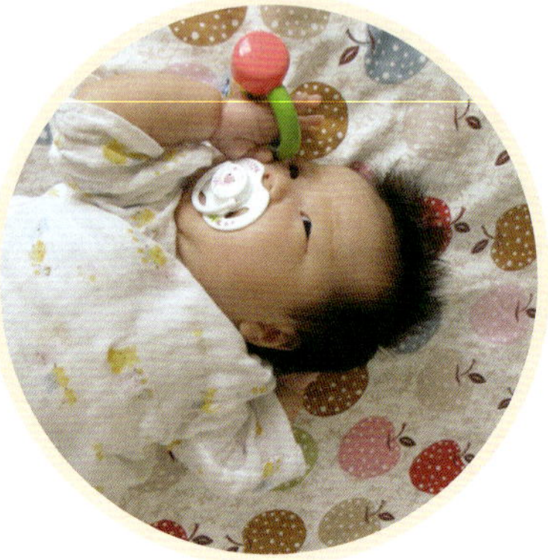

潼潼1个月17天，抓住玩具，好像要把它抓进口中咬一咬。

据观察，经过训练，孩子最早满2个月（多数99天，最迟5个月）就可以简单地玩哗铃棒或拨浪鼓了，他会去看自己手中和别人手中拿的哗铃棒或拨浪鼓，认真听哗铃棒或拨浪鼓的声音，他还会握紧你放入他手中的哗铃棒或拨浪鼓，试图想摇响它，放入口中咬，举在眼前看。

智商开发

左看右看

目的：训练用眼睛找声源，从一个物体转看另一个物体。

方法：当孩子睡醒、愉快时，让孩

子卧在小床上，爸爸或妈妈先将摇铃放在孩子眼睛上方20厘米处连续地摇响，引起孩子注视摇铃，再把它移到左边，再移到右边，重复进行（不要离开孩子的视野范围），让孩子的视线跟着摇铃左右移动。

拿出一个拨浪鼓，放在孩子一边摇响，当孩子注视到拨浪鼓时，停止摇动，拿出摇铃放在另一边摇响，如此交替摇响摇铃和拨浪鼓，吸引孩子左边看一看摇铃，再右边看一看拨浪鼓，从一个物体转看另一个物体。

爸爸先站在一边和孩子说话并摇动玩具，引起孩子注意后停止，妈妈再在另一边和孩子说话并摇动玩具，让孩子的视线从爸爸转移到妈妈。

潼潼从2个月开始，爸爸妈妈就训练她的听力，现在她能准确地辨别不同的声音和声源。

爱心提示： 孩子到了第2个月，醒着的时间就长得多了。这时可以多和孩子做游戏了。由于孩子的颈部肌肉发育得还不够强壮，孩子还不能确切地将头转向声音发出的方向，但他的眼睛能缓慢地从一侧转向另一侧寻找声源。据观察，孩子最早满月后（多数63天，最迟4个月）就会用眼睛去寻找声源。孩子最早满月后（多数78天，最迟在5个月）能从一个物体看向另一个物体。孩子听声音就能注视，出现这种视听联系是孩子智能发育的新进展。训练孩子用眼睛找声源，能促进视听能力，促进眼肌、颈部肌肉的协调能力，有益于提高孩子控制自己身体、动作、调整的能力。

到室外去

目的： 促进视觉和认知能力的发展。

方法： 每天爸爸妈妈要定时抱起孩子到室外到处走走，遇到什么，指给他看，说给他听。爸爸妈妈可指着花说："花，真漂亮。"或者看到汽车说："汽车，嘀嘀嘀。"如果孩子对一些事物感兴趣，他会盯着看个究竟，会边听边伸头张望，四肢活动减少，有时会伸手摇摇，身体使劲不让家长走开。

孩子经常被抱到外面去，在爸爸妈妈抱起时会伸手指着门的方向，手舞足蹈表示要出去。

爱心提示： 孩子出生的第2个月，

醒着的时间就长得多了。这时不要总是待在家中，即使冬天也可在中午太阳好的时候带孩子出去走一走、看一看。

纤纤的曾祖父，经常抱他到室外去走一走，看一看。外面的世界总是能吸引纤纤的注意。

孩子能意识到陌生的环境，最早60天（多数102天，最迟5个月）。当他来到新的环境，他会惊愕地注视，很有兴趣地环视周围，转头四处张望，还会睁大眼睛观看周围的事物，会带着好奇心凝视着新的环境，明显地表现出知道自己是来到了一个陌生的场所中。经常带孩子到不同的环境中玩耍，看看新的环境，可促进视觉和认知能力的发展。

触摸五官

目的： 体验触摸的感觉，认识五官。

方法： 让孩子躺在床上，处于比较舒服的位置。把你的双手放在孩子的脸上，沿着孩子的眼睛、鼻子、嘴巴、耳朵和头发划过。当触摸到某个位置你就要说出它的名称，如触摸眼睛时，你要告诉孩子说："这是眼睛。"你的手指先从眼睛上方的内侧慢慢地划向外侧，再从下方的内侧慢慢地划向外侧。触摸到鼻子时，你要告诉孩子："这是鼻子。"你的手指先从鼻子上方慢慢地划向鼻尖，再划过两边。摸到嘴时，你要告诉孩子："这是嘴。"把你的手指沿着嘴唇从人中划向两侧嘴角。摸耳朵时沿耳廓从上到耳垂。摸头发时你可以把手指从孩子的头发中穿过。

爸爸妈妈也可以拿起孩子的双手让他触摸你的脸，同上一样，摸着哪个部位就告诉孩子这个器官的名称，同时你可活动一下该部位。如孩子的手触摸到你的眼睛，你可以眨一眨眼睛。触摸到鼻子时，你可以吸吸气。触摸到嘴时，你可以轻轻地咬一下孩子的小手。

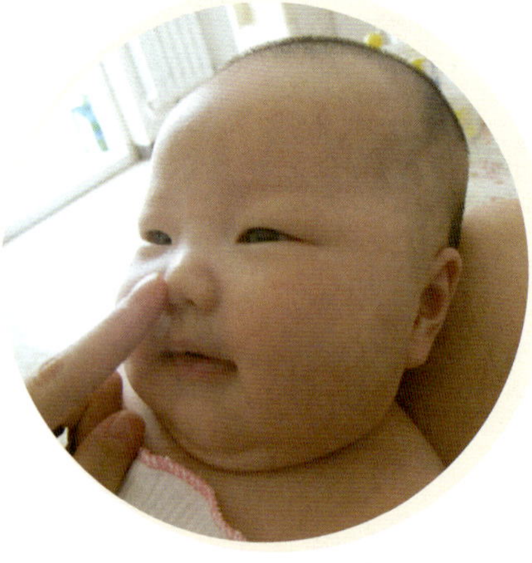

潼潼妈妈经常一边触摸她的鼻子、眼、嘴等，一边教她认五官。

爱心提示： 爸爸妈妈轻柔地触摸，会给孩子带来不同的触觉体验，同时爸爸妈妈浓浓的爱意，也会让孩子感到无比的舒适和受用，孩子会非常高兴。同时在抚摸中，告诉孩子五官的名称，这样孩子能同时接受触觉、听觉和视觉的刺激，有助于孩子的智力发育和情绪发展。

看不见了

目的： 发展自我意识、去探究行为和思维的能力。

方法： 准备一张手绢或面巾纸，当孩子和爸爸妈妈玩得正开心的时候，用手绢盖住孩子的脸部和双眼，然后用愉快的声音笑着对孩子说："不见了。"很快将手绢拿起同时笑着对孩子说："看见了。"刚开始游戏时孩子可能会搞不清状况，一下愣住了，玩儿次后孩子会明白爸爸妈妈是在和自己玩游戏，会跟着爸爸妈妈大笑。随着玩的次数增多和孩子的年龄增长，拿开手绢的时间可延长。

等孩子熟悉游戏后你可以不要很快地拿下盖住孩子脸部的手绢，当孩子较长时间被手绢挡住视线感到紧张时，你要用亲切的语调和他谈话，使他消除紧张心理，学习克服困难，把手帕抓下来。你可以对他说："啊，贝贝看不见了！妈妈在这里呢！"并鼓励他："贝贝，把手绢拿下来。"也可拉着他的手去抓手绢。反复训练，直到孩子学会把手绢从脸上抓下来为止。当然如孩子长时间不抓下手绢，或表现出过度不安时，要及时帮助他抓下手绢。

你也可以按照上述做法用手绢分别盖住孩子的左眼、右眼，看孩子是否不安、哭闹或用手抓手绢，还是高兴地与你玩"不见了"的游戏。

爱心提示： 开始孩子不习惯被手绢盖住眼睛，多次游戏以后他会很乐意与你玩这个游戏。妈妈一下不见了，一下又出现了，这个现象会引起孩子去探究，发展孩子的思维能力。

潼潼正笑着和爸爸妈妈玩"看不见"的游戏，她已经明白爸爸妈妈是在和她逗着玩。

此做法还可以检查孩子的视力。如果孩子双眼视力不好，爸爸妈妈和医生常常会在孩子一出生就能发现异常，如果孩子是单眼视力不良，很可能被忽略。检查孩子是否存在单眼视力不良，可采用上述简单的左右眼遮盖法。如果孩子单眼视力不良，用手绢遮盖孩子视力正常的那只眼睛时，孩子将会尖声叫喊，或将头转开躲开手绢。仅仅出生数周的孩子也会试着用手去抓手绢。如果遮盖孩子视力异常的眼睛，孩子会继续用健康的那只眼睛继续玩玩具，继续注视有趣的事物，无明显的异常反应。如孩子出现以上情况，应立刻到医院进一步检查并确诊有无视力异常。

有研究发现，视力正常的孩子最早满月后（多数51天，最迟4个月）对盖在面部的纸巾就有反应，将一张面巾纸放在孩子的面部，孩子就会转头，手和脚不安地活动。孩子满月后（多数66天，最迟4个月）如果你把手放在他的眼睛上方5厘米处，从头至胸快速来回地晃动你的手，孩子就能对你的手影眨眼。

玩手指和脚趾

目的：认识自己。

方法：当孩子吃饱后心情愉快时，你还可以让孩子手碰手玩耍，拿起孩子的一只手去碰他的另一只手，让孩子去触摸自己的手指。

让孩子玩吮手指和脚趾游戏。把孩子的左、右手指和脚趾轮流放进孩子的口中，让孩子吸吮几次，可以一边让孩子吮一边说："这是你的小手。""这是你的小脚丫。"让孩子认识他的手和脚。

月儿在25天就能把自己的手放进嘴里啃了，2个月的她正在熟练地啃手。

把孩子的手指和脚趾，放进你的口中吸吮，看孩子有什么表现。

爱心提示：当孩子长时间盯着自己的手和脚，当孩子把两只手抓握在一起时专心致志地玩手指，当孩子把自己的手指和脚趾放到口中去吸吮时，不要惊讶，更不要去制止，这是一种生理现象。大多数孩子2～3个月时把手当成了最好的玩具。据观察发现，最早87天（多数98天，最迟110天），孩子会像玩一个玩具一样长时间盯着手看，玩来玩去，他还能两手在胸前玩耍，手掌可以合拢。

孩子的触觉已相当发达，特别是口唇的触觉非常敏感，当偶然的机会手举到嘴边，手碰到了口，他就会吸吮手指，用口和唇去感受和探索自己的手和脚趾，这是孩子在认识自己，吮手指既锻炼了眼—手协调又满足了吸吮欲望，使孩子心理得到安慰。因此，家长不必惊慌或千方百计去制止，你只要保证孩子的小手清洁就行了。

手是孩子智慧的来源，通过玩手指和脚趾，孩子进一步认识自己，这并没有什么不好。当孩子再长大一些自然会将注意力转移到玩具和其他事物上去，吸吮手指自然也就停止了。如果孩子把手指和脚趾都吸吮得红肿，这时你就要阻止他了，可以将一个玩具放在孩子的手中，引起他注意，让他玩耍，转移他的注意力。

玩触觉棒

目的：发展手的触觉能力和手的抓握能力。

方法：准备一些冰棍棒或将一次性筷子切成两段，包上棉布、呢子、绒布、毛巾、丝绸、丝袜等不同材质的布料做成小小的触觉棒。也可以在上面绕上棉线、麻线、毛线、纤维绳、尼龙绳等各种材质的线绳做成小小的触觉棒。也可以将这些材料粘在扑克牌大小的木块上做成触摸块。将触觉棒和触摸块让孩子抓握，或用触觉棒在孩子的手心、手背、脚底、脚面、手臂、腿上、身上轻轻滑动。把触觉棒或触觉块放在手掌中，拿起孩子的手放在触觉棒或触觉块上来回搓动。观察他的反应，同时把触觉棒的感觉形容给他听，例如玩丝绸的触觉棒时说：“这是滑滑的。”玩呢料和毛线触觉棒时说：“粗糙的，暖暖的。”

爱心提示：多数家长都对如何发展孩子视觉、听觉能力有比较多的了解和更多的重视，却往往忽视了对触觉的训练，而触觉的发展对心理发展有重要的作用。通过手的触摸我们能感知到物体的轻重、粗细、软硬、冷暖等。对事物认识要做到精细准确，必须由视觉、听觉、触觉等各种感觉共同参与。

月儿2个月，妈妈总是让她摸一摸、抓一抓各种不同的质地的小棒子。

触觉经验是需要在与人的密切接触和交往中、在各种游戏活动中获得的。手指和脚趾是孩子触觉最敏感的部位，孩子通过小手感知世界、探索世界。手的动作，特别是手指的动作，越复杂、越精巧、越娴熟，大脑皮层可以建立更多的神经联系，孩子也会越聪明。因此，让孩子有机会触摸各种不同质地的物体，这样有助于孩子触觉功能的发展，防止触觉功能障碍。抓握和搓动时不要太用力，孩子的皮肤较嫩，容易弄破。

出声作答

目的：引导孩子发出声音作答。

方法：当孩子睡醒后处于愉快状态时，爸爸或妈妈面对面地抱着孩子，先叫孩子的名字，引起孩子注视你，然后用夸张口型发出一些简单的音，如发“啊”的音，并开始唱着发出“啊”的声音。

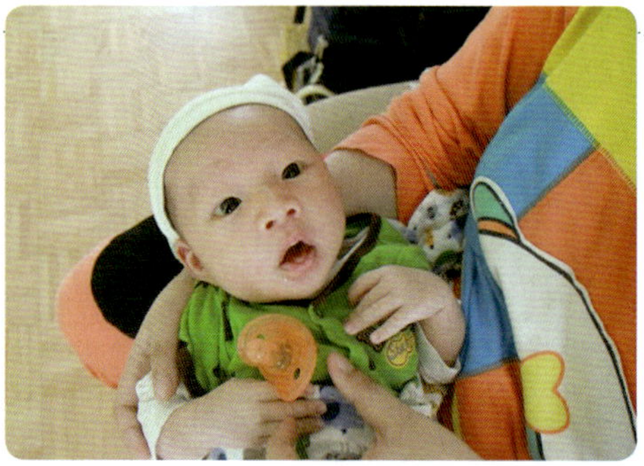

纤纤1个月4天，正在和妈妈出声对答。

教孩子发音时要有耐心，这一阶段的孩子一般要10秒钟左右才会有反应，让他模仿发出同样的音，或引导孩子出声作答。如果他真的发出了“啊”的音，你立即重复，并且和他反复进行这个游戏，使孩子很快学会发出一些声音，并学会模仿你的发音。接着再抚摸他，冲他微笑，以示鼓励和赞美。以后用同样的做法引导孩子发出a、i、ai、o和u等单元音。

爱心提示：孩子2～4个月是发音游戏期。该阶段的发音部分取决于婴儿声道的生理结构。孩子和爸爸妈妈进行“互相模仿”式的“发音游戏”，让孩子学习辨别和模仿爸爸妈妈发音。

此游戏不是教孩子学习拼音，只是让孩子模仿妈妈的口形，学习除哭以外发出其他声音，如果妈妈发音不准，也不要紧。只要孩子会跟着你发音就好。当然不是每次孩子都会发音，只要你发音时，孩子在看着你、在听就可以了，这也是孩子学习的方式。

想使孩子尽早学说话，最好的办法是让孩子有想发音、想说话的欲望，这需要爸爸妈妈的鼓励和引导。爸爸妈妈要多和孩子做“对话”和发音的游戏，做发音游戏时口型要略微夸张，音要拉长，便于孩子模仿。当孩子高兴地发出清楚的声音时，可以用录音机录下，在孩子觉醒时播放，以引导孩子更清晰地发出声音，这是孩子最早的发音游戏。发音游戏最终会演变为孩子的语音。

有观察发现，孩子最早满月后（多数63天，最迟4个月）在无人逗笑时能自主地发出2种不同的声音，2个及2个以上不同的、清晰的、独立的音节，对妈妈的微笑和说话会发声回答。

叫名字

目的： 训练孩子准确地寻找声源。

方法： 1~3个月孩子头部渐渐可以竖直，吃奶后竖抱拍背也不再是把头紧紧地贴在妈妈肩上了。这时你可以和他玩听声音转头的游戏。靠近孩子，呼唤他的名字，如果你坚持每次在靠近他时都这样面带微笑地呼唤他的名字，用不了多久，孩子每次听到唤他名字时都给予积极地响应。

当爸爸每次进门或出门，要拍手或呼唤孩子的名字，每次与孩子对话时都要先叫孩子的名字，让孩子对自己的名字有意识。

在室内不同的方向叫孩子的名字，看看他的头部是否随声音转头。让孩子去寻找声源。

不同的人叫孩子的名字时，看孩子的反应。当妈妈叫他时他有什么反应，会不会对你的呼唤露出笑容？当妈妈从孩子看不见的地方呼唤其名字时，孩子会不会转向妈妈，而对其他人的呼唤有无相同的反应？孩子从一出生就对妈妈的声音比较敏感和偏爱。

爱心提示： 妈妈和家人最好对孩子有一个统一的、固定的称呼，最好大家都叫孩子的大名，这对孩子上幼儿园和上学有好处，以免进入新的环境时因叫法不同产生困惑。这样孩子才知道你们是在叫他，会对你的叫声有反应，当孩子对你的呼唤有反应时，你要给他一个笑脸，并亲亲他，让他感到这是一件好玩的事。多玩几次之后可以增加一些难度，如妈妈在孩子背后叫他，然后快速转到侧面，看孩子能不能找到你，孩子是先看背后还是直接看侧面。这是很好的听觉训练，通过训练，孩子可以很快准确地将头转向声源，促进听觉定向能力发展。听觉发展是语言发展的基础，因为孩子总是先学会听，再学会说。同时也是一个增加亲子情感的趣味游戏，游戏会让全家人身心愉悦，其乐融融。

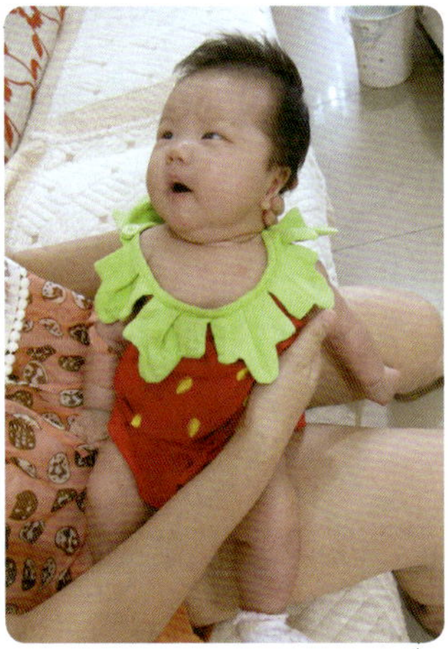

潼潼1个月9天，对声音很敏感。妈妈叫她的名字，她好像知道是在叫她一样，会注视妈妈并开口发声回答。

据观察，孩子最早满1个月（多数63天，最迟4个月）当你叫孩子的名字或在孩子耳边摇铃时，孩子会转动眼睛寻找说话声音和铃声。

听妈妈讲现在的事情

目的：促进语言能力发展。

方法：用亲切的声音、变化的语调，跟孩子讲当前正在发生的事情。比如一早起来你给孩子洗澡和换尿片，可以一边做一边对孩子说：“来，贝贝，洗澡了。先摸一摸水热不热，正好，不冷不热。下水了，先拍拍胸，洗脸了，先洗洗眼睛，然后是鼻子、嘴巴、耳朵……贝贝，好棒，洗澡不哭也不闹。好，洗好了，出来了。妈妈要给你换尿片了，不要哭，换好尿片就舒服了。”无论爸爸妈妈做什么事都要一边做一边说，你看到什么，感受到什么，都以生动有趣的语言描述出来。

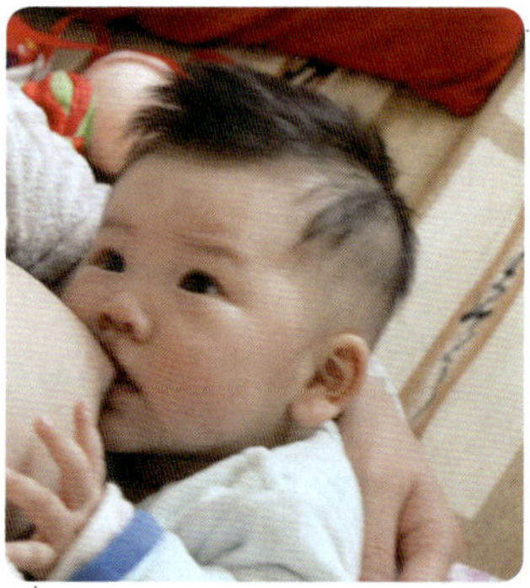

扣扣妈妈总是一边做事一边跟她说话。看，妈妈正一边给扣扣喂奶一边和她说话，她听得多认真。

爱心提示：孩子语言发展的速度与其生活的语言环境有关。把对孩子的语言能力的培养融入日常照顾孩子的生活与游戏当中，结合生活情景说话，这样孩子就能更好地理解。孩子置身于一个自然的语言环境中，会很自然地吸收到你传递给他的各种语言信息，最终孩子会吸收这些语言信息，转化成他自己的东西。这些信息积累多了，他自然就会理解了，就会有说出来的欲望。让孩子在生活环境中学习讲话，在情景中理解语言，在一个没有压力的环境中学习语言，对孩子的语言发展极其重要。在这一个过程中爸爸妈妈也要养成和孩子说话的好习惯。

和孩子说话时要注意看着他的眼睛，要面对他，让他清楚地看到你的面部表情。说的话要简短、具体、准确和清晰，要多重复。孩子喜欢看着爸爸妈妈一边说话一边做动作的样子，说话时还可以多用肢体语言。当孩子自言自语时，爸爸妈妈一定要及时接话，这样孩子“说话”的兴趣就更大。据观察，孩子听到声音特别是妈妈的声音会特别高兴，最早60天（多数85天，最迟110天）对你的微笑和说话会发声回答。因此，不论做什么事你都不要忘记边做边说，因为孩子总是先学会听，然后学会说的。

给孩子唱歌

目的：给孩子早期音乐熏陶。

方法：孩子哭闹时，你可以抱起他，轻柔地对他说：“好孩子，笑一笑，别哭了，妈妈唱支歌好吗？”给孩子唱一首歌，并根据节奏轻拍孩子。这样孩子很快就会安静下来，还会跟着歌曲的节奏开心地发出“啊、啊”的声音，有的孩子还会随节奏手舞足蹈。

每次孩子睡觉前，妈妈可以一边轻轻地拍着孩子一边给他唱摇篮曲。这可以让孩子很快安静下来，营造一个安静、舒适的环境让孩子进入梦乡。

摇啊摇

摇啊摇，摇啊摇，
我的娃娃要睡觉，睡着了。
小花被，盖盖好，两只小手放好了。
摇啊摇，摇啊摇，我的娃娃睡着了。

摇篮曲

风不吹，浪不高，
小小船儿轻轻摇，
小宝宝啊，要睡觉。
风不吹，树不摇，
小鸟儿不飞也不叫，
小宝宝啊，快睡觉。
风不吹，云不飘，
蓝色的天空静悄悄，
小宝宝啊，好好睡一觉。

爱心提示：在孩子哭闹时你想了很多办法都没有用，也许给孩子唱一首歌，他就会安静下来了。唱摇篮曲是安抚孩子睡觉最好的办法，它最适用于1岁内的孩子，很多爸爸妈妈在哄孩子睡觉时都会情不自禁地唱起摇篮曲。温柔的声音和美好的旋律，会增进父母与孩子之间的感情。不要小看摇篮曲，大作曲家如莫扎特、舒伯特、勃拉姆斯都写过摇篮曲。摇篮曲通常都很简短，旋律轻柔甜美，有使人安静、催眠的作用，能够传递安全感，是哄孩子睡觉的好办法。

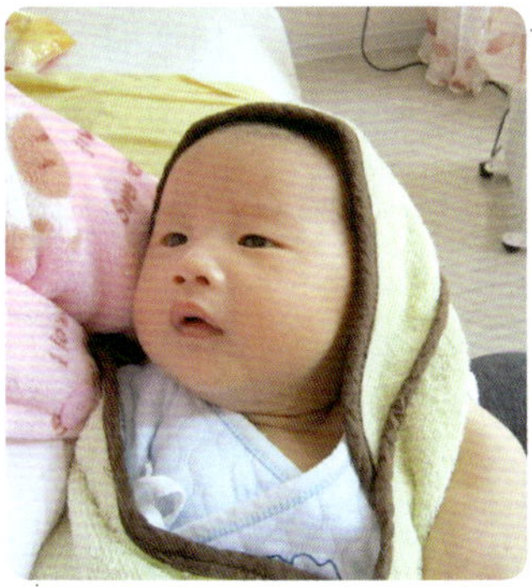

明哲妈妈正在给他唱歌，他好像陶醉在妈妈的歌声中。

给孩子唱歌是最好的音乐熏陶方法。即使是刚出生的新生儿，你也会发现他是多么认真地、聚精会神地听你唱歌。听爸爸妈妈唱歌不同于听收音机和广播，在爸爸妈妈的怀抱中，他不仅听到你的歌声，还能感觉到唱歌引起的振动和呼吸的节奏，这种体验和影响的效果是不同的。如果你想培养孩子在音乐方面的一技之长，最好是经常给孩子唱歌，如果你歌唱得不错的话。当然你的歌唱得不太好也不要紧，你可以跟着收音机哼就是了，也有同样的效果。

录听孩子的声音

目的：训练孩子的听觉能力。

方法：爸爸妈妈准备好录音机和一盘空白磁带，当孩子哭的时候，把他的哭声录下来，当他再哭的时候，放录音给他听，让他听听看是谁在哭。他会觉得好奇，因此转移了注意力，停止了啼哭。当孩子发出第一声笑声时，叫第一声爸爸、妈妈时，会说第一句话时，会讲第一个故事时，都可以录下来，并经常放给孩子听。

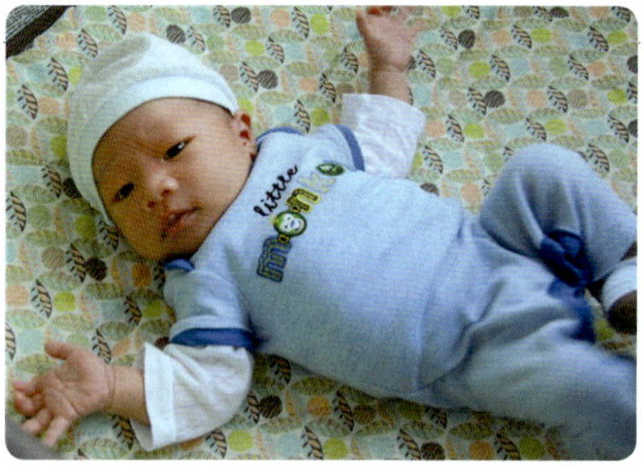

纤纤听到收音机中自己的哭声，好像正在问："这是我在哭吗？"

爱心提示：出生后孩子就会发出响亮的哭声，但是他能听到自己的声音吗？有研究认为能够听到，只是婴儿刚出生时听力可能比较弱，3天以后就开始出现明显的听觉。这时用摇铃或拨浪鼓在他耳边摇动，他会用转头、皱眉等动作做出反应。当妈妈用柔和舒缓的声音对他说话时，他会表现出恬静的微笑。如果周围的声音比较嘈杂，孩子可能会非常烦躁。新生儿在母亲体内听惯了妈妈的心跳，因此，出生后对有节奏的声音更加敏感，并且这种声音还对他起到安抚作用。为了孩子智力的良好发展，尽早训练婴儿的感知觉十分重要，听力是其中的一个方面。让孩子听自己的声音，对提高孩子对声音的分辨力有很大的好处。当孩子长大后你还可以和孩子一起欣赏他儿时的声音，会给生活带来无穷的乐趣，同时作为记录孩子成长的档案保存，都是非常有意义的事。

情商培养

大声说"我爱你"

目的：让孩子感受到爱，学会爱的表达，建立良好的亲子关系，促进社会性发展，学习爱的表达。

方法：每个人都喜欢听"我爱你"，爸爸妈妈一定要经常对孩子说这句话。如果爸爸与孩子在一起的时间少，每天最少可以对孩子说3次，分别是出门上班前、下班回家后、孩子睡觉前。还可以在白天给孩子打一个电话，让妈妈告诉他你爱他。这样你可以释放你的爱，孩子也能感受你的爱。

爱心提示：你会爱吗？你希望孩子是一个有爱和会爱的人吗？爱孩子也许

是人的本能和天性，然而爱的行为和语言是需要学习的。作为家长不仅要有爱孩子的行为，同时也要教孩子学会说出这些爱的语言。中国的爸爸妈妈对孩子的爱的行为可谓表达得淋漓尽致，无微不至地照顾孩子的起居和饮食、不遗余力地送孩子上各种特长班。但在爱的语言表达方面多数爸爸妈妈比较木讷，也可以说是“爱盲”，生活中不说或不会说表达爱的语言。中国人情感表达比较含蓄，很多爸爸妈妈从来没有对孩子直白地说过“爱你”。但是，如果你在一生中没有告诉过你的孩子“你爱他”，对你和对孩子会不会是件很遗憾的事呢？一定会的。

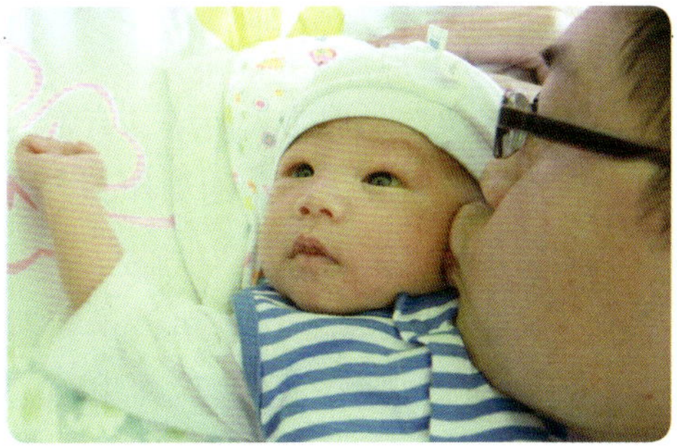

经常对孩子说“我爱你”，会让孩子感到幸福和有安全感。

“我爱你”虽然只是短短的3个字，但力量却是无穷的。爱让人充满勇气和希望，想要让孩子明白你对他的爱，最好、最快、最直接的方式就是大声说出来，孩子还小，不会揣摩爸爸妈妈的意思，如果你不说他真的会疑惑：“爸爸妈妈爱我吗？”这会影响孩子的社会性发展。

认识爸爸和妈妈

目的：认识爸爸妈妈，建立安全的依恋关系。

方法：让孩子早一点认识自己也许是每个爸爸妈妈所期望的，要做到这一点其实不太难，就是要经常去照顾孩子，给他喂奶、洗澡等。妈妈经常给孩子喂奶，照顾孩子起居，抱孩子和孩子一起玩，孩子能很早认识妈妈。

如果爸爸没有时间照顾孩子怎么办呢？你可以每天抽一点时间和孩子玩“着迷的脸孔”游戏。就是你每天早晚抽一点时间抱起孩子，让他面对着你（如果他是躺在床上或地板上，你要弯下腰或躺在他旁边，和他脸对脸），保持25厘米左右的距离，让你和他的视线保持水平，让孩子能看到你，你也看着孩子，然后你一边和孩子说话，一边做出微笑、吃惊、伸舌头等表情，或者用手触摸孩子的面部、口唇，让孩子模仿你，逗他笑和说话。这样孩子用不了多久就会认识爸爸了。

爱心提示：出生后1周以内的孩子就能记住妈妈的声音和脸的形象了，并能将听到的声音和看到的脸联系起来。开始孩子是慢慢地通过闻气味、听说话的声音、观看容貌，甚至听脚步声辨认出经常照料他、逗他、说话的亲人。孩子最早满月后（多数57天，最迟4个月）用视觉辨认妈妈。妈妈俯身与孩子说话，孩子会认出妈妈，表情会发生变化，如对妈妈微笑或专心致志地注意听妈妈说话。如果爸爸照顾孩子不多，认识爸爸的时间要长一些。所以爸爸要经常抱抱孩子，并让孩子的脸与你的脸保持在20厘米左右，这样孩子才能看清你，也能闻到你的气味，听见你的声音，有助于早日认识你。

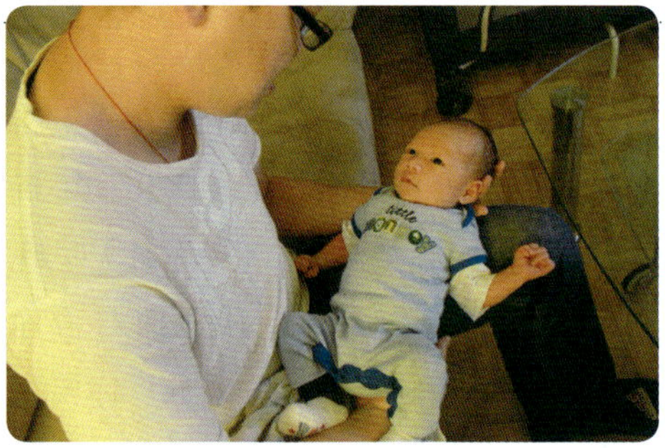

纤纤正出神地望着爸爸，好像要把爸爸记在心里一样。

看谁笑得响

目的：逗孩子笑，培养活泼开朗的性格。

方法：让孩子仰卧在小床上，爸爸或妈妈俯下身子在孩子上方约30厘米处，让孩子能注视你，朝孩子持续微笑，轻声与他说话、点头，引逗孩子对你的笑做出反应。如果孩子不笑，还可采用以下做法，逗引孩子发笑。

“搔痒痒”。用手触摸孩子的腹部、搔孩子的夹肢窝或身体其他部位，逗孩子笑。

“藏猫猫”。在孩子面前用双手遮住自己的脸，然后突然把手拿开，并发出“喵——”的一声，孩子会很惊奇，接着便会笑出声。

“模仿不同的声音”。模仿动物的叫声、汽车、火车鸣笛声、吹口哨或打响指等声音。

“表演一个节目”。唱歌、跳舞、模仿小动物都是孩子喜欢的。

“发出怪声音”。说话时故意拿腔拿调，动作夸张，表情丰富，会让孩子一直盯着你看，说不定就会露出一个小笑脸。

“做鬼脸”。时常做可爱、有趣的鬼脸，加上各种有趣滑稽的动作，孩子看见就会开怀大笑。

“斗牛牛顶鼻子”。和孩子头对头，轻轻地顶来顶去，然后嘴里说：“哞哞……”假装是两头牛在打架，或者和孩子顶鼻子，一边“嗯嗯”地发声，孩子会觉得很有趣。

爱心提示：爸爸妈妈的笑脸、眼神和声音同时给孩子丰富的视、听刺激，影响孩子的情绪，还给了孩子模仿笑的机会。同时笑口常开的孩子有更多快乐的情绪，在快乐的情绪下孩子就会有最佳的学习状态，这也有利于孩子心智的

潼潼姥姥经常逗她笑一笑，20天的潼潼就能笑出声了，现在的她笑声更响亮了。

发展。笑不仅是愉快的表现，还是一个复杂的心理活动，对孩子社会性的发展和培养孩子愉快的情绪有极大的好处。爸爸妈妈应有意识地经常引逗孩子多笑，大笑。有观察发现，孩子最早在93天（多数108天，最迟123天）逗弄时能发出响亮的笑声。如果孩子5个月还不能发出大笑就要注意了。

不要等孩子啼哭时才去哄他，要有意去激发和培养孩子快乐的情绪。每天爸爸妈妈和孩子都要有几次笑的练习。笑能形成条件反射，经常逗笑，孩子一旦看到这些动作或听到这些声音时就十分容易开怀大笑。经常大笑的孩子脸部表情肌会发育得更好，面容显得活泼可爱。早期少笑或不会笑的孩子面部表情肌不发育，面容会显得呆板。一家人每天爽朗地大声笑，看谁笑得最响亮，会让全家开心快乐，也培养孩子积极开朗的性格。

笑脸还是了解孩子营养状态的“荧光屏”。有些孩子笑得少，小脸严肃，表情呆板，怎么逗也很少笑，爸爸妈妈要引起注意，考虑孩子是否患有缺铁性贫血，应带孩子去医院做血色素检查。如孩子缺铁需在医生的指导下补铁，当缺铁和贫血的状态改善后，孩子的严肃表情会逐渐消失，出现愉快的神情。

逗孩子笑的时候，千万不要在孩子刚吃完奶以后，否则孩子太兴奋，会吐奶。也不能在睡前进行，这可能影响孩子睡眠。也不能过分逗引孩子，如抱着孩子用力向上抛扔，因为孩子的头部比较重，颈部肌肉却松软无力，抛扔孩子会使孩子脑部受到较强烈的震动，对智力发展不利，甚至会使脑部受到伤害，造成意外。也不要孩子一醒着就逗他玩，时间久了，孩子不善于自己嬉戏，也不肯自己玩，一觉醒来不见父母在身边就哭喊。正确的做法是，孩子醒来后先让他自己玩一会儿，家长再适当地和孩子玩耍一会儿，逗孩子笑的时间也不要太长，以不让孩子感到疲劳为好。

等一会儿

目的：适当地延迟满足，学习等待，培养短时的抑制力，养成良好的性格特征。

方法：当孩子用哭声来呼叫妈妈喂奶，妈妈不要急着马上把孩子抱在怀里给他喂奶，第一时间内满足孩子的需求，而是要让孩子适当地等一等。如果你在房屋的另一边正忙着，你可以一边用声音回答孩子的哭声，安慰着孩子，一边走过来，对孩子说：“贝贝饿了吗？该吃奶了，等一等，妈妈就来了。”你的话语声和脚步声告诉孩子妈妈马上就到，孩子会安静下来等待你的到来。你来到孩子面前，可对孩子说：“贝贝要饿了，要吃奶了，知道叫妈妈了，好孩子，来妈妈亲一亲，抱一抱。”当你抱起孩子还可以说：“贝贝饿了，找妈妈要吃奶了，妈妈的奶又香又甜，贝贝吃了又白又胖。让妈妈先准备一下，来我们坐好，可以吃奶了。”

潼潼正在等妈妈来给她喂奶，虽然饿了，有点不高兴，但她听见了妈妈的说话声没有哭，正耐心等待。

如果是人工喂养的孩子，如果你又没有别的帮手，可以一边冲奶一边与孩子聊天，讲述冲奶粉的过程。奶冲好后再与孩子聊两句：“妈妈冲好奶了，贝贝可以吃了！贝贝吃了奶，白白又胖胖。”

通过上述方法来拖延几秒钟满足孩子的需求，以培养他的抑制力，学会等待。

爱心提示： 忍受挫折的能力和延迟满足的能力与孩子自控能力和意志品质有关，体现在孩子的行为坚持性和克服困难的能力，反映孩子的心理素质。心理素质是在日常生活中逐渐形成的，心理素质一旦形成就相对稳定，对孩子的个性和性格产生极大的影响。多数爸爸妈妈认为喂奶是简单的喂养行为，但观察发现，不同的喂奶方式会影响孩子形成不同的心理素质。

据观察，孩子最早57天（多数65天，最迟70天）当听到妈妈的声音或配奶的声音时，孩子能停止哭泣等待妈妈的到来。你可以看一看，当孩子饥饿啼哭时，你出声答应后，孩子能安静等待多久，有的3个月的孩子可能只能等待1分多钟，有的孩子只能等待15秒或更少。需要注意的是，孩子在1岁前的行为多是无意识的，孩子有了爸爸妈妈的悉心照顾才能获得安全感，从而以爸爸妈妈为“安全基地”进行各种对外部世界的探索，所以过分延长孩子等待时间，让孩子的需求得不到满足，会让孩子产生很大的挫折感。因此，一定不要让孩子等得过长，要在孩子还没有失去耐心开始哭闹前满足孩子的需求。

为此，爸爸妈妈要学会观察，特别是学会要从孩子声音的变化判断出孩子的情绪，准确地掌握好时间。也可从最短的等待时间开始慢慢延长。

见勺张口

目的：学会见勺子就张口，为以后喂辅食做准备。

方法：母乳喂养的孩子你可用勺子给孩子喂钙水，母乳喂养的可把乳汁挤一些出来用勺喂给孩子；人工喂养和混合喂养者可用勺喂牛奶。先用小勺子盛二分之一，将小勺伸进孩子舌中部，把小勺略作倾斜，将液体倒入口腔。孩子需要连续吞咽两三次才能将口中的液体全部吞下，家长不要急着把勺子撤出来，待孩子吞咽时接住从咽部返回出的液体。

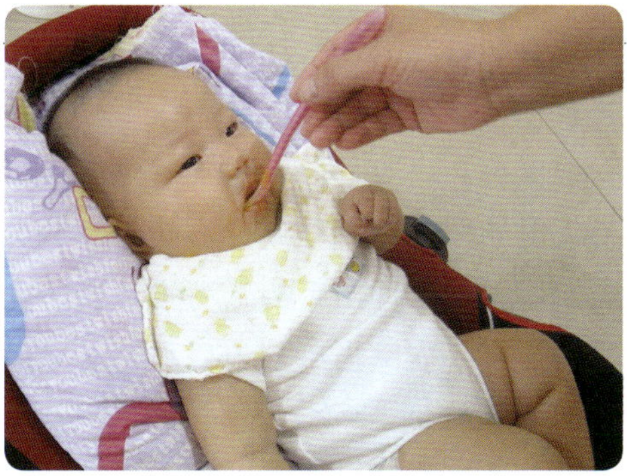

姥姥正给用勺给潼潼喂奶，潼潼会张开小嘴接住和吸吮勺子了。

爱心提示：孩子习惯吸吮，可能勺子难以放进孩子口中，所以选用的勺子不能太大。可以先同孩子说话，告诉孩子“张开小嘴巴”，并且做出张嘴的动作，让孩子模仿，耐心地等待孩子张嘴后马上将勺子放入孩子口中。

孩子的舌咽功能还不协调，吞咽时会把舌头上的东西带到口腔外，所以在孩子吞咽前勺子不能离开舌头，勺子仍然压着舌头，以把液体挡回去。等待孩子吞咽几次，直到把少量水完全吞咽才拿开。经过练习，孩子最早42天用勺喂食时会用嘴唇吸吮，但食物会反流（多数2个月，最迟2个半月），满2个月时（多数3个月，最迟4个月）用勺喂食会舔食，食物不会再从口角反流出来。如果4个月孩子不能完成以上动作要引起注意。

哭声解读

目的：了解孩子的语言和需求，建立良好的母婴关系。

方法：孩子出生时的第一声啼哭，就是他来到这个世界说出的第一句话！哭就是新生儿的语言。孩子的每一次啼哭，都是孩子生理和心理需求的表达，细心的妈妈要从孩子的不同哭声中读懂孩子的需求。

“我饿了”。这是孩子常哭的原因之一，当孩子哭闹时妈妈首先要想到是不是到了喂奶的时间了，孩子是不是饿了？孩子因为饿了而啼哭一般在快要喂奶的时间发生，孩子开始哭声比较低，哭一声，停一下，再哭一声，哭声很有节奏，不急不缓，就像在说“饿——饿——”一样，喂奶后哭声就会停止。如不给喂奶会越哭越厉害。

“我尿湿了”。这也是孩子常见的哭声之一，喂奶后15分钟左右啼哭，首先要想到孩子是尿湿了。习惯了“把”尿的孩子和养成了尿片一湿就换的孩子，睡眠中或睡醒时哭闹，首先要想到孩子是不是尿湿了。孩子尿湿了的哭声一般较轻，无泪，哭的同时两腿会不停地蹬动。当爸爸妈妈为他换上一块干净的尿布时，孩子就会不哭了。

“我要便便了”。孩子有便便时会因肠蠕动加快，感觉腹部不适，表现腹部鼓劲、脸色发红，发愣或低声地哭泣，两腿乱蹬。看到这些表现，妈妈要想到是孩子要便便了。

“我要抱抱了”。这也是孩子常哭的原因之一。吃饱了，尿片也是干的，孩子还哭时，可能是需要爸爸妈妈抱抱他和他玩一玩了，他是在用哭声来召唤妈妈呢。此时孩子的哭声会比较平和，常常是哼哼唧唧的声音，或带有颤音，头部还会左右转动，就像在找人一样，当妈妈来到孩子跟前，他会注视你，停止啼哭，还会挥动双手，一副喜悦的表情，就像告诉你“爸爸妈妈我想你们了，抱抱我吧”一样。

“我要练练嗓子了”。这也是孩子常哭的原因之一。正常的孩子吃饱了，睡好了，需要表达自己的喜悦，需要运动，需要妈妈陪他玩一玩了，每天也会哭4～5次。孩子的哭声响亮，节奏感强，好像是在唱歌一样，没有眼泪流出，每次哭的时间较短。如果爸爸妈妈轻轻触摸他、朝他笑笑，或逗逗他，孩子就会停止啼哭。

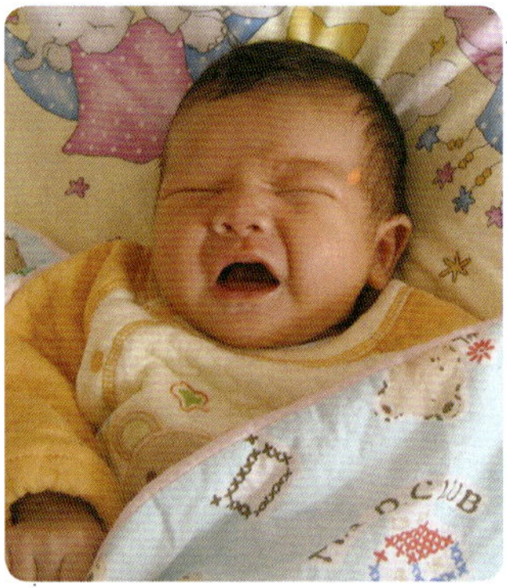

孩子哭闹一般都有诱因，爸爸妈妈要注意观察和分析孩子的哭闹的原因，及时安慰孩子，培养孩子愉快的情绪。

“我口渴了”。这种哭声多见于人工喂养和混合喂养的孩子，母乳中水分含量很充足一般不会发生。当牛奶或奶粉浓度有点高时，孩子喝奶后会口渴。口渴时的哭声会有些嘶哑，同时孩子嘴唇干燥，时常伸出舌头舔嘴唇，表情也显得烦躁不安。当给孩子喂水时，啼哭立即停止。

“我要睡了”。常发生在玩耍时间过长，没有按时睡觉时。在人多、嘈杂的环境中待的时间太长，孩子感到烦躁和疲惫，会不耐烦地发出嗯嗯的哭声，还会打哈欠，揉眼睛，把孩子带出让他不安的环境和哄他睡觉，他就会安静下来停止啼哭，安然入睡。

“我伤心了”。当孩子没有得到爸爸妈妈的精心照料时，如到时间没有给孩子洗澡、换衣服、被褥不平整、尿布不柔软时，妈妈没有来看他，孩子就会伤心地啼哭。表现为持续不断地抽泣、眼泪多。爸爸妈妈要想一想孩子今天的生活规律是否有与以往不同，及时补救和改变，安慰一下孩子就不会再哭了。

“我不舒服了”。孩子生病不舒服了常会哭泣，此时的哭声与他平时的哭声是不一样的。孩子生病后，哭声通常是虚弱的呜咽声，同时孩子还有食欲不振，吃奶比往常少了，精神差，无精打采，也不像以往一样喜欢玩了，同时还可能有呕吐、腹泻、发热等症状，这就需要抓紧时间去看医生了。患佝偻病的孩子也爱哭闹，在冬季，孩子晒太阳少、没有补鱼肝油和钙片、喝奶少，会出现睡不安稳、容易惊醒、睡眠时常摇头、头上常出汗，2岁以内孩子有上述情况就可能患佝偻病。在医生的指导下，先补3～4天钙片，喝充足的牛奶，再补一点鱼肝油滴剂，孩子的哭闹很快会减少，睡得也好了。

“我太烦了”。周围环境里的刺激太强了，如家中来了客人，去商场、聚会、旅游时，人多、声音嘈杂、灯光强烈，突然地移动、大幅度地摇晃，打破了往日的生活规律，会让孩子烦躁不安。他的哭声显得烦躁，5个月以上的孩子还会用手势等身体语言表示要离开现场。妈妈可先带孩子去一个安静的环境，让孩子躺下，并安慰他一下。对于比较敏感的孩子最好不要打乱孩子的日常作息时间表，这可以让孩子更安心。

“我太热了”。多发生在夏天、供暖充足的冬天或比较剧烈的玩耍和运动后。孩子的哭声较大，伴有面部潮红、发热、颈部多汗，同时孩子会不停地扭动肩膀。妈妈为孩子减少衣被，或移至凉爽地方时，就会停止啼哭。

“我有点冷了”。多在无供暖的冬季，衣物穿戴不够，洗澡和游泳时间太长，体温损失过多时发生。此时孩子的哭声低沉，有节奏，哭时肢体少动，同时伴有嘴唇发青，手足发凉。把孩子放到温暖的地方或加上保暖的衣物，孩子就会停止哭泣。

“我被弄疼了”。孩子突然发出尖叫的哭声，多为突然被异物刺痛、虫咬、腿或脚被卡、腹部绞痛等情况，孩子感到疼痛而大声哭是通知妈妈及时检查被褥和衣服中有无异物，皮肤有无蚊虫咬伤等其他原因让孩子感到不适。妈妈一定要确认孩子有没有问题，如没有问题也要安慰他，让他情绪稳定。

爱心提示：哭是孩子的语言，每个妈妈都想知道孩子的哭声所表达的含意，孩子哭是告诉我他饿了，尿湿了，想我抱抱。母子间的“对话”就这样开始了。通过不断地“对话”，亲子间的纽带就会越系越牢。在照料孩子时如给孩子喂奶、把尿、穿衣服等，爸爸妈妈要仔细观察孩子的生活规律，聆听孩子的哭声变化、观察发生“啼哭”的时间，这样就能读懂孩子的语言，了解孩子的需求，给孩子帮助，及时满足孩子的生理和心理需求，从而建立良好的母婴关系。

孩子的哭闹不安也受爸爸妈妈的情绪影响。如果你确信孩子的需求已经被满足了，他没有不适，没有受伤，你想尽了办法还是不能安慰啼哭的孩子，努力了半天也不能让孩子平静下来，就是你考虑自己心态的时候了。是不是存在育儿焦虑症？育儿焦虑症是指父母对孩子过分重视，在养育孩子的过程中引发父母的焦虑。想一想自己是不是对孩子过分担忧了，经常情绪不安、焦虑，有一种失败感。如果有的话，这种情绪有可能带给你的孩子，让孩子察觉和感受你的烦躁、不安和焦虑，而让孩子也紧张不安、心烦意乱，从而哭得更厉害了。

若想照顾好孩子，先要照顾好你自己。让别人帮你照看半天孩子，让自己好好地睡一觉。放一些你喜欢的音乐来减轻压力，做几个深呼吸放松一下；去做一个美容、逛一会儿商店，找个方式透口气。打电话给你信任的有经验的亲友，看看她有什么建议有助于你振奋精神。保持快乐的心态，提醒自己哭不会伤害孩子的，相信孩子一切都好。如果孩子哭的情况与以往不同，安慰他半小时后都不能让他平静下来，而且已经持续几天或更长时间了，可带孩子看一下儿科医生，自己也求助一下心理医生，他们会给你一些可行的建议。

日光浴

目的：增强体质，提高抗病能力，培养意志力。

方法：准备可以平躺的童车、遮阳帽。选阳光充裕且无风的时间，给孩子做日光浴。但要给孩子戴上遮阳帽，或者打开童车的遮阳篷，避免阳光直晒孩子的面部。日光浴开始可以暴露出腿的一部分，让阳光照射3分钟左右。这样做三四天后，再逐渐增大照射面积，直至暴露全身（头部除外）。如果孩子没有感冒等不适情况，可逐渐延长时间。1～3岁可逐渐延长到10～15分钟， 3岁以上延长到30分钟。在锻炼时，胸背两面交替进行。做日光浴时不能涂防晒霜，在夏天不能选择正午时间日光过分强烈时暴晒，以免导致日光生皮炎和日光灼伤。日光浴的时间夏季在上午9点之前，下午4点以后，春秋季选择在上午9～11点，下午1～3点，冬季正午前后为宜。

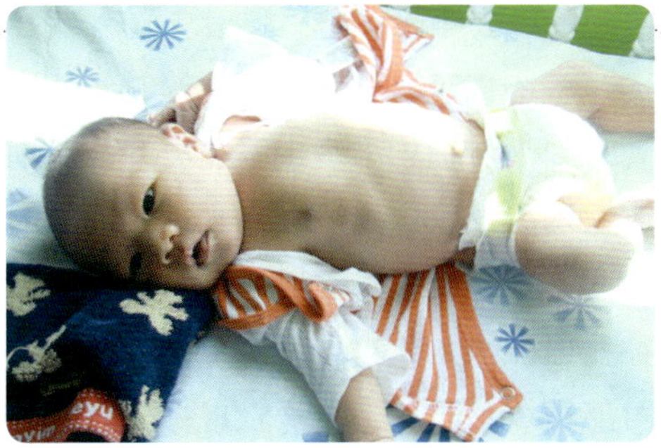
纤纤经常做日光浴，敞胸露臂在太阳下玩耍，爸爸妈妈还会每天带他到室外玩耍2～4小时。

如果气温适宜，可以脱去孩子的衣服，用小浴巾盖住孩子的肚子。妈妈可以边唱儿歌，边给孩子做按摩。

在冬季寒冷地区，如果房间里有暖气设备，可将窗户打开一会儿，让阳光直射进来，给孩子做日光浴，注意不要让孩子受凉。

做完日光浴后，将孩子身上的汗擦干，给孩子穿上衣服再给孩子喝点凉开水或温开水来补充水分。

爱心提示：和孩子一起躺在日光下，接受明媚的阳光爱抚，一定是非常惬意的事，爸爸妈妈要懂得和孩子一起享受这美好的时间。日光浴是使全身大部分暴露在日光中的一种锻炼方法。日光浴时，人体不仅受到日光中的红外线、可见光线和紫外线的作用，同时也受到空气的温度、湿度、气流及其他气象因素的影响。阳光照在孩子身上暖暖的，孩子会觉得很舒适。阳光中的紫外线可以促进孩子体内维生素D的转化和钙的吸收，预防佝偻病，改善孩子的体质。妈妈也很需要日光浴，很多妈妈在妊娠晚期都会出现小腿抽筋等缺钙症状， 特别是在冬天怀孕的妈妈缺钙更明显，日光浴也能促进妈妈的钙吸收增加，对妈妈的健康也是非常有益的。

在做日光浴时需要注意的是，不要让阳光直射眼睛、面部及头部，要给孩子戴上小帽遮挡一下。日光浴不要在喂奶或饭后马上进行，要在喂奶和饭后一个半小时进行。日光浴也不宜在空腹(饥饿)、疲劳等情况下进行。

水浴

目的：增强体质，提高抗病能力，培养意志力。

方法：用水洗脸、洗脚、擦身、淋浴、洗澡、游泳等都叫水浴。1周岁前的孩子可进行温水浴。周岁以后的幼儿除温水浴外，夏季还可冷水浴。

孩子开始进行水浴的时间可短些，约5分钟左右。以后可逐渐延长，到20分钟左右。开始室温20℃以上，水温35℃左右，根据孩子的适应情况，可每隔2～3天降低水温1℃。冬季也可进行。

洗澡和游泳是最好的水浴方式。如果你家有较大的浴缸，孩子3个月头可竖直就可以和爸爸或妈妈一起洗澡，可先让孩子戴上游泳圈在浴缸中游泳15分钟左右，再摘下游泳圈，放掉一部分水，让水的深度与孩子脐部平齐，然后和爸爸或妈妈一起洗澡玩游戏了。你可让孩子背靠着你坐在你的腿上，用一只手环抱孩子腰腹部让他对你充分依赖和建立安全感。你可托着孩子手撩水、泼水、划水，让玩具活动起来，也可以用孩子的小手将玩具按压入水中，再看它浮出水面。一边玩一边和孩子说：“看，小鸭子游泳了，小鸭子钻到水里去了，小鸭子浮出水面了。”说的话尽量准确，此时孩子虽然还不会说话，但正确的话语对他来说都是一种有益的积累，这种语言的积累到他会说话时就能得到充分的表达。这种游戏增加了洗澡的乐趣。

潼潼从出生2天开始水浴，每天淋浴或在盆中洗浴。开始她还不习惯水冲在身上的感觉，现在她已经喜欢长时间在水中玩耍了。

6个月孩子会坐时，可以让孩子和你面对面坐着一起玩水、玩玩具，也可让孩子自己坐在盆中玩耍。放入浴盆中的玩具要颜色鲜艳的、可漂浮的、造型有趣的、安全无棱角。

爱心提示：孩子在水中的时候一定要有专人看护，半步也不能离开。特别喜欢水的孩子，可能会在水中玩很长的时间不愿起身，爸爸妈妈怕水冷，不时往盆中加热水，这种做法也不好，一是可能烫着孩子；二是一直保持较高的水温，达不到水浴的效果。如果孩子愿意在水中玩，说明他能适应那个水温，爸爸妈妈没有什么好担心的。孩子从水中出来后，用大的柔软毛巾包裹孩子，将水擦干，再进行一次比较有力度的全身抚触，直到让孩子的全身微微发热是最好的了。爸爸或妈妈也可以和孩子一起在游戏池或浴缸中水浴，这种场面很温馨也很健康。

现在孩子多数是独生子女，爸爸妈妈对孩子保护过度，怕孩子晒着、冷着，结果孩子对气候变化的抵抗应激能力下降，反而体质更加虚弱，一见风就感冒，一脱衣服就咳嗽。这种孩子在意志品质上面会出现一样问题，如缺乏意志力，遇到一些困难，受到挫折就会气馁，没法承受。而“三浴”锻炼（空气浴、阳光浴、水浴）对增强幼儿的体质、提高孩子的抵抗能力、培养幼儿的意志力起着十分重要的作用。

空气浴

目的：增强体质，提高抗病能力，

培养意志力。

方法：根据空气的温度，20℃～30℃为热空气浴，15℃～20℃为凉空气浴，4℃～15℃为冷空气浴。孩子满月后，先在室内给孩子做空气浴，在给孩子换尿布、换衣服、做抚触、游泳、洗澡时，不要急于给孩子穿衣服，先让孩子裸着身子玩1～2分钟。

开始空气浴可从20℃～30℃的热空气浴开始，逐步将温度降至15℃～20℃做凉空气浴，再过渡到4℃～15℃的冷空气浴。每次进行空气浴前先让孩子活动活动，使身体发热，但不要出汗，然后再脱衣进行空气浴。

开始时间可短一些，1～2分钟即可，如果孩子状态很好，无不适症状，可每隔3天增加1分钟，直到半小时或者1小时均可。

空气浴可与健身操、玩游戏一起结合着做，如让孩子光着身子做抚触、做健身操。风和日丽的天气，户外温度在20℃以上时，最好在户外进行。让孩子光着身子只穿一条小裤衩在室内外进行各种活动。孩子天性喜欢赤身裸体，让孩子光着身子活动和做游戏，是孩子最快乐的事了。

爱心提示：空气浴是让身体暴露在新鲜空气中锻炼身体的一种做法。一般以早晨太阳初升时在森林或田野空旷处为宜，也可在附近公园或院子内进行。冬天在户外睡眠或室内开窗睡眠，也是空气浴锻炼的一种形式。

空气浴是利用空气的温度、湿度、气流、气压、散射的日光和阴离子等物理因素对人体的作用，来提高机体对外界环境的适应能力的一种健身锻炼法。爸爸妈妈也可以和孩子一起做空气浴，共同分享新鲜的空气。

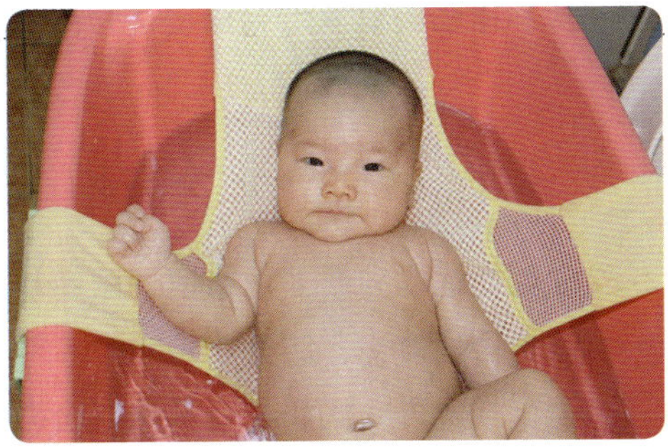

扣扣从出生开始空气浴，每次洗浴后妈妈还会让她就让光着身子玩一玩，平时也经常让她光着身子玩耍。

空气浴和水浴、阳光浴简称为“三浴”，可使孩子对外界的温度变化能够做出迅速、顺利的反应，增强婴幼儿对冷热环境的适应能力，减少呼吸道疾病。

第2个月发育评价

动作

★俯卧抬头，下巴偶尔能离床，脸与床成45°角，头能左右转动
★竖抱头能稳定地竖起15秒钟以上
★能由侧卧转为仰卧
★两手能在胸前偶尔相遇

智商

★立刻能注意到眼前的东西，眼睛能转向光和红色的玩具
★能自由地转头，四处张望
★能用视觉辨认妈妈，看见妈妈会微笑和专心听妈妈说话
★发声增多，至少4次

情商

★对环境变化有所觉察
★听到妈妈的声音会停止啼哭
★出现社交性笑，见人不需要逗弄会微笑
★逗弄时会笑出声音，四肢活动表示高兴

第3个月

（61～90天）全面发展方案

第3个月（61～90天）全面发展方案

动作发展

推足爬行

目的：锻炼孩子颈、背、四肢肌肉，促进脑及身体发育。

方法：每天洗澡后或做抚触前后，让孩子趴在床上，如果孩子的手埋到身下，帮助他将双手撑到前面。妈妈在前面用不倒翁或其他孩子感兴趣的玩具逗引孩子，诱引他向前爬过去抓取。如果孩子撑起身体跃跃欲试，努力往前拱，表示孩子有了想爬的愿望，你就可帮助他向前“爬行”了。

蛋蛋2个月15天，看见前面的玩具，正努力向前拱，如用手推推他，他就能“爬”向前了。

爸爸用手顶住孩子足底，当他的小腿后蹬时，向前推他的双脚，让他有可以蹬着的支撑点，孩子和妈妈一同使劲，孩子就一步一步向前拱。同时告诉他“抓住不倒翁”。爸爸和孩子一使劲，让孩子会向妈妈处拱动，当他接近妈妈时，夸赞他“真棒”。

爱心提示：据观察孩子最早出生的第3天（多数12天，最迟3个月）俯卧在床垫上，他的两腿就会交替伸屈，就有了爬行的表现，只是动作比较缓慢而已。爬行是一种极好的全身运动，能使全身的各个部位都参与活动，受到锻炼。当孩子爬行时，他需要昂着头，挺着胸，抬着腰，上、下肢要支撑身体，动作要协调才能保持平稳。由于姿势的经常变换，还会促进小脑平衡机能的发展。爬能促进孩子眼、手、脚协调运动，从而促进其大脑的发育。有研究显示，孩子爬的时间越长，大脑发育越快。所以多数妈妈都会注意发展孩子爬行运动。要多训练孩子爬行，特别是剖宫产的孩子，更多的爬行训练可预防感觉统合失调。从现在开始每天可让孩子学爬行1～2次，每次5～10分钟。随着孩子年龄增大还可逐渐增加爬行时间。在孩子爬的时候，要多给他鼓励。

还要为孩子创造一个可以爬着玩的环境，如大而平的硬床、干净的地板、铺上席子或毯子的水泥地等，让孩子玩得痛快，爬得更痛快。

扯大锯

目的：练习坐，锻炼孩子颈、腰、

背和手臂的力量。

方法：让孩子面对面坐在爸爸或妈妈的腿上，拉着孩子的手臂，然后和孩子一起一边前后运动一边跟孩子说话或唱儿歌，如《拉大锯》：

拉大锯、拉大锯；姥姥家唱大戏；你也去，我也去；大家一起去看戏。

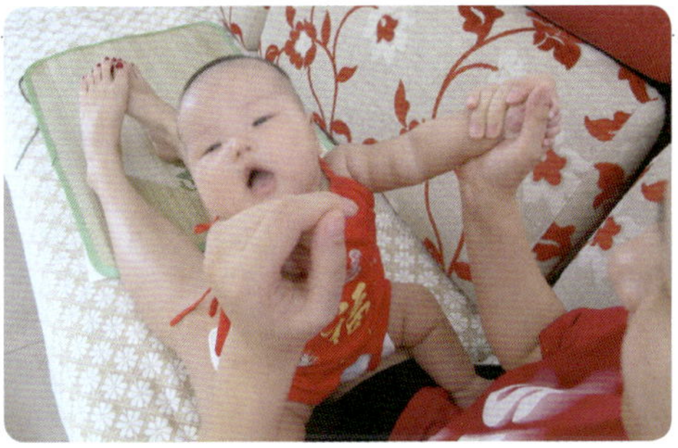

潼潼正和妈妈玩“扯大锯”游戏，3个月的她头和背都已经能伸直了。

爱心提示：到3个月时多数孩子头部能保持稳定和平衡了，拉手坐起时孩子的头能伸直，也能在轻轻的扶持下坐起了，可以和孩子一起玩扯大锯这类坐、拉手、移动身体的游戏了。这个游戏能锻炼孩子的坐立和竖头的能力。如果孩子头部竖立还不稳定，你可以双掌交叉先扶着孩子的背部，手指向上支撑孩子的头部再做。当孩子头部能保持稳定平衡后，可以握住孩子的肩关节做。当孩子头部和坐起能力增强后再握住孩子的双上臂、下臂做，最后拉住孩子的双手做。这样给孩子的支撑越来越小，让孩子自己用力增大。同时前后移动的幅度也可逐渐加大。要注意此时孩子腰肌还很弱，坐起时腰向后弯曲，仍然是呈弧形，所以此时还不能让孩子长时间做此游戏，随着孩子年龄增长，游戏时间可增长。最早90天（多数97天）拉手起坐时头能伸直。如果孩子到110天后拉手起坐时头还不能伸直，就要引起注意了。

蹬蹬乐

目的：发展腿部的力量和灵活性，感受自己对外界环境的影响。

方法：在孩子床尾摆放一个带响声的充气玩具。爸爸或妈妈握住孩子的腿蹬到玩具上发出声音，孩子会自己尝试。多次活动之后他就知道只用腿来踏蹬就会弄出声音，他会经常踏蹬弄出声音逗爸爸或妈妈笑。

要经常变换玩具的位置，并训练孩子左右交换地去踢蹬，或双脚同时去蹬，不要总是用一只脚。

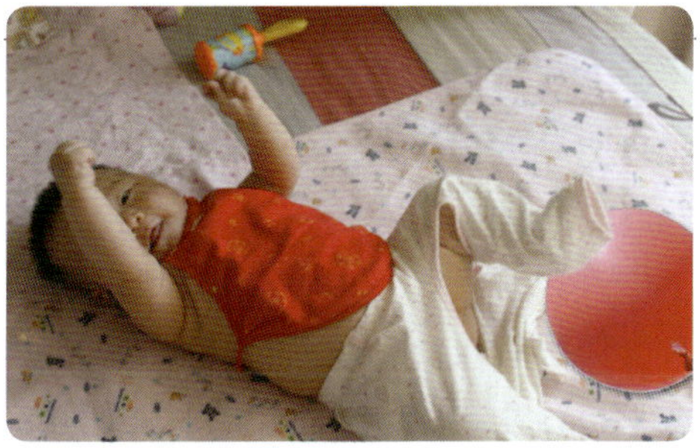

扣扣2个月23天，双腿的力量增加了，眼-腿开始协调，能蹬着悬吊的球。

你也可把玩具直接放在孩子的脚下，让孩子用双脚去敲响玩具。当孩子可以扶站后，你还可让孩子去踩响玩具。

爱心提示：当孩子情绪愉快时，你也可以把他独自放在婴儿床上，让孩子自得其乐地玩。踢蹬能增强孩子腿部力量，腿部屈伸的训练能增加腿部灵活性，为今后站立和行走打下基础。

举高高

目的：让孩子体会父爱，感受亲情的温暖。

方法：“面朝前坐位举高”。让孩子俯卧在床上，爸爸先将一只手伸到孩子两腿之间，托住孩子的屁股，另一只手托住孩子的胸部，慢慢将上部抬高，最后让孩子面向前坐在爸爸的一只手上，另一只手再放在孩子的腋下，托稳孩子，再高高地举起和放下孩子，可反复进行，也可抱着孩子转圈。

“面对面坐位举高”。让孩子仰卧在床上，如上做法抱起孩子，让孩子与爸爸面对面成坐状，一会儿举起，一会儿放下或转圈。

“扶腋举高”。双手托稳孩子的腋下，伸直手臂，把孩子举起来、放下。或举起后再慢慢地转圈也很好。

“站立举高”。一手抓住孩子的双脚，一手扶住孩子的腋下，让孩子站在你的手上，再一会儿举起，一会儿放下或旋转。

举高高是扣扣和爸爸最喜欢玩的游戏，游戏时扣扣乐开了花。

爱心提示：抱起孩子，先跟孩子说说话，逗孩子笑。当孩子心情愉快时，把孩子举到空中。一边举高一边根据孩子身体的位置说出“上、下、左、右”等方位，开始的时候幅度不要过大，免得孩子受到惊吓。等孩子适应以后可以适度地举高一点，孩子会很喜欢和爸爸妈妈的这种互动。把孩子抱回到怀里，亲亲孩子，休息一会儿后根据孩子情绪可以再玩一会儿。举高每次1～5分钟就可以。

这些游戏需要较大的力气，一般由比妈妈更有力气的爸爸来做比较好，这样做这个游戏会更加安全。爸爸的笑声也和妈妈不一样，洪亮而且低沉，可能还会吹口哨，孩子会觉得很刺激、很快乐。爸爸给孩子的感觉和妈妈不一样，让孩子感受这两种爱，知道爸爸妈妈都爱自己，自己属于家庭的一员，这种家庭观念有时会影响孩子一生。

不要担心在举高高孩子头不能抬起，多数孩子满3个月，能将头保持稳定和平衡，如果你前后左右移动，他已经会自动将头调整到与身体轴线保持平衡的位置了。如果你的孩子头部还不能很好地保持稳定和平衡，可以等以后再做。

还有观察发现，孩子最早满3个月（多数141天，最迟7个月）喜欢爸爸妈妈与他嬉戏，喜欢你把他举起来，比你还高，喜欢你轻柔地摇晃他，喜欢你与他微笑，与他谈话。但和孩子嬉戏时动作不可太剧烈和粗暴，以免惊吓到孩子或让孩子的颈部受到伤害。同时不要快速旋转，这会使孩子的脑组织与颅骨相撞，损伤脑神经，影响大脑的发育。

升降机

目的：发展平衡能力。

方法：爸爸或妈妈坐在床上或地毯上，让孩子俯卧在你的小腿上，头朝向你，抓住孩子的双手左右展开，扶稳孩子，你慢慢地把身体向后躺到地板上，同时抬高你的双腿，慢慢地升起至小腿与地面平行，然后放下双腿，再升高，可多次反复，让孩子随着你的双腿的运动反复地升空和降落。可一边动一边念歌谣《升降机》：“升降机，一会儿高，一会儿低，升上天，摘星星。”

可根据爸爸妈妈的体力和身体技巧，向前后、左右各个方向运动双腿，也可以旋转，让孩子跟随着你向各个方向升起和降落。

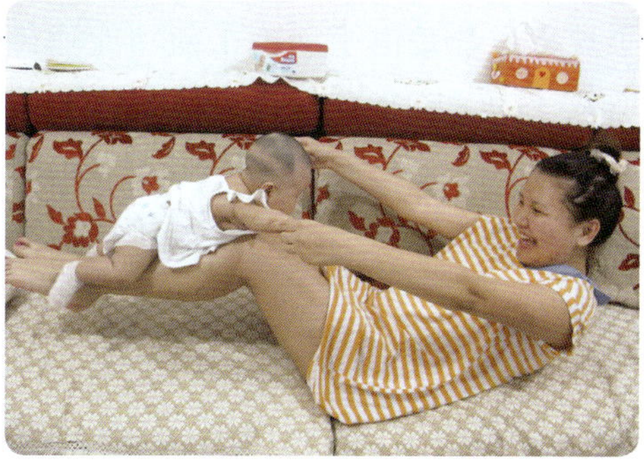

妈妈正在和潼潼做“升降机”游戏，一上一下玩得非常开心；还能促进平衡能力发展。

爱心提示：随着孩子控制身体的能力增强，头部的稳定性增加。孩子此时会非常喜欢升降的游戏。在运动中孩子会抬起脖子，伸开双臂，模拟飞机翅膀的样子。当孩子再大一点儿后，你还可以加快抬腿放腿的速度。这个游戏对孩子身体控制和平衡能力发展有好处。

平衡觉也许多数人不熟悉。我们知道，触觉的感受器主要是分布在皮肤上，而平衡觉的感受器是位于耳朵内的前庭器官。我们做各项动作时，如头、手的移动，走、跑、跳、翻身等动作，要在身体平衡状态下才能完成，而平衡器官就是感受和调节人体的姿势、维持身体平衡的重要器官。如果平衡能力发展不好，平衡功能不完善或有障碍，孩子的动作能力就差。在日常生活中，我们发现一些孩子长大后出现左右不分、方向感不明、经常磕磕碰碰，出现运动障碍、智力发育缓慢等现象，都是由于前庭平衡功能障碍所致。为了防止孩子未来出现这些问题，从小就应多做一些提升孩子前庭平衡功能的训练。

伸手抓玩具

目的：练习手的抓握技巧，促进孩子协调运用手腕、手掌和手指的能力。

方法：把一块方形积木或小车放在桌子上，你抱着孩子坐在桌子前，拿起玩具敲一敲，或敲一敲积木旁的桌面，引起孩子的注意。再鼓励孩子说：“贝贝，抓住它，抓住它。”你一边说一边做反复抓玩具的动作，说完后放下积木，等待孩子伸手去抓取玩具。

你也可以把1～2个塑料玩具和毛绒玩具放在孩子的小床上，让孩子醒来时随时有抓握玩具的机会。

爱心提示：据观察，在3个月时孩子主动抓握物体的能力开始显现，细心的爸爸妈妈可能会发现，孩子最早75天（多数3个月，最迟100天）他会用手抓自己的衣服、头发和脸。但是这些动作很轻，时间也不长，它并不是真正意义上的抓握动作。孩子抓握玩具的能力发展是一个很漫长的过程。孩子最早满3个月（多数132天，最迟6个月）孩子才能主动地用手抚摸周围的物体。最早满3个月（多数138天，最迟6个月）孩子看见桌子上的积木会试图伸手来取，但眼—手不协调，虽然努力去接近玩具，但可能连积木的边也不能碰到，需要孩子经常练习。经过反复练习后，最早满3个月（多数147天，最迟6个月）伸手时能眼—手协调，也就是说此时孩子能把手伸到自己所看到的玩具前，但孩子的自主控制手的抓握动作的能力发育还不够完善，所以即使手已经伸到了玩具前，还不能拾起玩具。如果经常和孩子做抓玩具的游戏，就能眼—手协调地用一只手或双手拾起积木了。

潼潼看见西红柿想伸手去抓，但2个月18天的她眼手还不协调，还抓不住它。

孩子很乐意享受够取玩具的这个过程。因此，爸爸妈妈要满足孩子学习抓握的愿望。把一些玩具放在他能看得见、抓得着的地方，让孩子有机会尝试着一次次去抓这些玩具。给孩子循序渐进地学习抓物的机会。同时多夸奖孩子，以激发他练习的兴趣和积极性。伸手够物，是孩子的一项重要本领，是孩子开始对客观世界进行探索，并为智力发育打下基础的一种重要方式。

但如果孩子7个月还不能自己捡起桌子上的小积木，爸爸妈妈就要引起重视了，最好去小儿神经内科看一看孩子是否神经系统存在异常。

抓摆动的玩具

目的：训练抓握动作。

方法：让孩子坐在爸爸或妈妈的膝上，将一个玩具如触摸球、小娃娃等悬吊在孩子双手能够到的地方，轻轻摇晃玩具引起孩子的注意，并逗引他主动伸手来抓玩具。如果孩子不伸手，你可不时用玩具碰一碰孩子的手，并告诉孩子说："贝贝，抓住，快，伸出手来抓住它。"如果孩子能主动伸手，不管是否抓住了都要表扬和鼓励他，如果试了几次后孩子不主动伸手，可把玩具放入孩子手中，让他玩一会儿。你可观察孩子如何去玩这些玩具，会去摇动它吗？会去观察它吗？会去咬它吗？

爱心提示：有的爸爸妈妈看见孩子一而再、再而三拿不到玩具，心中很着急，不断埋怨孩子，也不让孩子多试一试，就直接把玩具放入孩子手中，这种做法不是"帮助"孩子的有益做法，而是剥夺了孩子练习和体验的机会，让孩子失去了眼—手协调"抓"物体的锻炼机会，你应耐心地等到孩子自己触摸到所要的物体。如果孩子确实不能抓到，游戏最后才将积木放入孩子手中，他会因得到自己想要的玩具而万分欣喜，激发成功的欲望和抓物动力。同时又实践和体验了一次手摸和眼看的关系。孩子在出生后的前半年中学习眼—手协调抓握动作的练习非常重要，这种手和眼的协调性运动是孩子探索世界和建立智力基础的主要方式之一。

纤纤2个月5天，注意到了悬吊的玩具，想伸手抓到它，但眼—手还不协调，还不能抓到。

据观察，用一根细线将一个玩具悬挂在孩子容易够到的地方，轻轻地摇晃玩具，孩子最早满2个月（多数87天，最迟5个月），孩子的头能跟随摆动的玩具移动而转动。多数孩子111天（最迟6个月）看到悬吊的玩具孩子能依照它晃动的方向伸手去够，但由于眼—手还不协调还不能抓住玩具，多数孩子

126天（最迟6个月）孩子能用一只手或用双手够到玩具，至少能抓握玩具一下。

推不倒翁

目的： 发展眼—手协调能力。

方法： 让孩子躺在小床上或背靠妈妈胸前坐在床上或地板上，将不倒翁放在孩子前面，爸爸或妈妈先拿起孩子的手推动不倒翁，使它摇晃起来并发出响声，吸引孩子的注意和兴趣，这样孩子就知道自己伸手去推动不倒翁，让它发出声音。不倒翁的摆动摇晃也给孩子带来好奇和欢乐，多数孩子喜欢玩这个游戏。你还可以教孩子说儿歌《不倒翁》：

不倒翁，翁不倒，推一推，摇一摇，推来推去推不倒。

爱心提示： 你可将不倒翁放在孩子床上。玩过不倒翁的孩子一醒来会不哭不闹，自得其乐地玩起不倒翁来。有时会用手推，有时会用脚踢，身体还会跟着不倒翁的移动转圈。

如果你要抱着孩子玩此游戏，这个阶段的孩子还不会独自坐起，妈妈一定要把孩子抱牢。孩子背靠妈妈，坐在妈妈怀中是游戏中常用的姿势，这种姿势可以让孩子产生安全感，也可以让孩子的视野更开阔。当不倒翁摇晃的时候，孩子会注意不倒翁摇晃的轨迹，如果不倒翁能发出声音，孩子关注的时间会更长。

孩子会为看到不倒翁摇晃的动作和听到不倒翁摇晃时发出的声音这种愉快体验而不断地、重复地做推动不倒翁摇晃的动作，在这一过程中孩子会获得快感，同时对孩子的眼—手协调能力和注意力的发展更有利。

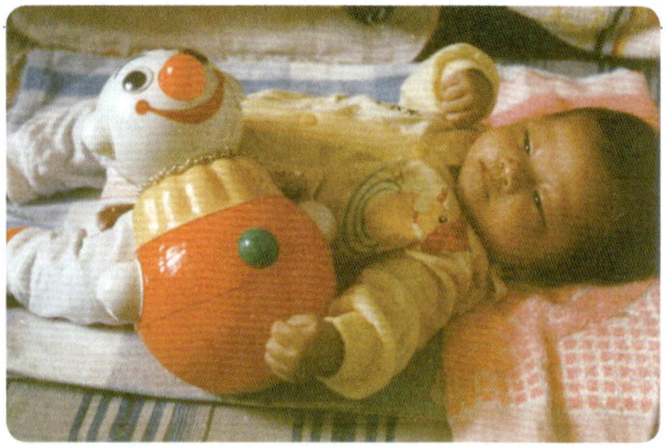

西西2个月15天，非常喜欢玩不倒翁，看它摇晃地摆动，听它发出的声音。

智商开发

抓小球抱大球

目的： 训练手臂动作。

方法： “抓小球”。在孩子面前放一个小球，先拍一拍小球，然后递给孩子，并对孩子说：“贝贝，小球来了，接住它。”让孩子伸手来拿球。如果孩子不会伸手来拿球，给孩子做一个示范或扶着孩子的一只手，告诉孩子：“贝贝，小球来了，抓住它。”也可将球放入孩子的手边，让孩子伸出一只手来接球。

3个月的孩子已能判断物体的大小，知道伸一只手去拿小球，伸双手去抱大球。

“抱大球”。妈妈抱着孩子让孩子坐在腿上，面向前方，爸爸将一个大气球投给孩子，并对孩子说：“贝贝，大球来了，抱起来。”让孩子伸出双手去抱住气球。如果孩子不会，给孩子做一个示范或扶着孩子的双手，告诉孩子“抱一抱”。

当孩子抓住小球或接住大球后让孩子玩一会儿。

爱心提示：4个月以前的孩子就已具有了大小知觉。有研究发现，在孩子面前放一个小球和一个大球，孩子就能根据球的大小，与球之间的距离不同，采用不同的姿势去拿球。正常的孩子看见小球知道伸出一只手去抓，看见大球知道伸出两只手去抱，说明孩子对物体的大小有了判断的能力。给孩子不同大小的物品玩耍，教他用不同姿势接球，促进动作发展和大小概念的形成。

看彩图

目的：发展视觉分辨力和对色彩的感受力。

方法：旧杂志、超市的宣传册里都有很多印刷精致的广告画，选择一物一图的彩色图片，如小鸟、小鸡、小鸭、小猫、小狗等动物图片，苹果、橘子、西瓜、香蕉、萝卜、黄瓜、西红柿等蔬菜水果图片，爸爸、妈妈、孩子的照片或其他的人物图片，把它们贴在墙壁上，每天抱着孩子去看一看这些色彩鲜艳的、漂亮的图片。

你可指着图片告诉孩子图的名称。记下孩子看图的时间，孩子看图的时间越长，说明他就越偏好这张图。

爸爸正抱着潼潼看妈妈的照片，她好像“认识”妈妈了，看得真认真。

爱心提示：有研究认为，0～4个月是视觉发育的黑白期，孩子看到的只是黑白两色，4～12个月是视觉发展的色彩期，这个时期，孩子对彩色的东西非常敏感。但也有研究认为，孩子在2个月时已能区分某些不同的颜色，3、4个月时对颜色的视觉基本功能已接近成人。还有观察发现，长期在五彩斑斓的环境中成长的孩子，要比只在黑白环境中成长的孩子智商高出12个百分点。上述研究表明，在孩子进入3个月后，开始钟情于有颜色的世界，对色彩怀有浓烈的兴趣，喜欢看各种各样的漂亮图片。这时你要多给孩子看一些色彩斑斓的图画，给孩子丰富的色彩刺激，这有利孩子视觉和智力发展。一边让孩子看图片一边告诉孩子图的名称和内容，可帮助孩子将词汇和图片中的物品联系，这是一种既方便又有效地早期开发孩子语言和认知能力的好方法。

注意小糖丸

目的：训练对小物品的注意力。

方法：买一些五颜六色的巧克力糖丸，放一粒在桌面上孩子容易够着的地方，你一边说：“贝贝，看，好漂亮的糖。”一边用手敲打糖丸附近的桌面，或者用手弹一弹糖丸，让它来回滚动，引起孩子注意。

你还可让孩子打开手掌，把糖丸一颗一颗放入孩子的手心，让糖丸从孩子的指缝中慢慢地滑下。

爱心提示：大量的科学研究证明，新生儿就有了一定的注意力。爸爸妈妈与孩子谈话时孩子会看着你，在离孩子上方20厘米移动红环，孩子会注意，也会注意到在他面前行走的人，眼睛能随红环和人的移动而移动。巨大的声音也能引起新生儿的注意，如对较大的鼓声、铃声、大声的关门声等，会使孩子出现眨眼、皱眉、惊跳等反应。他还会对移动的物体进行短时间的“跟踪追视”。但3个月前的孩子主要注意的是较大的、颜色鲜艳、能发出声音的物体。注意到一些较小的物品如注意小糖丸，最早满3个月（多数132天，最迟6个月）。如果孩子在4个月以后还不能注意到小糖丸，要多进行上述游戏，以培养孩子的注意力。

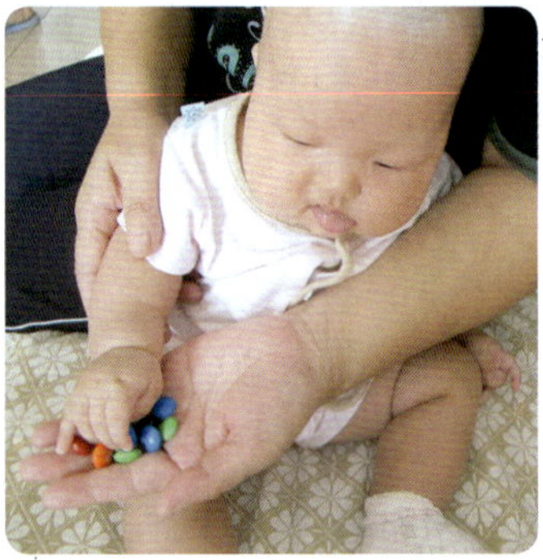

3个月的潼潼已经注意到姥姥手中五颜六色的小糖丸，并想伸手去抓它。

注意力是需要培养的。有研究还发现，刚生下来的孩子注意力持续的时间是差别不大的，但后天是否重视对孩子注意力的培养，会造成孩子之间注意力的差距变大。注意力是影响人智力活动的重要因素。注意力不集中的孩子表现为做事容易分心，不能专心做一件事，做事常有始无终。注意力不集中的孩子还会表现为活动过多，不管在什么场合下都很难安静下来，常常手脚不停地乱动，干扰他人的活动。冲动任性也是这类孩子的表现之一，注意力不集中的孩子常常会情绪不稳定，易变化，行为不顾忌后果。注意力不集中的孩子自控力也较差，不遵守秩序，做事无章法，容易与他人发生冲突。因此，注意力不集中的孩子在上学时就会出现上课不专心听讲，易走神，学习成绩不稳定，健忘，厌学，作业、考试中经常因马虎大意而出错等学习问题。因此，爸爸妈妈要注重从小对孩子的注意力进行培养。0~1岁的孩子的注意以无意注意为主，孩子注意力的培养主要结合孩子的各种日常护理如喂食、游戏等活动进行。在亲子互动的交往中，让孩子的注意力走向稳定。

0~1岁孩子的注意力的培养可从以下几个方面做起：（1）距离近。玩具和物品放在离孩子较近的距离，能够让孩子看得更清楚，增强注意的稳定性。（2）家长的动作和讲话要慢。动作要温柔，讲话语速要慢，以免引起孩子的厌倦、急躁和反感而使注意力不集中。（3）环境安静。嘈杂的环境可让孩子注意力分散。（4）多次重复。反复重复能强化孩子的注意力和记忆力。（5）游戏与生理需要相关结合。如让孩子玩耍和认识奶瓶、小勺等，更能激发孩子的注意力。（6）较大的、颜色鲜艳、能发出声音的、可以运动的玩具和物品容易引起注意。孩子对具有以上特点的玩具和物品兴趣会倍增，注意力也会持久。同时要注意的是孩子的注意力的持续时间是短暂的。一般3岁时注意力持续时间为9分钟，2岁为6~7分钟，1岁的孩子注意力的持续时间就更短了，因此，让孩子长时间玩同样的游戏和教孩子认物是不现实的，也是不可能的。

找声源

目的：促进听觉定向能力发展。

方法：先让孩子仰卧，或抱起孩子面向前坐在腿上，在距孩子的耳朵35厘米处摇动哗铃棒，让孩子听到声音（不要让孩子看到哗铃棒），逗引孩子的头转向发出声音的一侧。然后再到另一侧摇响哗铃棒，看孩子的头是否跟着哗铃棒的移动而转动。

妈妈在摇铃，2个月19天的月月很快能找到声源的方向，将目光和头转向铃声响起处。

爸爸站在孩子背后，叫孩子的名字和拍手（不让孩子看到你），让孩子听到声音转头去寻找。然后一边叫孩子的名字或发出其他声音一边移动到孩子的侧面，让孩子的头部跟着你的移动而转动。

一人抱着孩子坐在中间，另一人从4个方向（前后左右）依次摇铃。先在前方摇铃，摇五六下，看孩子是否转头转身寻找摇铃人。再转到后面、左边、右边去让不同的玩具发出声音，让孩子随着铃声的位置变化转头和转身去寻找铃声。可两耳交替进行。注意铃声不要过大，以免让孩子受到惊吓。

爱心提示： 听觉是孩子学习的第一步，所有的学习都要借助听觉才能慢慢发展。孩子在1岁内正好是听觉发展的黄金时期，爸爸妈妈可以多给孩子一些语言及声音上的刺激，因为孩子在此时接受的刺激，会逐渐储存在脑中，之后这些熟悉的记忆就会化成他说话或发声的能力。同时要了解孩子的听力发展进程，根据不同的年龄段，和孩子玩听力游戏。因此，爸爸妈妈要常逗逗孩子，陪他们玩一些游戏。

需要注意的是，孩子听力的保护也很重要。在家和孩子游戏时，最好用温和的语调对孩子说话，即使孩子做错事时，只要用稍微重一点的语调，让他们意识到就可以了，不要大声地对孩子说话，以免伤害孩子的听力，使孩子对声音的敏感性下降，而导致注意力下降。家长在帮孩子洗澡时，尽量不要让水进入耳内，以免导致中耳炎。当然也不要让孩子常抓耳朵，否则容易导致细菌感染。不要去揪孩子的耳朵，这可能会伤害听神经，导致失聪。

有研究发现，当孩子满2个月（多数105天，最迟6个月）听到铃声后，会转头去寻找声源。如果孩子满6个月对声音还没有反应，就要尽快去医院检查。

蝴蝶飞飞

目的： 训练孩子的视觉，发展孩子的注意力。

方法： 用一条颜色鲜艳的围巾或领带，在下端打一个蝴蝶结代表蝴蝶，一边移动一边和孩子对话，并说出“蝴蝶”移动的位置。可以说：“贝贝，看这里，这是红色的蝴蝶，蝴蝶要飞了，要飞了，飞、飞、飞，它往左啦，往右啦，往上啦，往下啦，它要旋转了。”然后将“蝴蝶”在孩子眼前上下左右移动和旋转。移动的距离、旋转的直径可慢慢增大，让孩子看得更远。

你可以经常改换物体来引起孩子的注意，用孩子喜欢的玩具如飞机、小红球或者是手电筒。一边让玩具“飞”一边和孩子说话，吸引孩子的目光跟随玩具移动，孩子听到妈妈的声音、看到漂亮的玩具和电光移动，会高兴得手舞足蹈。

潼潼2个月开始和姥姥玩此游戏，她的目光不仅能随「蝴蝶」移动，还想伸手去抓「蝴蝶」呢。

爱心提示： 3个月的孩子视力调节的范围扩大，头部会转动，目光能左、右、上、下地追随玩具。这个游戏可使孩子的追视更灵敏，视野范围扩大，还能避免斜视。有效的视觉刺激可以提升孩子的视敏度，并有益于孩子眼肌协调能力的发展。让孩子更精确地接受外界的信息与刺激，促进脑部发育，对孩子将来的智力发展非常有利。颈部肌肉左右移动，有益于孩子学习对自己的身体、动作有初步控制、调整的能力。

小手和玩具哪儿去了

目的： 帮助孩子认识自己的手，提高自我认知能力。

方法： 准备一块颜色比较浅的毛巾。让孩子舒适地靠坐在妈妈怀里，当孩子举起双手玩的时候，妈妈拿出浅色毛巾盖住孩子的手，用好奇的语气问孩子："手呢，孩子的手呢？"孩子会表现出诧异的神情，这时妈妈把毛巾拿开，惊奇地说道："手出来了。"让孩子看到自己的手。可重复两三次。也可用此法盖住孩子脚让他寻找。

在孩子玩一个玩具玩得开心时，你用毛巾盖住孩子拿玩具的手，看一看孩子会有什么表现。他会茫然地四处环顾吗？会放掉玩具抽出空手吗？还是会动一动手将玩具从毛巾下取出来呢？

爱心提示： 你知道当孩子看见自己的手不见了、手又出现时是多么惊奇和意外吗？因为此时孩子还不知道"看不见的物体仍然存在"这个概念。因此，看见的东西突然不见了会感到很奇怪，看到消失的东西又出现会很诧异。爸爸妈妈可经常和孩子做这种游戏，让孩子逐渐明白，小手和玩具不会因毛巾盖住就不见了的道理。

月月2个月10天，看见自己小手「不见了」，很惊奇，她一直盯着手看，好像要弄明白她小手为什么不见了。

有观察发现，用毛巾盖住孩子拿玩具的手，3个月前的孩子对不见了的物体会没有什么反应，可能是3个月前的孩子还不能意识到物体的消失，也许是以为不见的物品就不存在了，不觉得奇怪，也不会想到去寻找原因。多数4～8个月的孩子会出现两种表现，会茫然地四处环顾和放掉玩具抽出空着的小手，也许孩子开始思索“东西去哪儿了”。8个月以后孩子会将玩具从毛巾下取出来，他已经开始明白，不见了的东西仍然存在，也就是说此时孩子已经形成了物体永存性的概念。

游戏中最好选择浅色的毛巾，这是不要让孩子的注意力被颜色鲜艳的布所吸引，而不再关注“小手和玩具不见了”这件事。刚开始，孩子可能不会表现出惊奇或者兴奋，你可以多重复几次。随着孩子年龄增长，孩子就会关注这一事件了，这对孩子的智力开发十分重要。

追寻小车

目的：训练孩子视觉追踪和身体转动。

方法：先准备一辆能开动的玩具车。抱起孩子坐稳，拿起小玩具车在孩子面前晃动，并告诉孩子“这是小车，小车开动了”。让小车在距离孩子20厘米左右，从桌子的这头开到另一头。一边移动小车，一边模仿小车的声音。开始推车的速度可慢一些，确保孩子的视线能跟上开动的小车；以后可快速从这头开到那头，还可以开出桌面，让小车掉到地面，并对孩子说：“贝儿，小车开动了，它开到地上了，找一找它在哪里？”引导孩子的视线从桌面跟随小车往地面寻找。

姥姥正和潼潼玩“追寻小车”的游戏，在2个月10天，她眼光和头就也能跟随小车的移动而左右来回转动了。

爱心提示：这个阶段孩子的视力发育还不是很完善，所以小车开出和球滚动的距离不要太远，1米就可以，移动速度要慢，根据孩子视线追随的情况灵活调整。当孩子的视线能熟练追随小火车和球的移动时，距离再从近到远，速度由慢到快慢慢增加。

有观察发现，满2个月（多数87天，最迟5个月）孩子的目光能追随横过桌面的球，头也能追随物体的运动而移动。

玩触觉球

目的：发展手的抓握和触觉能力。

方法：用不同质地、不同颜色的薄布缝制一些小球，里面装上小米、大米、芝麻、绿豆、红豆等各种颗粒状的小物品，做成触觉球。

也可在市场上购买小的触觉球。触觉球颜色鲜艳，球面有很多“刺”，有的“刺”比较硬，有的比较软。触觉球有大有小，可以购买颜色不同、大小不一的触觉球。

让孩子抓握、玩耍小触觉球。将小触觉球放在手心转动，触摸手背、手腕、手掌、脚背、脚底。在给孩子洗完澡后，按照抚触顺序，用触觉球触摸孩子身体的各个部位。

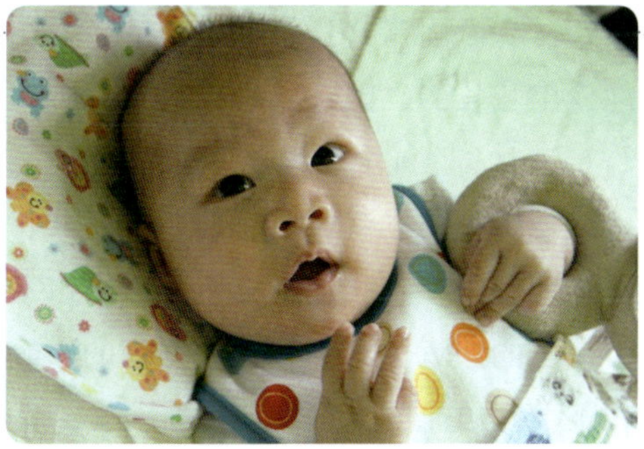

纤纤妈妈经常会让孩子摸一摸不同质地的球和其他物品，发展孩子的触觉能力。

爱心提示：孩子的触觉非常发达，身体各个部位受到刺激都会做出反应，尤其是手掌、手指、脚掌、脚趾，母亲要经常用自己的手为孩子做抚触。在孩子睡醒愉快时，可以用最小5厘米左右、表面突出的小触摸球轻轻地刺激孩子的全身皮肤、手掌、脚掌，促进孩子触觉发育。

感觉统合是现代妈妈们比较熟悉的词。感觉统合包括前面所说的前庭的平衡觉，也包括触觉等其他感觉。当孩子触觉统合失调时，表现为触觉敏感（防御过当），对外界的新刺激适应性弱，所以喜欢固守熟悉的环境，做习惯的动作，喜欢生活环境保持原样，有重复语言、重复动作，对任何新的学习都会加以排斥，不喜欢他人触摸，成绩不佳，人际关系冷漠，常陷于孤独之中。当孩子触觉迟钝（防御过弱）会表现为反应慢，做事拖拉，动作不灵活，笨手笨脚，大脑的分辨能力弱，缺少自我意识，学习积极性低下，所以也表现出学习困难、人际情冷漠的问题。

让孩子玩触摸球和用它刺激孩子的全身，会提高孩子皮肤的耐受能力,强化孩子的触觉刺激，可预防孩子触觉统合失调。

闻不同的香味

目的：训练嗅觉能力。

方法：“闻一闻各种水果”。不同

的水果会发出不同的香味，每次买回水果后都可让孩子闻一闻，你还可以告诉孩子这是什么水果。多数水果切开后香味更浓郁，你可把水果切开后再让孩子闻一闻。有的水果肉与皮的香味不同，皮的香味更浓郁一些，你可让孩子都闻一闻。

纤纤妈妈经常会让孩子摸一摸不同质地的球和其他物品，发展孩子的触觉能力。

“闻一闻各种调味品”。醋、胡椒粉、大料、蒜、葱、姜等，你把它们从厨房拿出来，让孩子闻一闻。

“闻一闻妈妈的化妆品和家中的熏香剂”。妈妈的香波、香水或香囊的气味都不一样，可以时时让孩子闻一闻。

“闻一闻洗涤用品”。谁家都有牙膏、洗脸、洗手、洗头、洗澡液等，它们的气味都各不相同，也是各种香味的来源地。

爱心提示：你坐下来，把孩子放在大腿上。在你面前的桌子或凳子上摆放有各种香味的瓶子。分别把每一种东西放到孩子的鼻子下面让他闻一闻。你要注意孩子的脸，看他的表情。看一看孩子闻到哪些气味会惊奇或微笑，闻到哪些气味会皱眉头或是扭开脸。记下孩子对各种气味的反应。随着孩子长大，每隔几周就玩一次这个游戏吧，看看他的反应有什么变化。注意让孩子闻各种物品时，不要弄到孩子的脸上和身上。闻调味品时最好用布把瓶子包起来，以免孩子不小心吸入鼻腔中。如果爸爸妈妈对某种物品过敏，最好不要让孩子接触，孩子也可能会过敏。在生活中你也可以让孩子先闻一闻他接触到的所有物品。

发元音

目的：进行早期的语言训练，促进孩子早发声早说话。

方法：在此月孩子高兴时会喃喃自语地发出声音，你可模仿孩子发出的声音，有意将声音拉长，引导孩子模仿你发出长长的“阿、衣、哎、哦、呜”等音。如同第1个月模仿孩子的哭声一样，模仿孩子发音时口型要夸大一些，语调要夸张一点，速度要慢一点，以吸引孩子的注意力、引起他模仿你的兴趣和跟上你的速度。

开始孩子可能不会附和你，你要慢慢地，多重复几次，直到孩子开口。当孩子试着发出拉长的长元音，你要用称赞的目光注视他，抚摸他或给他一个亲吻。孩子得到鼓励后就会再次模仿你发出长长的音，如同歌唱家在练声一样。有时孩子还会激动得发出尖叫声，有时还会发两个相连的音，由阿发成为阿呜；哎喂、唉喂 、哦喂、呕呜、啊呜、衣哦、哎哦、呜哦等这就更好了。你可再次模仿他发声，这样你们就能一来一去，一问一答，相“呼应”和相“交流”了。

爱心提示：孩子进入3个月，清醒时间明显增多，听觉比较敏锐，听到新奇的声音会停下正在做的动作去聆听，在舒适状态能发出呵呵笑声，能大声地发出类似元音字母的声音，有时还会长声尖叫。如果爸爸妈妈和孩子面对面交谈，孩子这时会用眼睛看着你，多数孩子能尝试着发出声音与你 “应答” 。你要鼓励他发出声音，和你一问一答，这样他会更加起劲地与你“交谈” 。

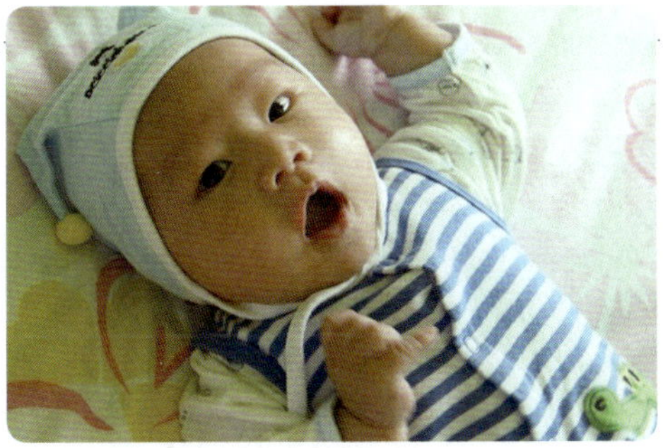

纤纤2个月17天，正跟着妈妈“啊、啊、啊”地发音。

如果在多次发音游戏中孩子不能模仿你发音，或不与你应答，你可能会担心孩子是不是“不会说话”，特别是在和孩子玩听声音的游戏时他没有反应时，你会非常担心孩子的听力有问题，如这样的话，你最好带孩子去医院检查听力。如果孩子听力没有异常，就不需要担心孩子不会说话了。孩子天生具备学习和使用语言的能力，只要没有耳聋，他迟早能学会说话的。有观察发现，孩子最早满57天（多数70天，最迟85天）可发1～2元音。最早满87天（多数100天，最迟128天）发出2～3个拉长元音。

随音乐起舞

目的：提高孩子对音乐的感受力，同时帮助孩子锻炼上肢。

方法：爸爸抱着孩子，让孩子面朝前，妈妈站在对面，先用玩具或表情逗一逗孩子，吸引孩子注意，并且告诉孩子：“我们要跳舞了。”然后随着节奏，摆动双手做跳舞状，爸爸也可拿着孩子的双手和妈妈一起随节奏做动作。

当孩子熟悉音乐节奏和动作后，可放开手，让孩子自己根据音乐节奏使身体和手左右摆动。

爱心提示：每一个孩子都有音乐天分。3～4个月的孩子，对音乐的旋律会作出明确的反应。轻快、柔和的音乐声响起时，可观察到孩子心率减慢、呼吸平静。生理性啼哭的孩子安静下来或很快入睡。音乐声还可以吸引孩子的注意力，有的孩子听到音乐响起会四肢不停地向空中拍打，表现出很兴奋和愉快的样子。近年来的许多试验证明，有的孩子很早就会对某一段乐曲显出特别的爱好，播放时表现出特别的兴奋。说明孩子已经对音乐的节奏和旋律有了分辨能力。

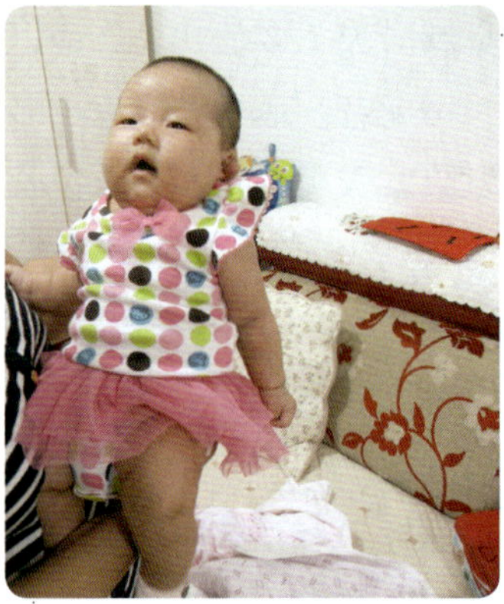

姥姥经常抱着潼潼随着音乐节奏「跳舞」，要培养她的音乐能力。

在孩子的这一重要时期，让孩子继续听胎教音乐，或经常听适合孩子的音乐，可以逐渐培养孩子对音乐的兴趣，从小培养孩子感受音乐的能力，同时还可开发孩子的右脑功能。可给孩子听轻音乐，声音不要开得太大，因为孩子的听觉很脆弱，太大的声音可能会损伤孩子的听觉神经。

毛巾游戏

目的：发展触觉能力和身体协调感。

方法：“毛巾擦身”。在孩子做抚触之后或孩子洗澡和游泳之后，用干毛巾擦孩子全身各个部位，可重点擦一擦孩子的手心和脚心。

“毛巾包裹”。用毛巾把孩子包裹起来，注意不要包住孩子的头部。再用手或枕头或软垫从孩子的胸部起一直往下压，直到脚踝也可以用手轻轻推动他，让孩子前后滚动。

“毛巾滚滚”。用一条大毛巾把孩子卷起来，然后把毛巾的一端迅速地拉开，让孩子顺着毛巾的打开滚到一边。这个游戏要在宽敞的地毯上进行，也可以在地面铺上一床棉被。不要在床上进行，以免孩子滚到床下摔伤。

爱心提示：可以用不同质地的毛巾或毛毯包裹孩子，擦拭孩子的身体，羊绒、羊毛、棉、麻等毛巾或毛毯可换着使用，增加孩子的触觉学习。最好一边做上述游戏一边和孩子谈话，或讲故事、听音乐。

扣扣1个月16天，喜欢被毛巾包裹的安全和舒服感觉，也喜欢爸爸妈妈和她玩各种毛巾游戏。

用毛巾包裹孩子使孩子有被紧紧拥抱的感觉，可直接刺激孩子的皮肤，激活触觉接收器，使孩子触觉脱敏，强化孩子的触感处理能力、身体协调感和重力感。防止触觉敏感、迟钝和身体协调不良。

涂护理油

目的：刺激全身皮肤的感觉器官，给孩子爱抚。

方法：在给孩子抚触时，把牛奶、黑芝麻油、橄榄油、亚麻油等植物油或婴儿霜从头到脚均匀地涂抹在孩子的身上，可以涂得很厚，很多孩子喜欢这种做法，然后再给孩子做抚触。涂完后记得要给孩子洗个澡。

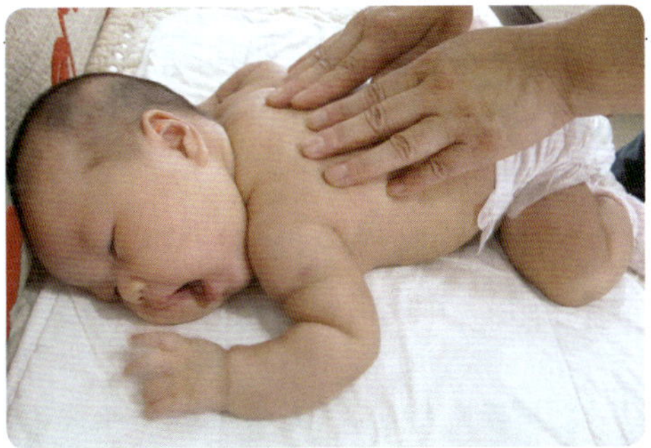

潼潼正享受着姥姥在她的全身涂上厚厚的护理油。

爱心提示：如果你经常与孩子玩这个游戏，最好选用鲜牛奶或者是植物油，如橄榄油或亚麻油作为涂抹剂，因为这些油中添加物比较少，比较安全。如果选用婴儿霜一定要看清其成分，不能采用有治疗作用的婴儿霜，更不能用爸爸妈妈平常用的护肤霜替代。

皮肤也是很好的吸收器官，附着在皮肤上的物质会很快地被吸收到体内，如果涂抹剂不安全，大面积、经常使用，其中的有害物质就可能会越积越多，最后可能会危及孩子的健康。而牛奶、橄榄油、亚麻油中含有对孩子的健康有益的成分，能促进孩子健康，但最好交换使用，因为上述物质所含的营养成分是不同的，交换使用更符合健康要求。

情商培养

听发音观情绪

目的：了解孩子不同情绪状态下的发声特点。

方法：情绪是孩子不能用语言表达自己的感受前适应生存的重要工具，也是孩子人际交往的手段。孩子通过哭、笑、声音的变化和面部表情，向爸爸妈妈传达自己的喜悦、高兴、难受、难过等感受和需求。我的孩子高兴吗？快乐吗？愉快吗？舒适吗？这些都是爸爸妈妈想了解和需要了解的。如何去了解孩子的情绪变化？只要你有意地、经常地、留心地去观察，你就会了解你的孩子的情绪变化。

当你和孩子玩耍，和他逗笑时，你仔细听一听、用心地观察孩子在愉快的情绪状态下的声音和表情。

当孩子美滋滋吃饱奶，自己舒适地玩耍，当孩子躺在你的怀抱中注视着你时，你仔细听一听、用心地观察孩子在满足的情绪状态下的声音和表情。

当孩子一个人玩耍时听到你的脚步声，听到你的叫唤声，听到你配奶的响声，看见你向他走来的身影时，你仔细听一听，用心地观察孩子在期待的情绪状态下的声音和表情。

当孩子饿了你还来不及给他喂奶，拉大便小便尿布湿了你还没有给他换洗，在高兴的玩耍时玩具被拿走，想要你抱他时你转身离开时，你仔细听一听，用心地观察孩子在不愉快的情绪状态下的声音和面部表情。

爱心提示：孩子一出生就有原始的情绪反应，其情绪反应主要是愉快和不愉快两种，3～4个月逐渐会分化出愉快、愤怒、悲伤、惊奇、厌恶和恐惧6种情绪反应。这些情绪是人类所具有的最基本的情绪反应。刚出生的孩子的情绪反应与他的生理需要是否得到满足直接关联，如孩子饿了、尿布潮湿、冷了、热了就会引起不愉快情绪，就会哭，四肢舞动；吃饱了，换上干净尿布、舒服了，孩子就愉快了，会立即停止哭声，就会安静下来，甚至会微笑；当打针或身体有疼痛刺激时，会引起孩子痛苦的情绪；当闻到不喜欢的气味时，会出现厌恶的情绪；2个月时当他被弄疼了，不舒服了，动作受到限制了，玩具被抢走了，孩子会产生愤怒情绪；3～4个月时当爸爸妈妈和孩子玩得高兴时你突然离去，孩子会出现悲伤的情绪；当爸爸妈妈不在时，如果一个陌生人手持注射器或一只大白鼠突然出现，孩子会表现害怕的情绪；当看到新奇的事物，如让看一只漂亮的小鸟在唱歌或小鱼在游泳，孩子会有惊奇的表现。

爸爸妈妈要学会及时地感受孩子的情绪变化，并要懂得孩子在各种情绪状

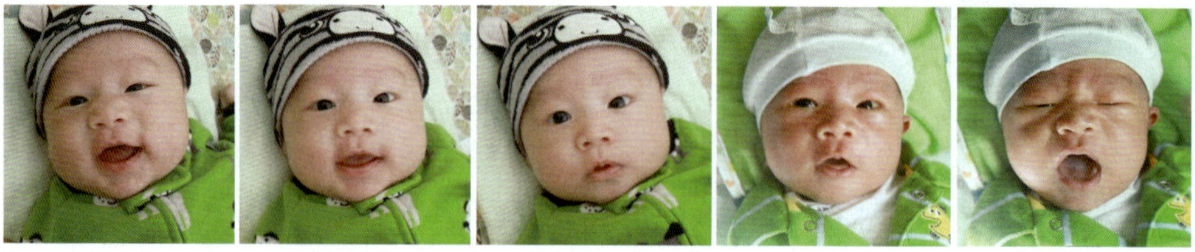

快乐　满意　期待　难过　愤怒

2个月后纤纤在不同状态下会发出不同的声音，同时伴有不同的表情。妈妈要用心听孩子的声音和观察孩子的表情，了解、关心和及时处理孩子的情绪变化，这对孩子的社会性发展极为重要。

态所表达的需求，从而能让你及时发现孩子的喂养、护理、环境、身体健康、心理状态等方面是否正常，对孩子是否适宜，才能给予及时的调整。特别是发现孩子发出不愉快的声音时，可引导你及时找出和消除让孩子感到不愉快的原因，以满足孩子的生理和心理需求，从而调整与孩子的交往方式和做法，为孩子构建快乐的生活方式。这样也会让孩子更多时间处于愉快的状态下，让孩子有更多的喜悦、欢乐和幸福的体验，培养孩子有更多的积极情绪，更少的消极情绪产生，引导孩子的情绪向积极健康的方向发展。

孩子能否了解、表达、掌控自己的情绪也直接影响到孩子智商（IQ）和情商（EQ）的发展。而孩子的各种情绪的形成和发展与孩子本身的气质特点有关，又受孩子生长的环境影响，还是爸爸妈妈及其他抚养人相互作用的结果。你怎么对孩子，孩子就会有什么表现，就会形成什么样的个性特点。你温柔地爱护孩子，孩子就会是善良温和的，你粗暴地忽视孩子，孩子就会是冷漠无情的，甚至是残暴和反社会的。所以爸爸妈妈不可小视观察和了解孩子情绪变化的意义和重要性。据观察，最早满3个月（多数4个半月，最迟7个月）孩子会在愉快时、不愉快时、满意时、渴望时会发出不同的声音。因此，爸爸妈妈在日常生活中要有意地、仔细地去观察孩子在不同状态下的声音和表情特点，从而更好地了解和及时地满足孩子的生理和心理需要，让孩子能快乐和健康地成长。

如果你的孩子对人、对事反应淡漠或缺乏，如在3个月时还无法与爸爸妈妈进行眼神交流，眼睛从来不与爸爸妈妈对视；在8个月时爸爸妈妈叫他的名字，他不会注视或回头找爸爸妈妈；1周岁还听不懂爸爸妈妈的话，也无法识别爸爸妈妈的手势，没有情感表达等表现，你就要引起注意了，要警惕孩子是否中有自闭症的早期表现。要多关注孩子，多和孩子一起玩耍，必要时最好到专科医院进行儿童自闭症的筛查。

宝贝，亲一个

目的：让孩子感受和表达自己的情感。

方法：每天早晨孩子起床时，妈妈或爸爸要第一时间来到孩子的床前，高高兴兴地给孩子一个亲切的拥抱和一个亲吻，告诉他你爱他。爸爸妈妈出门上班、下班回家、孩子晚上上床睡觉时，都要高兴地、真诚地给孩子一个亲切的拥抱和一个亲吻，告诉他你爱他，形成家中每天的习惯。

当孩子洗完澡后，一身光溜溜地躺在床上，你也可以给孩子一个拥抱和全身的吻。当你和孩子玩耍时你可随时给孩子来一个拥抱和一个吻。

用亲吻来表达你对孩子的爱，既直接，又明了，又温馨。

爱心提示：亲吻和拥抱是接纳对方的一种表示，也是爱的表达方式之一。在亲吻时发出“啧啧”的声音，则会让孩子感到更加受用，入睡前来个晚安吻，可以安抚孩子的情绪，也能让亲子关系更加融洽。

在中国旧式家庭的父子、母子之间不仅常常很难说“爱”，也很少有肢体的亲密接触，爸爸妈妈很少拥抱和亲吻孩子，这样的结果是孩子常常疑惑：“爸爸妈妈爱我吗？”爸爸妈妈不会去表达自己的爱，孩子也不知道如何去表达自己的爱。现代父母应该自然和大方地表达自己对孩子的爱，拥抱和亲吻就是最好的做法。爸爸妈妈至少每天要拥抱和亲吻孩子1次，即使当孩子已经长大时也是如此，让孩子能够在拥抱、亲吻和爱中茁壮成长。爸爸妈妈一天中要有几次放慢或停下忙碌的脚步，给孩子一个亲切的拥抱和亲吻，告诉他你爱他。对孩子多抚摸、拥抱、亲吻，并伴以柔声细语和微笑，给孩子提供了触觉、动觉、视听觉的综合刺激，有利于大脑的发育，也可为孩子良好的人格和道德品质的形成奠定最初的基础。

找妈妈

目的：认识妈妈，发展社会性。

方法：当和孩子玩得正高兴时，你对孩子说：“贝贝，再见，妈妈要离开一会儿。”看孩子有什么反应，目光追随你离开的身影移动，表情如何？留恋，不舍，不高兴，难过，小声啼哭，大声吵闹？

当孩子玩得正高兴时，妈妈悄悄地离开，看孩子有什么表情。孩子是否四处张望找你？如果孩子不找你，你可弄出一些响声，让孩子注意到你已经离开，并在一旁观察孩子的行为。

纤纤2个月9天，会找妈妈了。看见妈妈高兴得手舞足蹈，想伸手要抱，妈妈离开就会哭。

在孩子找不到你而要哭之前，你突然出现，对孩子说："妈妈在这儿呢。"当你突然出现在孩子面前，对孩子微笑，拍手，叫孩子的姓名，引起孩子的注意，看孩子是否笑、呼叫、挥手、蹬腿、扭身马上投入你怀中。

如果孩子没有反应，你要逗引他，让他看见你有愉快的反应。

爱心提示：有专家研究发现，孩子从出生到3个月前，对人的反应是不加区分的，孩子喜欢所有人，喜欢听到人的声音，注视人的面孔。看到人脸和听到人声都会微笑，甚至会高兴得手舞足蹈。所有人抱他，亲吻他，和他说话，他都很高兴、愉快和满足，这个阶段称为无差别的社会反应阶段。3~6个月孩子对人的反应有了区别，对不同的人反应不同，开始偏爱妈妈，喜欢妈妈抱他，看见妈妈更加高兴和愉快，这个阶段称为有差别的社会反应阶段；6个月~2岁，或2岁以后，孩子对妈妈有了明显的依恋，最喜欢和妈妈在一起，和妈妈在一起他会感到很安全、很舒适、很愉快，当他饿了、冷了、累了、不开心了、难过了和疼痛了，他首先会去找妈妈。如果妈妈离开，他会难过，见到陌生人不再微笑，有的甚至哭泣和怕生，这个阶段称为特殊情感联结阶段。

有观察发现，最早82天（多数105天，最迟126天）孩子看到妈妈或照顾者时会伸手让抱，对不认识的人不会伸手让他抱。孩子最早87天（多数半个月，最迟4个月）发现屋里只有自己一人时会四处找人。孩子最早97天（多数125天，最迟140天）妈妈离开时会立即哭或者呼叫。这说明3个月左右的孩子已经进入了有差别的社会反应阶段，对人的反应有所选择，比较亲近妈妈。如果爸爸照顾孩子比较多，孩子会更亲近爸爸，如果是保姆或其他人照顾，孩子会亲近保姆或其他人。所谓有付出才会有收获，如果你要得到孩子的爱，别忘了多照顾孩子，多陪伴孩子玩耍。

照镜子

目的：满足孩子的好奇心，帮助他认识自我。

方法：选择孩子吃饱后心情愉快时，让孩子平躺在小床上。拿一面镜子，放在孩子视线范围内，距离孩子大约30厘米。引导孩子看镜子，如果孩子被别的新奇事物吸引，把影响孩子的

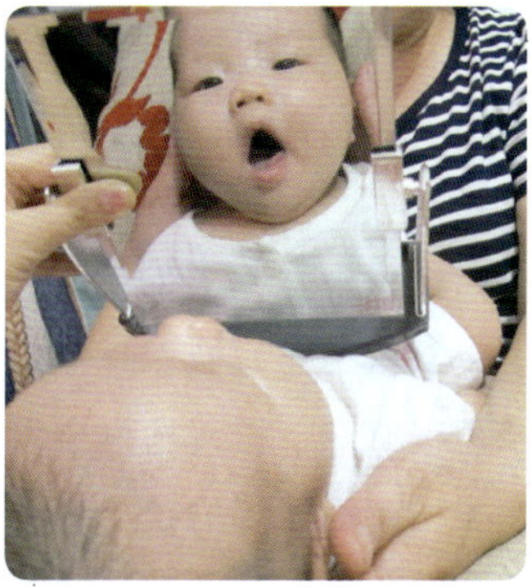

潼潼2个月3天，已经注意到镜子中的自己，正对着啊、啊地「说话」。

事物移开，把镜子慢慢地移入孩子的视线内，逗引孩子去注意镜中的映象。你会发现孩子对小镜子非常感兴趣，他会不时拿着小镜子照照自己，甚至会长时间地盯住镜中的自己看。你可以问孩子："镜子里的孩子是谁啊，表情很可爱。"孩子会很好奇，会用头、身体或伸手接触镜子，有的孩子还会发出笑声或其他声音，大一点的孩子还会对着镜子做鬼脸。

还可以在孩子的额头上点一个红印，头上戴一朵漂亮的红花，看孩子是用手摸自己额头上的红印和花，还是去摸镜中的红印和花。

爱心提示：买一个不容易摔碎的镜子，或四边用花布或其他东西包裹镜子，放在孩子身边，随时让孩子玩耍。此时的孩子还不能分辨自我，但是喜欢镜子。最初的一段时间里，可以让他自己去观察、研究、看镜子，他会觉得很好玩，你可在孩子每次照镜子时注意观察孩子对镜中映像的反应。不同年龄的孩子对镜子中的映像反应不同。当孩子第一次在镜子中看到自己时，孩子还不能意识到镜中的人就是他自己，他可能会在想："这是谁呢？"妈妈可以把脸凑过去，让自己也出现在镜子里，指着镜子告诉孩子："这个是妈妈，这个是贝儿。"孩子会很好奇，慢慢地他会发现自己做什么表情，镜子里的孩子也会做什么表情。久而久之，孩子就会逐渐认识镜中的自己，这对促进孩子社会性的发展有益。有观察发现，满3个月（多数132天，最迟6个月）孩子会用头、身体或手靠近或接触镜中自己的影像。

需要注意的是，你买给孩子玩的镜子不要只看漂亮，安全是最重要的。同时在室外不要让孩子玩镜子，当心镜子会反射太阳光，较长时间照在孩子眼睛或身体其他部位引起灼伤。

自己玩耍

目的：学会自己玩耍，培养独立性。

方法：孩子睡醒后"把"完尿，换好尿片，喂好奶，在孩子情绪好时将他放在一个安全的地方，如婴儿床上、地毯上，给孩子一个他喜欢的玩具，让他独自玩耍。

开始爸爸妈妈可在一边陪着孩子，和孩子说说话，当孩子玩得高兴时再悄悄走远一点，如果孩子继续兴高采烈地玩，就走出孩子的视线，让孩子自己玩耍。你可躲在孩子看不到的地方看着他。如果孩子玩得很高兴，很投入，就不要去打扰他，你可以去干自己的事了，让你和孩子都有机会好好地享受一下独处的美好时间。如果孩子喊叫，你立刻回答他，再走过去出现在孩子面前，抱起他，亲亲他，夸夸他，说他真

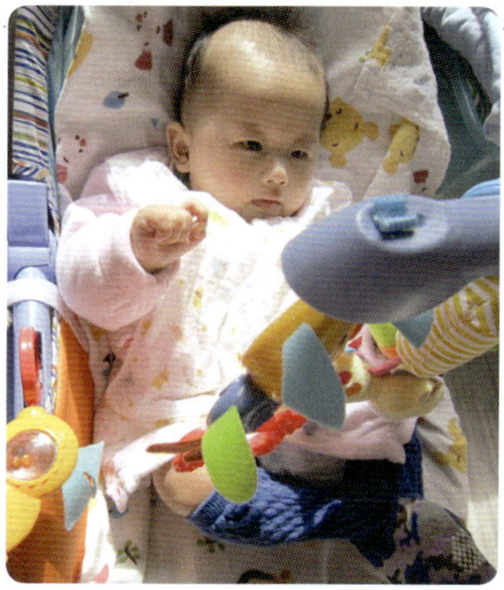

不要总是抱着孩子、经常去打扰孩子，给孩子单独玩耍的时间和机会，没有你在场，孩子自己会玩得更快乐，没有你的打扰，孩子才会学会思考。

乖，会自己玩了。

每天可进行1次，先从比较短的时间开始，逐渐增长时间。

爱心提示：到第3个月孩子醒来的时间增长了，会自己玩耍了。这时爸爸妈妈要有意给孩子一些独处的时间，让孩子自己玩一会儿，逐渐培养孩子的独立性。

有的爸爸妈妈可能觉得还有好多智力游戏要做，让孩子躺在床上玩耍是白白浪费了大好时光；有的爸爸妈妈可能是太爱孩子了，恨不得每时每刻都把孩子抱在手心。不管是什么情况，爸爸妈妈一定要意识到，孩子已经逐渐长大了，你不要再像以前那样总是抱着他、逗他玩了，应更多地让他有自己玩耍的时间。如果没有这个意识，只要孩子醒着就逗他玩，长此以往，孩子就不善于自己玩了，也不肯自己玩了，养成离不开人、喜欢缠人和依赖人不好的行为习惯。

爸爸妈妈不要无时无刻只想着让孩子做你认为有意义、有价值的事，总想着让孩子读书、识字、做开发智力开发的游戏，不给孩子玩耍的时间，或在孩子玩得最高兴时打断他。没有任何事情比孩子高高兴兴地玩更重要。

室外活动

目的：扩大认知范围。

方法：每天都尽量抽点时间带孩子到室外活动，既可锻炼身体，呼吸新鲜空气，又能扩大孩子的眼界，满足他的需要。

“观察景物”。室外有山、有水、有动物、有植物，有各种交通工具，以及各种各样的景物和人。你可教孩子说这些事物的名称、讲它们的用途，看它们的颜色和形状，听它们的声音，摸它们的质地。你可以说：“这是柳树，它的叶子是绿色的，长长的，会随风飘扬，大家喜欢在它下面乘凉，来摸一摸它的叶子是不是好光滑，它的树干好粗糙。”

“观察人物”。你可以教孩子观察每一个人。告诉孩子这个人的称谓，描述他们在干什么，他们的情绪和状态。你可以说：“贝贝，你看那边的奶奶，她正在跟她的小狗玩呢，她在抚摸她的小狗，她好喜欢它，她好高兴。”“贝儿，看那边，那个小哥哥正在跟小姐姐玩球，小哥哥抢到球了，小哥哥好得意，小姐姐好像有点儿不太高兴了。”

“室外活动”。你还可以带孩子到室外玩泥土和沙子，和其他孩子一起挖小沟，种小树，堆小山，让沙子在手里溜过。和孩子一起在室外玩小石子，让石子从手上一颗颗掉下来。丢石子、数石子，用石子拼画等。

爸爸妈妈经常带纤纤到室外玩耍，并多次带他到郊外远足。

爱心提示：任何人物与景色，对孩子都是新鲜的，都能吸引他。许多父母都有这样的体会，孩子总是强烈地渴望到室外去玩。只要妈妈去拿衣服，他就知道要出去玩去了，他就显得特别兴奋，急不可待地指着门外要往外走。回家时，一走近楼梯口，他就吵着要往回走，不肯上楼。孩子渴望到室外去，是心理发展到了一个新阶段的表现，也是扩大认知基础的有利条件。爸爸妈妈应该尽量满足孩子的要求。室外空气新鲜，含氧量高，可以促进新陈代谢。适当的冷、热刺激，使皮肤和呼吸道黏膜得到锻炼，并增强机体对外界环境冷热变化的适应能力和对疾病的抵抗能力。适量地晒太阳，可帮助机体获得维生素D，并吸收食物中的钙和磷，以预防佝偻病。不要把孩子养成“温室里的花朵”，禁不住风吹日晒，一脱衣服就感冒。让孩子多接触大自然，充分利用自然因素锻炼身体，增强体质。

经常带孩子外出，孩子最早3个月大就有喜欢到户外玩耍的表现，当穿衣服、出门时，孩子会高兴得笑，四肢活动增多。如果不经常带孩子外出，孩子多数要在3个半月，少数要在4个月才会有喜欢到户外玩耍的表现。

根据气质特点抚养孩子

目的：了解孩子的气质特点，根据孩子的气质特点采用适宜的抚养方法。

方法：每个婴儿都是独特的，一出生都会表现出自己的个人特征，这种明显而稳定的个人特征就是气质。有的孩子好哭好动，不易照料，把爸爸妈妈累得精疲力竭。有的孩子文静乖巧，较少哭闹，特别省心省事，这一切都是孩子的气质特点不同所致。爸爸妈妈要仔细去观察孩子吃、喝、睡的规律性、活动特点、情绪的状态，观察孩子的气质特点，并根据孩子的气质特点去照料他。有专家把孩子根据气质特点分为易养型、困难型、迟缓型和中间型。

易养型孩子的抚养。如果孩子一出生吃、喝、睡、大小便等方面都很有规律，新环境、新事物和不熟悉的人都很容易接受，多数情况下情绪积极愉快，爸爸妈妈逗他、和他玩，他会很积极地回应。这类孩子称为易养型。多数婴儿属于这一类型。如果你的孩子属于这一类，照料起来就比较容易，不会给爸爸妈妈带来很多麻烦，也会很讨爸爸妈妈的喜爱，亲子关系一般很融洽。易养型婴儿对各种教养方式都容易适应。需要注意的是，对这类孩子不要给他制定太严格的规矩和制度，爸爸妈妈不可对孩子的行为过多地干预，否则可能抑制他的探索行为，导致他对新奇事物不喜欢，慢慢转化为面对学习和社会挑战时强烈的焦虑不安。

困难型孩子的抚养。有较少的孩子在吃、喝、睡、大小便等生活方面都缺乏规律性，对新环境、新事物和不熟悉的人接受很慢，他们的情绪总是不好，时常大声哭闹，烦躁易怒，爱发脾气，不易安抚，即便在游戏中也不愉快，这类孩子称为困难型。对困难型孩子，爸爸妈妈从一开始就会面临早期教养和亲子关系的问题。爸爸妈妈需要费很大的力气照顾他们的生活起居，也要费很大的精力才能安抚好他们的情绪。对于这类孩子，爸爸妈妈不要想方设法去给孩

严肃的笑笑　忧郁的皮皮　智慧的潼潼　深沉的月月　文静的纤纤　好奇的纤纤　快乐的明哲

每个孩子都有自己独特的气质特点，气质无好坏之分，重要的是了解孩子的气质特点，采用适合孩子的教养方法。

子建立一种秩序，如按时给孩子喂奶、让孩子按时睡觉等，因为孩子没有这种节律，如果你强迫他建立秩序可能会发生母婴冲突。对于这类孩子你只能去适应他，而不太可能轻易改变他。教养这类孩子要温柔并需要更多的耐心，不要经常性地斥责和惩罚孩子，这只会让孩子表现得更加烦躁、抵触、易怒和消沉。尽管孩子有消极行为，但爸爸妈妈要积极正面地教养孩子，为孩子创造一个愉快、稳定的家庭环境。只有用特别的热情耐心和爱心对待这种类型的孩子，才能使孩子健康地发展，也不至于使亲子关系疏远。

迟缓型孩子的抚养。还有一些孩子在生活方面也缺乏规律性，他们逃避新事物、新刺激，对外界环境和事物的变化适应较慢，情绪也总是消极，不是很愉快。但也不像困难型婴儿那样总是大声哭闹，而是常常安静地退缩，情绪低落。这类孩子称为迟缓型。对迟缓型孩子教养的关键，是让孩子按照自己的速度和特点去适应环境，顺其自然。不给孩子施加过多的压力，否则孩子会本能地回避。这类孩子需要更多的鼓励、更多的机会、更多的时间和更多的指导和帮助，在没有压力的情况下，这类孩子会对新环境、新的人、新的学习发生兴趣，情绪也会逐渐地活跃起来。他们会适应新环境，得到更好的发展。反之这类孩子可能会更多地退缩。

中间型孩子的抚养。以上3种类型只涵盖了约65%的儿童，还有35%的婴儿不能简单地划归到上述气质类型中去。他们往往具有上述2种或3种气质类型的混合特点，属于上述类型中的中间型。对于这类孩子更需要爸爸妈妈去仔细观察他们的特点，以便因材施教。

爱心提示：气质无好坏之分，气质具有相对稳定性，但气质的发展也是可变的。爸爸妈妈所要做的就是提供适合孩子发展的成长环境，去养育他，去教育和培养他，给他成长的力量，帮助他迎接成长的挑战。正如爸爸妈妈不能选择孩子的性别一样，你也不可能选择他的性情。无论你的孩子属于哪一种气质类型，你都应无私地爱他。并根据孩子的气质特点用心地抚养他，让孩子能快乐地、健康地成长。

穿脱纸尿裤8步操

目的：让孩子在换尿片时不要乱动，初步学习忍耐和抑制自己的行为。

方法：孩子进入3个月各种动作开始活跃，喜欢双腿乱蹬或拳打脚踢，有时给孩子换尿片就会变成一场亲子大战，孩子哭哭闹闹，爸爸妈妈筋疲力尽。如何能让孩子乖乖听话、配合一下、安静一会儿或不要乱动，让换尿片变为亲子交谈和游戏的时间，营造出愉快又温馨的场景呢？你首先要做到的是以下两点。一是规范换尿片的动作，减少不必要的动作，这样孩子就能知道你下一步的动作，就会与你配合，因而能一步一步地顺利地、轻松地完成整个过程。二是用语言和行动来限制孩子的动作，告诉孩子“不要乱动”，用手控制孩子的肢体，这样孩子就会安静下来，逐渐学会忍耐和抑制自己的行为。为此，你可以采用“换纸尿裤操”来规范你的动作，学习使用适当的言语和动作来制止孩子行为。

准备：先播放一些轻快的音乐。让孩子仰卧在换尿裤的床上或沙发上，你面对孩子，低下头，左手按住孩子的双腿膝关节，右手放在孩子的头面部。先给孩子一个笑脸，再轻言细语地对孩子说：“来，笑一笑，不要动，换尿裤了。”一边说按住孩子双膝的手一边上下移动，抚摩和拉直孩子的双腿，抑制孩子乱动。放在孩子头面部的手来回抚摸孩子的脸。如果孩子还在动，你可反复地说“不要动哦”。如果孩子对温和和语言反应不明显，你也可先用比较严肃的口气说“别动”，再改用温和的口气说，直到孩子全身放松，笑着望着你，双腿不再乱动才可以开始换尿裤。

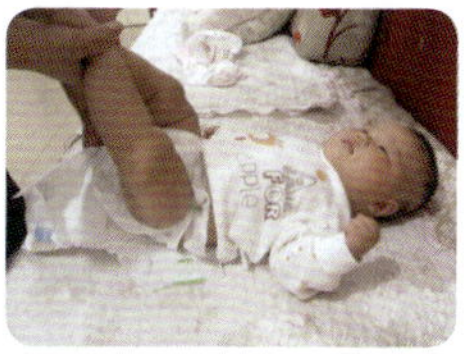

第1拍：抬起双腿和屁股，新纸尿裤放在旧尿裤下。

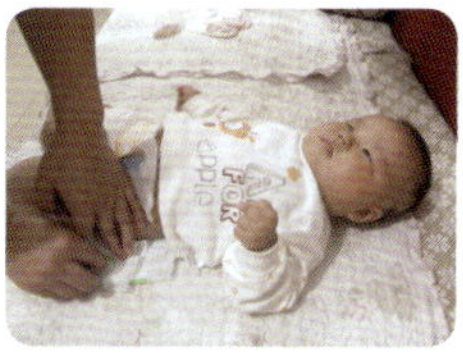

第2拍：解开腰贴并折叠。

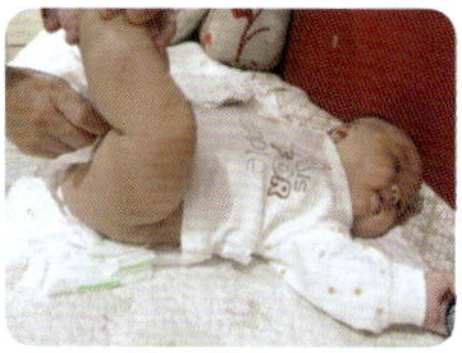

第3拍：抬起双腿和屁股，将尿裤的前片拉下来，擦干净屁股。

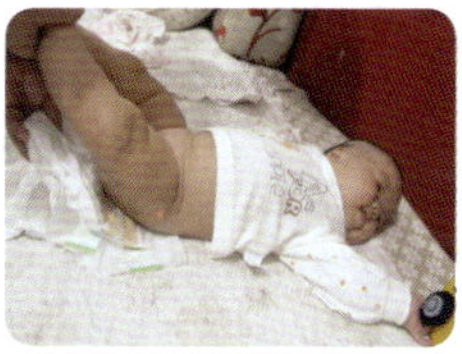

第4拍：取出纸尿裤，放下双腿。

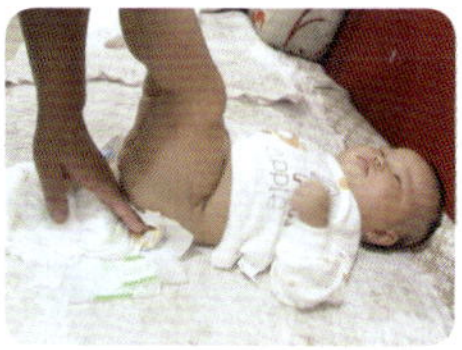

第5拍：抬起孩子的双腿和屁股，将纸尿裤放好。

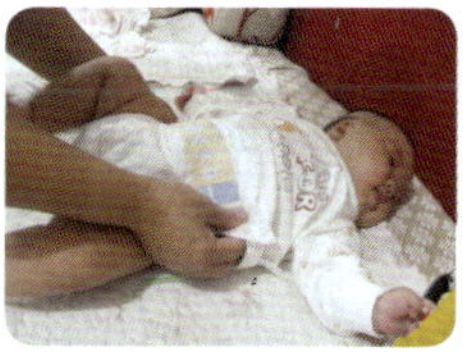

第6拍：再将尿裤的前片拉上去，盖住孩子的肚子。

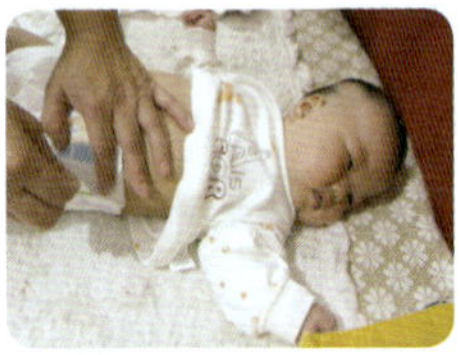

第7拍：粘上腰贴。

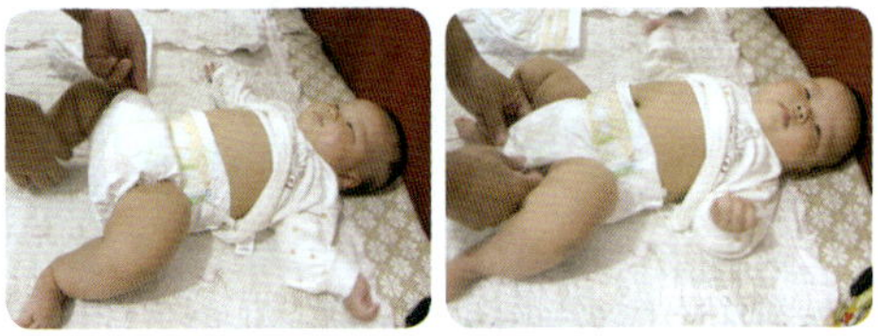

第8拍：裤腿两边重叠一点，抚平尿裤。

穿好和脱下纸尿裤后你都要如准备动作一样再抚摸一下孩子的双腿和头部，并热情地夸奖孩子说“真听妈妈话，不乱动了”，或者说“你是一个听话的好孩子”等。给孩子一个肯定和赞美的亲吻。

如果你不用纸尿裤而是用尿片，其动作与换纸尿裤一样，只是把“解开腰贴”和“粘上腰贴”改为“将尿片从腰带上取出”和“将尿片放入腰带下”即可。

解开纸尿裤时，腰贴一定要先折叠好，以免粘住孩子的皮肤。如果发现孩子的纸尿裤里有大便，可在第3拍“将尿裤的前片拉下来”，再用干净的尿裤的前片、手纸或水把孩子屁股擦洗干净。穿好纸尿裤后还要将孩子两腿间的尿裤稍微得重叠一点，并手用抚平裤腿处，这样孩子会舒服一些，并可防止有皱的纸尿裤擦伤孩子的皮肤。

爱心提示：找一个相对明亮的地方如床上或沙发上作为换纸尿裤之处。准备换尿裤时要先播放一些轻快的音乐，或可以一边做动作一边“一、二、三、四”地数节拍，节拍的快慢可根据你的动作的快慢进行，不慌不忙最好。换尿裤前先要让孩子安静下来，停止动作。

孩子“停止动作”有两种状态，一是主动停止，二是被动停止。主动停止是指孩子自发地停止某种动作。在换尿裤和穿衣裤中爸爸妈妈就是要帮助孩子建立这种主动停止动作的模式。帮助孩子建立主动停止的模式，重要的是用动作来抑制孩子的行为，开始时你用双手要轻轻地按住孩子的双腿，让孩子不能够乱动。同时用语言指导，告诉孩子说“不要动”。还要给孩子一个笑脸，和孩子说话，让孩子全身心放松，你自己也要放松心情，就像是在和孩子玩游戏、做操一样，如果你紧张、心慌意乱、焦虑不安，你的情绪就会传染给孩子，孩子自然也会不安和不听话了。动作要规范、有节奏地进行，不要这里动一下那儿抓一下，让孩子不知道你下一步要干什么而心中不安和慌乱。同时换完尿裤后要不断地对孩子听话不乱动的行为给予赞美和夸奖，让孩子知道听妈妈的话不动就会得到妈妈的赞美和夸奖，妈妈和自己就会很开心和愉快。奖赏系统就会产生作用，孩子为了得到妈妈的赞美和夸奖，会逐渐形成听妈妈说“不要动”，就会主动地停止动作。孩子主动停止动作是出于自愿，孩子在这个行动中感到了愉快，从而容易变成孩子今后的一种行为习惯。被动停止是在禁止或强迫下孩子不得不停止动作，孩子在停止动作中没有主动参与，没有体验愉快的感觉。孩子的行为受到了限制，他的内心会产生焦虑、不安，甚至于产生抗拒心理，因而会导致亲子关系紧张，进而影响孩子的情绪、个性、社会交往方式的正常发展，这种靠强迫导致的结果也很难转变成良好的行为习惯。所以运用“主动停止”方法来影响孩子的动作、改变孩子的行为，让孩子建立良好的行为模式和习惯才是正确的和有效的。而让孩子产生主动停止的有效方法就是奖赏机制，就是孩子按照你的要求行为后进行适当的表扬。因此，妈妈不要忘了给孩子一个拥抱、一个吻、一些赞扬的话。这样用不了多久，只要你一做换尿裤的动作、孩子一听你说“不要动”，就会自动地停止乱动，配合你了。你就不会为换尿裤和孩子发生“争斗”了。

百天留念

目的：记录美好时刻，给孩子快乐幸福的一天。

方法：孩子百天了，这是一个值得庆祝的时刻，爸爸妈妈可为孩子举行一个庆祝仪式。一是让孩子与亲友们见面，为孩子祈福迎祥，也是答谢亲友们的关怀。孩子过百天有很多习俗，去影楼或请专业摄影师到公园和家里照相是很多家长的选择，但拍摄前要注意以下事项。

你可以给孩子一个别出心裁的庆典，也可以是一个普普通通的家庭聚会，重要的是要留下可以回味的记忆和重温的资料。

“拍照前准备”。参观拍摄现场，了解拍摄环境。百天的孩子通常以裸照为主，所以室内温度要相对较高，一定要28℃以上。因停留时间长，空气一定要流通；因孩子还小，环境要安静，无闲杂人员。先与摄影师一起设计好拍摄的画面和数目，并在家先排练好。预约在孩子一天身体状态、情绪最好的时间段拍摄，一般9:00～11:00比较好。规划拍摄时间，拍摄最好在1个小时内完成，因为孩子保持好状态的时间不会太长。拍摄前尽量带孩子外出玩一玩，让孩子接触新鲜事物和适应陌生环境，以免拍摄时怯场。同时多看看窗外的阳光和在室外活动，以适应拍摄时较强的光线。每天给孩子涂一些婴儿专用的护肤品，以拍摄出孩子细嫩光滑的肌肤。让孩子吃好、睡好。带好奶、水、尿片、温纸巾、手纸、毛巾被，以及一两个孩子最熟悉和喜欢的玩具。

“拍摄要点”。为了表现“人之初”的状态，孩子以拍裸照为主，但室外温度低时不宜，室内裸身太久也不宜，拍摄空隙要及时用毛巾包裹孩子以保持体温。与引导员合作用轻柔悦耳的声音对孩子说一些夸赞的话，用五颜六色的玩具逗引孩子，让他给你一个甜美的笑。不要过多地移动孩子，并轻抱轻放。注意孩子躺的地方是否舒适。一定按预定时间完成拍摄，不要随意延长时间，因孩子适应能力差，到影棚会很容易疲劳，以免累坏了孩子。

爱心提示：中国民间历来有为孩子庆祝百天的风俗，俗称“过百岁”取“长命百岁”之意。百天又称为“百露”，意思是说孩子应该与亲朋好友见面了，要经常到外面玩了，所以要庆祝。在这一天长辈们常常要给孩子送有刻着“长命百岁”字样和麒麟图案的百岁长命锁，还有颈饰、金银手镯、脚镯等，为锁住性命、长命百岁之意。也有送男孩虎头帽、虎头鞋，祝愿他虎头虎脑、茁壮成长之意。送小女孩“莲花帽”，祝愿她如莲花一般水灵之意。也有送绣有五种毒和小葫芦虫的小肚兜和百家衣的，意为少病少灾、健健康康。这是中国人的一种传统习俗，寄托了爸爸妈妈希望子女能够健康的美好愿望。

设计拍摄动作时要根据孩子的发育特点进行，100天的孩子还很娇嫩，可突出孩子的“小”的特点，比如让孩子坐或爬在硕大花丛中。因孩子还不会摆出坐、卧等姿势，造型不可过多，可拍孩子笑、趴在床上挺胸抬头、用手抓玩具、双手玩玩具的姿势和表情。为了让孩子在现场表现出色，最好在拍摄前一周让孩子练习以上动作和表情。需要注意的是，拍坐位照时一定在用手托住孩子的腰和头，同时坐的时间不能太长，最好15分钟以内。愿爸爸妈妈和孩子度过一个美好而温馨的时刻。

第3个月发育评价

动作

★俯卧位时能用双臂撑起自己
★在支撑下努力维持坐位
★拉手起坐时头偶然伸直
★多数时间内双手是张开的

智商

★能注意较小的物体
★眼睛能从一个物体转看另一个物体，会找声源
★能自己发出清晰的“啊、嗯”等两种不同的音节
★对他说话能发声回答

情商

★妈妈抱时有兴奋和期待的表现
★见人走开微笑会突然消失或停止发声
★到新环境有惊愕、哭或将头藏入妈妈怀中等反应
★饥饿时听到妈妈的说话声和准备喂奶的声音会停止啼哭

第4个月
（91～120天）全面发展方案

第4个月（91～120天）全面发展方案

动作发展

翻身180°

目的：从仰卧翻身至俯卧，增强肢体的力量。

方法：在孩子能从仰卧翻身到侧卧后，先用玩具和镜子逗引孩子，让孩子侧身看着镜子或和玩具玩耍一会儿，再对孩子说："贝贝，翻身了。"将孩子身下的手上举，另一只手放在胸部，妈妈一手扶住孩子放在胸部的小手，另一只手放在孩子背部，轻轻地推一推孩子，帮助孩子从侧翻到俯卧。同时将孩子放在胸部的小手拉向前，让孩子双手手心向下，两臂距离稍比肩宽，屈肘，支撑身体。用玩具在孩子前方摇动，逗孩子抬头，并用手臂支撑身体抬头看玩具。然后爸爸或妈妈可以说："贝贝，再翻过来。"接着你假装离开，孩子就会翻过身来"叫你"，这样孩子就从俯卧翻换至侧卧和仰卧了。

爱心提示：这个阶段，正是孩子学翻身的时候。如果你的孩子已经能从侧卧转向仰卧（最早21天），又能从仰卧翻到侧卧了（最早满2个月），此时可以训练孩子从仰卧翻身到俯卧了。孩子从仰卧翻身到俯卧有一些难度，需要爸爸妈妈帮助和训练，孩子从俯卧翻到仰卧比较容易。孩子学会从俯卧翻到仰卧后，常不需要特别的练习，自己就会从俯卧位翻至仰卧位了，因为孩子可以用手支撑身体翻身。在孩子翻身遇到困难时，家长可适时地协助孩子。孩子会很喜欢翻身的。

在练习仰卧翻身到俯卧时要注意，侧翻后不要让孩子把下面的手压在身下，要让这只手上举，这样翻起身来就容易了，同时翻身后能够用手支撑身子。让孩子学翻身时要注意用玩具去逗引孩子，让孩子有翻身去看的愿望，再顺势帮助他，不要强行去翻动孩子的身体，否则容易伤害孩子。

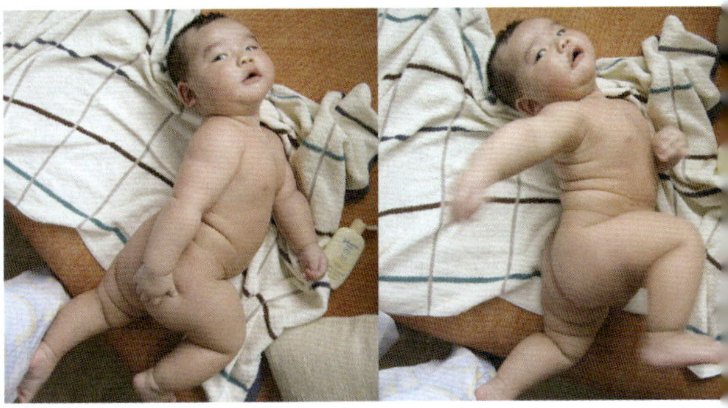

妈妈很早就训练皮皮的翻身动作，看！4个月24天的皮皮，已经能熟练地从仰卧翻成俯卧。

据观察，孩子从俯卧转到侧卧翻转90°，再从俯卧翻转到仰卧180°翻身最早半个月，从仰卧翻身转向俯卧，再完成180°翻身，最早孩子满4个月（多数6个月，最迟8个月）可以做到。不同的孩子翻身动作的早晚差异很大，多和孩子一起做一做亲子游戏可促进孩子运动能力发展。

孩子能力的发展与训练有关，也与遗传因素、生理发展进程有关，如果你和孩子亲子游戏做得不少，但孩子各项发展仍有些迟缓，你不用担心，更不用为此焦虑，因为每个孩子都有自己发展的进程，爸爸妈妈需要的是有耐心地等待孩子的发展和进步，只要孩子没有超过最晚发展时间就行。如果孩子的某项指标落后，就要引起注意了，多加强训练，可能会赶上发展的。如果是多项落后，就要高度重视了，最好去医院检查有无疾病或发育异常。

踢蹬腿脚

目的：增加下肢的力量和协调运动。

方法：“踩脚踏车”。当孩子状态好的时候，让他平躺在床上，双手抓住他的脚板，或将手掌张开抵住他的脚板，左右交替向前推动双手，让他的脚前后运动，像踩自行车的动作一样。动的时候，最好给他唱些节奏性强的歌谣，如“上上、下下，宝宝踏车；一、二、三、四，车车快行”，配合着节奏时快时慢地运动他的双腿。当孩子熟练玩“踩脚踏车”游戏后，你可以在孩子往前蹬腿时手上稍微加一点阻力，让孩子用力才能蹬向前，增加腿的力量。

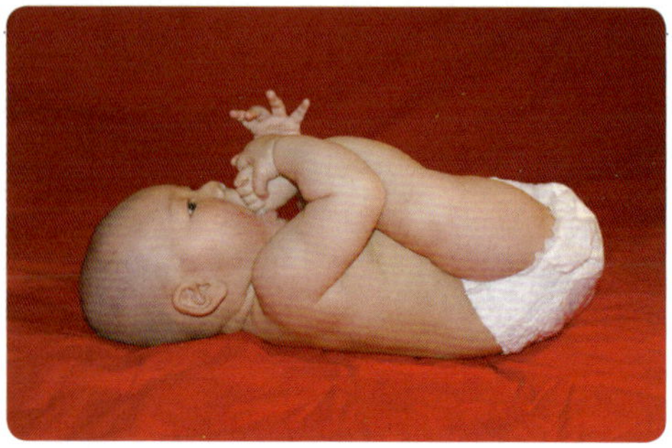

扣扣早就会啃脚丫，5个月27天的她，啃脚丫丫的技艺很高超吧。

“踢腿运动”。手抓孩子的踝关节让孩子的膝关节伸直，上下交替抬脚。

“吃脚丫”。手抓孩子的踝关节，让膝关节弯曲，双脚交替地触接他的唇部，一边做动作地边说歌谣：

吃脚丫

“双脚丫，十趾头，大拇趾，像馒头，香喷喷，啃不够。”

爱心提示：孩子满3个月很喜欢踢动他的腿和脚，也许你注意到了，孩子会经常弯曲着双脚，在空中做踩脚踏车的动作，他也会非常乐意你和他玩此游戏。此动作可活动他的膝盖与髋关节，强化腿部的肌肉。可先让孩子习惯动作后，再鼓励他自己动腿动脚。你在孩子洗澡前后和晚上睡觉之前在床上做2～3分钟就可以。据观察孩子最早满133天（多数5个半月，最迟6个半月）仰卧能抬腿大于90°，做踩脚踏车动作，用手玩脚和抱大拇趾吸吮。

拉手起坐

目的： 锻炼孩子颈部、腰和手的能力。

方法： 让孩子仰卧在床上，爸爸或妈妈用玩具、语言或伸出双手逗引他，让孩子自己坐起。这时妈妈可把两手食指放在孩子的手心中，孩子出于本能会自动握住妈妈的手指，你慢慢抬起手臂，将孩子提起，然后再轻轻地放下。随着动作一边拉一边说“起来，躺下”，可来回做多次。

当孩子手臂力量增强后还可以拉一只手起坐。让孩子仰卧，妈妈右手握住孩子左手腕，左手按住孩子的双膝，拉孩子坐起，再放下孩子平躺床上。妈妈再用右手拉孩子的右手坐起，双手交替进行。同时可让孩子在没有支撑的情况下独坐一会儿。

拉起孩子成坐位，开始时可能需要一点力量，但如果拉不起来孩子，不要强行拉，可扶住孩子的双肩把孩子扶为坐位，多次练习后，逐渐地减少用力，让孩子握住爸爸或妈妈的食指自己用力，爸爸或妈妈仅稍稍用力帮助，让孩子能借助妈妈的力量自己用力坐起来。如果拉起时孩子的头向前俯，说明对头的控制不好，要多进行锻炼。

渐渐地你只需要给孩子一个手指，让孩子轻轻地借助一下你的力量就能坐起来了。

爱心提示： 当孩子坐起来时，你可以看一下孩子第一次从竖直的角度看世界时惊奇的表情，然后再轻轻把他放回去躺下。只要孩子玩得高兴，你可以再重复这个动作。当孩子习惯了这个游戏后，你可以让他坐起来的时间稍长一点再放下。

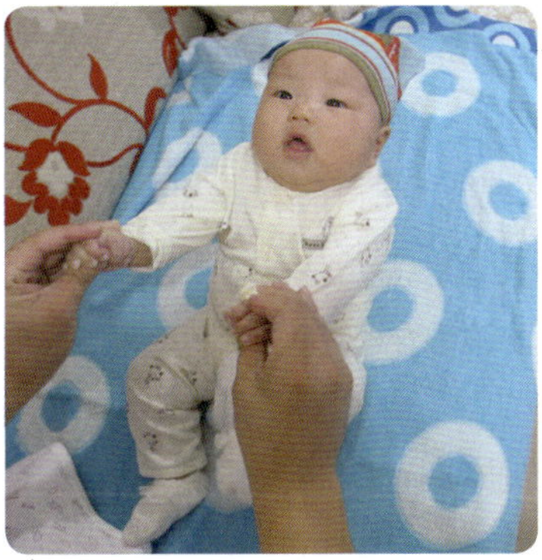

潼潼3个月6天，拉手起坐时，头能稳定、伸直。

孩子的小手抓握能力很强，这种抓握的本领是无意识的、与生俱来的。孩子拉手坐起的过程中，不仅手的动作能力得到加强，孩子的头颈控制能力也得到训练。当孩子头颈和手的力道足够时，他会非常喜欢这个游戏，而且对孩子成就意识的增强和自信心树立有着不可低估的作用。此游戏可在孩子睡醒后或上床哄他睡觉前和他一起玩一会儿，可以在床上或垫子上做此游戏。据观察，孩子最早满3个月时（多数5个月，最迟6个月）会努力想坐起，当孩子仰卧时，妈妈用玩具逗引他，他会因想坐起而努力抬头或抬臂。孩子最早满4个月（多数5个月，最迟7个月）就能借助你的拇指牵引自己坐起，并且能在没有支持的情况下独坐2秒钟以上。

地面滑行

目的：让孩子感觉爬行。

方法：“坐滑板”。准备一块长方形的结实的厚硬纸板、木板或是滑板，长宽要和孩子差不多，让孩子趴在上面，胳膊弯曲，手和前臂放在前方身体的两侧趴下，再轻轻地把硬纸板向前、向后滑行，给孩子一种正在向前爬行的感觉。

“棉被滚动”。将家中的棉被紧紧地卷成圆筒状。开始可让孩子趴在席子上，妈妈推动席子前进，让孩子随着席子滚动而朝前爬行，以后自己推着被盖卷向前进。

“圆筒推动”。找一个圆柱形能支撑孩子重量的塑料桶、米桶等，或自己用饮料瓶做一个滚筒。开始让孩子趴在圆筒上，爸爸或妈妈推动圆筒，让孩子滚动而朝前爬行，以后自己推着滚筒向前进。如果孩子不会推着滚筒向前爬，爸爸或妈妈可先示范，让孩子模仿你，这可是让孩子学习爬行的好做法。

爱心提示：孩子可能要再过几个月才会爬行，通过些游戏帮助孩子为向前爬行做好准备。让孩子体验这种爬行运动的感觉。这个活动最好在比较宽敞的客厅或室外进行。如果让孩子趴在滑板上要慢慢滑行，并且要一人扶着孩子，一人拉动滑板。要特别加小心，防止孩子从滑板下滑下。

随滚筒爬行也是学爬行的好办法。做饮料瓶滚筒要先准备2个同样大小、透明的、能承受得起孩子体重的压力的2升大的空饮料瓶，在1/3处剪除瓶口部分，把两只瓶子对接在一起，做成一个圆筒，对接部分要重叠3～5厘米。再用透明胶带将接口牢牢封紧，有趣的滚筒就做好了。你还可在瓶内放上一些色彩鲜艳的塑料玩具、彩纸和铃铛，在滚动时就能发出叮当叮当的响声了，孩子平常也可抱着玩，他一定非常喜欢。做滚筒时要注意，由于2只瓶子是一样大的，注意对接时要将一只瓶子挤一挤，再把它塞到另一只瓶子里。一定要注意剪痕的边缘处都用胶带覆盖好，以免尖锐的边割伤孩子的手。在孩子玩滚筒时，你也要留神看着他，不要让孩子把

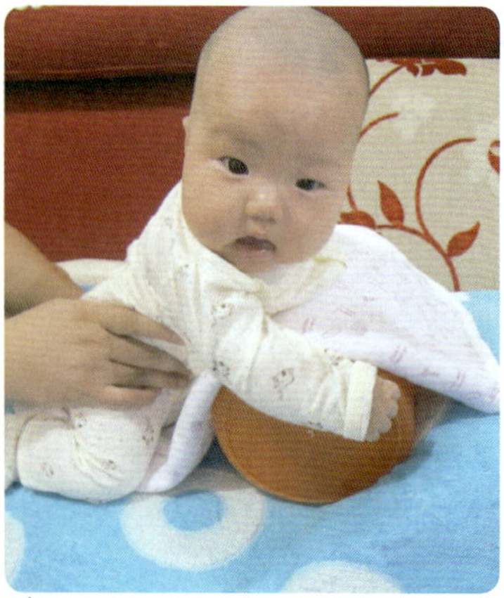

3个月6天的潼潼喜欢趴在圆筒上让姥姥推着慢慢地向前滚动。

瓶子拆开，把瓶子里的小球或铃铛等放进嘴里，以免造成孩子窒息。

趴肩转圈

目的：锻炼孩子的平衡功能。

纤纤很喜欢坐在爸爸的肩上，还特别喜欢爸爸带着他转圈圈。

方法：抱起孩子，让他头朝后趴在爸爸的肩膀上，你用一手搂住孩子的腰部，一手托起孩子的双脚，然后用很慢的速度先按顺时针方向，后按逆时针方向转圈。可一边转圈做动作一边唱儿歌《屁股扭扭》：“左三圈，右三圈，脖子扭扭、屁股扭扭。”

孩子趴在爸爸肩上的姿势可以有所变化，可以左侧卧或右侧卧。如果爸爸妈妈够大胆，也可让孩子脚朝上，头朝下趴在你的肩膀上，也可把孩子扛在你的肩膀上。

爱心提示：做此游戏时，一定要牢牢地抱紧孩子的身体，以免孩子从家长肩膀上掉下来。转圈的速度不要过快，转圈的数不要太多，以免转晕了摔倒。爸爸力量大最好由他来进行。这是很好地锻炼孩子腹肌和头部、颈部肌肉以及平衡能力的游戏。但旋转速度不要过快，以免摔倒。

坐飞机

目的：锻炼腹肌和头部、颈部肌肉、平衡能力及胆量。

方法：让孩子俯卧在床上，爸爸或妈妈用左手握住孩子两只小腿，并向上提起，右手放在孩子的胸腹部，两手同时将孩子水平托起。确定托稳孩子后，双手来回运动。可一边做动作一边说：“孩子坐飞机了，飞得高高的，飞到妈妈那儿去了。”当你把孩子向下放回来时说：“飞机降落啦！”也可以左右旋转。

皮皮妈妈经常让他「坐飞机」，带着他旋转，飞起来的感觉不错哦。

爱心提示：这个游戏能让爸爸妈妈和孩子一起度过快乐时光，是纯粹的快乐运动游戏。在这个游戏中，你在举着孩子“飞翔”的同时，孩子仰卧在你的手掌上也会用力伸展背部，抬起头与肩，双手展开做飞行状。这可以很好地锻炼孩子腹肌和头部、颈部肌肉以及平衡能力，也可以锻炼孩子胆量。

游戏中注意动作的节奏不要太快，当孩子适应后再慢慢加快速度，如果孩子哭闹不安要暂时停下来，以后再玩。游戏能让孩子体会到父爱和母爱，使他感受到除了妈妈温柔的母爱之外，还有爸爸对孩子的爱。爸爸抱着时孩子会更有安全感，爸爸带孩子玩，也让孩子感到更刺激和更快乐。同时注意要抓紧孩子，不要摔倒。

玩蹦蹦球

目的：训练孩子的平衡能力。

方法：准备一个充气塑料球，爸爸或妈妈跪在地板上，用手稳稳地扶在孩子的腋下，让孩子坐在球上，上下颠动大球。或脸朝下趴在球上，或脸朝上仰卧球上，一手扶着孩子腋下，一手抓住孩子的双大腿，前后、左右、顺时针、逆时针地滚动大球。一边玩球一边和孩子说话：“球儿滚起来了，孩子转起来了。”消除孩子的紧张。

如果你使用的是充气塑料球，那么不要把气打得太足，这样球既能滚动，又有往下弹的空间。

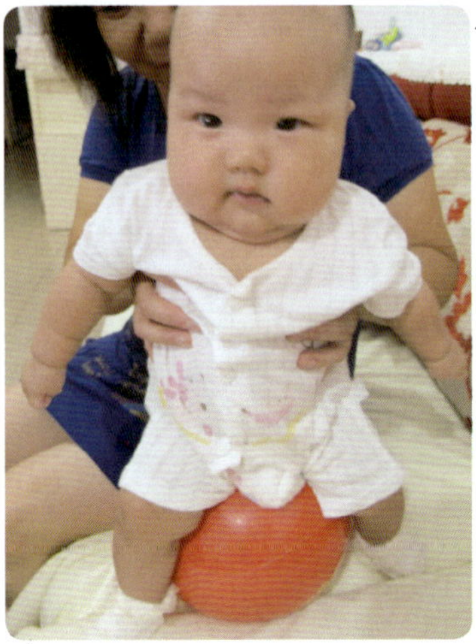

潼潼正和姥姥一起玩蹦蹦球，这是促进孩子平衡能力发展的好游戏。

也可用几个枕头卷在一起，做成一个又大又结实的圆形抱枕，让孩子趴在上面，前后滚动，或者坐在上面上下颠一颠，也会很柔软、舒服和安全。

爱心提示：当孩子可以稳稳地抬起头后，可以进行此项游戏。在游戏中孩子会学习尽量控制自己的颈部肌肉，抬起头部和上半身，手会自然地展开，呈飞行状保持身体平衡。因此，这个游戏能帮助练习全身协调性，发展孩子的平衡能力。

荡小船

目的：发展孩子的平衡能力，训练前庭平衡功能。

方法：用一条长浴巾，爸爸妈妈分别抓住浴巾的一头左右两个角，让孩子仰卧在长浴巾上，头高，脚低，让孩子随毛巾左右、上下摇荡起来。注意毛巾离地10～15厘米左右，要抓紧，摇动要慢，弧度不要太大。一边摇一边唱《摇啊摇》儿歌：

摇啊摇，摇啊摇，摇到外婆桥，外婆叫我好孩子。糖一包，果一包，又是花生又是糕。

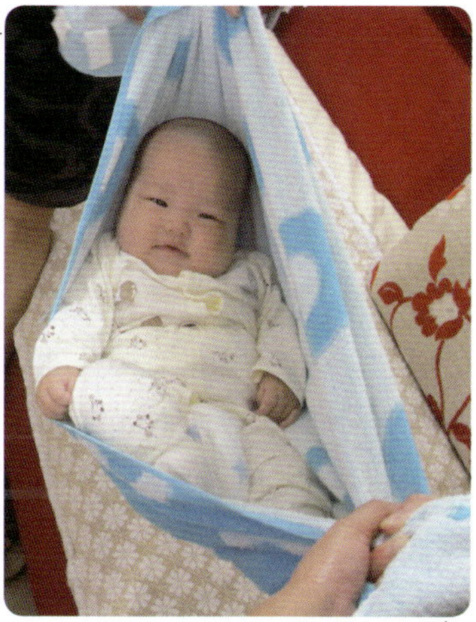

潼潼躺在「小船」中很享受，摇来摇去的感觉很棒。

爱心提示：念儿歌要注意看孩子的脸，表情尽量夸张一些，让孩子注意你开心喜悦的表情。游戏时一定要抓紧浴巾，最好是在浴巾的四角缝上一根绳子，能缠绕在手上，比较稳妥。也可在床上玩，或在地面铺上一张地毯，万一孩子摔下来也不会有事。游戏结束放下孩子时要轻，不要碰着孩子。

抓第2个玩具

目的：锻炼手的主动抓握能力。

方法：当孩子能伸手取积木后，可让孩子玩一手抓一个的游戏。将1块积木（2个核桃或其他玩具也行）放在桌面上或干净的地上。让孩子伸手先抓取第1块积木，当孩子抓住第1块积木后，你再把另一块积木放在桌子上，让孩子来抓。如果他不能抓起第2块积木，你可以把它放在孩子的手中，让孩子一手抓一块积木，并保持一定时间。以后再让孩子自己抓起第2块积木。当孩子抓住时爸爸妈妈要即时给予孩子鼓励。

爱心提示：多数孩子这个月已经能伸手抓玩具了，而且孩子很快就有了抓第2个玩具的本领。据观察，孩子抱住第1块积木，会伸手再取第2块积木，最早4个半月（多数5个半月，最迟6个半月）。

两手各自能拿起一块积木最早5个半月（多数6个月，最迟6个半月）

姥姥经常和潼潼做抓一抓的游戏，看！3个月6天的她，正在伸手取第2个玩具。

不同年龄的孩子抓物的姿势是不同的。孩子刚刚开始抓握物品时往往是先用小拇指侧（又叫手掌的尺侧）去抓，再用中指对掌心“一把抓”，然后再用大拇指侧（桡侧发展）去抓，用拇指的指腹与其他四指的指腹相对，又叫“对指”取物，最后发展用拇指和食指取物。也就是说手的动作是从小拇指侧向大拇指侧发展的。多数孩子4个月前是用小拇指这一侧去抓住积木，孩子最早满4个月(多数5个月，最迟6个月)孩子能用大拇指与其他四指完全相对和方式捡起积木了。

抓物入口

目的：练习手的抓握技巧，促进孩子协调运用手腕、手掌和手指的能力。

方法：把饼干、洗干净的大核桃、红枣、咀嚼环、棒、安慰奶嘴等，放在孩子容易抓到的地方，让孩子先用手抓起一个，歪歪扭扭地捧起双手送入口中。开始时孩子还较笨拙，捧到嘴边食物就掉下来。经常训练，发育早的孩子到月底时能顺利抓一个核桃放入口中。

爱心提示：据观察，多数孩子最早满3个月（多数5个月，最迟7个月）在玩玩具如积木、摇铃、拨浪鼓等时能自由地旋转腕关节。孩子最早5个月（多数6个月，最迟6个半月）能一手抓取眼前的玩具放入口，但容易掉下。孩子最早满6个月后（多数6个半月，最迟7个半月）能从筐中抓玩具放入口中，且不容易掉下。抓着东西就“吃”，也是孩子认识自己、用嘴来探索环境和认知环境的一个途径，爸爸妈妈要等待孩子的这一个漫长的探索过程。同时在孩子喜欢抓物入口的时间内注意保障孩子的安全，不要把小玻璃珠、扣子、花生米、黄豆等物体让孩子抓着放入嘴中，很有可能被孩子吞入气管中导致窒息。同时不要因为孩子抓物入口就禁止他拿东西，可以给一些专供啃咬的用具，如咀嚼环、棒、安慰奶嘴等。同时要选择不能轻易吞进嘴里的大一些的玩具。有的玩具坏了其零部件也能被吞进去，所以一定要选择结实不易坏的玩具。

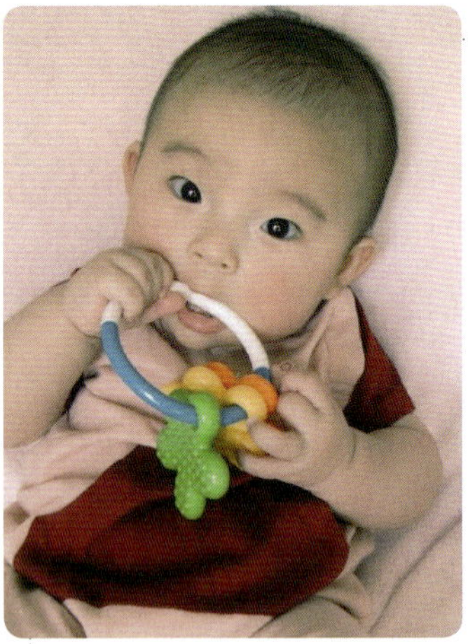

喻喻无论抓到什么东西都会放进嘴里尝一尝，看他4个月12天，玩具也放在嘴里吃得津津有味。

还要注意卫生。每天要多给孩子洗手，给孩子抓啃的东西和玩具都要洗净消毒，特别是那些塑料玩具，更应天天消毒，否则可引起婴儿消化道疾病。另外带有绒毛的玩具不容易消毒，最好不要给爱将玩具放入口中的孩子玩。

对不同的玩具应有不同的消毒做法，塑料玩具可用肥皂水、漂白粉、消毒片稀释后浸泡半小时后用清水冲洗干净，再用清洁的布擦干净或晾干。布制的玩具可用肥皂水刷洗，再用清水冲洗，然后放在太阳光下暴晒。耐湿、耐热、不褪色的木制玩具，可用肥皂水浸泡后用清水冲后晒干。铁制玩具在阳光下暴晒6小时可达到杀菌效果。

抓小糖丸

目的：训练用手指抓取物体的动作。

方法：买一些五颜六色的巧克力糖丸。把孩子的手洗干净并用毛巾擦拭干。抱起孩子坐在桌子前，把糖丸放在桌面上，用手敲打糖丸附近的桌面，或者用手弹一弹糖丸，让它来回滚动，引起孩子注意，激励孩子伸手去拾起糖丸。

将装有糖丸的小碗放在桌子上，你一边告诉孩子说："这是糖丸，妈妈要抓起它了，要放下了。"一边一把抓起糖丸，再缓缓地放下，五彩缤纷的糖丸落下就像彩虹雨一样，落在碗里发出噼里啪啦的声音，就像雨声一样，孩子会非常喜欢，他一定会有伸手去抓起糖丸。如果孩子不会，你可多做几次，或拿着孩子的手一起去抓糖丸。

在游戏快结束时你也可以让孩子把糖丸放进口中。如果孩子不会，你可以拿一个放入孩子的口中。你还可教孩子认识这些漂亮的糖丸，告诉它的名称，认识它的颜色，告诉孩子糖丸的味道。

3个月28天的纤纤，正在注意桌子上的巧克力，翘起手指想伸手去抓它。

爱心提示：据观察，孩子最早满3个月（多数4个半月，最迟6个月）会注意到桌子上滚动的糖丸。最早满4个月（多数5个半月，最迟7个月）孩子开始努力想去抓起小糖丸了，但此时孩子可能还不能把小糖丸抓起，所以爸爸妈妈要让孩子多训练。经常训练的孩子最早满5个月（多数6个半月，最迟9个月）孩子能将糖丸舀于手掌内，此时孩子还是不能用手指去抓握小物品。对于小小的糖丸孩子会怎么去取，反映孩子手的精细动作的发展。拇指与食指相对的取小糖丸的方式是最精细的做法。所以要经常让孩子做此游戏，训练孩子手指的灵活性，这样可促进孩子精细动作的发展。

拽手绢

目的： 训练抓握能力。

方法： 选一块鲜艳的手绢，在孩子清醒时，在他的面前挥舞，并说："孩子，看，多漂亮的花手绢。"当孩子表现出对手绢感兴趣时，把手绢移近孩子，靠近他的手并碰他的手指，引逗他伸手抓手绢。如果孩子还抓不住手绢，爸爸妈妈可帮助他，把手绢放在他手里，让孩子握住后，再一上一下地拽手绢，让孩子体会手与手绢的运动。也可以换成围巾、玩具等物品让孩子来抓握和拽一拽。让孩子左手抓一抓和拽一拽，右手再抓一抓和拽一拽。

将丝巾或手绢往上一抛，让它缓缓地落下，让孩子看丝巾是如何在空中飞舞，鼓励孩子伸手去抓住它。如果丝巾盖在孩子的脸上，教孩子把丝巾从脸上抓扯下来。

婷婷3个月10天，看见五彩缤纷的丝巾从天而降，伸出手想抓住它。

爱心提示： 4个月的孩子，已会先看看物体，再看看自己离它较近的那只手，冲它举起手"自测"一下距离，然后不断用手去试，直到碰到它为止。

手是孩子认识客观世界、与外界交往的一个重要器官。手的动作发育也称为精细动作的发育。大家都知道"心灵手巧"这一说法，这就说明手与脑的关系是非常密切的。大脑的发育使手的动作得到发展，反之，灵巧的手也能刺激大脑进一步发展。所以爸爸妈妈一定不要忘记多给孩子自己动手的机会，让孩子逐渐掌握手的各种动作，如抓、揪、拽、拉等。孩子只有多动手，长大后才会有一双灵巧的手和一个聪慧的大脑。

虫虫飞

目的： 训练眼手协调能力，锻炼手部肌肉。提高集中注意力，通过观察来学会模仿。

方法： 让孩子坐在妈妈怀里，面向前方，攥起孩子的两手，让两食指尖对拢，然后把对拢的指尖分开。一边做动作一边念儿歌《虫虫飞》：

虫虫飞，飞得高，飞得低，飞到草地上，虫子不见了，呼……飞走了。

爸爸或妈妈还可以做给孩子看，让孩子模仿。

姥姥正在和潼潼玩“虫虫飞”，这个游戏可让孩子的手指更灵活。

爱心提示：苏联教育家苏霍姆林斯基说：“儿童的智慧在他的手指尖上。”手作为一个特殊的感觉器官，对儿童的心理发展起着重要的作用，是儿童了解世界的工具。手被认为是智慧的前哨，手的感觉也特别灵敏。指尖上布满着神经，随时将信息传送给大脑，大脑这些信息结合着来自视觉等的信息进行综合加工、处理，又不断发出指示调整手的活动能力，使手的动作更协调、灵活、准确、精细、完善、优美。这就是“心灵手巧，手巧心灵”相辅相成的密切关系。

手的活动常常需要视觉配合，所以锻炼手也就锻炼了大脑，手的灵活准确运动能使大脑得到刺激而发育。所以加强手的活动是开发智力重要的一环。有人说，要想叫孩子更聪明些，就多锻炼他的手指吧。

需要注意的是，每次的动作要完全一致，若干次之后，每当爸爸妈妈念儿歌时，孩子就会按歌词自己做动作表演了，这是小孩子的经典游戏，很多地方都有不同版本的儿歌。直到孩子一岁多，也会很喜欢这个虫虫飞的游戏。爸爸妈妈做示范时，动作要做得夸张一些，食指对拢和分开的幅度要大，便于孩子观察和模仿。爸爸妈妈和孩子一起做游戏，是一种快乐、自然和富有创造性的活动，也是孩子学习的良好途径，是培养孩子认知、情感和社会能力的重要做法。

智商开发

看红球和黄球

目的：观察不同的颜色，发展孩子的注意力，激发好奇心。

方法：两个色彩不一样的彩球，一个红色，一个黄色（其他颜色也可）。家长一手拿一个彩球，先拿一个彩球放在孩子眼前慢慢摇动，并对孩子说：“看看球”，吸引孩子注意。给孩子唱儿歌：

红彩球，蓝彩球，一眨眼，不见了。

唱“红彩球”的时候，举起红色彩球，并慢慢晃动两下。

唱“黄彩球”的时候，举起黄色彩球，在孩子面前慢慢晃动两下。

唱“不见了”的时候，将两只举起的手放下来背在身后。

换球的速度一定要慢，最好是孩子注意到你手中的球之后再换另一个。

3个月10天的婷婷，正认真地注视着妈妈手中变化的蓝球和红球。

爱心提示：有观察显示，刚出生的孩子就有最基本的视听协调能力，听到声音就会用眼睛去寻找。2~4个月孩子的颜色知觉已经有了发展，4个月孩子已经能辨认各种颜色，颜色视觉已接近成人。对颜色辨认的准确性只能在生活中不断地接受颜色的刺激和对色彩认识中继续发展。鲜艳的颜色给予孩子一个丰富的视觉刺激，让孩子逐渐意识到两种颜色是不一样的。彩球的消失和出现也会引起孩子好奇心，让孩子逐渐感受到空间的变化。因此，可借助色彩的变换实施孩子的智力开发，这是一种既方便又有效的早期教育手段，你可多重复类似的游戏。

听声音找勺子

目的：训练孩子远距离追视的能力，锻炼孩子的观察力和注意力，激发孩子对外部世界的好奇心和探索的欲望。

方法：爸爸或妈妈抱孩子坐在自己腿上，拿一个金属勺子或铃铛当着孩子面掉到地上，发出响亮的声音，看孩子的眼睛是否在听到响声后转向地面寻找，如果孩子还不会听到声音后寻找物体，或者漫无目的地乱看，这时可以先敲响金属勺子或铃铛让它发出声音，引起孩子注意，再掉在地上，吸引他看发出声音的地方。

当孩子能听声找物后，就可以把一些不会发出声音的物体，如红色绒线球、孩子喜欢的玩具和球等让孩子看后掉在地上，让孩子低头去寻找。

玩游戏时爸爸妈妈可以跟孩子说：“勺子掉了，找一找，在哪里？”当孩子目光注意到地下的勺子时，爸爸或妈妈要用夸张的语气说：“啊！在这儿呀，贝贝找到勺子了，真棒！”

爱心提示：通过这些训练可以提高孩子的听觉和动作协调能力以及视觉和动作协调能力，从而促进孩子神经的发育。观察力和注意力是孩子认识世界的第一道大门，是感知觉、记忆、学习、思维等不可缺的先决条件。随着孩子的成长，注意力集中的时间逐渐延长，但刚开始目的性比较差，容易被无关的事物吸引。爸爸或妈妈可以和孩子做一些有目的、有计划的认知活动，提供良好的刺激环境，这将大大激发孩子注意力的发展，促进大脑发育。游戏中要注意桌面的高度以低于孩子的视线为宜，游戏中适当的语言提示很重要。此外适时给孩子奖励，通过表扬，孩子会更愿意寻找失落的东西，观察能力和注意力都会得到锻炼。

月月4个月20天，听到勺子掉在地上的响声，头部跟着掉下的勺子转动。

有观察发现，孩子最早满4个月（多数5个月，最迟7个月）听到物体，如勺子或其他物体掉落到地面发出噪声时能转头。最早满5个月（多数满6个月，最迟满9个月）才能有转头观察地面，明显地在寻找掉落的勺子的行为。

找回玩具

目的：引导孩子去寻找手中掉下的东西。

纤纤3个月22天，正在找掉在沙发上的玩具。

方法：让孩子仰卧在小床上，在孩子面前摇响哗铃棒，引起孩子注意，再把哗铃棒放在孩子的手中，让孩子摇响它，如果孩子不能摇响，你可拿着孩子的手摇动它，然后放手，如果哗铃棒从孩子手中掉下，给他一些时间，看孩子能否去找回哗铃棒。如果孩子抓着哗铃棒不松手，你可从他手中拿过哗铃棒，放在孩子容易拿到的地方，如孩子的胸前或肩膀旁，再给孩子慢慢去找回来。

你也可以让孩子找其他玩具。如拿一个孩子喜欢的、颜色鲜艳的布娃娃或小触摸球或红环等玩具，在孩子面前摇一摇，引起孩子注意，再放入孩子手中让孩子抓一抓，当玩具掉下去时，不要管他，让孩子自己找回玩具。如果孩子不会去找丢掉的玩具，你要告诉他：“贝贝，玩具不见了，找一找，找到它。”并从孩子拿过玩具，重重地摔在小床上，让它发出声音，引起孩子去找它。可反复进行，直到孩子能自己去找到丢失的玩具。

爱心提示：据观察发现，孩子最早满4个月（多数5个月，最迟7个月）当哗铃棒、拨浪鼓和摇铃从孩子手中丢失在他自己的身边，他能重新找回。这说明孩子此时认知能力有了进一步发展。首先孩子注意到了自己看到的物品和听到的声音突然消失了的这一事件，当孩子去寻找丢失的玩具时，是他的记忆在引导他，孩子或许在想、在问自己："我手上的玩具呢，它去了哪里了？它还在吗？我能找到它吗？"当孩子看到玩具并伸手把它再抓到手中，他的视觉和动作协调能力，也就是眼—手协调能力得到了发展。因此，一个小小的找玩具游戏对孩子的智力发育影响很大。你可以让孩子找各种各样的玩具，也可以逐渐增加寻找的难度，把玩具放在小床里的不同的位置让孩子去寻找。

找小白兔

目的：发展孩子的注意力和探究能力。

方法：准备一个孩子喜欢的小玩具，如1个只小白兔和一个带柄的杯子。抱孩子坐在桌子前，告诉孩子说："快看，妈妈要给你玩魔术了。"先拿起小白兔在桌子上敲一敲、转一转，引起孩子的注意，在确定孩子注意到你手中的小白兔和杯子时，再将杯子倒扣在转动的小白兔身上，并注意将茶杯的手柄朝向孩子的方向，然后说："小白兔去哪里了，找一找。"看孩子会不会有目的地去拿杯柄、摸杯子或直接拿起杯子找出小白兔。如果不会，可再来，直到孩子会拿起杯子找出小白兔。

3个月12天的潼潼看见爸爸手中的橘子突然不见了很好奇，正盯着爸爸的手看。

爱心提示：游戏时一定要选择孩子喜欢的乐意去寻找的玩具，先让孩子注意到你手中的玩具，并用语言激起孩子的好奇心，注意到突然不见了的玩具。同时你自己也要全身投入，孩子才会被感染，从而产生观察与寻找的兴趣。多数孩子喜欢这种探求游戏。

你也可将小白兔改成任何其他物品，如让孩子找水果、找玩具都可以。如果是在室外没有杯子和小白兔在手上，你也用手盖住正在转动的小石子让孩子寻找。让找物的游戏穿插在孩子的日常生活中，给生活增添一些乐趣和惊喜。

有观察发现，最早满4个月（多数5个半月、最迟8个月）能注意到杯子和杯子下的小白兔，会举手去握住杯子，好像要揭开杯子去找出小白兔一样，但孩子还做不到。最早在孩子满6个月后（多数9个多月，最迟13个月）会有目的地揭开杯子，拿出藏在杯子下的玩具。

手偶表演

目的：锻炼孩子的视觉，开发孩子的智力。

方法：在市场上购买色彩鲜艳的指偶。可在两手的食指和中指上都戴上指偶，也可10个手指都戴上指偶。你可以呼唤孩子的名字，晃动指偶，让孩子注意你。再让指偶上下、左右和转圈移动，让孩子的视线跟着你的指偶移动。你也可直接在手指上画上漂亮的图案或贴上小贴画做手偶表演。

潼潼正开心地看着妈妈做手偶表演。

你也可以用不同颜色的碎布自己缝一个长方形的小口袋，一端剪成两条，打两个结，再画上需要的脸谱就可。

你也可利用家中已经有的毛绒玩具，如小熊、小鸡、小鸭等，在它们的身后缝一条绳子，套在手腕上，手指抓住小动物的背后，一手套一个玩具，就可以表演了。

爱心提示：孩子都喜欢爸爸妈妈为他表演的指偶剧，但有的孩子在游戏中可能注意力不太集中，爸爸或妈妈必须用各种夸张动作，让孩子注意到指偶。游戏时不要一直晃动指偶，应该配合你的说话声或是剧情慢慢地上下左右移动手偶。游戏一段时间应该休息一下，避免孩子用眼过度。此游戏可有效地训练孩子的视觉能力，能够进一步完善孩子的视觉功能和技巧，提升孩子的智能发展。

指按压操

目的：发展孩子的触觉能力。

方法：在给孩子做完抚触后，可给孩子再做一做按压操。爸爸或妈妈温暖的手分别在孩子的全身各个部位反复地做按压操。一边念儿歌一边做操。

1个手指点点点（食指轻点）。

2个手指夹夹夹（食指和中指轻轻夹）。

3个手指压压压（食指、中指和无

名指轻压）。

4个手指摸摸摸（食指、中指和小指旋转式抚摸）。

5个手指抓抓抓（5个手指轻轻地抓）。

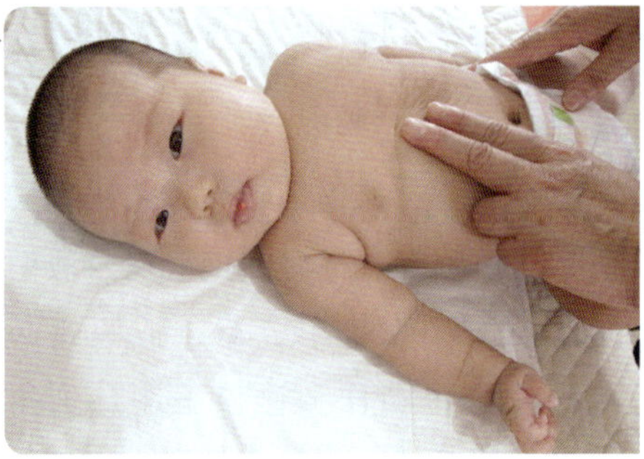

潼潼姥姥每天都给她做一做指按压操，姥姥和她都很享受这一过程。

可以重复，每天1～2次，让孩子接受（点、夹、压、摸、抓）不同出触觉刺激，训练孩子的粗触觉。

爱心提示：这个游戏可以随时和孩子玩，如孩子洗澡前后、抚触后、睡醒后，或其他游戏中间休息时。可作为爸爸或妈妈和孩子每天的保留节目。一边和孩子做指压操时，要一边和孩子说话，让孩子感到快乐，也让自己感到开心，可作为调节孩子和自己情绪的游戏。

抱着孩子跳舞

目的：学习欣赏音乐，培养快乐的性情。

方法：每天定时打开收音机，播放胎教音乐或其他音乐，如古典音乐、拉丁音乐、民乐、流行乐，甚至是一些不错的儿歌都行。随着音乐的节拍和旋律，和孩子一起左右摆动或旋转跳动。最好经常变换跳舞的姿势，也就是你可采用不同的姿势抱着孩子跳舞。

“橄榄球式抱法”。让你的孩子面朝下横躺在你的手臂上，用你的手掌轻轻按压孩子的肚皮，把你的另一只手放在孩子的背部以保证安全，然后走舞步。

“坐姿抱法”。如果你的孩子不喜欢被竖直抱着，你可以让他脸朝前“坐着”，一只手托在他的屁股下面，让孩子头部靠在爸爸或妈妈的胸前，另一只手环抱住他的肚皮或握住孩子一只手，随着音乐节奏做动作。

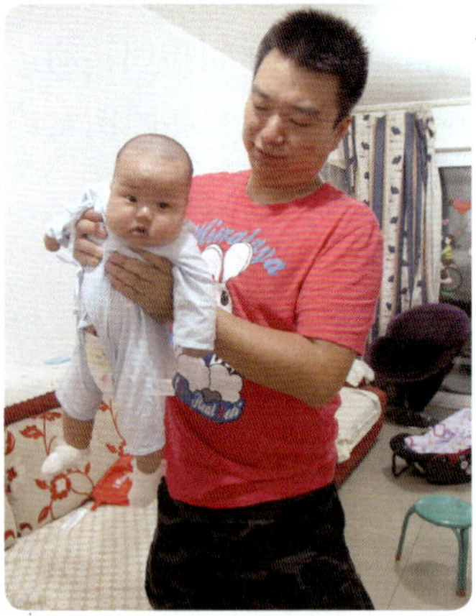

爸爸正抱着潼潼随音乐跳舞。经常让孩子听音乐，和孩子跳舞可培养孩子对音乐的感受力。

“面对面抱法”。让孩子面向自己，左手一手托住孩子的屁股，手臂护着孩子的腰，右手拿着孩子左手，就像跳双人舞一样。

“悬空抱法”。还可以握稳孩子双腋，悬空提起孩子，和爸爸妈妈一起跳舞。

爸爸妈妈可轮流抱着孩子随音乐起舞。亲子在有节奏的旋律中摇晃着身体，共同享受着节奏和音乐的艺术美。

爱心提示：随着孩子长大，身体一天比一天强壮，动作也越来越灵活。孩子对音乐节奏旋律会逐渐敏感。教孩子“跳舞”，让孩子的小手或小脚随音乐节奏晃动，逐渐培养孩子听见乐曲就主动“舞蹈”的习惯。

在古典音乐的背景中，爸爸妈妈抱着孩子根据音乐节奏跳舞、拍手或做各种各样自己喜欢的动作。这种游戏适合任何年龄的孩子，妈妈可以抱着孩子做跳舞的动作，跟着节奏舞动他的手脚，也可以让他跟着音乐的节奏自由发挥，挥动手臂。

古典音乐对孩子右脑开发有很大作用，在优美的音乐伴奏下孩子能做出许多优美和谐的动作，起到了促进右脑思维及活跃右脑功能的作用。

情商培养

辨别妈妈的情绪

目的：了解孩子对不同声音的情绪反应，促进亲子间更好地沟通与交流。

方法：当你用温和、慈爱的声音对孩子说话时，观察孩子的反应，他会用微笑回应吗？

想一想、看一看孩子听到哪些声音还会出现微笑和愉快的表情呢？

当你用高兴的、快乐的声音对孩子说话，观察孩子的反应，他会用笑声回应吗？想一想、看一看孩子听到哪些声音还会出现兴奋的表情呢？

当你赞扬他时，观察孩子的表情，他会用微笑回应吗？会有自豪的表情吗？想一想、看一看孩子在什么情况下还会出现自豪的表情呢？

当你生气、发火、大声嚷嚷时，观察孩子的反应，他脸上会出现害怕的表情吗？想一想、看一看孩子听到哪些声音还会出现害怕的表情呢？

当你训斥他，观察孩子的反应，他脸上会出现委屈的表情吗？想一想、看一看孩子听到哪些声音还会出现委屈的表情呢？

当你的声音中流露出难过、伤心、悲痛时，观察孩子的反应，他会对你表现出安慰的表情吗？想一想、看一看孩子听到哪些声音还会有难过、伤心、痛苦的表情和行为。

爱心提示：有观察发现，孩子最早满3个月（多数4个半月，最迟7个月）能富有表情地发声，在不同的情绪状况下会发出不同的声音，而此后孩子开始能察觉到他人特别是爸爸妈妈等他经常接触的人的悲伤等情绪，说明孩子开始有了表达自己情绪的能力，同时也能从他人的声音中感受到对方的情绪活动。生活中爸爸妈妈你可观察，当自己难过、伤心、悲痛时，孩子还会把小脸贴近家长的脸，或企图用手抚摸家长、抱住家长，好像在安慰家长一样。科学研究显示，给孩子2张表情不同的小狗照片，6个月的孩子听到温和的狗叫声，眼睛会注视在温顺、友好的小狗照片上，好像在说："你在叫我吗？你好可爱啊。"当听到狂躁的狗叫声时，眼睛会注视表现出攻击性的狗的照片上，好像在说："看，就是这个家伙在乱叫。"说明孩子也能听出小狗声音中的情绪。

纤纤4个月差2天，正不高兴地望着妈妈，他好像感受到了妈妈不愉快的心情。

此时孩子的情绪表现开始多样化，表达情绪的方式更加清晰了，他会用打哈欠、揉眼睛等方式拒绝和你玩或表达"我很烦"。让你知道他的情绪。在生活中爸爸妈妈要善于观察孩子的情绪反应，要为孩子提供感受各种情绪的机会，还要善于引导孩子用正常的方式和途径表达自己的情感。有研究认为，孩子情绪表达和感受他人情绪变化的能力体现了孩子"情商"的高低。也许你也知道，智商主要是指智力因素。智力因素是指我们在解决各种问题时进行感知、注意、观察、记忆、思维、想象、言语活动能力的总和。非智力因素包括需要、欲望、动机、兴趣、情绪和情感、意志、自信心、性格、气质、习惯等，这些内容大部分与"情商"有关。智商是孩子做好某事的操作能力，情商是影响做好此事的动力系统。因此，人们常常认为，情商对孩子的成功与否影响更大，更深远。爸爸妈妈一定要注重孩子情商的培养。

爸爸的爱

目的： 建立良好的亲子关系。

方法： 爸爸的工作总是很忙，但千万不要在孩子的成长过程中做一个缺席的人。你要尽量抽一些时间与孩子在一起，每天为孩子做一点事。如每天起床后、入睡前、上班前、下班后给孩子一个拥抱，亲吻和说一声"我爱你"，闲暇时抱抱孩子，协助妻子一道为孩子换尿布、喂水、喂奶、洗澡。抱着孩子到处走一走，看一看自己的家，看一看外面的世界。抱着孩子跳舞、唱歌。多陪孩子去室外玩耍、晒太阳。和孩子对话，对孩子说话要微笑等。在孩子的养育和教育中，很多活动爸爸是可以参与的。

西西爸爸每天下班后和节假日总是抱着孩子到室外玩一玩，孩子也喜欢和爸爸在一起。

爱心提示：孩子需要父爱。以往，人们普遍认为照顾和教育孩子是妈妈的事，而在今天的社会，父母都应该同等地去承担教育孩子的职责。这不仅仅是因为男女平等的思想已渗透到家庭生活中，更重要的是一些调查研究已经证实，父爱对孩子的健康发展必不可少。任何一个孩子如果长期得不到爸爸的关心和爱抚，就会得一种叫做“父爱缺乏综合征”的心理性疾病，表现为性格孤僻、胆小怕事、烦躁不安、爱哭闹、精神抑郁、多愁善感等。久而久之，就会严重影响孩子的生长发育和智力发育，危及孩子的身心健康。

年轻的妈妈请多鼓励爸爸参与照料孩子的活动，年轻的爸爸请每天抽出一些时间来爱抚你的孩子，孩子需要你的爱。多向孩子传递这样的信息：“孩子，我在乎你，我爱你。”坚持这样做，既能培养父子之间的感情，又有益于孩子形成健康的人格。

对陌生人笑一笑

目的：锻炼孩子与人交往的能力，促进孩子在认生之前拥有进入群体的能力。

方法：爸爸妈妈抱孩子到亲戚、朋友家走一走，让亲戚朋友抱抱他，看看孩子见到陌生人的反应。如他见到生人时哭闹，不让生人抱，说明孩子开始“认生”了。

夏季选择早晨或傍晚气温不太高的时候，其他季节可以选择上午9、10点钟比较暖和的时候带孩子到室外散散步。爸爸妈妈见到邻居要主动打招呼，给孩子介绍：“这是奶奶，这是爷爷……”让孩子对邻居笑一笑。

让孩子主动和小朋友玩一玩，有新的小朋友加入时，带孩子去主动与新加入者打招呼，并拿起孩子的手与小朋友握手，邀请他加入游戏。当小朋友要离开时，拿起孩子的手与小朋友挥手再见。

爱心提示：孩子原来谁都让抱，忽然显露出怕陌生人的表情，而对陌生人则带有一种警惕的注意，或见到陌生人时退缩，躲藏、哭泣、想离开他面前的陌生人，陌生人愈是想接近他，他就愈退缩。这种表现就是陌生人焦虑。陌生人焦虑是在儿童发展过程中正常的表现，对孩子来说是一个进步，说明孩子已具备一定的观察能力和辨别能力，能够区分陌生和熟识的面孔，能区分熟人和陌生人了。由此你还可以观察到孩子以往喜欢笑口常开的孩子，开始出现有差别、有选择性的微笑。对不同的人报以不同的微笑。对熟悉的人比不熟悉的人笑得更多。对熟悉的人会无拘无束地微笑，即使对陌生人微笑也有了一些保留。这是孩子真正意义上的社会性微笑，这也是孩子的社会性进一步发展的表现。另一方面，也表现出孩子在情绪和人际关系发展上的重大变化，他表现了对亲人和对熟悉程度不同的人的不同态度。据观察发现，多数孩子存在陌生人焦虑的表现，也有一部分孩子陌生人焦虑的表现可持续到2岁多。只有20%的孩子陌生人焦虑的表现不明显，延续时间也短，好像没有发生过。

有观察发现，孩子最早81天（多数3个半月，最迟4个月）能意识到陌生人，孩子会用惊愕的表情看着陌生人。孩子开始“认生”，最早满4个月（多数5个月，最迟7个月）躲避生人对熟人亲热，当看到生人时会出现询问、凝视、皱眉、退缩、躲避或哭泣，对熟人有亲热的表情。在此年龄阶段，爸爸妈妈要经常带孩子户外散步，让孩子多接触些人，跟邻居打招呼，跟小朋友一起玩耍。只要爸爸妈妈能从容地面对陌生人，孩子便会很快消除顾虑，这是因为孩子对陌生人的好奇远远超过对陌生人的惧怕。减少孩子的陌生焦虑，可培养孩子的社会交往能力，使孩子易于融入群体，提高孩子对环境的适应能力。

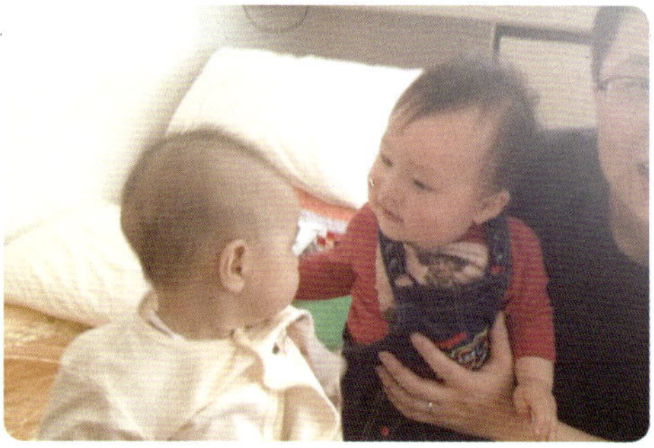

爸爸妈妈经常带纤纤和小朋友一起玩耍，初次见面，小朋友正在打量他。

喜欢什么

目的：了解孩子的喜好，注意培养孩子广泛的兴趣、爱好和良好的品位。

方法：玩耍时，爸爸妈妈可以同时拿几个玩具让孩子挑选，问孩子“你要玩哪个”，孩子此时还不能回答，看孩子注意哪个玩具，或孩子伸手去够哪个玩具。

听音乐时，看哪类音乐更能引起孩子注意，表现出激动、兴奋，跟着音乐节奏手舞足蹈地“跳舞”。

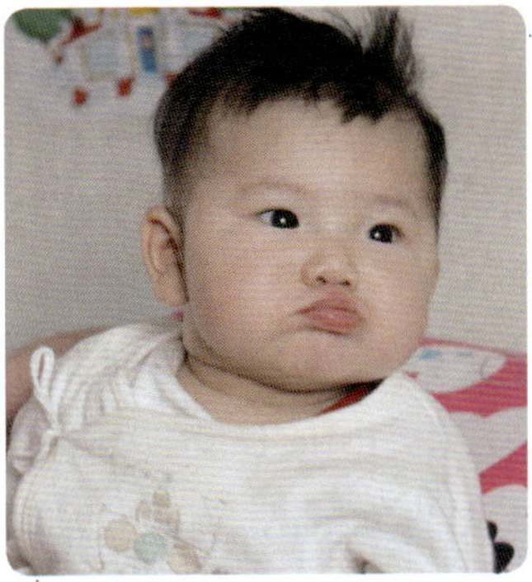

最早满4个月的孩子就有了自己的爱憎。看，扣扣对不喜欢的事和玩具会噘着小嘴表示拒绝。

给孩子看书时，注意孩子对动物、人物、蔬菜、水果等哪种图画注意的时间更长。

给孩子食物时，观察孩子对不同食物的反应有什么不同，对哪种食物更喜欢。

仔细观察和记录孩子的生活细节，喜欢什么，对哪些事或人感兴趣，为孩子的成长留下精彩的片段。

爱心提示：据观察发现，孩子最早满4个月（多数7个半月，最迟9个月）开始有了自己的爱憎，表现出对人和物的爱憎。有的孩子最早4个月就有表现对玩具的喜爱，如果他喜欢的东西，会紧紧握住不让拿走，不喜欢的会拒绝。

仔细观察和记录孩子的生活细节，做一个有心的爸爸妈妈，从孩子早期对不同事物的表现，了解孩子的喜好，以便针对孩子的特点进行培养和教育，也要注意不要让孩子过分地偏爱某些事物，培养孩子广泛的兴趣和爱好。同时多选择色彩明快和鲜艳的物体，培养孩子积极开朗、上进的性格特征。让孩子喜欢所有爱他的人，喜欢与小朋友交往。

拍打水花

目的：发展肢体动作，了解动作与环境的关系，激发快乐的情绪。

方法：在给孩子洗澡时，在浴盆中放入半盆水，水的深度平孩子脐深即可，爸爸妈妈先用手拍起水花，再把孩子放入盆中，用你的手托住孩子的头，让孩子仰面斜躺在水中或扶坐在水中，脸和耳朵露在水外面。拿起孩子的手拍水，腿踢水。多数孩子都喜欢在水里的感觉，他们会越拍越踢越来劲，水花会溅得很高。

扣扣洗澡时喜欢用手拍打水花，溅起的水花让她很开心。

爱心提示：给孩子洗澡时，澡盆要放在空气好的客厅中，在澡盆下铺一块大的防水布，爸爸妈妈也要穿上轻便的衣服，弄湿后容易换洗。只要孩子一发现是自己的腿制造了水花四溅，他会玩得很开心。对不喜欢洗澡的孩子这也是吸引他爱水的绝招。踢腿是孩子喜欢的一种锻炼肢体的方式。溅起的水花还会激发孩子很多想象，孩子会意识到，原来我一动水花就会溅起，我会改变环境。

用勺喂果泥

目的：增加维生素和纤维素，训练吃固体食物。

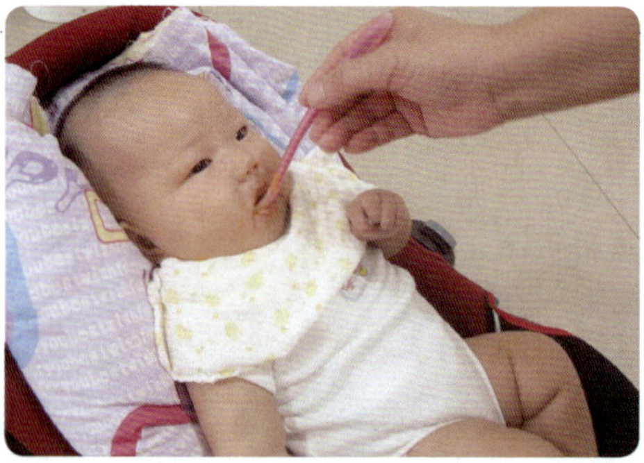

姥姥正在用勺喂3个月23天的潼潼吃果泥。

方法：先自制果泥。选择软一点的水果，如苹果、香蕉、梨、芒果等，从中间切开，用勺来回地刮动果肉，注意要刮薄一点，这样才能形成细细的果泥，刮得太厚果泥会很粗，孩子可能吞咽不下。

用勺子舀一点果泥，放进孩子的嘴里，翻转勺子，将果泥送到孩子嘴里。不要将勺拿出，孩子尝到甜味会高兴地张开小嘴，伸出舌头舔勺中的果泥。还可以将果泥送到孩子的两颊部，让孩子用舌头和口腔的运动来吃到果泥。

爱心提示：从孩子吃果泥的状况可以测定孩子适应用勺子的程度。如果孩子见勺张口，会用舌头舔去勺子上的食物很快吞下，说明孩子会用勺子吃果泥了。不会用勺和不会吞咽固体食物的孩子会在吞咽时把食物顶出来。口腔舌头运动对孩子以后的发音、说话都是十分重要的。据观察孩子最早4个多月（多数5个半月，最迟近6个月）会用小勺吃黏稠的食物。

自己扶奶瓶

目的：鼓励孩子自己进食，学习准确地将奶嘴放入口中，锻炼手和身体感觉的联合。

方法：人工喂养的孩子在吃奶的时候，母乳喂养的孩子在喝果汁或水时可用奶瓶喂。先把奶瓶放入孩子手中，让孩子用双手扶着奶瓶，把奶瓶靠在胸前，爸爸或妈妈要帮着他扶一扶，将奶嘴送入口中。孩子力气还不够大，双手还托不住奶瓶，爸爸或妈妈要帮助孩子托住瓶底，不让孩子吸进空气。逐渐地放手让孩子自己抱着奶瓶。

可以开始让孩子自己扶着奶瓶喝奶了。

爱心提示：孩子手的动作开始发育了，这时就要在生活中让他体验手的工具作用。在吃奶、喝水时，可让孩子自己扶着奶瓶，如果孩子还不能自己拿住，那也要让孩子扶一扶奶瓶，这样既锻炼了孩子手的活动，又可使孩子有触觉体验，同时让孩子渐渐可以自己做力所能及的事情，为以后独立进食迈出头一步，这是孩子生活自理能力最初的培养。孩子最早满4个月（多数5个月，最迟6个月），可双手扶住奶瓶，但手还不能支撑奶瓶的重量，需要靠在胸前。孩子最早满7个半月（多数9个月，最迟10个月）能用双手捧奶瓶喝奶，手能支撑重量，而不再需要胸部来撑了。

培养良好的生活习惯

目的：培养有规律的生活方式。

方法：“形成按时进食习惯”。按时进食，及时增加辅食。4～12个月孩子每日进食5次。第1次喂奶在5:30～6:00早晨起床、换尿布和盥洗后；第2次喂奶在9:30～10:00，还可在此时喂鱼肝油，到孩子8～9个月时增加辅食；第3次喂奶在13:30～14:00，到孩子6～7个月增加辅食，9个月完成由辅食代替；第4次吃奶在17:30～18:00，到孩子4～5月后增加辅食，6～7个月完全由辅食代替；第5次喂奶最好在孩子睡前20:00喂，也可在22:00孩子醒来时再喂食。

“养成准时睡眠习惯”。按时睡觉，保证睡眠时间。从孩子4个月开始培养夜晚睡整觉的习惯。从20:00至次日清晨6:00，夜间睡眠达10个小时左右。白天安排3次睡眠时间，时间约6个小时，一般第1次睡眠安排在7:30.～9:30，第2次睡眠11:30～13:30，第3次睡眠15:30～17:30点钟，每天孩子保证睡眠时间为16～18小时，随着年龄增大，睡眠时间逐渐缩短。5～9个月为16小时左右，10～12个月为14小时左右。

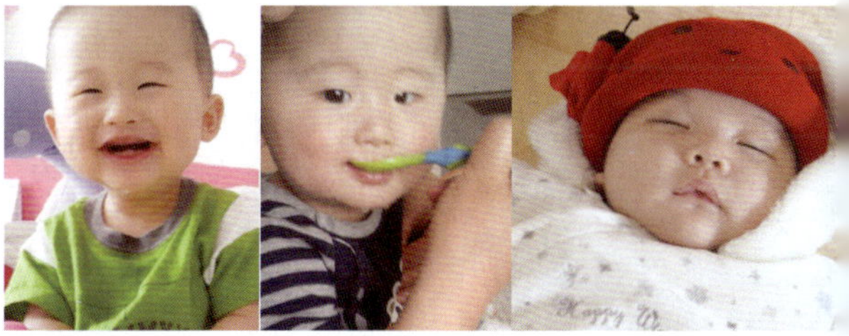

让孩子吃好、玩好和睡好，培养良好的进食、活动和睡眠规律。

“培养定时游戏、学习和运动习惯”。按时游戏和学习，内容丰富多彩。 每天活动时间4次，随着年龄增大，活动时间逐渐增长。分别在6:00～7:30、11:00～11:30，14:00～15:30和 18:00～20:00进行，主要内容是做操、抚触、游戏或户外活动。根据不同季节选择不同时间到户外活动。冬季10:00～11:30，14:00～15:00；夏季6:00～7:30，18:00～20:00比较适宜。每天最好让孩子在户外活动2～4小时。

爱心提示：合理安排孩子一天的生活，帮助孩子建立良好的生活习惯，让孩子形成有序的生活规律。有规律的生活是保持精力充沛、情绪愉快、食欲旺盛的基础。随着孩子的生长发育，活动时间增长、睡眠时间减少，对孩子的智力发展和性格培养都有重要意义。当然每个孩子也有自己的特点，爸爸或妈妈可根据孩子的实际情况对孩子的作息时间做适当的调整。

第4个月发育评价

动作

★俯卧抬头，下巴离床23厘米，前臂和肘支撑身体
★扶腋下站立头能自由活动，腿能短暂地直立
★看见玩具会伸手抓，但动作不协调，不一定能抓着
★会观察自己的手、在胸前玩手，用手抓自己的脸、头发和衣服

智商

★会转头找声源
★能将玩具举在眼前看、摇动、咬、听声音等
★会拉长发音2～3个
★高兴时会出声大笑

情商

★见妈妈和经常照看他的人会伸手要抱
★大人离开时会立即啼哭和呼叫
★看着陌生人有凝视、睁大眼睛、疑问、皱眉等表情
★喜欢到户外玩耍，到熟悉的环境有高兴的表现

第5个月

（121～150天）全面发展方案

第5个月（121～150天）全面发展方案

动作发展

匍匐爬行

皮皮3个月9天，趴在床上，会交替地蹬腿，学习爬行。

目的：学习身体向前拱，为爬行做准备。

方法：孩子洗澡前后，脱光孩子的衣服，让孩子无拘无束地趴在床上，这时孩子可以用手撑起身体的上半身，胸部离开床。妈妈在前面用不倒翁或孩子感兴趣的其他玩具逗引孩子，告诉他“抓住不倒翁”。让孩子学会向妈妈处拱动，当他接近妈妈时，夸赞他“真棒”。

有的爸爸妈妈发现，自己的孩子在俯卧时不会往前爬，只会向后匍行。这是正常的状态，可能是孩子太胖，腹部落地影响孩子爬行，这时也可能是孩子腰部力量不够，可以在正前方放一个孩子喜欢的玩具，用浴巾穿过孩子腹下，爸爸把浴巾提起，托起孩子的腹部，让孩子的四肢着地，缓缓向前爬行。

还可以让孩子趴在床上，用手交替地推着孩子的脚前进。或爸爸和妈妈分别趴在孩子头前和腿后，趴在孩子头前的家长可以拿着孩子的一只手如右手往前移动一下，妈妈辅助推孩子的另一只脚如左腿向前移一步，左右交替进行，这样让孩子一步一步往前移动。

爱心提示：孩子到了此月动作协调能力增强，孩子会试着去拿他力所能及的任何东西，此时也是爬行动作训练的大好时机。据观察，孩子最早5个月（多数7个半月，最迟11个月）就开始有努力向前爬的意愿，但此时孩子只能努力用手和腹部支撑着自己的身体，匍匐前进。但孩子真正能用手支撑腹部使身体离开床面，最早7个半月（多数8个半月，最迟9个半月）。当孩子爬行动作遇到困难时要协助他，以免因困难孩子失去游戏的兴趣。游戏中要保证室温在25℃左右，如果达不到，可以穿一些轻薄柔软的衣物。

多让孩子进行爬行游戏。爬行不仅需要手脚协调地运动，也是促进孩子大脑发育最好的游戏之一。如果孩子没有经过爬行阶段就学习了行走，这样的孩子易出现感觉统合失调。爬行让孩子的活动空间增加了很多，为孩子提供了主动探索和尝试独立的机会，爬行比坐起更能扩大孩子的活动范围，爸爸或妈妈要充分重视，为孩子准备一个安全和卫生的爬行环境。不要让孩子在床上练习爬行，因床的面积太小，可能限制孩子爬行速度和距离，更危险的是可能导致孩子摔伤。

独自坐稳

目的：训练坐的能力。

方法：让孩子坐在地垫上，先在孩子的身后、左右侧各放一个枕头或棉被，让孩子靠着坐好，给孩子一个玩具，让孩子靠着玩一会儿，以后慢慢减少他身后靠的东西，逐渐移走后面的靠垫，看孩子是否能坐稳，使孩子仅有一点支持即可坐住或独坐片刻。

孩子开始处坐位时，腰部力量不够，身体前倾，此时坐的时间不宜长，可从1分钟开始，慢慢延长时间，直到能坐稳。经过多次练习，孩子渐渐学会用两手支撑身体，不必靠着东西自己坐起来，从双手支撑到一手支撑再过渡到完全不必支撑，两手拿玩具玩，身体还可以左右侧转而保持平衡，这就是真正的能坐稳了。这时可以让孩子自己静静地玩，不要打扰他。

爱心提示：孩子学会坐立，给生活带来了巨大的变化，把孩子的双手解放出来，与躺着的位置相比，视觉视线发生了根本的变化，看得更远更宽了，对孩子的视觉、听觉发展更有利，对双手协调操作和手指的精细动作发展极为重要。

运动技能发展好的孩子最早满4个月（多数5个多月，最迟7个月）就能坐2秒钟以上。最早满5个月（多数6个月，最迟8个月）独自坐30秒钟以上，但在此孩子可能还想寻找支撑物，背部是稍微弯曲，身体朝前倾。也有的大动作能力发育得特别好的孩子，最早满5个月（多数6个月，最迟8个月）独坐时协调能力非常好了，能稳定地、不需要支撑地、背部挺直自己独坐30秒钟以上，而且还能两手自由地玩玩具，并能左右自如地转动身体，保持平衡不倒。

皮皮4个月25天，只能独坐2秒钟，坐起时腰是弯着的，多数时间需要扶持。

在日常生活中，孩子有许多机会练习坐，如让孩子坐在地毯上自己玩玩具，坐在妈妈的腿上做做游戏，喂饭时可让孩子坐在婴儿椅中。在晴好无风天气，可让孩子坐在小车子里爸爸妈妈推着到户外散步。这些都是孩子练习坐的好机会，而不必为练坐而坐。只是爸爸妈妈要有意识让孩子有坐的机会，不要总是抱着孩子。当孩子的腰部力量还不够时，不需急着撤离孩子身边的支撑物，当孩子力量达到时，他自然不会靠在支撑物上了。同时不要让孩子单独坐在高处，如床上和桌子上，以防摔伤。

抓远处的玩具

目的： 训练爬行。

方法： 让孩子坐好或俯卧在地垫上，把孩子喜欢的玩具放在离孩子25厘米以外，让孩子够不到的地方，并一边摇晃玩具，一边说“过来抓住它”，逗引孩子来抓玩具。让孩子自己以各种方式移动身体来抓玩具。

如果孩子采用滚动的方式移动身体，你要告诉孩子爬着来抓玩具。先让孩子从坐位变成俯卧位，此时妈妈可再把玩具往前移动，引导孩子往前移动手脚，再往前移动玩具，让孩子一步一步地移动手和脚，逐渐成爬行状前行。

从这个月开始可把玩具放在远处，让孩子自己想办法移动身体去抓远处的玩具。5个月的瑞瑞正匍匐爬行着够玩具呢。

玩具要经常变换，以免孩子对其失去兴趣。

爱心提示： 孩子满4个月，你就不要再把玩具放在孩子的手中，可将玩具放在他身体左边、右边，甚至是后边，并且稍微远一点，但他能转头看见，伸手不能抓到的地方，让孩子通过努力自己移动身体才能抓到玩具。爸爸妈妈经常将他最喜欢的玩具摆放在前面，并拿一拿、动一动玩具，以吸引他以各种方式向前行进去抓取。

据观察，最早满4个月（多数5个多月，最迟8个月）你把一个玩具放在孩子差一点才能够到的地方，孩子就会不顾一次一次的失败，坚持去抓玩具。孩子最早满5个月（多数7个半月，最迟11个月）在学会走路前会采取多种多样的方式去抓取远处的物体。有的孩子此时会以腹部支撑身体匍匐前进的方式移动身体向前行进；有的孩子可能以手掌、膝关节支撑自己向前爬行方式移动身体向前行进。孩子还会以手掌、足部支撑自己，以爬行方式移动身体向前行进。如果此时孩子会独坐了，他还会用半边屁股移动向前达23厘米以上去向前行进。不管孩子用何种方式向前行进都可以，你要给予表扬和鼓励。

牵手站起

目的： 练习蹲和坐立。

方法：“蹲位起立”。当孩子能拉手起坐后手臂、腰部力量增强后可玩拉起站立了。让孩子仰卧，妈妈与孩子面对面，轻握孩子手腕，先拉孩子成坐位，再拉孩子成蹲位，再拉孩子起身成站立位。再让孩子蹲下，睡下成仰卧。

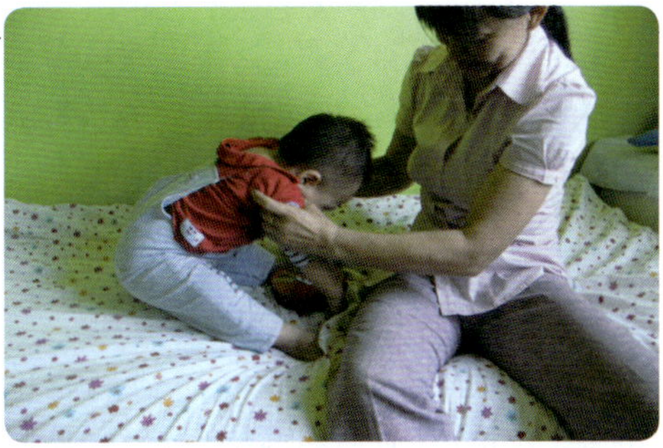

奶奶正在拉纤纤站起，站立位让孩子对事物的认知有了更好的视听角度。

“跪位起立”。当孩子俯卧，妈妈可站在孩子身后，两手分别握住孩子的两臂肘关节处，扶孩子成跪位、蹲下，再让孩子站立。再让孩子蹲下、再成蹲位，再爬下成俯卧状。

“拉指站立”。最先孩子处于坐位或卧位时，爸爸或妈妈将拇指伸给孩子，告诉孩子：“抓住我的手，起身。”让孩子借助你拇指的支撑，牵拉自己站起来。

爱心提示：将孩子从卧位拉着坐起来、再拉着站起来，在卧、坐、站过程中，孩子会感到站着与坐着和卧着有很大的不同，会觉得很新奇，视觉发生了根本的改变，为孩子认知世界提供了新的视角。每日可多次做这种活动，同时每次拉起孩子用的力逐渐减小，慢慢地，孩子只握住爸爸或妈妈的手指就能主动坐起来或站起来。游戏中要注意力度适中，防止突然牵拉对孩子造成关节脱臼。同时要一边运动一边告诉孩子他处的位置，坐起、站立、躺下，这可提高孩子对位置的认识和理解。据观察，孩子最早满5个月（多数7个半月，最迟12个月）就能借助爸爸妈妈的拇指牵拉自己站立。

站一站、跳一跳

目的：锻炼下肢力量。

方法：爸爸或妈妈抱起孩子，双手扶孩子的腋窝，面对面托起孩子，让孩子站在妈妈的腿上，把孩子轻轻提起来，再放下，让孩子顺着妈妈的动作上下跳动。也可让孩子光着脚站在地面上或桌子上“站一站、跳一跳”一边玩一边说童谣或儿歌《站一站跳一跳》：

好孩子、跳一跳、跳得高、摘个桃；

蹦一蹦，跳一跳，孩子跳得高，孩子跳得好；

站一站、跳一跳，小贝贝，有劲了；

站一站、跳一跳，小孩子，会走了；

站一站、跳一跳，小孩子，长大了；

站一站、跳一跳，蹦蹦跳跳，身体好。

孩子非常喜欢这种游戏，训练几次

后，只要处于此姿势时，孩子就会自己跳起来。

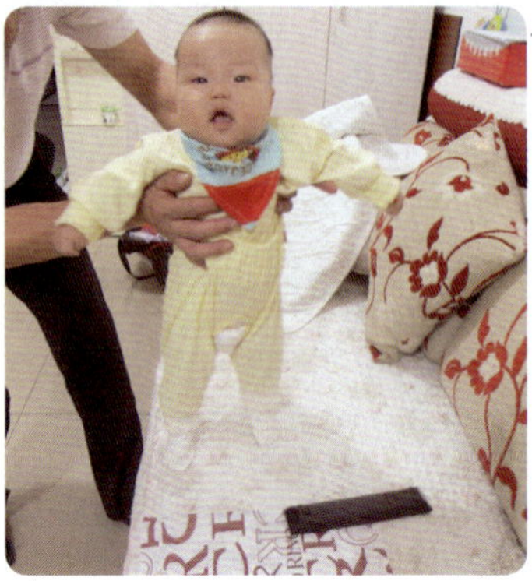

潼潼刚满5个月，在姥爷的扶持下站得很稳，脚能站直了。

爱心提示：孩子最早满5个月（多数6个半月，最迟8个月）扶腋下站立，腿能支撑身体的重量，脚能一蹬一蹬地跳跃。此游戏可锻炼孩子下肢的力量，为站立、行走做准备。开始做此游戏时妈妈要注意手多用一点力支撑着孩子，慢慢地孩子脚的力量增强后只要扶着孩子，他就能双脚跳起。

玩此游戏时要视孩子的情况而定，身体健康，情绪好，喂奶后半小时后进行，每天2~4次，每次练3分钟或扶走10余步就可，因为孩子的骨骼尚未硬化，不宜负重，有佝偻病时不能进行。据观察，爸爸或妈妈双手扶孩子腋下，让孩子站立。

早期跨步运动

目的：学习跨步，为行走打下基础。

方法：“双人行”。让孩子双脚踩在爸爸或妈妈的双脚面上，孩子可以面朝前或背朝前。孩子面朝前时，背部可靠在爸爸或妈妈的大腿上，爸爸或妈妈双手扶着孩子的双腋下，孩子面朝爸爸或妈妈时，爸爸妈妈双手牵孩子的双手，然后喊着“一、二、一”的口令，迈着适合孩子的步伐，带动孩子左右腿向前移动。妈妈或爸爸的步子要小，脚不要离地太高，向前向后多走几步。让孩子感觉到前行、后退的身体变化。

“扶腋下行走”。爸爸或妈妈也可以站在小孩的后方扶住其腋下站在地板上，先移动左右手，带动孩子的腿向前移动。以后可让孩子自由跨步推动自己前行，双手只放在孩子的腋窝稍作支撑，让孩子站在桌面或地板上，让孩子自己跨步，推动自己前进，不要用手去推他前行。

在皮皮第5个月时，奶奶就扶着他学跨步，刚满6个月的他已经能双腿交替跨步了，虽然动作不那么协调，但奶奶很开心，皮皮也很高兴。

爱心提示：孩子很喜欢被扶起站

立，这让孩子的视野就更广了，他就能看到更多的事物。跨步是孩子的早期条件反射，新生儿扶其腋下当他双脚触碰到地面他也会喜欢跨步的。但此年龄段孩子的跨步与以往不同了，孩子最早满5个月后（多数7个月，最迟10个月）扶腋下，能尝试着跨步，能推动自己前进，但身体运动还不协调。孩子最早满7个月后（多数8个半月，最迟11个月）扶腋下，能协调地交替跨步行走。如果孩子10个月还不能够在你的扶持下跨步向前，就要引起注意了，最好去医院做相关检查。

但不要让孩子做此游戏的时间过长，特别是有些缺钙的孩子，双腿过早地承受身体的重量会让腿骨发生变形，变成X形或O形腿。

玩具传手

目的：练习手的技巧，学会解决问题。

方法：给一个勺子给孩子，先让孩子玩一玩，再给孩子另一个玩具如1个哗铃棒，先摇一摇引起孩子注意，再告诉孩子："拿住哗铃棒，把勺子给那只手。"让孩子把勺子传过去后再来接哗铃棒。

孩子靠坐在妈妈胸前，把一块积木放在桌子上，让孩子用一只手抓起1块积木，他抓好后再递给他1块积木。此时孩子多数会扔掉手中的这块再去接第2块，妈妈告诉他并拿住他的小手，将手中的1块传到另一手中，再去接第2块积木，不要扔掉第1块。练习几次之后，孩子要再拿新东西时，就会先传手再去拿，这时妈妈要表扬他"真棒"以巩固这种本领。

扣扣5个月，已经能非常熟练地把玩具从一只手传向另一只手了。

爱心提示：当孩子能使两个物体在中线相碰后，可学习将玩具从左手倒到右手和将手中的玩具对敲。积木传手可以锻炼孩子双手进一步协同操作的能力，还促进孩子解决问题的思维能力发展。在日常生活中爸爸妈妈要有意地去训练孩子的这项能力。如玩游戏时，你也可以给他两个，不要让他用两手来抓，而是让他练习传手。吃水果时，如可将水果切成片给孩子，训练孩子传手。孩子吃饼干等其他固体食物时都是训练传手的好时机，妈妈要把握。据观察，孩子最早满4个月（多数5个半月，最迟8个月）能够将玩具由一只手向另一只手传递至少2次以上。

抓3个东西

目的：训练抓握能力。

方法：给3样东西，如3块饼干或3个花生或3块积木等放在桌子上，让孩子一手抓一个玩一会儿，然后又给他第3个，告诉孩子：“抓住这一块。”看孩子的行动。如果孩子拿着两个东西不放，给他一些时间，看他如何来抓第3个东西，有的孩子会把两个东西抓得紧紧的，还企图用两只手去抓第3个东西，有的孩子会用嘴去叼起第3个东西，有的孩子抓住手中的两个东西不放，还企图去取第3块，即使抓不住第3块也说明孩子成功了。如果孩子放下手中的一个再去取另一个不成功，你要告诉孩子说：“不要放下手中的东西。”你也可以做一个示范，教孩子怎样去抓第3个东西。

妈妈从这个月开始训练扣扣抓3个东西，6个月8天的她开始努力去抓第3个玩具。

爱心提示：到第5个月孩子眼—手协调能力增强了，比较能灵巧、直接地拾起物体了，而且能较长时间地将物体紧紧地抓握在手中了。这时可一次给孩子两个以上的玩具或食物，有意训练孩子一次抓多个东西的能力。也可给1个小碗给孩子，让他把放在桌子上的多个东西拾起来放进碗中。总的来说，让孩子多动手就好。据观察，孩子最早满5个月（多数7个半月，最迟13个月）能会想方设法企图同时抓到3个东西。

拨弄小糖丸

目的：训练食指的功能和灵活性。

方法：爸爸或妈妈先将洗净的餐巾或纸巾铺在桌上，洗净孩子的小手，抱孩子倚坐桌前，放几粒葡萄干小粒或小糖丸在桌子上，让孩子用食指将葡萄干一个一个拨开，并一边拨一边数数。

你还可以在桌面上画一个圈，让孩子将葡萄干或小糖丸拨进圈中。你也可以在各个方位放一个小动物，对孩子说：“我们给小动物送葡萄干了，来送给小狗、小猫和小熊。”让孩子将葡萄干拨在各个小动物面前。

你也可以在桌子的一侧放一个纸盒，让孩子把葡萄干拨进纸盒中。

你也可让孩子用不同的手和手指拨，让每只手和每个手指都得到锻炼。

4个月24天的纤纤正在用手去拨小糖丸。

爱心提示： 作为鼓励可以将孩子拨弄的小粒放到他的嘴里。看到并且用手接触拨弄小粒样的东西以增进手的精巧活动。拨弄小粒的游戏可让孩子有意控制手和手指的运动，让它更加灵活，为以后能灵巧地运用拇指和食指钳取小物品做准备。同时也可教孩子认识葡萄干和学数数。

玩纸乐

目的： 训练双手配合完成动作、手指小肌肉力量和手指的灵活性。

方法： “揉纸”。给孩子面巾纸或废弃的旧报纸，告诉孩子用两只手把纸揉成团。

“纸拔河”。让孩子模仿撕纸。用面巾纸或废弃的旧报纸，让孩子抓住一端，爸爸或妈妈抓住另一端，和孩子一起用力拉，拉坏了再来。如果孩子不会，可拿起孩子的手帮助他拿住报纸的一边拉，抓住他的手用劲往一边，完成撕纸的动作。经多次模仿和训练后孩子会左右手配合，完成撕纸动作后可放手让孩子自己去撕纸。

“自己撕纸”。把纸摊开放在孩子面前，爸爸或妈妈先示范去撕纸，一手拉一边，用力往两边拉，一边撕一边快乐地告诉孩子：“撕开了，撕开了。”再让孩子的手抓住纸的两边自己左右拉动，将纸撕开。

让孩子把撕破的纸放进垃圾箱中，如果有纸掉在地上，抱起孩子，和孩子一起伸手捡起放入垃圾箱中。

皮皮3个月后就喜欢玩纸了，把纸捏得嘎嘎响。现在的皮皮已经能把纸撕破了。

爱心提示： 孩子最早满3个月（多数5个月，最迟7个月）就对纸感兴趣，他会将纸抓皱，使它发出响声，而且孩子喜欢纸揉动时发出的响声。而有的孩子到5个月时常常抓到纸就撕，这不是坏事，因为，这个时期的婴儿眼—手协调能力基本具备。当他发现通过自己小手的动作可以改变纸的形状和发出撕纸的声响时，会感到快乐和惊喜。此时，爸爸妈妈千万不要误以为是坏习惯而把纸拿开，可应势利导，教会他将大纸撕成小纸，再撕成纸屑。爸爸妈妈要教和鼓励孩子撕。这样做，使孩子初步认识到自己有改变外界环境的能力，从中得到乐趣，同时也训练了他眼—手之间的协调能力，有利于训练幼儿手部动作的精确性和感觉的灵敏度，并促进脑功能的健全与成熟。撕纸发出的嘶嘶响声以及纸的变化，都能极大地激发孩子的兴趣，让他乐此不疲地玩个不停。但一定不要让孩子把撕破的纸乱丢，养成不好的习惯。

有目的地摇响哗铃棒

目的：训练对手的运动的控制能力，观察玩具的细节，倾听玩具发出的声音。

哗铃球是纤纤心爱的玩具，现在5个月的他不仅会拿着哗铃球看个不停，还能有目的地摇响它。

方法：准备一个哗铃棒。妈妈先摇动哗铃棒吸引孩子的注意后把哗铃棒放在桌子上，让孩子自己伸手来拿它，如果孩子不伸手拿它，你可再摇动哗铃棒后递给孩子，观察孩子是否对哗铃棒感兴趣，会不会来回转动手腕关节以旋转哗铃棒，会不会用手去摸一摸或拨弄一下哗铃棒上的小圆珠。如果孩子不会，你要告诉孩子如何去摇响哗铃棒，你可以说："看，抓住它，动一动你的手，向前、向后、转个圈，它就会响。"你还要教孩子认识哗铃棒的各个部位。如果孩子对哗铃棒不感兴趣，可换成拨浪鼓或小摇铃，让孩子去摇响它们，或用手去拨弄拨浪鼓上的和小摇铃里的小圆珠。

爱心提示：据观察发现，孩子最早满5个月（多数7个多月，最迟11个月）孩子对玩具的细节感兴趣，会去观察玩具的细小部位。孩子最早满6个月（多数7个半月，最迟11个月）能有目的地摇响哗铃棒；但孩子7个多月（多数8个半月，最迟9个半月）时，如果你把哗铃棒的球对着孩子，孩子只会先去拿哗铃棒的球体。在7个半月（多数10个月，最迟10个半月）孩子才会先去拿哗铃棒的棒。这一年龄阶段的孩子手的抓握能力和活动的范围增强了，能够准确地、有目的地去抓住眼前所见到的玩具，并且手能以不同的运动方式去把玩手中的玩具。同时孩子的认知能力也有了新的发展，注意到了玩具的细节，并知道先抓哪个部位。以后还可用别的玩具来训练孩子，你可以开始教孩子认识玩具的各个细小的结构了，也可教孩子用不同的玩法来玩同一玩具了。

随音乐拍动

目的：感受音乐的节奏，按节奏做动作。

方法：选择一首节拍简单、歌词与乐曲以一字一音、节奏较强的儿歌。把孩子面朝前地抱在你的怀中，一边唱歌或念儿歌，一边拿起孩子的双手拍他身体的各个部位，如拍他自己的手、双腿、腹部、两侧腰部、胸部和双面颊部。

可让孩子坐着或仰卧床上，你用手或孩子自己用手跟着节奏拍上述身体各个部位。

也可让孩子趴在床上，你用双手跟着节奏拍孩子的臂背部、屁股、大腿后部、小腿肚子和脚板。

你也可让孩子跟着节奏拍你的身体各个部位。

除肾脏所在部位（背后腰部处）外，你可采取任何姿势拍身体其他部位。但重点要注意的是拍的动作要比较轻，力量不能过大，不能拍痛了孩子。随时观察孩子的情绪，拍打的力度以孩子感到身体适宜、表情愉快为宜。如果孩子出现不愉快的神情要马上停止。

拍打不同的身体部位所发出的声音是不同的，你可以让孩子听一听拍手、拍大腿、拍肚子、拍胸部发出的声音有什么不同。

5个月的扣扣正一边唱一边拍打自己的身体。

爱心提示：教育专家指出，音乐可以提高幼儿的听觉辨别能力和敏感性。通过音乐活动，可以促进幼儿的记忆力、想象力、创造力等智力活动的发展，同时也促进孩子的情感、人际等情商方面的能力发展。良好的音乐素养可为孩子今后的创造性学习打下良好的基础。即使是不会说话的孩子也懂得借助音乐表达自己的情绪。孩子从一出生就能感受音乐的节奏、节拍、旋律。让孩子随着音乐节奏拍身体部位，可提高孩子对音乐节奏的感悟力和学习音乐的兴趣。还可以增加孩子对手臂肌肉的控制能力，更好地完成精细动作。也能让孩子学习用节奏表现自己的情绪，增加孩子对自己情绪的控制能力。同时这个活动可随时随地进行，如在坐车时、在室外，在睡觉和洗澡前后等，方便有效为生活增添乐趣。

智商开发

揭布找玩具

目的：训练孩子的观察和注意力，促进对物体永恒性的理解。

5个月的扣扣会寻找妈妈当着她的面用毛巾遮盖起来的玩具了。

方法：孩子玩得正高兴并注意到玩具时，对孩子说："看玩具不见了，帮妈妈把把玩具找出来。"一边说一边当着孩子的面，在孩子的注视下用手帕把玩具遮盖住一部分，露出一小部分，如露出小汽车的轮子、洋娃娃的脚。然后问他："汽车去哪里了？洋娃娃在哪里？"叫他找出来。看孩子是不是探头到身后去寻找玩具。如他不找或一时找不到，你可以给他提示，或把毛巾稍稍拉开，让他看一看再叫他找，直到找到为止。或者自己找出来并高兴地叫"找到了"，以引起孩子参加游戏的兴趣。

孩子能找到部分遮住的玩具后，同样在孩子的注视下，你用毛巾把玩具全部遮盖好，让孩子找。

爱心提示：自从玩藏猫猫游戏之后，孩子就受到启发，他逐渐懂得东西只是被盖住，并没有消失。知道物品不会无故失去。于是孩子开始寻找不见了的东西。多和孩子玩找东西的游戏，让孩子学会观察正在发生的事，注意和去努力寻找自己想要找的东西。有观察发现，孩子最早满5个月（多数8个月，最迟11个月）能找到在当面藏起的玩具。当孩子找到玩具时，爸爸或妈妈应马上抱起孩子，称赞他："你真棒！把玩具找出来了！"以激发孩子的兴趣。但如果孩子没兴趣和你玩这个游戏，你就不要强制他，让孩子玩其他喜欢游戏如练习抓握、拍打、滚爬也不错。

不见了的小汽车

目的：训练孩子认识物体永恒性概念。

方法：用几块积木叠成4个桥墩，将1块纸板放在桥墩上做成一座桥梁。爸爸或妈妈让孩子坐在桥边，把小汽车从桥下开过去，再开过来。一边开，一边告诉孩子："汽车过山洞了，汽车看不见了，汽车又出来了。"

也可以让孩子拿去纸板，看车子在两个积木中穿行。帮助孩子再架好桥，让孩子自己开动小汽车过山洞。

小车是天天最喜欢的玩具，妈妈经常和他玩这个游戏，问他：「小车去哪儿了？」

爱心提示：你可以观察孩子在玩此游戏的反应表情，在汽车开动时孩子有喜悦的表情吗？在汽车进入“桥”下时孩子有疑惑的表情吗？当汽车从“桥”下钻出来时孩子惊奇吗？你也可观察孩子的目光，他的目光是一直跟随着汽车开到“桥”，汽车进入“桥”下目光就不再跟随，汽车从“桥”下出来再关注呢？还是目光一直跟随汽车，哪怕是汽车进入“桥”下也不放开呢？还是目光一直跟随汽车进入“桥”后，立刻转过去盯着“桥”的另一边，好像知道汽车就要从“桥”的另一边出来一样。如果你的孩子有以上表情和目光，祝贺你，你的孩子进入了一个新的认知领域，也就是对物体永恒概念有所认知，他知道了看不到的东西依然存在着。

作为成人我们都知道当某一物体从视野中消失，并不意味着它就不存在了，即便无法看到、听到或触摸到了，但它也没有自动消灭，而仍然持续存在着，只是可能移动到另一个位置了，因此，我们才会去寻找。但孩子不是这样的，有研究发现，0～4个月的孩子是“眼睛看不见的物体，心也不会去想了”。物体从眼前消失了，他就不再去寻找了，似乎物体已不复存在。4～8个月的孩子不会去寻找完全看不见的物体，但会寻找部分被隐藏的物体。8～12个月的孩子已开始能够去找完全不见了的物体，但只能从看到物体消失的第一个地方去寻找。12～18个月的孩子逐渐学会在看到物体消失的最后一个地方去寻找。18～24个月的孩子和爸爸妈妈玩捉迷藏的游戏，会自己藏物，然后让别人来寻找。孩子物体永恒性概念已经形成。“物体永恒性”意识对孩子的认知思维和情感发展非常重要，想象一下，如果这个概念不能建立，孩子如何去认识身边的事物呢？如何与爸爸妈妈建立良好的依恋关系？所以爸爸妈妈要有意通过多种游戏训练孩子“物体永恒性”意识。

藏猫猫

目的：认识物体永恒性概念，激发孩子愉快的情绪。

方法：和孩子面对面，轻轻呼唤

孩子的名字，吸引孩子的注意力。爸爸或妈妈用双手蒙住自己的脸，问孩子："妈妈呢？妈妈去哪儿了？快来找。"让孩子来找，然后迅速将双手拿开，用夸张的语气对孩子说："喵，妈妈回来了。"并对孩子微笑、拍手，或呼叫孩子的姓名。

妈妈正在和潼潼做"藏猫猫"的游戏，妈妈说"猫"，潼潼就开心地笑了。

当孩子熟悉上述游戏后，爸爸或妈妈将脸藏在一张纸或一条毛巾后，从不同方向探出头来。或用纸、毛巾或衣服盖在自己头上，让孩子来找。你还可以说："妈妈不见了，来找妈妈，我在哪儿呢？"自己拿开物品，或让孩子自己用手揭开衣服找到你。

可以边游戏边唱儿歌《藏猫猫》：

小孩子，仔细瞧，妈妈怎么不见了，

妈妈、妈妈我知道，你和孩子藏猫猫。

你也可将毛巾盖在孩子的面部，然后笑着说："你在哪儿？"以鼓励孩子主动参与捉迷藏的游戏。

爱心提示： 这个月龄的孩子开始喜欢和爸爸妈妈一起玩藏猫猫游戏了。爸爸妈妈和孩子可以一起玩藏猫猫游戏。开始爸爸妈妈用手帕蒙住自己的脸，孩子以为爸爸妈妈消失了，正在疑惑时，把布移开，孩子看到爸爸妈妈重新出现时，会很高兴。藏猫猫游戏使孩子知道了要去寻找消失的东西，可以满足孩子的探索欲，驱使他们去一个个未知的空间，探寻躲藏的人和物，促进对物体永恒性概念的认识。

在做此游戏时，最好用语言配合，借助声音的辨别孩子也许更容易找到你，并增加游戏的气氛。有观察发现，孩子最早满5个月（多数7个月，最迟11个月）在玩藏猫猫游戏时，不仅仅是微笑或大笑，而是能主动参加和配合玩藏猫猫的游戏，如高兴地从头上扯下毛巾、努力去寻找纸或毛巾等遮盖的玩具。孩子最早满6个月（多数6个半月，最迟11个月）能熟练地同爸爸妈妈玩藏猫猫的游戏，如会用双手蒙脸、或自己拉衣服蒙脸，拉开双手或拉开衣服说"猫"。

找滚动的球

目的： 让孩子的目光追随移动快的物体和光线，使视觉灵敏，并促进对事物因果关系和物体永恒性的理解。

方法： 用一个纸盒装上五颜六色的乒乓球，在孩子前方，先吸引孩子注意，再将乒乓球从纸盒中倒出来，让乒乓球一个个跳出来。倒的速度可快可慢，让孩子的视觉能上下追踪。让孩子去寻找掉在地上的乒乓球，并告诉孩子："把乒乓球捡起来放进盒中。"

这些游戏你可以把着孩子的手玩或以后让孩子自己玩，也可用水果和其他玩具来玩。

爱心提示：玩具不见了，它消失了吗？我要去找吗？我还能找到它吗？通过引导孩子去寻找消失的物体，让孩子知道，看不到的东西依然存在，逐渐理解物体永恒性的道理。孩子能随声音和视觉往地面追视，去寻找失落的物体，这一切都是孩子认识这奇妙的世界的一次又一次地探索。爸爸妈妈要做的就是让孩子多看、多听和动手，架起认知的桥梁。

游戏中要注意的是，这个阶段孩子的视觉发育还不完善，能看清的距离很短，因此，球距得太远，他可能就不去寻找了，你可把球放近一些，让孩子找回来。游戏中爸爸或妈妈要多跟孩子说话，摸摸孩子的脸，孩子会配合听觉和视觉系统对外界作出反应。同时对孩子的任何举动爸爸或妈妈都要夸奖一下，或者亲亲他，以示鼓励。

5个月的潼潼已经能跟随滚动的球移动视线了，她还会伸手捡起球。

刷一刷

目的：给予合适的感觉刺激，预防感觉统合失调。

方法：准备一把软软的毛刷。让孩子躺在床上或者地板上，你可用毛刷一一地刷遍孩子的全身。最好先从人体不太敏感的部位开始刷起，等孩子适应后再刷比较敏感的部位。人体前面的部位总是比后面的部位敏感得多，背部总比腹部敏感得多。如手掌、脚掌部位比手背和脚背要敏感得多，所以你可先从孩子脚背、小腿和大腿的前面部位，手背、手臂的前面部位及背部刷起，以后再刷脚心、小腿和大腿的腹部、手心、手臂的后部、胸部、腹部；最后刷面部。你可先用力重一点，让刷子与皮肤接触多一点，以后用力轻一点，让毛刷轻轻接触孩子的皮肤；你也可以开始刷快一点，以后可以刷慢一点；你也可以按顺序一一刷遍孩子的全身；你也可交叉进行，用毛刷在孩子身上写字，画画；或者以上各种方法交替进行。不同的刷法对皮肤的刺激会不同，孩子的感觉也会不同。

你也可以一面刷一面告诉孩子所刷的部位，如“这是你的脚趾头、你的手指等”之类的话，引导孩子去认识身体的各个部位，同时去享受毛刷所到之处的不同感受。你还可以一边刷一边唱儿歌，和孩子在轻松愉快中度过这一美好时刻。

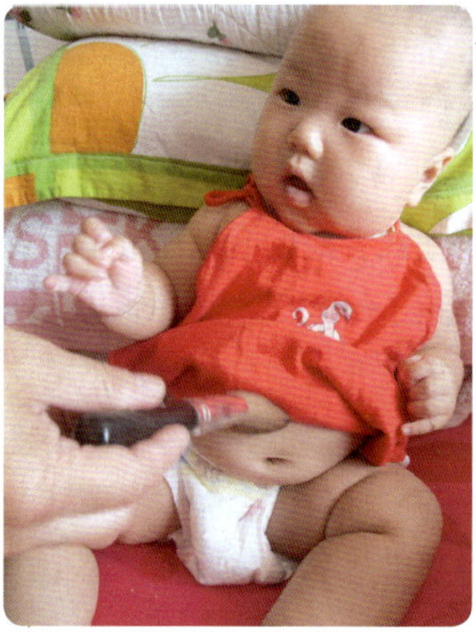

刷一刷的感觉很奇妙，潼潼正在体会这种感觉。

爱心提示：刷子刚刚接触孩子的皮肤时，孩子会很惊讶。这个时候 爸爸或妈妈要在孩子哭泣之前，给孩子一个大笑脸，告诉孩子这样很舒服，没有危险。然后等孩子表情柔和后，再用 刷子继续刷。孩子如果感到很舒服和开心，爸爸或妈妈可以继续轻刷孩子的脚心、脚背，继续向上刷，比如孩子的小脸颊、手指、手心、手背以及前胸、后背，可刷及向身体的各个部位。 关键点是要一边刷一边和孩子对话或者唱歌，让他感受欢快的氛围，真正互动起来。刷的时候不要太用力，以免伤害到孩子的皮肤。同时也要注意室温，不要让孩子着凉了。孩子脑部的发展在胎儿期就开始了，触觉是其最早发展的感觉器官。触摸按摩可以刺激神经末梢的感受器，引起神经冲动，经由脊髓传到脑部，让人产生松弛舒畅的感觉。所以通过触摸，不但可以刺激孩子的触觉器官，更能够调节孩子的情绪反应。

亲子问答

目的：引导孩子发音。

方法：四五个月的孩子已经会用眼睛朝着你看，会笑，有时小嘴还会动，发出“呀呀”的声音，表情愉快，好似与人交谈。这时爸爸妈妈不仅要跟孩子说话，还要不失时机地逗引孩子和你对话。也就是说爸爸妈妈不要只顾自己说个不停，也要给孩子说话的机会了。如早晨孩子刚好睡醒了，妈妈一边抱起孩子同时微笑地注视着孩子对他说：“起床了，起—床—了”，你可以嘴形夸张地、慢慢地、不停地重复这句话，直到孩子模仿你，发出来喃喃的声音回答你再说另一句。如洗脸时可以说“洗洗脸，洗—洗—脸”；“吃奶了、吃—奶—了”；“妈妈喜欢贝贝，妈—妈—喜—欢—贝—贝”等。

当孩子发出声音回答你的时候，

爸爸妈妈要尽量和孩子搭话，如孩子发出“哦哦”的声音，爸爸妈妈也可模仿孩子发出同样的声音，也可根据他的发音推测其意义，如你可以模仿说“哦哦”，再说：“你饿了吗？饿了，饿了。”教孩子将自己发出的声音同耳朵听到的声音联系起来。爸爸妈妈要不厌其烦地以孩子的语言回答他和他对答交流。

爱心提示：如果你希望孩子能早点学会说话，就要让孩子和你“对话”。出生后第1年是孩子学话的准备期。0～4个月孩子能反射性地发声了，到了4～8个月孩子开始咿呀学语阶段。这时孩子不仅喜欢听你说话，他也开始想说出与你一样的话了，他不再是被动地听你说话了。他会聚精会神地听着你说话，目光注视着你的脸，如果稍作停顿，孩子就会咿咿呀呀地“回答”你了。当孩子一个人待着时，还会反复做这种练习。当突然发现自己发出了和你同样的声音时，孩子就会异常快乐。因此，从现在开始增加和孩子的这种语言“交流”，并注意说话时要注视着孩子，要富有表情，更重要的是要有停顿。

你可以每天面对面地抱着他和他交谈，你也可仰卧在床上，膝关节弯曲，让他坐在你的肚子上，让他的头靠在你的大腿上和他交谈。要记得给孩子“答话”的时间和机会。如果你和他一问一答的。他会更加起劲地与你“交谈”。这种发音兴趣将逐渐发展为孩子学习语言的动力。

看！5个月纤纤与爸爸“聊”得多欢。

当然此时孩子说话，仅是无意识的，而且较容易忘记，耐心地去巩固孩子无意识说出的话也是很重要的，这是孩子学习说话的第一步。这样做不仅能促进孩子语言的发生发展，这种发音兴趣将逐渐发展为学习语言的能力。而且使孩子有安全感，并建立起最初的对周围人的信任感，对孩子的语言和情感发育都有好处。

叫名字

目的：让孩子对自己的名字有所反应。

方法：在日常生活中，如在孩子玩、吃奶、洗澡时都要叫孩子的名字，让孩子对自己的名字有反应，如听你叫他的名字能转头，寻找发声人。

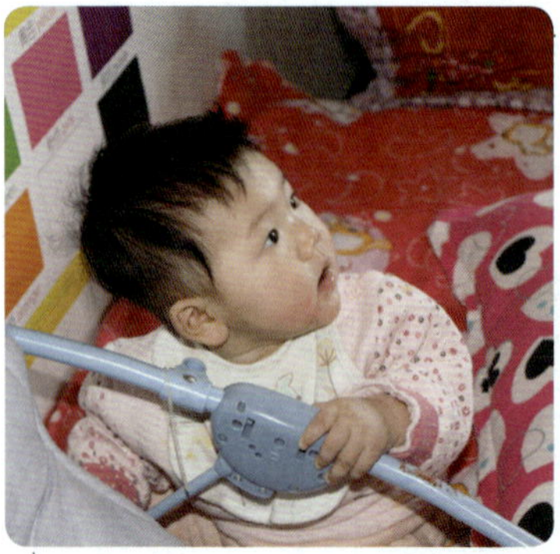
5个月的扣扣听见妈妈叫她，知道回头望妈妈了。

在有另外的孩子在场时，先叫别人的名字，看他听声是否转头。然后叫孩子的名字，如果转头观看，叫别人的名字没有转头观看的反应时就说明他已经能分清自己的名字了。

爸爸妈妈还可坐在不同方向，爸爸在孩子的一侧叫他的名字，吸引孩子转头观看。妈妈在另一侧叫孩子的名字，吸引孩子把头转过来。孩子能否分辨谁在叫他，如果他能分清，会向说话者方向看去。

如果孩子无上述反应要反复地训练，让孩子练习听见自己的名字会转头。

爱心提示：孩子一出生最好就用大名称呼孩子，同时大家最好都叫他一个名字。如果爸爸或妈妈一会儿叫他宝宝，一会儿叫他大名、英文名或是其他爱称，孩子就不知道爸爸妈妈到底在叫谁了。爸爸或妈妈常常同孩子谈话，全家都用同一名字称呼孩子，并经常训练孩子听名字转头。据观察发现，孩子最早满4个月（多数6个月，最迟7个月）听到叫自己的名字会注视，孩子最早满5个月（多数6个半月，最迟7个半月）听到叫自己的名字会转头寻找。这说明孩子能把声音与人和物体相联系是孩子智能发育的重要表现，孩子已能鉴别不同的声音，学习语言已经成为可能。

教认物品

目的：指认各种日常用品，发展认知能力和理解语言能力。

方法：先选择孩子经常接触的、会动、会发声、会发光的、颜色鲜艳的、孩子最感兴趣、最喜欢的物品和玩具教他指认。

灯是多数孩子先学会指认的第一个家庭用品，可先让孩子认灯。教孩子认灯时，可一边指着客厅的灯告诉孩子“灯、灯、灯”，再拿着孩子的手开一下开关，再关一下开关，使灯亮了又灭，同时告诉孩子说“灯亮了，灯熄了”。开始时孩子只会盯住妈妈的脸和嘴看，不去注意灯。经多次开关灯后，一闪一闪的灯光会引起孩子的注视，目光渐渐转移到灯上，同时又听到妈妈发出“灯”的声音，渐渐形成了条件反射。以后再听到妈妈说“灯”时，孩子眼睛看着灯，就找到了目标。晚上天黑了，房间里黑黑的，妈妈抱着孩子拿起孩子的手按灯的开关，对孩子说“灯亮了”，再开关几次，加深孩子的记忆和激发孩子学习的兴趣。

电视也是孩子较容易认识的，同样教孩子认电视机时就像教孩子认灯一样，可教孩子自已按遥控器，开关电视引起孩子去注意和找到电视，妈妈说“电视”时拿着孩子的手去触摸和指电视，以促进眼、手、脑的协调发展，加深印象和记忆。

门和窗户也是孩子比较容易认识的。通过门走到外面去玩耍，通过窗向外看可看到很多新奇的事，门和窗外的美好世界和事物，是孩子感兴趣的，让孩子注意到的事，从窗口往外看时可指着窗户说“窗”让他学认。当每次出入时都指着门告诉他“门”，并同时拿着孩子的手去开关门，以加深孩子的记忆。

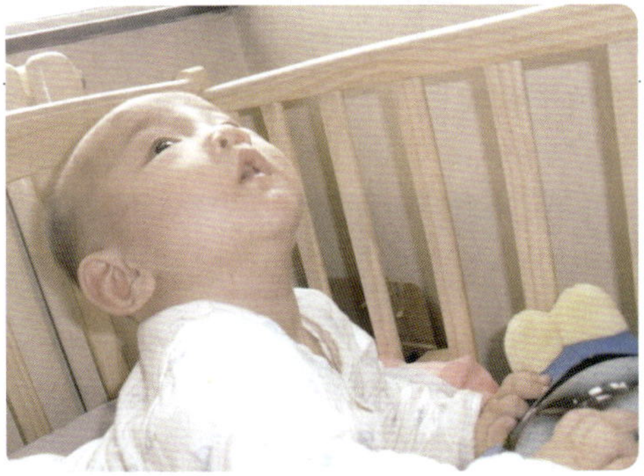

这个月可开始教孩子认他常见的物品。妈妈教明哲“认”灯，他正在抬头望灯。

以后还可让孩子逐渐认识家中的花、猫、狗、汽车等物。

爱心提示：也许有人会问，这么小的孩子能认物吗？有学习能力吗？大量的科学研究已经证明，孩子一出生就有了记忆力，记忆是学习的基础，因而说明孩子一出生就有学习能力了。但孩子的记忆特点又与成人不同。2岁前的孩子以无意识记忆为主，有意记忆刚刚萌芽。无意识记忆的特点表现为孩子在没有目的、要求和努力的情况下，自发地记住了一些和他关系非常密切的、他感兴趣的事物。容易记住他能看得到、听得到、摸得到的具体物品，如记住爸爸妈妈、球、娃娃，这就是所谓的形象记忆的表现。孩子的记忆带有明显的情感色彩，也称情绪记忆。亲切的面孔，以及色彩鲜艳、让孩子感到非常喜欢和快乐的事物，都容易被孩子记住，那些引起孩子害怕、委屈、痛苦等的事物，也容易被孩子记住，而对于平淡、枯燥的事物则往往不容易记住。孩子容易记住自己动作及动作产生的结果，也称为运动记忆，比如孩子无意推动不倒翁，发出响声，让他觉得很有趣，于是记住了这件有趣的事情，再看到不倒翁时他就会有意去推它。因此，在教孩子认识物体时一定要根据孩子的记忆特点进行，应该尽量选择形象、直观、具体、生动，能引发孩子兴趣、吸引孩子注意的对象先教孩子，同时要在孩子愉快时进行、让孩子动手去摸一摸、操作一下所认物品。另外孩子再认保持的时间极短，只能再认相隔几天的事物，所以要反复让孩子再认，这样孩子才能记忆。

从本月起，你可以每天选择一种东西让孩子学认，第2天同时复习前一天看过的物品再认其他物品。虽然此时孩子还不能说话，但孩子总是先学会听再学会说的，他学习语言的第一步就是理解语言。爸爸妈妈要经常地、不厌其烦地教孩子看家中常见的各种用品。开始只是让孩子认各种日常用品，还不需要让孩子自己指认你教他认过的物品，直到逐渐听熟这些物品发音，将这个音和这个物品联系起来，孩子才能够听到声音指相应的物品了。

看“文字图”

目的： 训练视力集中，发展形状知觉与注意力。

方法： 先选择孩子在日常生活中最先接触到、看到、听到人和物，如奶奶、妈妈、爸爸、电灯、球、门、窗、猫、狗、车、花及孩子的名字等字或词做成“文字图”给孩子看。“文字图”的制作是在每张A4纸上打印1个字或1个词组。“文字图”中的字要尽可能大。先选择其中7个字或词做成7张“文字图”。每1张“文字图”打印两份，1份贴在墙壁上，1张可拿在手上用。

当孩子情绪较好时，抱起孩子坐在胸前，面向前方。妈妈手拿着“文字图”，一动不动地放在孩子面前，距离孩子的眼睛15～20厘米，确保在孩子的注意范围内。在孩子注视到你手中的“文字图”后，你再指着上面的字，缓慢地、大声地、清楚地念出音来，引起孩子调整自己的视线，注意到“文字图”，这时你再指着“文字图”上的字念几声，让孩子注视“文字图”10秒钟或更长时间，再拿开“文字图”。第1天只让孩子看1张“文字图”。每天尽可能看4~5次或更多次，第2天再看另1张，1周看完7张；连续重复看这7张“文字图”3周，3周为1个周期。注意观察并记录孩子注视每一张“文字图”的时间，将孩子注视时间长的，也就是孩子偏好的“文字图”保留到下一个周期继续让孩子看，注视时间相对短的去掉，再补充一些新的“文字图”至7张，再继续下一个周期。你也可以抱着孩子去看墙上贴的“文字图”。

姥姥正在让5个月的潼潼看图片，她看得很认真。

爱心提示：也许有的爸爸妈妈会问，孩子这么小就让他识字吗？这么小的孩子能识字？这些都是你很担心和想了解的事。其实你不用担心，让孩子看“文字图”，这不是让孩子“识字”，这只是让孩子“看图”，就像在第1个月让孩子“看黑白图”的道理是一样的。只不过以前让孩子看的是黑白棋盘方格图、竖条纹图、斜条纹图、同心圆图等图片，而这个月改为了让孩子看黑白“文字图”而已。孩子第1个月看的图是由线条组成的黑白图，而“文字图”也是由横竖线条组成的黑白图。对汉字来说，在成人眼中它是字，在不知道字为何物的孩子眼中它只是一幅幅的图画。如果你觉得可以给孩子看黑白图的话，那你也不用担心让孩子看“文字图”了。研究发现，孩子一出生就喜欢看黑白图。孩子一出生就有认识汉字的能力。为什么呢？其原理并不是很清楚。但多数专家的看法是，汉字是象形文字，孩子可能像辨别和记住图形一样辨别和记住不同的汉字。因此，专家认为，早看“文字图”，不是孩子的负担，而是孩子的生理需要。让孩子看“文字图”，能够尽早地和有效地培养注意力、观察力及对图形的分辨力和敏感性，同时还能训练孩子的记忆力，开发孩子的智力。孩子一出生就对黑白颜色比较偏好，喜欢看黑白颜色的图画，利用孩子的这些特点，让孩子看“文字图”，把字当做图来认识，有什么不好呢？

那么选择哪些字给孩子看好呢？根据孩子的发育特点，孩子只能理解他看到、听到和能接触到人和物，孩子喜欢发光的、会动的、色彩鲜艳物品，你可先教孩子认识这些东西，同时也可把这些东西的名称制作成“文字图”作为首选给孩子“看”。那么选笔画多的还是选笔画少的好呢？在首选条件下孩子的偏好与笔画多少关系不大，如有的孩子比较偏好“国”字，而不是“一”字。也有研究认为，孩子更偏好笔画比较多的字。你也可以记一记你的孩子偏好看哪些“文字图”。

制造声音

目的：接触不同的声音，丰富听觉感受，了解动作和声音的关系。

方法：很多东西都发出声来，你要教孩子的是怎样让它们发出声音。

“提供敲打的物品”，如小鼓、旧锅、铁碗、金属的杯子、脸盆、暖气片、桌子、椅子等，教孩子拿一个小汤勺、小木棍去敲打它们发出声音。

你可以给孩子能摇响的玩具，如哗铃棒、拨浪鼓等，让孩子摇响。

你可以给孩子一些能捏响的玩具，教孩子自己捏响或用脚蹬响。

孩子对所有能发声的物品都很感兴趣，扣扣非常喜欢摇一摇就能发声的玩具。

拿着孩子的手，弹一下琴，让它发出声音。

拍拍身体的各个部位，让它发出声音。

弹一弹舌头，发出咔嗒声或咂舌音、咳嗽声。

拿一个哨子，吹给孩子听，试着让孩子也吹一吹。

爱心提示：孩子很喜欢弄出声响，他们不停地敲这里敲那里，听见它们发出声音时感觉很开心，爸爸妈妈要做好忍受刺耳的声音的准备。据观察，孩子最早满4个月（多数5个半月，最迟8个月）会对制造响声感兴趣，他会有意识敲打玩具或摇铃，使物体产生声音。开始能单手敲击，物体碰撞发出的声音会让孩子兴奋不已。他会去不停地这里敲一敲，那儿敲一敲，去探索动作与声音的关系。

爸爸妈妈要和孩子一起制造各种各样的声音，如让孩子敲敲打打，听到自己用力一击就能发出“砰”的一声，孩子会满意地感到自己动作的威力。把一些可发声的玩具摆在孩子床边，让孩子翻身、踢脚时不经意碰到玩具，就会产生不同声音，这一些不需特别操作技巧就能发出的不同声音，会带给孩子很多的快乐，让孩子享受一段热热闹闹的快乐时光，会丰富孩子的听觉感受。

需要注意的是，当游戏结束后一定要把孩子手中的木棍拿走收好，千万不能让孩子拿在手中玩耍，以免伤及孩子的眼睛等身体部位。

如果你的孩子太爱敲东西了，很难让你们忍受，你可想一些解决的办法，将那些发出刺耳声音的东西拿走。限制敲打的地点和时间，告诉孩子有人睡觉时不能敲，不能在餐馆或别人家敲东西。

情商培养

读懂面部表情

目的：识别面部情绪的表达模式，促进社交能力的发展。

方法：“看镜子做表情”。爸爸妈妈可以和孩子一起对着镜子做各种表情，一边做一边说出自己的表情。如告诉孩子："妈妈生气了"，做一个严肃的、生气的表情；"妈妈很开心"，做一个大笑的表情；还可以做出悲伤、惊奇、厌恶和恐惧的表情。

"看图认识面部表情"。在和孩子一起看图片、看书时要记得给孩子描述每个人物的情绪。你可指着图书中的人和动物告诉孩子说："看，他很高兴、很愉快"，或者说："他正在生气呢，很愤怒"，"他好伤心、难过、好悲伤"，"这件事让他很惊奇"，"他不喜欢它，他讨厌它"，"他很害怕了"等。

孩子不仅能用声音和表情表达自己的情绪，能从妈妈的声音中感受妈妈的情绪，现在孩子开始能从妈妈的面部表情感受到妈妈的情绪了。5个月的纤纤看见妈妈不高兴的表情，面部表情也很严肃，小嘴张口，好像目瞪口呆样。

"观察孩子对你的表情的反应"。当你有情绪变化时观察孩子会不会做出相应的情绪反应，有什么样的情绪反应；如当孩子做得不对时，你可表现出不高兴的神色、严肃的面孔，如皱起眉头和板起脸来制止他，当他做对某件事时，你可以以微笑的、赞许的表情加以表扬、肯定他，再看看孩子的反应。

爱心提示：爸爸妈妈不要以为孩子什么都不懂，整天只知道吃了睡、睡了吃，吃了玩，一项最新研究发现，4个月大的孩子就能识别人们的面部表情，孩子在会说话前就已经懂得他人身体语言所发出的交际信号。孩子不仅能从爸爸妈妈的声音中辨别爸爸妈妈的情绪，也会从爸爸妈妈的面部表情中来辨别爸爸妈妈的情绪。到6个月时孩子已经是分辨面部表情和语气的行家了。

情绪感知是与孩子交流和沟通的基础和桥梁，也是社会交际能力的基础，对今后孩子社交能力的发展也起着非常关键的作用。爸爸妈妈读懂孩子的面部表情和让孩子读懂自己的面部表情，爸爸妈妈感知孩子的情绪变化和让孩子感知自己的情绪变化，理解孩子的需求和表达自己对孩子的要求，能更好地与孩子进行交流。同时爸爸妈妈要在日常生活中注意控制和调节自己的情绪变化，尽量减少消极的情绪表现，不要有过多愤怒、悲伤、厌恶和恐惧的情绪，因为你的情绪会影响到孩子的情绪，同时表情是可以被模仿的，在消极情绪笼罩下生长的孩子，以后消极的情绪表现也会多，这对孩子的心理发展、个性培养是不利的。

面部表情是我们心灵的荧光屏，它常能准确地表达此时此刻的我们的情绪情感。有时我们只需凭借眉毛的一次上挑、轻轻地抿一下嘴或者眼睑的一次移动，就完全反映出了我们的情绪。让孩子学习用眼睛追逐镜子里的影像，让孩子尽快认识自我以及各种有特征的器官，让孩子逐渐了解自己的各种情绪的表情，认识自我，可促进孩子的自我意识发展。

有观察发现，孩子最早5个半月（多数6个半月，最迟7个半月）会用手推开、皱眉表示不喜欢，伸手点头表示喜欢好吃。孩子最早5个半月（多数7个月，最迟8个月）懂得大人脸上的表情，看爸爸妈妈高兴时会惊愕和兴奋，生气时会害怕等。

赞美孩子

目的：培养自信，学会赞美，促进社会性发展。

方法：爸爸妈妈的评价对孩子产生自信心理至关重要。爸爸妈妈对孩子信任、尊重、承认，经常对他说“你真棒”，孩子就会看到自己的长处，会认为自己真的很棒。可以强化孩子获得成功的情绪体验，满足其成就欲，并能使孩子自我感觉良好，激发他继续尝试的兴趣和探索的热情。努力维持这种赞美或希望再度获此“殊荣”。也可以增强孩子对父母的信任感。反之，经常受到爸爸妈妈的否定、怀疑，经常听到“你真笨、你不行、你不会”的评价，孩子也会否定自己，对自己的能力产生怀疑，从而产生自卑感，经常奚落或责备孩子的父母很难赢得孩子的信任。父母对孩子的言行作出正确的评价，并经常予以赞美，家庭里会产生一种和谐温馨的气氛，有助于父母与孩子之间建立积极的关系，使彼此之间更接近，并产生信任感。孩子也会有更多的正面的积极的情绪和情感。因此，对孩子的一点点进步，爸爸妈妈都不要忘记称赞他。虽然孩子此时还听不懂你的话，但你赞美的目光他能感知得到，这对孩子建立自信心就起了重要的作用。

为了使赞美更有效，爸爸妈妈需要注意一些赞美的策略，一是要及时赞美，当孩子有了一点进步你就要赞美他；二是要赞美孩子的行为和成就，换句话说，就是具体告诉孩子他什么事情做得好，让爸爸妈妈很高兴，在这件事上表现太出色，而不是虚泛地赞美孩子漂亮、听话和聪明。

爱心提示：人类行为学家约翰·杜威曾说：“人类本质里最深远的驱策力就是希望具有重要性，希望被赞美。”每个人都希望被赞美，孩子更是如此，这是源自于渴望被尊重、被认可的精神需求。一旦这种精神需求被满足，人就会充满自信和动力。事实上很多家长都知道赞美孩子的重要性，但有的家长担心赞扬太多会让孩子骄傲，给宠坏了；

而更多的家长认为一点小事不值得赞美，还认为这是孩子应该做的，有什么好赞美，这样导致爸爸妈妈非常怜惜自己的赞美之词。实际上赞美孩子的优点和长处，并不影响我们改变孩子的不足或纠正孩子缺点；爸爸妈妈要注意，多为孩子的一点点进步而高兴和骄傲，不为孩子的短处而遗憾，更不要时常指责孩子，要以正面鼓励为主，要善于发现孩子身上的闪光点。这样孩子才能成为一个有自信的人，才会懂得去欣赏他人、赞美他人。赞美人的语言有很多，在本书第20个月有介绍，爸爸妈妈可以现在看一看，从现在开始可学习和运用这些赞美语言，你还可教孩子学习如何赞美他人。到孩子会说话时就已经学会如何赞美他人了。

每个人都希望被赞美，你认为你的孩子是最棒的，他才会成为最棒的。看！5个月的纤纤在得到爸爸的赞扬时自信的表情多酷。

找朋友

目的：发展与人交往的能力。

多给孩子创造与同龄小朋友接触的机会。看两个小朋友又见面了，先来了个“触鼻礼”。

方法：如果你的孩子通过上个月“对陌生人笑一笑”的游戏训练，仍然不愿意接近别人，不太与外人交往，此时你要每天抱孩子在街心公园去看小朋友玩耍，看小朋友学走步、玩滑梯等。先让他在远处观看一会儿，再渐渐走近别的孩子，让孩子与其他孩子接触。如果孩子在笑，表示他喜欢同小朋友接近，让他同小朋友“握握手”。如孩子在接近别的孩子时扑到爸爸妈妈的怀中，表示他害怕，不要勉强，可先让他在旁边看，直到出现笑容时再让他与别人亲近。同时爸爸妈妈在一旁鼓励他，并主动与场上的小朋友打招呼，让孩子学习和模仿，这样孩子会很快克服陌生感，产生主动与人交往的愿望，学会主动与人交往的技能。

爱心提示：随着孩子年龄增长，孩子交流表达的能力也在发展，与人交往的能力会不断增长。这个时候（最早4个月，多数5个月，最迟7个月）的孩子已经能区分熟人与陌生人，并喜欢与“熟人”交流，对熟人亲热，躲避陌生人，当听到陌生的声音，孩子可能会迟疑甚至被吓哭。因此，爸爸妈妈要经常抱孩子到户外散步，跟邻居打招呼时，让孩子也和他们交流，在孩子怕生之前，多与人见面，多对人笑，才能减少孩子怕生的程度，培养孩子尽早拥有融入社会的能力。

和看护人建立良好的关系

目的：学习与陌生人交往，培养社会交往能力。

方法：多数爸爸妈妈都愿意自己带孩子，然而，妈妈在休完产假后都要工作，这就需要请爷爷奶奶或保姆等其他人来担任看护孩子的工作。而此时，孩子正处于“认生”及对妈妈依恋的年龄阶段，如何淡化孩子对妈妈的依恋，减轻孩子对陌生人的焦虑感，尽快地接纳新的看护人，爸爸妈妈可采用以下方法。

给孩子一段适应的时间。最好在妈妈产假结束前1个月内请好新的看护人，和妈妈一起照顾孩子，这样可以使孩子和看护人和其他家人有一段相互熟悉和适应的时间。避免突然交接时，孩子对看护人有陌生感。

遵循以往的照料做法。向看护人介绍孩子的生活习惯、你照料孩子的方法、作息时间及孩子的性格特征等，尽可能按妈妈原来的方法照顾孩子，这样孩子可比较容易接纳看护人。

尽快获得孩子的好感。把令孩子高兴的事情交给看护人来做，把能获得孩子好感的机会留给看护人。如让看护人给孩子讲故事、念儿歌，由看护人带孩子去户外玩耍，等等，以此增加孩子对看护人的依恋。

慢慢地离开孩子的视线。开始妈妈可与看护人或其他家人和孩子一起玩耍，当孩子高兴时，妈妈可慢慢地离开一会儿，第一次离开最好在孩子的视线内，如果孩子不哭闹，再走开远点，直到远离孩子的视线。开始离开的时间可短一点，以后逐渐增长。这样来减少孩子对妈妈的依恋。

让孩子与看护人独处。当孩子与看护人已较熟悉后，可逐渐增加看护人照顾孩子的内容及时间，进一步增强孩子与看护人的亲近感。

让孩子有一个和新的看护人熟悉的时间，建立起亲密的关系。看，颐颐在和奶奶相处5天后，开始接纳奶奶了。

爱心提示：孩子一出生就在妈妈的照顾下长大，已习惯了妈妈的爱抚和照料。把孩子交给别人照顾是生活中的一个大的变化。特别是此时孩子正处于认生时期，一旦换人照料，孩子将会很不适应，有的孩子会大哭大闹，有的不吃不玩，有的烦躁不安，失去了往日的活泼，影响了孩子正常生活，这让许多妈妈为此忧虑。怎样帮助孩子较快地习惯新看护人的照顾呢？首先要培养孩子与看护人的感情，接纳、喜欢、依恋看护人的情感是孩子适应新看护人照顾的心理基础，因此，一定要给孩子一段时间，先让孩子与看护人建立良好的关系，当陌生人到来时，应让孩子逐渐和陌生人接近，慢慢地接纳陌生人，这也会让你自己更加放心，也让孩子更有安全感。千万不要把孩子一下就丢给一个陌生人，否则会给孩子造成我们无法预知和不可估量的伤害。同时在这段时间里你也可以对孩子新的看护人有一个基本的了解，看她是否适合你的孩子。如果孩子与看护人接触总是不安、啼哭，而且多日不见改善，这些信息传达了孩子不喜欢她，或许你要考虑换一个看护人了。也许这说不出什么理由，但孩子的感觉比较重要。

自己拿饼干吃

目的：锻炼孩子手、眼协调能力；促进辅食添加。

方法：准备一些棒状饼干、烤脆的馒头条或面包条。让孩子坐在椅子里，前面放几块饼干，让孩子自己伸手去抓，如果孩子还不能抓住物体，当着孩子的面，妈妈自己先拿一根，用嘴咬去一点儿，有滋有味地慢慢嚼着。然后递给孩子一根，让孩子拿稳，告诉他“可以吃”，让孩子自己把饼干送入口中。让他学习自己啃咬，孩子就会模仿妈妈的样子，拿着饼干吃起来。

妈妈从这个月开始训练扣扣自己拿东西吃，5个月的扣扣拿着面包吃得真美味。

爱心提示：在孩子5个月时一定要给孩子一些固体食物如饼干、面包片等让孩子吃，既可以让孩子磨牙，还能锻炼牙龈，增强咀嚼能力，学习吞咽，还可以练习自己抓握物体的能力，手口协同能力。有些孩子手口协同能力不足，手拿不稳勺，吃不了几口就掉下，最差的是喂到嘴里后吐出。还有观察发现，练习过咀嚼的孩子将来发音清晰，舌头转动灵活。同时在这时期不接触固体食物，孩子以后也可能会拒绝吃固体食物，这就会影响以后的辅食添加，孩子不愿吃奶以外的其他食物，米饭、肉、鱼、蔬菜等添加起来很困难，这样就会影响消化系统的发育，影响营养的供给和吸收，孩子生长发育就会受到影响。

有观察发现，孩子最早满6个月（多数6个半月，最迟7个月）能自己拿饼干吃，而且会咀嚼了。孩子最早7个半月（多数9个月，最迟10个月）不仅能自己拿饼干吃，而且饼干掉下后能自己捡起来。

尝一尝美味的食物

目的：发展味觉能力，防止以后偏食挑食。

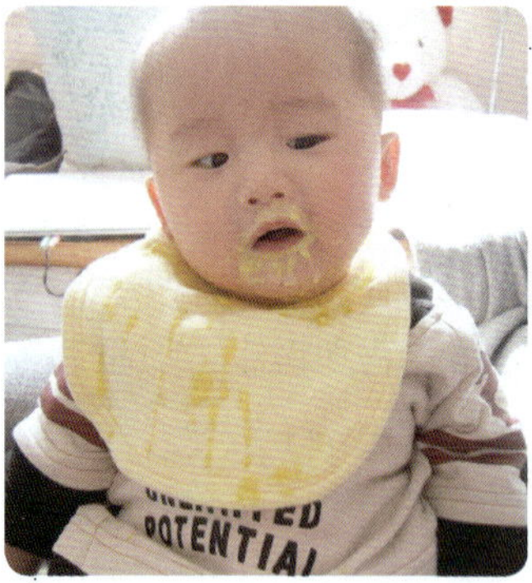

鸡蛋羹很美味，4个半月的明哲吃得满嘴都是，有点脏、有点乱，但也不要紧哦。

方法：孩子5个月时已能增加多种辅食了，当家人吃饭时让孩子坐在椅子里，把他的饭放在桌子上，先让他自己用手抓着吃，以后再用勺喂他。孩子的辅食口味也要多样化，酸、甜、苦、咸味都可让孩子尝试一下。也可用小勺子盛一点大人餐桌上的菜汁、水果汁等各种食物汁，让孩子尝一尝。孩子喜欢吃有味道的食物，会伸手抢勺子。酸甜菜汁是孩子最喜欢的。如果吃苦瓜也不妨让孩子尝尝，尝到苦味他会躲开，闭紧嘴唇表示不爱吃。

爱心提示：孩子增加辅食品种要多样化，成人能吃的食物孩子都能吃，只是需要切得更碎一些，炖得稍微烂一点就可以；还要把骨头和刺去干净；不要给孩子吃辛辣等刺激性强的食物，以免对胃产生刺激，导致急性胃肠炎，而引起腹疼及腹泻；也不要让孩子吃太咸的味道，因为4个月时肾脏还不可能将过多的盐排出体外，盐存留过量会使孩子皮下积存水分而导致水肿。

第5个月发育评价

动作

★俯卧抬头能用双手支撑身体
★能从仰卧翻成侧卧
★在仰卧时，用玩具逗引他，会努力抬头和抬臂想自己坐起
★会用一只手或双手拾起一个玩具

智商

★会注意小糖丸等小物体
★会用目光寻找掉在地下的玩具
★会发出“打、拿、爸、妈”等3～4个长的单辅音
★不同情绪状况下会发出不同的声音

情商

★见生人有退缩、哭泣等躲避反应
★喜欢爸爸妈妈和他逗乐
★喜欢照镜子，会用手靠近和触摸镜子中的自己
★能自己双手扶住奶瓶喝奶

第 6 个月

（151～180天）全面发展方案

第6个月（151～180天）发展方案

动作发展

自己坐起来

目的：锻炼孩子腰背部肌肉力量和平衡能力，为孩子独坐做准备。

方法：让孩子仰俯在床上或地板上，用玩具逗引孩子，让孩子自己起身伸手来抓玩具，此时有的孩子可能会趁机坐起。如果孩子还不能坐起，爸爸或妈妈可以先让孩子拉着你的手，或用手扶一扶孩子的背部，协助孩子坐起。

也可教孩子扶着床边、床的栏杆牵拉自己坐起。

扣扣5个月12天，只要妈妈轻轻拉她一下，就能坐起来了。

爱心提示：孩子最早满5个月（多数6个半月，最迟9个月）就能稳定地独坐了，可以坐着玩玩具，转身或东看西望，转来转去活动时也不会侧倒。坐着所看到的世界是如此的美好和快乐，对孩子太有乐趣和诱惑了，躺着已经无法满足有过坐的经历的孩子了，此时孩子会自己想尽办法让自己坐起来。此时爸爸妈妈需要做的是鼓励他，用玩具逗引他就可，多数孩子需借助你的力量，牵着他的手坐起来了。当他坐好后，你可以让他独立坐着玩耍一小段时间，不需要任何依靠。孩子还会利用床边或床栏的支撑拉自己坐起。据观察，孩子最早满6个月（多数8个半月，最迟12个月）能利用床边的扶栏、扶着沙发、扶着椅子牵拉着自己坐起。

扶站玩耍

目的：锻炼腿部的力量，为以后独自站立、行走打下基础。

方法：爸爸或妈妈可先扶着孩子腋下让他练习站立，以后再扶着孩子腋下让孩子站着玩一会儿玩具。

还可抱起孩子坐在桌子前面，在桌子上放一些孩子喜欢的玩具，让孩子站在爸爸或妈妈的腿上玩耍。

可将一些玩具放在沙发、小床或小桌子上让孩子站着、身体和双手靠着家具玩玩具。

可从不同方向给孩子玩具，让孩子站着前后、左右转身，或背靠物体站着，双手离开扶着的家具，接住玩具玩耍。

爱心提示：爸爸或妈妈是孩子最

好的“拐棍”。当孩子扶站玩耍时一定要站在孩子旁边，保护他，不让他摔倒。可用玩具或小食品吸引他的注意力，延长孩子站立时间。但有的孩子还不愿意学站，不要强迫他，每个孩子发展的速度是不一样的，每个孩子都有自己的特点，所以爸爸妈妈要耐心等待孩子自己的愿望出现时再给予练习，孩子有需求的时候才是孩子发展的适宜时机。据观察孩子最早7个月（多数8个月，最迟9个月）能靠着物体或双手扶栏站一会儿。

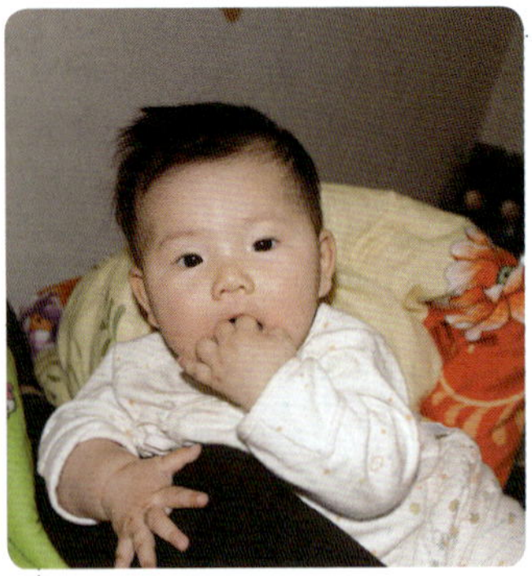

妈妈经常扶着扣扣站一站，跳一跳，5个月3天的扣扣能扶物站一会儿了。

转磨磨

目的： 锻炼颈、腰、腹和手臂的力量，训练视觉与动作的协调能力，发展平衡能力。

方法： 俯卧转磨磨。让孩子俯卧在床上或地板上，用玩具如哗铃棒或孩子喜欢的小狗、小猫玩具，在孩子的头上方逗引孩子，让孩子挺胸、抬头，然后转动玩具，此时孩子会以腹部为支撑，四肢腾空，手想抓玩具，脚也着急地摇动，身体随玩具转动而转圈打磨磨。

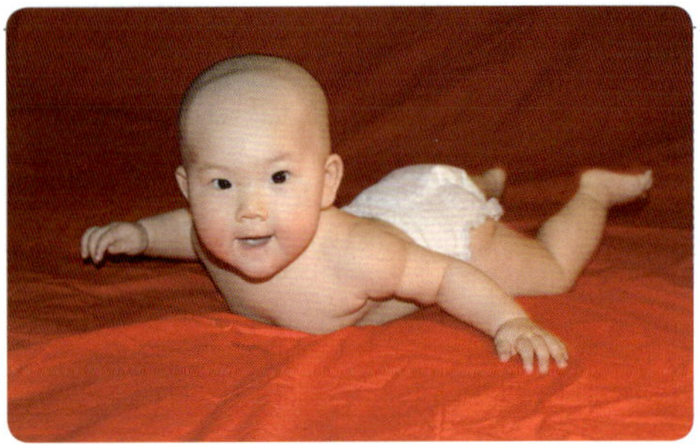

爸爸总是逗扣扣抓空中的玩具，6个月27天她转磨磨的技艺很高超，她会跟着爸爸的玩具旋转。

仰卧转磨磨。让孩子仰卧在床上或地板上，如上用玩具逗引孩子以背部为支点转磨磨。

孩子以肚子或背部为支点，四肢腾空在床上打转的样子，真是可爱极了。妈妈爸爸会高兴地笑，孩子也会被妈妈爸爸的喜悦所感染，也会很高兴。

爱心提示： 将转磨磨与爬行训练结合在一起，激发孩子练习爬行的兴趣。让孩子早日能随意满地爬行。从孩子的心理发展来说，爬行对孩子的运动知觉、深度知觉、方位知觉的形成都有积极作用。尤其重要的是，爬行是孩子向世界更主动的探索。可让孩子克服“距离”的障碍，兴致勃勃地去接近他感兴趣的人和事物，活动范围随着扩大，为孩子扩大和深化对周围世界的认识及开发智力创造了条件。

需要注意的是，如果妈妈爸爸总让孩子够不到他想要的玩具，孩子就会失去兴趣，还会因为受挫而哭，他就会对这种游戏失去兴趣。所以，在孩子转磨磨到一定时间时，妈妈爸爸要把握时机，适当的时候让他抓握住他喜欢的玩具。

空中飞

目的：锻炼腹肌和头部、颈部肌肉、平衡能力及胆量。

方法：爸爸或妈妈仰卧在床上或地毯上。双手抓住孩子的肩部，双腿屈曲并拢，让孩子俯卧在你的双腿之上。你再前后、上下、左右活动下肢，让孩子前后、左右运动。一边运动一边说《小鸟飞》的歌谣。

小宝宝、像小鸟、空中飞，不怕高。

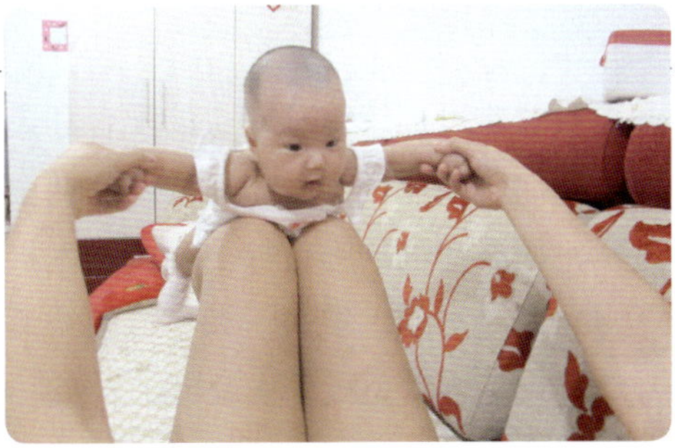

潼潼和妈妈正在做空中飞的游戏，这个好玩的游戏对平衡能力的发展很有好处。

爱心提示：游戏过程中注意托住孩子的重心，双手抓住孩子的肩部，以确保孩子的安全。孩子被托举在空中会非常高兴，但也有的孩子胆子比较小，如果孩子表现出害怕或不愿游戏，要即时终止游戏。空中飞游戏，可以进一步锻炼孩子的头颈部肌肉力量和平衡能力。

我是不倒翁

目的：发展平衡能力。

方法：在室内地毯或是室外松软的草坪上，爸爸或妈妈仰面躺下，双腿弯曲，膝盖抬起并拢。让孩子面朝着你，坐在你的小腹上，背部向后靠在你的大腿上，用你的双手扶稳孩子。然后双腿有节奏地前后、左右摆动，让孩子随着你的腿的运动摆动。一边运动一边念儿歌《不倒翁》：

不倒翁，眯眯笑，摇来摇去，大声叫。

不倒翁，真是乖，推你倒下，你又站起来。

在念到最后一个字时可将动作有个停顿。让孩子感到一个较强烈的节奏，制造一点小惊奇。

爱心提示：这是一个亲密的、快乐的亲子游戏。没有什么训练目的，只是和孩子享受快乐的时光。而且爸爸和妈妈在此运动中也能得到很好的锻炼。游戏中可以唱儿歌，也可与孩子对话，也可以唱节奏性较强的歌曲。只要爸爸妈妈和孩子都高兴就可以了。

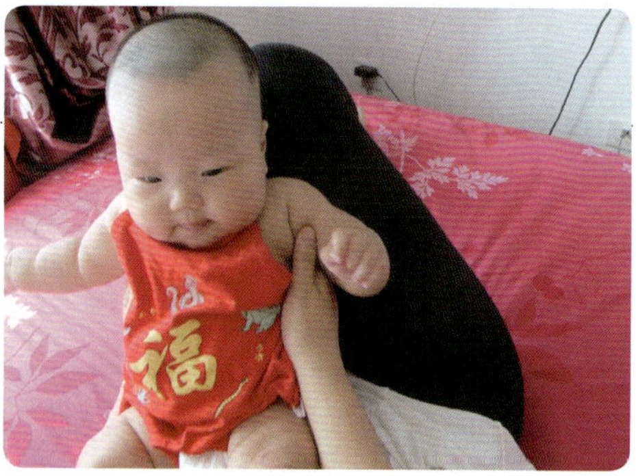

姥姥正在和潼潼做不倒翁游戏，她很喜欢前后摇摆的感觉。

对对碰

目的：锻炼手的抓握、运动和眼—手协调能力。

方法：准备两块方形的积木或两把勺子。爸爸或妈妈先一手拿一块积木或一把勺子，互相碰击对敲，让它们发出声音，让孩子模仿你这样做。如果孩子不模仿，也可以扶着孩子的两只手，让他手中的积木或勺子相碰发现声音。开始时，孩子常常会打不准，不过很快他就能做得很好了，能两手各握物体互相敲响了。而且每次物体碰到一起发出声音会让孩子很高兴。

你也可以和孩子每人一手拿一个玩具，如一个手握一个哗铃棒，相互碰撞发生声音。

爱心提示：把自己的两只手放到一起是一件让孩子很开心的事。你会发现，在过去的几个月中孩子总是在凝视自己的双手，他不停地看看左手，再看看右手，不经意中两只手还会碰在一起，这时就练习对敲积木、勺子和拍手做好准备了。据观察，孩子最早满6个月（多数8个半月，最迟1周岁）能将两块积木或两把勺子在中线相碰，如果孩子在8个半月还做不到，一定要引起注意，加强训练，当孩子1周岁时还不能做到，同时在没有爸爸妈妈的帮助下不能拍手，提示孩子有神经系统功能损伤，一定尽早到小儿神经内科去就诊。

妈妈早就在训练扣扣用双手抓玩具了，今天扣扣6个月8天，无意中能将两个玩具在胸前相碰了。

对对碰可训练孩子双手的配合和灵活性。你可以让孩子手中抓的任何两个物品，如能摇响的哗铃棒、筷子、木棍等物品练习对敲，但筷子和木棍游戏后要及时收走，以免孩子伤及自己。

抠小粒

目的：训练手指的动作能力。

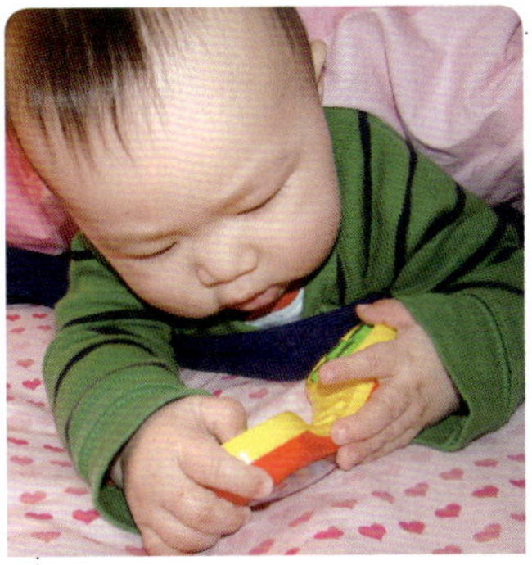

教孩子用手指去抠洞中的小物品，发展手指的灵活性。6个月的纤纤正在用手抠洞洞。

方法：找一个包装用的泡沫板，用瓶盖往下按，在上面打出5个洞，取一些花生米、葡萄干、小糖丸、小面包、黄豆等小物品放在桌子上，先教孩子用拇指和食指把花生米等一粒一粒捡起放进洞里，再教给孩子将食指伸入小洞中将小花生米抠出。

如果孩子不会，爸爸或妈妈先自己把小物品一粒一粒捡起放入洞中，再把手指伸进小洞，让孩子清楚地看到手伸进每一个小洞和将小粒抠出来的动作。再让孩子伸出食指插进小洞中。

最好让孩子用每个手指都能去抠一抠小粒。

爱心提示：抠洞洞会锻炼孩子的手指分开活动的能力和孩子手部的小肌肉，当孩子的小手在洞中碰到不同的东西，又会产生不同的触觉。你可抓住孩子的其他手指，让拇指、食指、中指、无名指和小指一一插进小洞中，这让每个手指都能得到锻炼。据观察，孩子最早满6个月（多数8个半月，最迟13个月）能将手指插入小洞中；孩子最早8个月后（多数9个月，最迟10个月）能用食指插入小洞中并能钩出洞中的小东西。需注意：爸爸妈妈要在一旁观察，看着孩子游戏，不要让孩子把小豆吞食。你也可以利用喝过的矿泉水瓶、废旧的小药瓶，洗净后，将几个用透明胶绑在一起用于插洞洞练习用。注意不要让孩子用手去插电插座的洞洞。

扔东西

目的：练习孩子抓握、放松物体的能力，锻炼孩子手指的灵活性；在扔东西的过程中，感知到事物的属性，发展自我意识。

方法：给孩子准备一些不怕摔的、带响的玩具，如小积木、小塑料块，乒乓球、小铃铛等，让孩子往地下扔，也可以往床上扔。妈妈先示范给他看，然后让孩子学着扔东西。孩子扔完东西后，再教孩子一个个把玩具捡起，放进玩具箱里。

让孩子扔玩具进筐中。妈妈先示范给他看，妈妈先拿一个玩具丢进筐中，让孩子模仿将玩具扔进筐中。如果玩具扔到了筐外，抱着孩子去让他自己捡起，再扔进筐中。

当孩子扔东西时爸爸或妈妈用手或用一个大筐接住，再将此物品扔给孩子，孩子立刻意识到这是一种可以两个人玩的游戏，他扔物的兴致会更高。

爱心提示：据观察，孩子最早满6个月（多数9个半月，最迟12个月）能接过玩具扔掉。这一时期的孩子，非常喜欢扔东西，抓什么扔什么。当他把玩具扔到地上，听到发出“啪”的声音时，他会非常开心，甚至会咯咯地笑个不停。有些妈妈对此非常生气，认为他淘气，毁坏东西。其实，这是孩子生长发育过程中常见的行为，这并非孩子捣乱，多数孩子11个月前还不会故意扔玩具让人替他捡呢。当孩子把玩具扔到地上时，听到发出的声音，觉得非常奇怪，于是一遍又一遍地扔，想弄清其中奥秘。他逐渐会明白，这是他手的动作产生的效果，他会感到自己的力量，他会被自己所掌握的这种新技巧深深吸引，他会不停地、重复地玩下去，以达到熟练的水平。

6个月的纤纤已经会扔玩具了，听到玩具落地时发出的声音他非常兴奋。

扔东西和抓握练习一样可发展孩子的精细动作能力。你可以和孩子玩扔东西的游戏，但对孩子扔东西的行为要加以规范，以免养成随手扔东西的坏习惯。

告诉孩子哪些是可以扔的。如球、积木等结实、经得起摔的可以扔；哪些是不可以扔的，如食物和餐具不能扔，如果孩子扔了不能扔的东西，你要态度坚决、大声和清楚地说：“不行！”同时把不能扔的物品尽量转移到孩子不能拿到的安全之处。

告诉孩子扔在何处。如准备一个很浅的、比较大的筐，只能让孩子扔进筐中。

孩子扔完东西后，再教孩子一个个把玩具捡起，放进筐中或玩具箱里。让孩子学会玩具自己收捡。也就是说不要把孩子扔掉的玩具马上捡起来交给孩子，而是要让孩子自己捡回放入筐中。最好是把它作为一种好的生活习惯来培养。

需要注意的是，对扔东西的孩子不要大喊大叫地训斥，这样得不到好的效果。扔东西和抓东西一样是孩子的一种技能训练和探索行为，同样要得到发展，爸爸妈妈唯一可做的就是规范行为，不要养成乱扔东西的不良行为习惯。

拍打气球

目的：提高孩子的眼—手协调能力。

随时让孩子拍一拍球，让孩子领悟自己的动作与物体运动的联系。

方法：把气球挂在门框上。抱着孩子扶着孩子的小手去拍打，以后让孩子自己伸手拍打；也可以妈妈抱着孩子，让孩子把球打过去，爸爸把球打过来，一家三口一起玩，孩子一定会非常高兴。

挂在门框上的气球也可根据孩子的兴趣换成其他的物品，如一个绒布小狗、小猫或娃娃。

爱心提示：此时孩子总是试图去抓取手臂能及的范围内的东西。伸手抓物这一动作对孩子来说是非常重要的。孩子已经开始学习把手当抓取物品的工具，已经表现出人的智慧，这也是人与其他动物的本质区别。多让孩子动手，这是促进孩子智力发展的最基本的做法。

拔河比赛

目的：锻炼手的抓紧握能力和平衡感。

方法：准备长围巾一条。你和孩子面对面坐好，让孩子双手拉住围巾的一头，你双手抓住另一头。你先拉紧围巾，让孩子感受到围巾拉动的力量，你再有意识地将围巾往后拉，让孩子感受到你拉着他往前运动的力量，他也会用力拉，你此时放一放，让孩子的身体随围巾往后运动，当孩子向后运动到一定距离时，你再往前拉，让孩子再随围巾往前运动。这样一拉一放，让孩子的身体前后运动。你可以一边拉一边叫“前、后、前、后”，也可唱《拉大锯》。你要赞扬孩子是大力士，逗孩子开心。

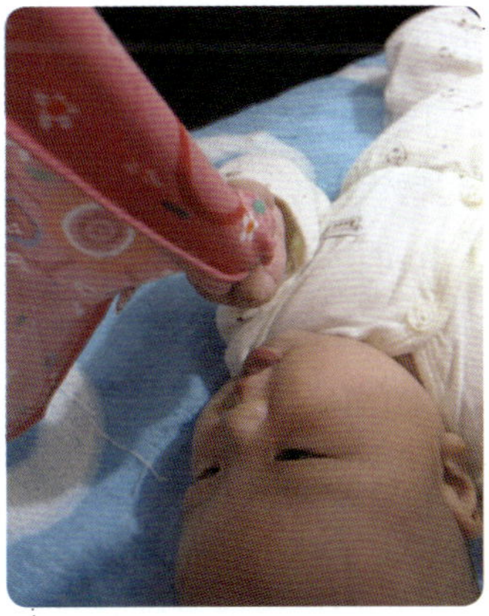

潼潼正在和姥姥做「拔河游戏」，看她多用劲地抓住手绢。

如果孩子抓不住围巾，可由一位家长坐在孩子后面拿着孩子的手协助孩子拉住围巾，装着很用力的模样，前后运动，同时推动孩子和你一起同时运动。

爱心提示：此年龄的孩子总是喜欢把物件抓着不放，那你就给他玩拔河运动吧。在拔河过程中，让孩子学习握紧和拉动围巾，让手的抓握能力和手臂的拉力得到锻炼，同时感受身体前倾后仰运动的快乐，体验平衡感，了解前后方位的概念。

左利手、右利手

目的：训练孩子左右手的抓握动作。

方法：抱孩子坐在桌前，将一块积木放在桌子上，爸爸或妈妈拿起积木敲打桌面引起孩子注意后，再把积木放在桌面上孩子容易抓到之处，让孩子自己伸手来抓积木，再玩耍。

给孩子积木时观察孩子是先伸左手还是先伸右手，如果孩子总是先伸左手，或伸左手的次数多于右手，经常用左手玩玩具，你可以有意训练孩子多用右手。如把玩具放在孩子的右边，让孩子去抓，如果孩子不用右手抓，可把玩具从左手移开，再放于孩子右手中，并一边对孩子说："用右手。"直到孩子用右手抓住玩具；也可以有意抓住孩子的左手，拿孩子的右手去够物品；相反也是一样，让喜欢用右手的孩子多用左手，尽量让孩子左右手使用的频率均衡。

爱心提示：孩子手的动作受着大脑的支配，人的大脑由左右两半球组成，两半球的支配作用又有不同分工。大脑的左半球为语言、逻辑思维的神经中枢，控制人的右侧肢体活动。大脑的右半球为感觉、形象思维中枢，控制人的左侧肢体活动。

习惯用右手称为右利手，习惯用左手称为左利手。有调查表明，中国人右利手占91.5%，混合利手为8.3%，左利手仅为0.2%。利手的形成与先天遗传因素有关，但也与后天环境、社会、文化和用手习惯有关，是多种因素相互作用的结果。人一般习惯用右手操作，但也有孩子用左手活动，并逐渐成为习惯，这是先天发育或后天练习的结果。在这个年龄孩子用单手抓取物品多于同时用两手抓取物品，而且还没有形成左利或右利手倾向。据观察，7个月以前的孩子没有利手的习惯，1岁以内婴儿用左、右手抓物的概率各占一半。随着年龄的增长，右手率也逐渐增长，2～3岁的孩子近80%为右利手。

让孩子左手、右手同时都得到锻炼，促进左、右大脑功能发展。

爸爸妈妈如果发现自己的孩子使用左手，没有必要强行去纠正，因为习惯用左手并不影响婴儿的智力。世界上许多著名人物也有使用左手的习惯。理想的状态是发展婴儿左右双手的活动。受遗传和环境因素的影响，如果爸爸妈妈是左利手，孩子有可能也是左利手，这时可多进行右手的抓握和活动训练。如果爸爸妈妈是右利手，可多进行左手的抓握和活动训练，从而促进大脑两半球的充分发展，让孩子左右手一样灵活。

但如果孩子是高危儿，如早产儿、难产儿或出生时有缺氧等情况，且总是用一只手做动作，要考虑另一只手是否有神经损伤或脑瘫，最好去神经内科去检查并排除有无异常。

智商开发 >>

摇响瓶

目的：训练抓握能力、臂力和听觉能力。

方法：准备4～5个空饮料瓶，洗干净后晾干，分别装入花生、黄豆、绿豆、大米，拧紧瓶盖，就做成一个瓶子“摇铃”了。教孩子摇晃瓶子，使它发出声音来。瓶中装的物品不同、数量不同，发出的声音也会不一样。让孩子交换着玩，看孩子能否听出其中的差异。

孩子喜欢把玩瓶瓶罐罐，可以在里面装上花生、黄豆等，做成「摇铃」。

放一些节奏轻快的音乐，让孩子拿着装有粮食的瓶子跟随音乐的节奏摇动。

爱心提示：250毫升装的饮料瓶都适合孩子的小手抓握，是制作成“摇铃”的好材料。此时孩子开始对玩具的细节感兴趣，他会转动手腕来回地摆弄瓶子并观察里面的物体，看它在里面转动的细节。孩子也开始有目的地玩玩具，他会有意去摇动它，倾听它发出的响声。

装有不同东西的瓶子摇晃时发出不同的声音，你可以经常变换瓶中装的东西，这样可以提高孩子的听觉辨别力。

要注意的是，花生、豆子等物品要在厨房内装好后再拿给孩子。游戏过程中你要严密地看护好孩子，将瓶盖拧紧，防止孩子打开瓶盖，把花生等掉出来。如果无论你如何防患孩子都会把容器打开，那么你最好选择较大的物体放进饮料瓶中，比如放进几个核桃或几颗大的石子，以免让孩子将小的物品放进鼻孔或嘴里而造成危险。

认鼻子

目的：认识五官，提高自我意识。

方法：“认爸爸妈妈的鼻子”。先教孩子认爸爸妈妈的鼻子，因为孩子能看见和能摸到爸爸妈妈的鼻子，认起来比较容易。你可以面对面地抱着孩子，指着自己的鼻子教孩子说：“鼻子。”让孩子指一指、摸一摸、捏一捏、亲一亲。通过多次反复指认，当你一说鼻子时孩子就会指你的鼻子了。

“认自己的鼻子”。认孩子自己的鼻子时，最好要借助镜子，让孩子看着自己的鼻子。爸爸或妈妈抱着孩子站在大镜子前，告诉孩子：“镜子里也有一个娃娃。”你先指着镜中孩子的鼻子大声说：“鼻子。”再拿孩子的手去摸他的鼻子，反复进行。也可以在镜前给孩子的鼻子上点一点胭脂，这样更好识别。

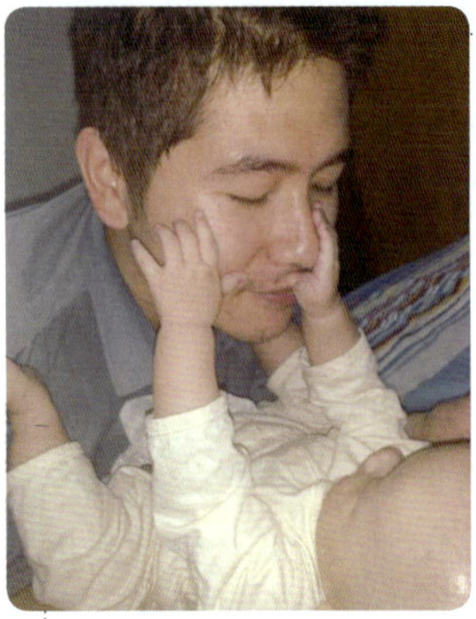

鼻子是孩子最先认识的部位。颐颐爸爸正在教他认鼻子。

“指鼻子”。和孩子面对面坐好，你第1次说“鼻子”时，先指自己的鼻子，第2次说“鼻子”时，指孩子的鼻子。让孩子模仿你。

爱心提示：周岁以内的孩子，以形象记忆为主。鼻子是人脸上最醒目的器官，它的位置在脸部的中间，并且比较突出，容易让孩子指认和记住，因此，在学认五官中最好先教孩子认鼻子。

学习认识五官时一次只学认一个，学会后再认第2个，以此类推。千万不要一次学几个，否则孩子会分辨不清。等孩子已经顺利地说“鼻子”并准确无误地指自己的鼻子，再教他学认眼睛、嘴巴、舌头和耳朵。学会的要经常巩固。以免遗忘或混淆。

认香蕉

目的：记住香蕉的发音，学习有序地观察物体。

方法：“认香蕉”。吃香蕉前你先教孩子香蕉的名字。对孩子一遍一遍地说：“香蕉、香蕉、这是香蕉。”让孩子能记住。香蕉有不同的形状和颜色，你可带孩子到商店、超市去看各种不同的香蕉，如有的香蕉较小的、形状直直的，有的香蕉比较大的、弯弯的，有的香蕉皮的颜色是绿的，有的是黄黄的，有的皮上还有一些黑芝麻点的，你要告诉孩子：“这都是香蕉。”让孩子进一步形成香蕉的概念。然后再让孩子指认香蕉，如问孩子“香蕉呢”，如果孩子能用手指出或拿起香蕉说明孩子已经认识香蕉了。

你可教孩子常吃的食物，让孩子早日认识和记住这些食物的形态和发音。

“找香蕉”。当孩子能指认香蕉后，你就可以和孩子玩找香蕉的游戏了。你可先把香蕉与颜色和形状相差较大的水果，如一个苹果和一个西瓜放在一起，问孩子“香蕉在哪儿？”让孩子用手指香蕉或找出香蕉；以后你可以把香蕉与颜色相差较少的水果，如一个梨、一个柚子放在一起让孩子找出香蕉。

“吃香蕉”。给孩子吃香蕉时，你要先将未剥皮的香蕉洗净，拿给孩子看看、闻一闻，让孩子用手摸一摸、拿一拿。再当孩子的面将香蕉剥开一部分，用小勺子喂他一小口，一面说“真香，真甜，真好吃”。你还可让教孩子用手拿着香蕉未剥皮的部分自己吃香蕉。你还可教孩子剥香蕉皮，你先将香蕉剥开一个口了，再让孩子自己将皮撕开。

“唱香蕉歌谣”。你还可以给孩子念《香蕉》歌谣：

香蕉弯弯，像月牙，身穿黄褂，香又甜。

爱心提示：香蕉是多数孩子喜欢吃的水果之一，而且它有特殊的形状，长长的、弯弯的；多数情况下是黄黄的，对孩子来说比较容易辨认，可作为先让孩子学认的水果。当然如果你的孩子不喜欢香蕉，你住居的地方很少见香蕉，你也可让孩子从他喜欢的东西认起，如从苹果认起。你可以采用上述做法让孩子学认其他水果。

在教孩子认东西时你一定还要给孩子介绍这一东西的特点，如告诉孩子香蕉是长长的、弯弯的，颜色是黄黄的。这样孩子在认物找物的过程中不仅知道了物品的名字，还知道了它的形状和颜色，提高孩子的语言能力和形状、颜色的分别能力。

爸爸妈妈变了

目的：训练孩子的观察力和注意力。

方法：妈妈或爸爸改变一下装束，如戴上帽子，围上头巾或戴一副眼镜，让孩子看，看他是否还认识妈妈或爸爸。如果孩子认不出来了，你可以摘去帽子、头巾、眼镜，当着他的面，再戴上，让他看一看前后变化的过程。你不妨试着问问孩子：“哪个是妈妈？”让孩子从几个人中指出自己的妈妈。如果孩子指出来了，让妈妈和别人交换位置，再让孩子找。孩子找不到时，妈妈可发出声音，叫孩子的名字或唱歌，看孩子能不能听声音找出妈妈，

爱心提示：认妈妈可以发展孩子的观察力和辨别能力。孩子认出妈妈，说明他已经能对妈妈的形象进行再认识，这是记忆力的最初表现。刚开始，孩子可能弄不清为什么妈妈会不一样，但随着孩子的成长，他逐渐会明白的。观察是认识事物的重要过程，只有对事物进行全面的观察，才会了解、掌握其特点。观察力是一种很重要的心理品质，应从小开始注意培养。

爸爸妈妈可不时改变一下装扮，引起孩子的注意。看！熙熙正好奇地盯着与往常不一样的妈妈看，原来妈妈把头发放下来了，引起了他的注意。

看看我们家

目的：熟悉自己的生活环境，理解日常用品和日常用语。

方法：你们的家也许不大、不豪华，但都是你们精心布置的可爱又温馨的家。你可以认真地、详细地介绍给孩子。有意识地抱着孩子去看看家中的每一处，让孩子熟悉家中的每一个角落，认识家中的每一件物体，知道它们的名称。

你可以有序地给孩子介绍每一个房间中的每一样物品。如先给孩子介绍婴儿房和孩子的各种用品，再给孩子介绍客厅里的各种装饰品和墙壁上的图画，各类电器，各种家具，你书房的各种书和收藏品，卧室的衣服、床上用品。厨房的各种餐具，还有卫生间的各种洁具。相信你家中的每一样东西都是你们精心购买和布置的，都是你们的所爱，都是值得介绍给孩子的，也是孩子需要认识和知道的。

介绍物品时要手脑并用。先要准确地说出物品的名称，也就是要清晰和准确地告诉孩子这个物品叫什么，以后随着孩子年龄增长再慢慢地增加介绍的内容，如在孩子8个月左右再告诉孩子这些物品的形状是圆的、方形，还是三角形的，它的质地是硬的还是软的，它是吃的、玩的，还是用的等功用；到1周岁时你还可以告诉孩子这是不是红的。你最好一边说一边让孩子动动手。让孩子用手指一指、摸一摸。如你可以说“这是桌子、桌子，是吃饭用的，来

摸一摸，好光滑”；“这是气球，红红的、圆圆的，来压一压，有弹性”等。

爱心提示： 孩子最先接触的是他每日生活的空间，但家长往往忽视了给孩子介绍他自己身边的事物，忘记让孩子认识他每天能看到、摸到、听到的这些东西。而孩子学习语言也总是从日常生活开始，你要让孩子认识事物，就要创造一个丰富的语言环境，要把孩子每天所看的、接触到的事物一一地告诉他，让他知道这些物品的名称和用途等。

经常带孩子看一看自己的家，给孩子介绍家中的各种用品，让孩子了解自己的家，认识家中的各种物品。

教孩子认识实物时，你要让孩子调动各种感觉器官去认知它，如让孩子用眼睛去看物体的颜色，是红的还是其他颜色的，去看一看形状，是圆形还是其他形状的，是大还是小；还要让孩子用手去触摸，感受它的质地，是软还硬的、是冷还是热、是粗糙还是平滑等；用耳朵去听它产生的声音；用鼻子去闻一闻它的气味；有的孩子还喜欢用嘴咬，这也是用嘴唇和口腔去感受物体的特性的方法，是食物就可以让孩子去咬一口、尝一尝它的味道，这样孩子认识物品就是一件容易的事了。

看他们在做什么

目的： 训练视觉能力，促进注意力和观察力发展。

方法： 每天早晨或傍晚带孩子到你家附近广场、公园等人流比较多的场所去，在那儿会有很多人，有叔叔在跑步，阿姨在唱歌，爷爷奶奶在跳舞和打太极拳，小朋友在追逐玩耍。你可以选择一个你认为孩子喜欢的项目，和孩子一起坐在旁边观看。看见那些叔叔、阿姨、爷爷、奶奶穿着漂亮的衣服，高高兴兴地做各种活动。你可以告诉孩子那么多的人正在干什么，解释他们的动作，你可以指定其中一个人让孩子看，那位奶奶的衣服多么漂亮、动作多么有力、笑得多么开心等。你也可以和孩子一起参与他们的活动，和他们一起唱歌、跳舞等。

如果你家附近有学校、运动场、体育中心，你也可不时带孩子去看一场足球、篮球、网球、乒乓球等比赛项目。你带着孩子坐在看台上，让孩子坐在你的大腿上，或把他的婴儿车停放在没有遮挡、有良好视野的地方看比赛。在运动场上，运动员穿着颜色鲜艳的运动衣，在场中来回跑动、呐喊，球在不同人的手中传递、争夺，口哨声、欢呼声，此起彼伏，这些都会深深地吸引你的孩子。

爱心提示： 你可能已经注意到了，孩子非常喜欢看人多的活动场景，这些对孩子具有天然的吸引力。不过这种场面可能对孩子来说，还有点应接不暇，不知道看哪里好，特别是在比赛活动中，他的视线可能还跟不上不断奔跑的人和变动的球，不过不要紧，这正好能训练孩子的注意力。爸爸妈妈还可以指给孩子看，给他当讲解员。如果你家周围有很多活动项目，你可以4～5天就换一个项目观察，扩展孩子的见识和生活经历。

姥爷会每天带潼潼去广场、集市、公园等地看看来往的人流和活动的人群，潼潼对大人们跳舞很感兴趣。

需要注意的是，你最好和孩子一起坐在比较高的位置，不要让孩子坐在推车上，因为活动场所的灰尘会到处飞扬，而它多留在1米2以下的位置，坐的位置太低，有可能要吸入更多的灰尘，这对孩子的健康不利。还有要留心那些随时可能打出场外的球，免得打着你的孩子。

发音做动作

目的： 模仿发出4个不同的音节。

方法： 第4个月孩子发出的音更多了，能发出较多元音和少量的辅音，爸爸妈妈要花更多的时间和孩子做发音游戏了。你可以面对面地抱着孩子，并有意夸张地做发音动作，让孩子模仿。发出打、拿、妈、爸、拍、咳等音。

教孩子发双辅音的同时，你可拿着孩子的手做出相应的动作或指相应的人和物，这样把声音与动作结合起来，使每一个音都有了意义。例如在发“啪”的音时你可做拍手的动作或拍孩子睡觉的动作，发“打”的音时做出“打”的动作，发“拿”的音时伸手拿东西，发“咳”时咳嗽几声，发“爸”声时指指爸爸，发“妈”声时指指妈妈，等等。孩子会很喜欢这种带动作的游戏性发音，也容易学会。经多次训练或当孩子长大一点后，他就会自己听声音做动作了。

爱心提示： 4个月开始孩子不再只会哭，孩子明显地变得活跃起来，发音也增多了。据观察，孩子最早满5个月（多数6个半月，最迟12个月）会发出如爸、妈、打、哞、不、咕等中的4个不同的音节。而且喜欢与大人对话，并且能够自言自语，咿咿呀呀“说话”。

妈妈正在教纤纤发音做动作，他能模仿妈妈发「打」的音，还能做「打」的动作。

而发音做动作的游戏，可让孩子脑和手并用，更能增加孩子学习的兴趣，提高学习的效果。孩子早期咿呀作语与孩子今后的言语发育具有极大的关系，在这些不断重复的音节练习中，孩子会逐渐掌握最初的词语。有研究发现，孩子出生前6个月听到的语声多少对他们今后的语言学习影响最大。爸爸妈妈经常与孩子说话和教他发音，能丰富孩子的听觉经验，促进视听和语言能力的发展，提高孩子的语言能力。如果爸爸妈妈与孩子说话过少，可能会导致孩子语言发育迟缓。

发“爸爸”“妈妈”的音

目的：学发两个音节的重复音。

方法：第6个月，孩子发出的音更多了，你可以教孩子发重复的、连续的音节了。先教孩子发出“爸—爸（ba-ba）、妈—妈（ma-ma）、打—打（da-da-da）、拿—拿（na-na）”的音。开始教孩子时，他可能会不理睬爸爸或妈妈的发音，随意发出“啊不……”的声音，这时爸爸或妈妈可以模仿孩子的发音“啊不——”，当孩子逐渐意识到爸爸或妈妈喜欢听他发音时会使劲大叫，或者把声音拉得长长的，爸爸或妈妈要适时地夸奖孩子“好棒”，慢慢地他就会模仿你发音了。

这时你再用夸张的发音动作教孩子发出“爸爸（ba-ba）”的音。爸爸在抱孩子、逗孩子玩时也要先指着自己说“爸爸”，发音要慢一点，发音时嘴的动作要夸张一点，注视着孩子，让孩子模仿你，发出“爸爸”的音。在爸爸出门和回家时，要抱着孩子去欢送和迎接爸爸，并且一边与爸爸挥手再见或拥抱爸爸，一边发出“爸爸”的音。还可以指着爸爸的照片，教孩子叫“爸爸”。

可以用上述做法教孩子叫妈妈（ma-ma）。

爱心提示：等了很久，孩子终于说出了第一个词，长时间的等待和期盼，有了今天的收获，所有的家长都为之兴奋。爸爸妈妈记得要赞扬孩子，你们的称赞会更加激发孩子学习的热忱。

4～8个月孩子进入连续发音阶

段。这个时候的孩子发音多是近似词的音，喜欢重复，比如喜欢发“妈、妈、妈”的音。 听到孩子发出类似“妈、爸”的音，多数爸爸妈妈都非常惊喜，以为孩子会叫“爸爸妈妈”了。其实这是孩子无意识的发音，孩子不是有意叫爸爸妈妈的，孩子还不明白这些词的意义，更不懂得使用它们。这些发音大多是在模仿爸爸妈妈的声音，所以爸爸妈妈要多和孩子说话，以促进孩子的语言发展。

教孩子发两个音节的重复音，如爸爸、妈妈等。6个月的纤纤正在学发“妈妈”的音。

教孩子叫“爸爸”和“妈妈”时，一定要指着人或照片进行，这样让孩子把声音和人联系起来，知道这是有所指的。同时需要爸爸或妈妈有耐心地反复训练，这样孩子才会尽早开口说话。

家长还可以记录下孩子先发出哪个音，先叫爸爸还是妈妈。但据观察，尽管妈妈每天给孩子喂奶、把大小便，照顾他、亲他、爱他，但多数孩子先发出“爸爸”的音，而不是“妈妈”的音。妈妈不要妒忌。只是因为发“爸爸”这个音对孩子来说比较容易，不代表孩子爱爸爸多一点，爱妈妈少一点，更不是孩子没有感受你的爱和付出。

有观察发现，孩子最早满6个月(多数8个月，最迟14个月)就能发“爸爸”（ba–ba）“妈妈”（ma–ma）两个音节的重复音，但这不是有所指的，也就是说不是有目的地叫爸爸妈妈，不是有意义的，只是孩子在做发音游戏；虽然孩子的发音还不成熟，但是孩子已经明显地、能较好地控制声音了，这就是孩子的进步。

听声指物

目的：学习语言，建立声音与物体的反射，并了解孩子是否认识已识认的物体。

方法：听声指物要从孩子感兴趣的东西开始。如“灯”是孩子感兴趣的，你可以先打开灯再问孩子：“贝儿，灯在哪里？指给妈妈看。”让孩子伸手指“灯”，如果孩子只用眼睛看灯，你要拿起孩子的手去指。当孩子能指灯后你就可以让孩子一一指出以往学认过的其他物体了。

如果孩子对“灯”不感兴趣，可以让他指他感兴趣的电视机或其他什么物体，作为第一个听声指物的对象

在教孩子认物时，如何知道孩子

已经知道和熟悉你教的词呢？主要是看孩子的面部表情。当听到你教他认过的、熟悉的玩具，如拨浪鼓、小车、不倒翁、球等；说到他吃过的食物，如饼干、苹果等；熟悉的称呼，如爸爸、妈妈等；他喜欢的用品，如镜子、鞋、花衣服等，听到这些他熟悉的词语，会改变孩子的面部表情，从原来安静的状态变成兴奋，或从兴奋的状态变成安静，或发声模仿。当你和别人在孩子旁边谈话，他也会选择性地倾听你们他知道和熟悉的词语。

此月开始，你可教孩子指认你教他认过的东西，7个月左右他就会懂得用眼睛看或用手指你说的东西了。看西西正在指妈妈教过的“灯”。

爱心提示：鼓励孩子在听到物体名称后不但用眼睛看，而且要用手去指。听声指物是本月后训练孩子的重点，最好每天都要进行。孩子语言能力的发育过程是先听懂后才会说的。听声指物是练习将声音与物品联系在一起的游戏，能使孩子记住学过的东西。

据观察发现，孩子在4个月前，爸爸妈妈指物让孩子看时，孩子还不能找到目标，会乱看别处，孩子最早满127天（多数160天，最迟185天）能找到爸爸妈妈说的物体。语言发育比较好的孩子，最早满5个月（多数7个半月，最迟11个月）至少知道和熟悉了你教他的这两个词。孩子最早6个半月（多数7个半月，最迟8个半月）爸爸妈妈说：“电灯在哪里？”“闹钟在哪里？”“电视在哪里？”“妈妈在哪里？”最早在248天（多数9个月，最迟10个月）能听声指物3～4种。他懂得用眼睛看或用手指1～2种物体。

如果孩子不会用手指或用目光找“灯”，妈妈不要急，再按以前的做法继续教孩子认物。因为每个孩子是不同的，有的孩子可能开始认物时间早一点，但后来进步较慢；有的孩子可能开始认物晚一点，后来进步非常快；有的孩子认物速度一直较快；有的一直较慢。家长要根据自己孩子的特点来安排，也不需要另增加时间，只要持之以恒，总会有效果的。

需要注意的是，如果你是用台灯让孩子学认灯，要注意台灯的光线不能太亮、太刺眼，会让孩子感到不适，还要注意不要让孩子拉台灯上的电线，以免造成意外伤害。让孩子认电视，开机、关机时不要让孩子靠得太近，一关一开，光线太强、太闪会刺伤孩子的眼睛。同时2岁内的孩子最好不要或少看电视，以免影响孩子的视力。孩子的小床不要放在电视机的后面，即便是隔着墙壁也不行，电视产生的电磁波能穿过墙壁对孩子的健康造成危害。

唱儿歌做动作

目的：理解语言，用动作配合语言。

方法：爸爸或妈妈抱孩子坐在膝盖上，两人面向前方。爸爸或妈妈握住孩子的手，边念儿歌，边用膝盖做动作，使孩子有前后、左右运动的感觉。

骑大马："骑大马，骑大马，上高山，跨过河，咯噔咯噔，跌落河！"

小老鼠："小老鼠，上灯台，偷油喝，下不来，叽里骨碌滚下来。"

小蜜蜂："小蜜蜂，嗡嗡嗡，飞到西，飞到东，传花粉，采花蜜，我们学它爱劳动。"

小鸭子："小鸭子，嘎嘎叫，见了水，要洗澡，扑通通，往下跳。"

念到最后一句的最后一个字时让孩子身体向右侧倾倒，练习几次后当爸爸或妈妈念到"跌落河"时，孩子会把身体倒向右侧。

爱心提示：注意不能每句都做动作，只在某一句上做同样不变的动作，当多次训练后，念到这一句时，孩子会自己主动做出此动作了。和妈妈玩"唱儿歌，做动作"游戏，能让孩子体验与妈妈一起游戏的快乐和温馨。孩子很喜欢这种有韵律的游戏，练习几次后，当听到"咯噔咯噔"时，身体便会做好准备，一听到"跨过河"时，会自动向右倾倒，配合妈妈的动作。唱其他儿歌、童谣也可让孩子配合做动作，帮助孩子懂得儿歌、童谣的韵律，记得在某几个音节出现之后会有一个有趣的动作。孩子会以那几个音节作为动作的征兆，主动去配合儿歌表演。

你要经常给孩子念儿歌和孩子一起跟随音乐节奏「跳舞」。看，西西正随音乐即兴「起舞」呢。

看婴儿画册

目的：教孩子识图，培养看书的习惯，发展语言能力。

方法：你可为孩子选择一本每页只有一物一图，构图简单、线条简洁、画册的内容与孩子生活关系密切的婴儿画册。如一页中只有1个颜色鲜红的大苹果图，或只有一根香蕉，或只有一个小狗吃骨头的类似画册。你最好先教孩子认识画册中的实物再教孩子认识画册中的图。如先让孩子认识真正的苹果和小狗再认苹果和小狗的图片。水果颜色多鲜艳，味道又甜美，每天孩子都会吃到，你可把水果作为孩子先认的图画。

认图时你要把孩子拥在膝上面朝前坐好，拿着孩子的手翻开书，用手指着图教孩子反复地说“苹果”“小狗”等，也可拿起孩子的手去摸摸画面，或用手指顺着图的轮廓“画画”。认过真正的苹果的孩子开始学认图片时孩子会很奇怪，也许会想：“怎么这也是苹果吗？”通过多次学习，孩子就会接受图片中的“苹果”也是“苹果”的概念了。

动物也是孩子喜爱的、比较容易认知的物品，特别是家中喂养了小狗和小猫或经常在室外接触小狗和小猫的孩子。你也可先教孩子认识小狗图片。

每天选择一个固定的时间和孩子一起看婴儿画册。新认一张图片要连续认2天，以后再认另一张图片；隔一天再复习第一次所认的图画，如此反复进行，认识3组后再一起复习，直到3组物品和图片孩子都能指认后再认新的，同时在1周后复习1次第1次所认的3组物品和图片。

爱心提示：我们生活中接触到物体总是有限的，对孩子更是如此，图书中所包含的内容更为广泛，通过看图书可让孩了解视野以外的事物。所以，你要多利用看图书来让孩子认识世界，增长知识。孩子在此月语言的理解能力、注意力和记忆力都有了很大的发展，开始能听声指物了，也开始对书中的图片有了兴趣，并有了识别图片的能力，你要抓住这个时机和孩子玩认物和识图的游戏。

潼潼姥姥正在教她看图画，她正在注视布书中的图画。

认识图片就比认识实物难多了。因为图片立体感不强，只能画出或照出物体的一个方位，它与真正的实物差距甚远，所以，你要有耐心，需多次反复教孩子看画册，反复与实物比对，这可促进孩子的认知能力发展。同时要经常复习，这可提高孩子的记忆力。

认物和识图都要先从孩子感兴趣的、喜欢的物品和玩具开始，这样孩子才更容易记住。多数孩子在这个月对能活动的小动物比较感兴趣，对颜色鲜艳的、能发声的、能活动的玩具感兴趣。到了八九个月，孩子还会表现不同的爱好，有些孩子对交通工具图片感兴趣，有的对各种动物图片感兴趣。女孩可能对布娃娃更感兴趣，男孩可能对小汽车更感兴趣，这些都可作为孩子先指认的物品，你要善于观察孩子的兴趣所在。

教孩子物品的名称要准确。比如教他“这是小狗”，千万不要对着图片说“这是汪汪”或“狗狗”。使孩子误认为狗的名字是“汪汪”，或总是说娃娃话“狗狗”。

有观察发现，孩子最早满6个月（多数8个半月，最迟15个月）开始有兴趣地观看书中他喜欢的图画了。认图的多少与训练的多少关系密切，国内外研究的结果也相差甚远，国内专家研究认为，孩子最早满10个月（多数1周岁，最迟14个月）能指认3种动物图片；但国外专家研究认为，孩子最早满15个月（多数19个月，最迟25个月）才能正确说出或指点3幅图片。

认识爷爷奶奶

目的：训练孩子的记忆力，培养亲情。

方法：有的家庭爷爷奶奶、外公外婆及其他亲戚很少和孩子住在一起，但会隔一段时间来看望孩子。祖辈对孩子总是很疼爱，到家时总会对孩子又亲又抱，还给孩子带来好吃的、好玩的。此时你要告诉孩子说：“我是爷爷，我是奶奶”，或“我是姥姥、我是姥爷”，并让孩子叫自己，这让孩子容易记住你。

当爷爷奶奶走后，爸爸妈妈可以拿出爷爷奶奶的照片问孩子“哪个是爷爷，哪个是奶奶”，让孩子指认，如果孩子眼睛看着或用手指爷爷奶奶的照片，说明孩子已经认识了；如果孩子不理你，说明孩子不认识你或忘记你了，你还需努力。

当爷爷奶奶下次再来家时，见到孩子后你可以拍手，叫孩子过来，看孩子见到你的反应，如果见到你就笑，并伸手让你抱说明孩子已经认出了你。你可记录一下看隔多少天孩子不见你还能认识你。

爱心提示：再认亲人是在检查孩子的记忆力。记忆力是智力的重要组成部分。生活离不开记忆，没有记忆就无法获得生活经验。学习离不开记忆，没有记忆一切学习都不会留下痕迹。大量的科学研究已经证明，新生儿就有记忆力。有观察发现，孩子最早出现的是运动记忆。当妈妈给孩子喂奶时把孩子抱入怀中的姿势，会形成条件反射和记忆，以后每当妈妈用这个姿势抱起孩子，孩子就知道妈妈要给他喂奶了。孩子哭的时候，一看到妈妈、听到妈妈说话和脚步声，他就停止哭闹，以往的经验再现，让孩子知道妈妈很快会来抱他了。当他饿了时，看见妈妈洗手或看到奶瓶、听到配奶声，这些也会勾起孩子妈妈喂奶留下的幸福回忆，他就会停止哭声，等待妈妈来给他喂奶，这都是记忆的影响。

扣扣的爷爷奶奶每隔1周来看她一次，6个月5天的扣扣看到奶奶就会高兴地笑起来，并伸出双手要奶奶抱，她已经记住2周不见的奶奶了。

孩子从出生到1周岁，以形象记忆为主，就是说孩子主要根据人和物的具体形象来认识它们的，而且那些颜色鲜明、发光、发声和会动的物体和经常照顾他的人容易被孩子记住，所以，孩子最早认识了妈妈和灯就不奇怪了。孩子学会各种动作，掌握各种生活、学习、劳动及运动技能需要运动记忆，运动记忆是指对自己的动作或身体运动如翻身、坐、走、抓、吃饭、拍手欢迎等的记忆。孩子喜爱什么、依恋什么、厌恶什么、害怕什么都是情绪记忆的结果。情绪记忆是孩子对自己经历过的情绪或情感的记忆。但孩子的这些记忆都带有很大的无意性，也就是说此时的孩子是以无意记忆为主的。孩子记忆事物不像成人需要理解后才能记忆，他是把所看的东西整个地印在头脑中，不需要思索、不需要分析，不需要问为什么，这样在日常生活中和游戏中孩子“自然而然”地记住了他见过的、听过的、做过的、感受过的事物。此时孩子还不会主动地、有目的地去记忆一些事物，也就是说此时孩子的有意记忆还没有发展成熟。同时此时孩子的语言表达能力有限，通过语词表达出来的、以概念、判断、推理等为内容的词语逻辑记忆，基本上还没有发生。但随孩子言语的发生发展词语逻辑记忆会逐渐形成，有意义记忆也会开始发展。

同时1周岁的孩子的记忆的范围还很狭窄，起初孩子只能认妈妈、亲人，然后才能再认周围的事物。他们记忆保持的时间也不长，并且对不同的事物记忆保持的时间不一样，有研究发现，20天以内的新生儿对与吃相关的事物记忆能最多保持10天以上，3个月的孩子对一些与动作有关的记忆能保持4周之久；3～6个月对学习的知识和技能可保持数天，数周之久；孩子对人的记忆的时间不长，有观察发现，孩子最早满6个月（多数7个月，最迟8个月）能认出离别7～10天的熟人。但孩子认识人的数量不少，1周岁的孩子一般可以认识50个不同的脸谱。孩子认物的本领比认人的本领要逊色很多，9个月的孩子多数只能认物体3~4种；1周岁时只能指认动物图片3种和身体部位3个。

孩子出生到1周岁是记忆发展的第一个高峰时期和关键期。爸爸妈妈要结合孩子的记忆发展的特点，多让孩子去看、去听、去摸、去做、去体验，让孩子多认人、认物、认图，并反复地学习，这样可促进孩子的记忆力发展。

情商培养

懂得“不”和“不许”

目的：学会约束自己的行为，发展社会能力。

方法：当孩子会辨别爸爸妈妈声音中的情绪，能看懂爸爸妈妈的面部表情后，就可以训练孩子遵守规则、约束行为、判断是非的能力了。当孩子做了不对的、有危险的事情时，爸爸妈妈要及时制止他，如当他将不干净的东西放入嘴里或伸手要摸热水、摸电插座时，爸爸或妈妈要一面说“不”或“不许”，一面摇头、摆手或做出不许的表情，让孩子知道这是爸爸妈妈不同意、不允许他做这件事，让他知道爸爸妈妈生气是什么样的表情。如果孩子听懂了，不再继续干就应马上表扬他：“好孩子，真听话！”并露出赞许的表情。如果孩子仍继续做，表示他还没有听懂，就要用行动来制止他的活动，如一面拿开他的手或控制他的动作，一面说“不行”。直到孩子懂得并停止行动。

孩子很聪明，经过几次训练后，当他干同样的事时，他常常要看看爸爸妈妈的表情，就像在询问你一样。爸爸妈妈对孩子的“询问”要及时做出同意或反对的表情。

爱心提示：通过此游戏让孩子知道什么是可做的，是妈妈允许的、赞同的，什么是不能做的，是妈妈不赞同的。同时也让孩子知道，不是他的每一个行为和要求都能得到满足，要坦然地接受拒绝。懂得表扬和批评，学会约束自己的行为。这也是促进孩子社会技能的发展，让孩子学习自我管理的能力，学会控制情绪、遵守规则和处理好冲突。

从现在起你可训练孩子遵守规则。当扣扣把脏的波鼓放入口中时，妈妈会对她说：「不」，6个月的她听到妈妈说「不」后，正望着妈妈，好像在问「为什么」。

同时爸爸妈妈要注意自己的表情，

孩子会根据你的表情来修正自己的行为。为了提高孩子辨别是非的能力，你不应在孩子做了不该做的事时仍对他微笑，否则孩子还会去做坏事，以为自己这样做能让爸爸妈妈开心，最后成为一个顽皮、不懂规矩、让人讨厌的孩子。当然也不要过分严肃，让孩子感到可怕和恐惧。

家长还要注意，不要对孩子说过多的“不”和“不许”，过分地约束孩子的行为。过分地约束孩子的行为会压抑孩子活动的激情，容易使他们产生保守心理、怀疑心理和不稳定感，而缺乏更多的主动性和创造力。为了不要过多地对孩子说“不”，最好把可能造成孩子不安全的因素先排除掉，同时你可以选择你喜欢的其他方式来表示“不”“不许”。但最好是有相对固定的动作和表情，让孩子就懂得你的哪一个动作和表情是“不”的警告，哪一个动作和表情是“可以”的允诺，而让孩子明确自己的行为是对还是错，做出应当停止还是继续的决定。你也可以教孩子做上述手势表示自己同意或不同意。

据观察，你对孩子发出命令后，他能遵照命令并停止行动最早是在满8个月时（多数11个月，最迟16个月）。在这之前，你要一边说一边用手去制止孩子的危险行为，也就是说，此时你不仅要有语言、表情，还要有动作才能制止孩子的行为。

赞美——巧用肢体语言

目的：用肢体语言表达爱、鼓励和赞美。

方法：爸爸妈妈与孩子的沟通不要只是用语言、用嘴巴去说，一个抚摩、一个亲吻、一个拥抱能胜过许多语言的鼓励。这样做，可以达到与孩子心灵的交汇。

爸爸妈妈无声的动作也是对孩子莫大的安慰和鼓励，爸爸妈妈要善于运用哦。

“抱一下”。拥抱是获得亲密感的一种重要的途径。爸爸妈妈可随时张开双臂，全心全意地将孩子抱在怀里，这会让孩子感到无比的幸福和温暖。

“亲一个”。亲吻是接纳对方的一种表示，也是爱的表达方式之一。你随时可以在孩子粉嫩的脸上亲一下。亲吻时最好发出声音，这会让孩子感到更加受用。可以安抚孩子的情绪，也能让亲子关系更加融洽。

“笑一笑”。笑是同意或满意的表示。和孩子亲密接触的时候，单是甜蜜的微笑就能让孩子感到快乐和足够的勇气。

“鼓掌”。这是赞成或高兴的表示。当孩子表现良好的时候，适时地给予掌声并配合称赞的话语，比如“做得太棒了”，对孩子的激励会更大。孩子能感觉到更多的认同和自豪感。

“点点头”或“伸出大拇指”。这是同意和肯定的表示。当孩子表现良好的时候，如果你觉得鼓掌太夸张了，就可以冲着孩子点点头或伸出大拇指，他也会更自信和更努力。

“摸摸小脑袋”。用温暖的大手“摸摸孩子的小脑袋”“捏捏他的小鼻子”“拍一下孩子肩膀”等身体接触，是鼓励、赞美和安慰的表示，但也带点儿宠溺的意味。当孩子情绪沮丧的时候，这些“无声胜有声”的安慰，孩子肯定能真切地感受到。你也可以动作和语言一起出现，比如抚摩着孩子的脑袋说：“好，做得好！”

“赞许的目光”。这表示认可和相信。只要你用赞许的目光看孩子一眼，孩子也会高兴和喜悦。

爱心提示：肢体语言是身体的信号。肢体语言包括表情、眼神、声音、手势、姿态、触摸，甚至衣着和距离等。肢体语言有着口头语言所不能替代的作用。心理学家认为，身体就像一个无法关闭的传送器，无时无刻传送着人们的心情和状态。因此，不要让你的肢体语言把你的烦恼带给孩子，多给孩子积极和鼓励的信号。有的爸爸妈妈不太善于用语言表达感情，就可以使用肢体语言来表达对孩子的赞美了。爸爸妈妈的目光、表情和动作对孩子行为和心理均有很大的影响，尤其是亲子之间的目光接触。

对着镜子玩耍

目的：认识自己，发展自我意识。

方法：“看自己”。把孩子抱到大镜子前，让孩子看镜子中的自己。女孩多爱漂亮，可给她头上戴一朵艳丽的大红花，或在额头中间点一点胭脂。男孩可以戴一顶帽子，或在鼻子上点一点胭脂，以引起孩子注意自己的映像。

“做动作”。指着镜子中的孩子叫他的名字。对孩子说：“这是贝贝，贝贝戴上大红花，涂一点胭脂，好漂亮哦！来摸一摸贝贝的脸。”拿起孩子的手去摸摸镜子里的自己，和孩子一起对着镜子挥动手臂、跺脚、点头、挥手和说话。

“跳舞”。和孩子一起跟着音乐节奏做各种动作。

“玩玩具”。给孩子一件玩具，扶着孩子的手握紧玩具对着镜子摇动，然后，妈妈指着镜子让孩子看，说：“孩子在玩摇哗铃棒呢。”让孩子观察镜子中的他也在摇手中的玩具。

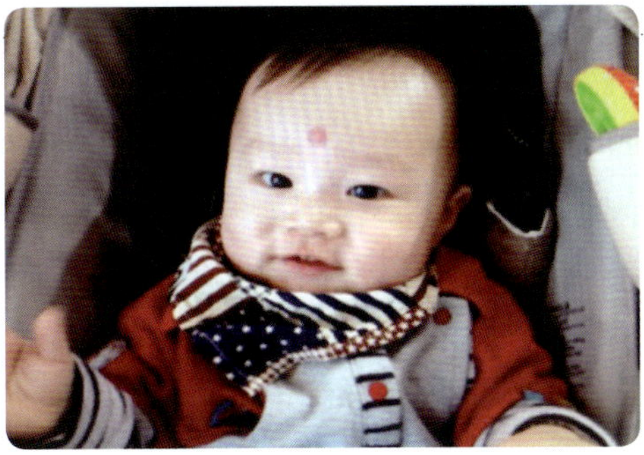

让孩子多照镜子，促进孩子早日认识和了解自己。

“做表情”。你对着镜子做不同的表情，让孩子模仿。如对着镜子做笑、哭、生气等表情和做鬼脸。特别是当孩子哭、生气时，你可以抱孩子到镜前，让他看看自己此时的样子。

爱心提示：经常照镜子的孩子此时在镜子前面会十分活跃，他会对着镜子蹦跳。看到镜中的人和他一同动作，从镜中发现爸爸进来了，或者奶奶进来了，孩子会感到奇怪，会伸手到镜子后面，寻找躲在里面的人。孩子有时会把头伸向镜子，头碰上了就大声笑，或者大声叫喊。

有观察发现，孩子最早满4个月（多数5个月，最迟8个月）会对着镜子微笑，最早满5个月（多数6个月,最迟10个）会与镜子中自己的影像玩耍，对着镜中的自己大笑、会伸手去摸、去拍打镜中的自己，与镜子中的自己点头、咿呀说话，有的孩子还会去吻镜子中的自己。孩子喜欢与镜中的自己玩耍。通过镜子孩子可探索新奇的事物，认识映像中的自己，促进孩子的自我意识发展。了解自己的情绪和情感变化，促进社会性发展。

你知道吗？镜子还有一个特殊的功能，当孩子因各种原因不高兴，特别是大哭大闹时，你用尽方法都无法哄住他时，你抱他到镜子面前，或拿一把小镜子照着他，对他说：“看，生气了，不高兴了，在哭呢，快看一看啊，不要哭了，来笑一笑，笑一笑才开心，看妈妈笑一个。”这时孩子一定会停下哭泣，来看镜中的自己，孩子注意力很快转到镜子中，一切不愉快的哭闹都过去了。即使脾气很大的孩子，开始还会哭闹，但你不要理会他，只要一个劲让孩子看镜子和对他说，他也会“败下阵来”停止哭闹的。这个做法屡试不爽。每一个孩子都会被神奇的镜子所吸引。

阿姨抱抱

目的：减缓认生的状态，初步培养社会交往能力。

方法：妈妈可在家中接待与你年龄相近的女性。当阿姨快到家前你要给孩子穿戴整齐，一边给孩子打扮一边告诉孩子说：“阿姨要到我们家来了，她是妈妈的好朋友，孩子和妈妈都要打扮得漂漂亮亮的。”你自己打扮时可以让孩子坐在一旁看着你。打扮好后抱着孩子来到门前等阿姨的到来。阿姨来家时你要表现出你的热情，如说一些热忱洋溢的欢迎她到来的话，拥抱她或亲一亲她，带她到家中坐下。

阿姨到家时先不要和孩子打招，妈妈只是抱着孩子和阿姨开心地聊天，并观察孩子的表情，看孩子会不会“警惕地注意”阿姨，如果是，说明孩子已经认出阿姨是陌生人了。再看看孩子的表情是不是很严肃、紧张的神态，有试图回避、躲藏现象，如果孩子有，说明孩子还处于害怕陌生人时段。这样你仍然不要让孩子和阿姨相互接近，你继续和阿姨说笑就好。大约20~30分钟，当孩子视线从阿姨身上转到你身上后，时而看看你又时而看看阿姨时，说明孩子认生的状态已经得到缓解，这时你可以把阿姨介绍给孩子了。你可以指着阿姨说：“这是阿姨，妈妈的好朋友，来和阿姨打个招呼，说阿姨好。”一边说一边抱起孩子走到阿姨身边和孩子握握手，如果孩子此时没有退缩现象，你可以再说：“让阿姨抱抱你。”试着把孩子交到阿姨手中。此时阿姨最好不要站起来，坐着接过孩子就好，以免站起时位置高于孩子，给孩子有压力感。

如果孩子有退缩现象，哭叫、回避，你最好立刻停止把孩子交给阿姨抱，和孩子一起再坐下，不要让孩子与阿姨靠得太近，保持一点距离，你继续若无其事地和阿姨交谈就好。再看孩子的表情，等孩子神色表现愉快时再试一试，直到孩子愿意进入阿姨的怀抱。如果多次试验不成功，孩子接触阿姨就哭闹不止，可下一次再进行，如果第2次孩子还是不能接受阿姨，第3次最好换一个阿姨再进行，也许孩子就是对这个阿姨不怎么喜欢。

多让孩子接触他人，减少认生的程度，培养社会交往的能力。

在室外玩耍看到阿姨时，你也可使用上述方法，让孩子接触与妈妈同龄的女性阿姨，让阿姨抱抱。但在室外孩子接受阿姨没有在家中快。最好连续几天与同一个阿姨见面和打招呼，这样让孩子有一个熟悉阿姨的过程。运用此方法也可让孩子认识其他人，来克服孩子认生的反应。

爱心提示：也许对于孩子认生家长有许多问题要问，如什么是认生？认生是指孩子对不熟悉的人表现出一种害怕的反应。认生是孩子生长发育上的进步，是孩子记忆和观察力的发展的结果，是孩子获得了辨别能力的表现。在孩子6个月左右，就开始具备了对两种事物的比较能力，两个玩具中会选比较喜欢的一个。在人际关系中会接近他喜欢的人和躲避不喜欢的人。认生是正常依恋关系形成的表现。孩子对陌生人有不安的情绪正是孩子对经常关心他、照顾他的人产生了依恋的最好证明。这种对亲人的依恋会成为孩子在今后的人生中建构人际关系的重要基础。

不同年龄孩子的认生有什么特点？据专家观察，孩子近4个月（多数4个半月多一点，最迟5个月）会对熟人亲热，躲避生人。在4个月前孩子不会认生。他们对陌生人和新奇的事都会表现出极大的兴趣，来到新的环境会左右张望，任何人的引逗他，都会报以喜悦与微笑。4～5个月他们会较长时间地、警惕地注意陌生人，还会来回地望一望妈妈，好像在比较两人的面孔一样。5～7个月看见陌生人孩子会出现较明显的严肃、紧张的神态。7～9个月看到陌生人有些孩子会有苦恼、哭叫、回避等较强烈的情绪反应。

认生对孩子的健康成长有不利的影响吗？多数专家认生，过分认生对孩子的成长是不利的。认生也使孩子失去一些锻炼人际交往能力的机会。如果在以后成长的过程中这种交往能力得不到补偿，长大后就会变得脆弱、胆怯，不善于与人主动交往或难于与人相处。结果会经常体验到孤独、无能、缺少自主和自信，从而会影响其社会性的发展，影响到孩子个性的健康发展，同时还不利影孩子智力发展。

认生表现可以缓解吗？答案是肯定的。只要让孩子多接触不同的人和环境，同时采取恰当的与人交往方法，孩子的认生状态会逐渐得到改善。

孩子不认生是正常吗？认生的反应是因人而异的，有的孩子表现强烈，有的孩子比较缓和。在面对生人时，你首先要好好观察一下自己孩子的情况，没准你的孩子不是不认生，只是反应不那么强烈而已。如果孩子到了1岁还没有任何认生的表现，比较难于和人交往，不会朝人笑，不能传接球，家长就要注意了。最好向小儿神经和精神科的医生咨询一下，并进行相关的检查。

自己吃

目的：发展手的抓握能力，以锻炼眼—手协调能力和自理能力。

方法：给孩子吃小面包、饼干不再直接递给他，把这些食物放在盒子里或碗中让孩子自己用手抓着吃。

水果如苹果、梨、黄瓜可切成片，放在碗中让孩子自己用手抓着吃。

肉如猪肉、猪肝、牛肉、鸡肉都可煮好后切成片，放入碗中让孩子自己用手抓着吃；鸡蛋剥皮后，蛋白可切成一块块，放入碗中让孩子自己用手抓着吃。

妈妈尽量让明哲自己用手抓食物吃，锻炼手的抓握能力和自理能力。

爱心提示：据观察，孩子最早满6个月（多数8个半月，最迟7个月）能自己拿饼干吃并且会嚼食物；此年龄阶段孩子的抓握能力增强了，爸爸妈妈记住要尽量给孩子运用自己双手的机会。除了提供适宜的玩具让孩子练习抓握动作外，在日常生活中要也给孩子机会，锻炼自己的动手能力。自己用手抓着吃看起来是一个简单的动作，但孩子自己动手抓着吃是发展孩子抓握和眼—手—口协调的最好的做法。

爸爸妈妈不要因孩子用手抓食物不卫生、搞得家里乱七八糟而剥夺孩子抓食物吃的机会。其实动手前先给孩子洗洗手，给孩子围上围裙，在孩子坐的椅子下垫上废旧报纸就可开始了。当孩子吃完食物脱掉围裙、去掉废旧报纸，洗洗手就万事大吉了。

分享食物

目的：学习给予和接受的方法，懂得分享。

方法：孩子经常吃和喜欢吃的食物是水果和零食，多数家长会经常为孩子买各种零食和水果。你要注意不要让孩子一个人独享用水果和零食，要让孩子分给大家一点。如每次给孩子吃饼干时，要告诉孩子说：“吃饼干了，来，给你一块，妈妈一块、爸爸一块。”一边说你一边分给大家。或让孩子从你的手中取一块给你、给爸爸和给自己。

如果孩子拿着饼干等食物不愿意给你，你可以一再地、温和地对孩子说：“把饼干给妈妈一块好吗？”你可以伸手去孩子手上取饼干，并笑着对孩子说：“来给妈妈一块。”如孩子拿着就是不松手，你可以高兴地说：“拔河了、拔一拔、拔一拔。”一边说，一边拉一拉、放一放，来回几个回合，最后把饼干“抢”到手。再告诉孩子：“妈妈拔河胜利了，饼干给妈妈了。”通过开玩笑的方式，让孩子养成分享的行为。

你也可多拿一些饼干给孩子，当孩子手中有太多的饼干时，如他有了2块饼干，你再给他第3块或第4块时，他就会交给你一块了。你也可以拿另外的食物和孩子交换，让孩子知道物品是可以交换。

多数爸爸妈妈也为此年龄的孩子准备了专门的饭菜，但不要让孩子认为这些都是他独有的，要让孩子知道这些也是可以与大家分享的。每次吃饭时你可以说："你的饭菜真香，来让大家尝一尝。"你先自己尝一尝，再给其他人尝尝，再给孩子尝尝，当孩子学会用勺后，最好让他"取"一点或用手抓一点分给每一个人；你也给一点你的、孩子可以吃的食物给他。

孩子已经开始有了明显的占有欲，要注意培养他懂得分享的品质。看纤纤拿到香甜的橘子带皮就往嘴里送，他会给爸爸一口吗？

当孩子把食物分给你时，你要高兴地接受，并对他的分享行为大声地给予赞美，夸他"真乖，会把好吃的分给妈妈了"等，同时将食物当着孩子的面吃掉，和孩子一起享受美食，吃时你还不要忘记夸一夸食物的美味，告诉孩子说"真好吃"，这样让孩子感到给予的快乐，也享受到进食的幸福，养成良好的进食习惯。

爱心提示：据观察，孩子满6个月（多数6个半月，最迟7个月）别人拿他的食物时他会不愿意，他会以尖叫、四肢转动来反抗。这些表示孩子此时有些"私心"了，这是自己的私有财产了，不再乐意把自己喜欢的物品分给他人。你还会看到，有的孩子会调皮地把食品放在你眼前晃一晃，逗你一下又拿走了。当有其他小孩在旁边或是想分享他的食物时，孩子会对食物表现出明显的占有欲，会紧紧抓住自己的东西不撒手，或者大哭、大闹、大声叫喊。这时你该怎么办呢？批评指责都没有用，抢也不是好办法。孩子不愿意给你时，不要气恼，和孩子来一个拔河大比赛就解决一切问题了。从现在起你不仅要鼓励孩子自己拿取食物，也要让孩子把食物与他人分享。爸爸妈妈是孩子最亲近的人，孩子易于接受和爸爸妈妈一同分享，从与爸爸妈妈分享开始训练比较容易。在分享的过程中，同时让孩子学会如何坦然地接受他人馈赠的小礼物，如何真诚地表达收到礼物后的愉快心情和感激之情。真心欣赏和赞美别人送你的礼物，这是一堂很好的人际交流课程。

有的家长不是真正地接受孩子分给的食物，而是对孩子说一声谢谢，把食物再还给孩子。这种做法不好，一是孩子会以为你不喜欢他的分享的行为；二是以为你不喜欢他给你的食物；三是孩子无法享受到分享的乐趣；这样慢慢地孩子不再会与你分享了。

当然你不能强迫孩子把自己喜欢的东西让给他人，这样他会感到受到很大委屈和伤害，长大后孩子还可能会不懂得争取自己的利益，不懂得保护自己的权利。你要知道，孩子有保护自己的东西的权利，爸爸妈妈不应该、也不必要求孩子把自己的东西都拿来与他人分享，但要让孩子知道，我们应该与他人分享我们多余的东西，分享是一件快乐的事就好。

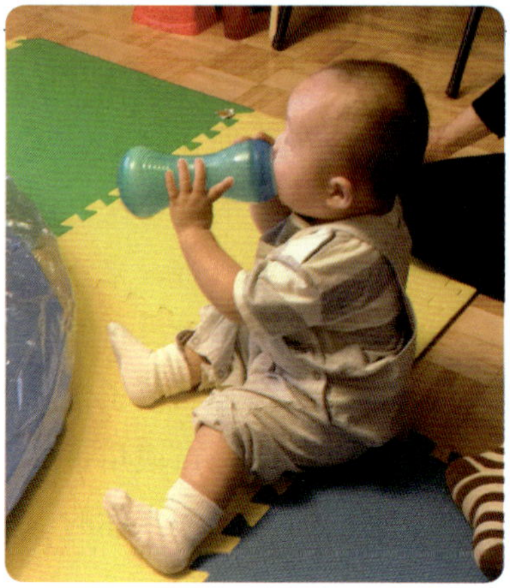

让孩子学会用吸管吸水，增强自理能力。

吸管吸水

目的：学习使用吸管，训练吸吮能力，提高自理能力。

方法：准备两个透明的杯子和两根吸管。你先教孩子嘴唇合拢、向前凸起成圆形，再做一个长长的吹气动作，再做一个长长的吸气动作，反复进行多次。当孩子能做吹气和吸气动作后就可以让孩子训练用吸管吸水了。

你和孩子一人一个杯子和一根吸管，在每个杯子里放少量的水或果汁，将吸管插到杯子里，告诉孩子用嘴唇中间含着吸管。你先用吸管对着水杯吹气，让水中发出泡泡和声音，让孩子也跟着你向杯中吹气，当吹一口长长的气后就会反射性地、不自主地深吸一口气，这样在吸气中水就会吸进一点到嘴中，反复几次，孩子就学会了用吸管吸水了。

爱心提示：当孩子在学会用杯喝水前让孩子学会用吸管，可尽早让孩子脱离奶瓶。用吸管不会对孩子造成危险，妈妈可放心让孩子自己练习。吸吮是孩子在自我意识支配发生的动作。在孩子使用吸管的过程中，要学会吸吮、掌控吸吮的力量。吸吮的力量太大，吸入的水量就过多，会因来不及吞咽而流出口中，力量过小又不能将水吸入口中，所以孩子在吸吮过程中会自觉地练习调节吸吮力量，控制吸入的量。

有妈妈问：“开始教孩子吸水用普通的吸管好，还是用吸管杯好？”有经验的妈妈认为，用普通的吸管训练比较好，吸管杯的吸管比较长，吸水比较费劲，不适合刚学用吸管的孩子。

开始学用吸管的时候可能孩子不会含着吸管，而是去咬吸管。有的孩子控制不好用力，会一下吸出来很多水，弄湿或弄脏了衣服。这时不要去指责他，慢慢示范给他看就好。有的孩子训练多次还是不会用吸管，你经常让孩子含着吸管吸一吸，孩子自然能摸索出吸水的要领。总的是，妈妈不必着急，要让孩子在学习中成长。孩子每接触一样新的事物，都要一个适应过程，这是正常现象。只要给他机会，他就会成功的。

选择吸管要注意以下几点：（1）最好选择透明的吸管，这样孩子可以看到水进入口中的过程；选择直径为中等大小的吸管比较好，太小孩子含不住，太粗吸水费劲。（2）吸管不要太长，长度为露出水面5厘米内为宜，这样容易将水吸出，多余的可剪掉。（3）要选择安全、无毒的食品级产品；包装要卫生；不要选择太软的、闻起来有气味，摸一摸就掉色的产品。

第6个月发育评价

动作

- ★拉手能坐起，头能伸直
- ★能翻身，做俯卧、侧卧、仰卧
- ★能灵巧地、直接地抓起玩具，
- ★会伸手取第2个玩具，能将玩具由一只手向另一只手传递

智商

- ★对能发出响声的物品感兴趣，会有意识地用物体敲出声音
- ★玩具落失在身旁能找到
- ★能找到你说和同时所指的目标
- ★会举起倒扣的杯子，暴露杯下你放入的玩具

情商

- ★玩捉迷藏游戏会用手或衣服蒙脸，拉开时逗笑
- ★和镜中的自己玩耍，大笑、拍打和亲吻
- ★听到叫自己的名字会注视和笑
- ★会努力去够自己想要的玩具

第7个月

（181～210天）全面发展方案

第7个月（181～210天）全面发展方案

动作发展

主动操

目的：发展孩子身体运动和协调能力。

方法：

第一节　仰卧起坐

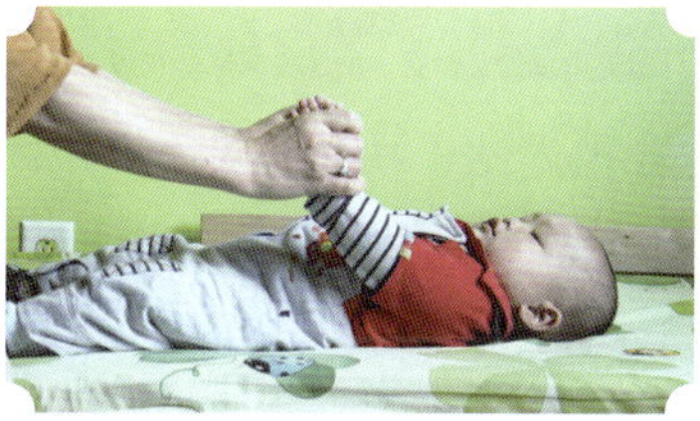

准备：孩子仰卧位，轻握孩子手腕。

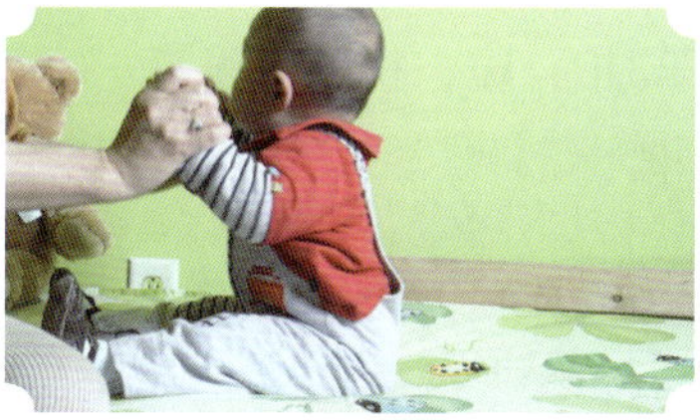

第1拍：起坐，拉起孩子两臂使孩子坐起。

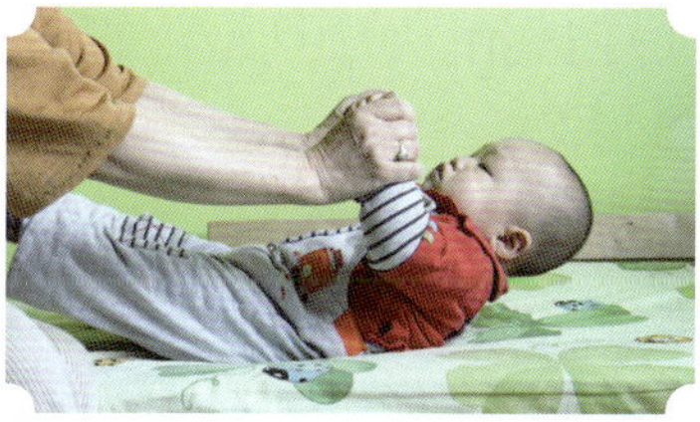

第2拍：躺下，还原成仰卧位。

第3、4拍同1、2拍。

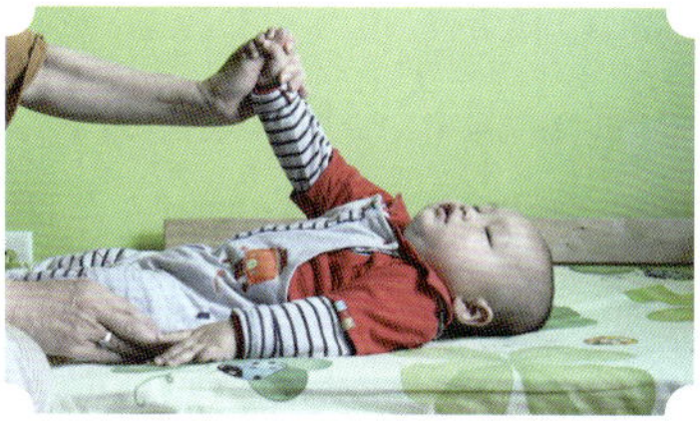

第5拍：右起坐，拉孩子右手坐起。

第6拍：躺下，还原成仰卧位。

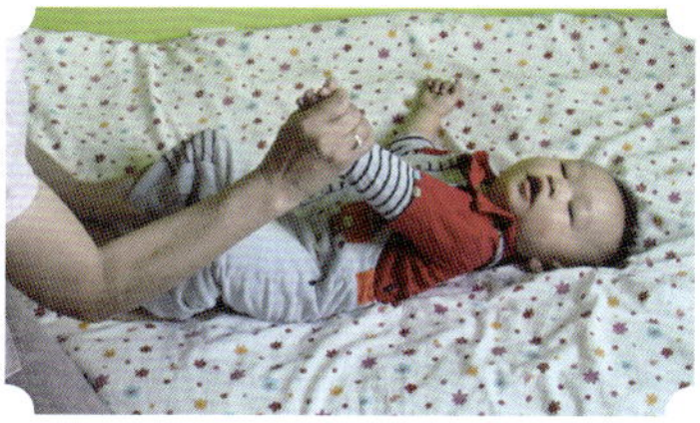

第7拍：左起坐，拉孩子左手起坐。

第8拍：躺下，还原成仰卧位。

共两个8拍。

第二节　托腰运动

准备：孩子仰卧位，用右手托住孩子腰部，左手按住孩子双足踝部关节。

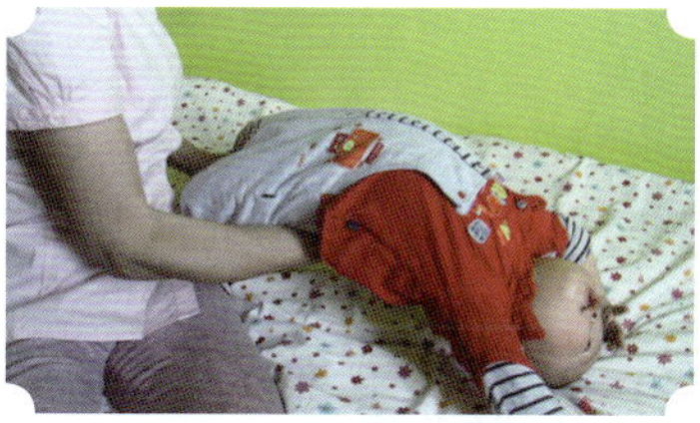

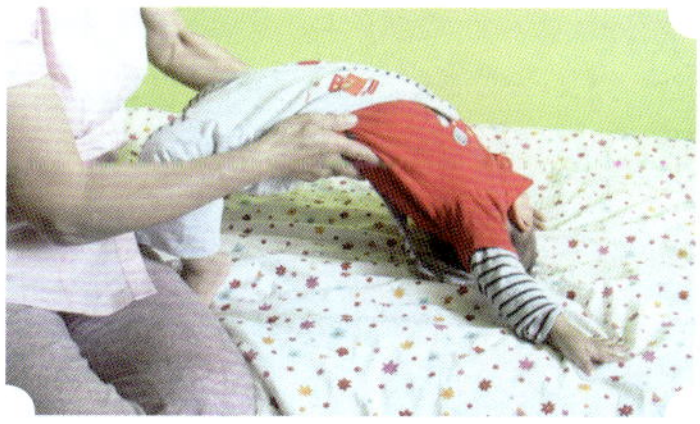

第1拍：拱腰，托起腰部，使孩子腹部挺起呈桥形。

第2拍：躺下，还原成仰卧位。

共两个8拍，第2个4拍换左手托住孩子腰部。

第三节 提腿运动

准备：孩子俯卧，使孩子两肘关节屈曲，放在身体前面，妈妈双手握住孩子的两只小腿。

第1拍：抬腿，提起孩子的双腿约30度。

第2拍：放下，还原成俯卧位。

共两个8拍。

第四节 起立运动

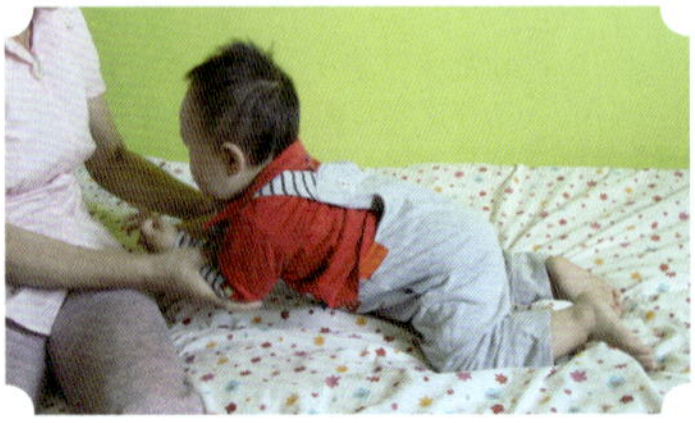

准备：孩子俯卧位，轻握孩子手腕。

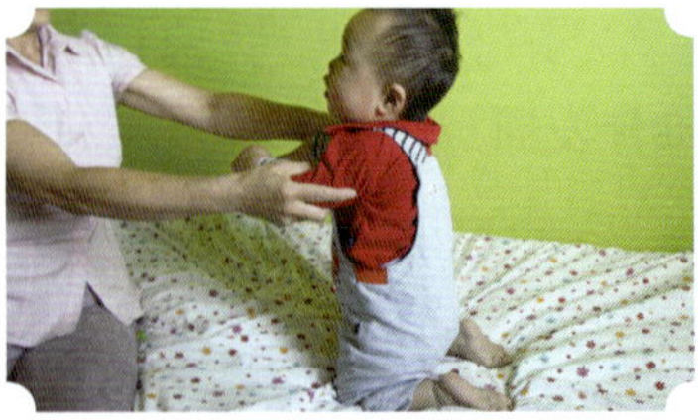

第1拍：跪，扶孩子跪直。

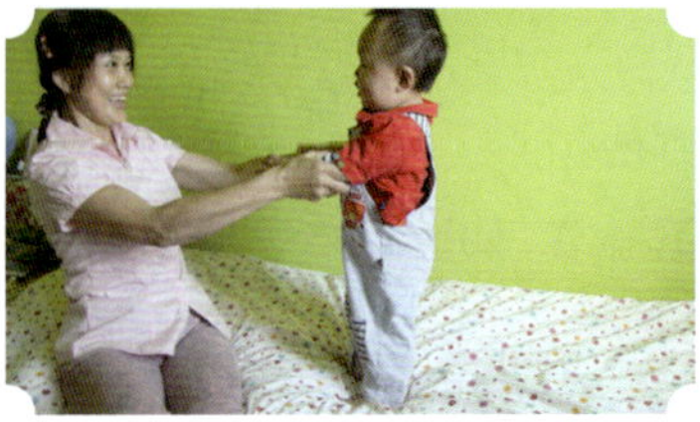

第2拍：站，扶孩子站立。

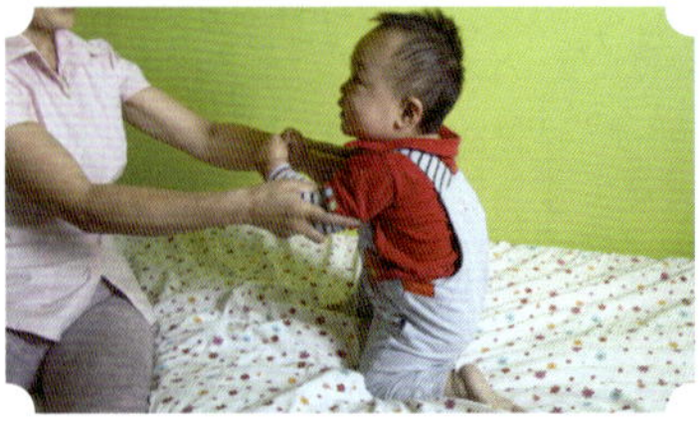

第3拍：跪，扶孩子跪直。

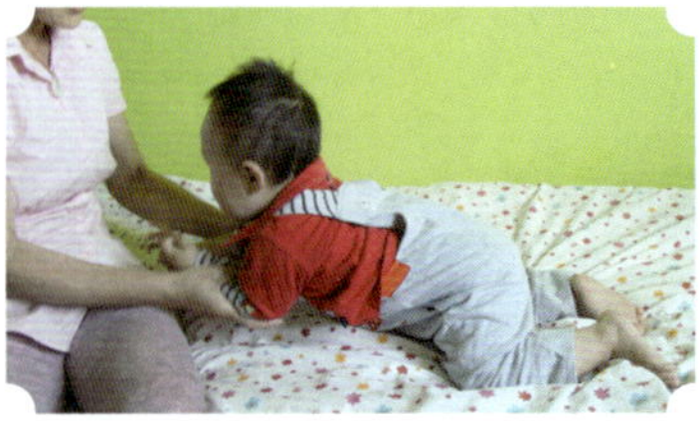

第4拍：趴下，还原成俯卧位。

共两个8拍。

第五节 弯腰运动

准备：孩子面向前站立，妈妈站在孩子身后，左手抱住孩子双膝，右手扶住孩子腹部。

第1拍：弯腰：妈妈弯腰便使孩子尽量弯腰，手触地。

第2拍：站起，妈妈站立使孩子还原成站立位。

共两个8拍。

第六节 踏步、扶走运动

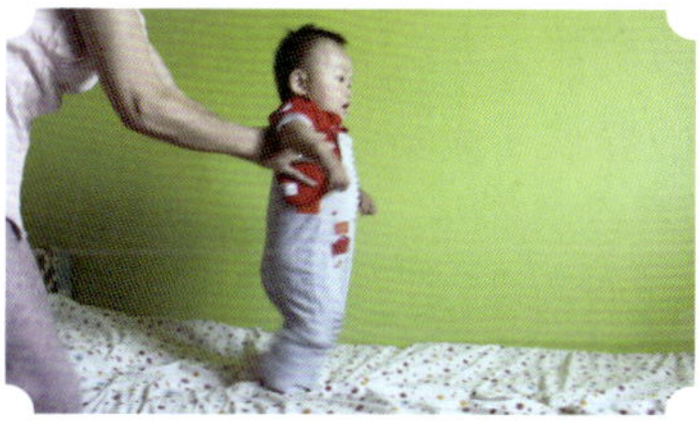

准备：孩子面向前站立，妈妈站在孩子身后，双手扶住孩子腋下、前臂或手腕。

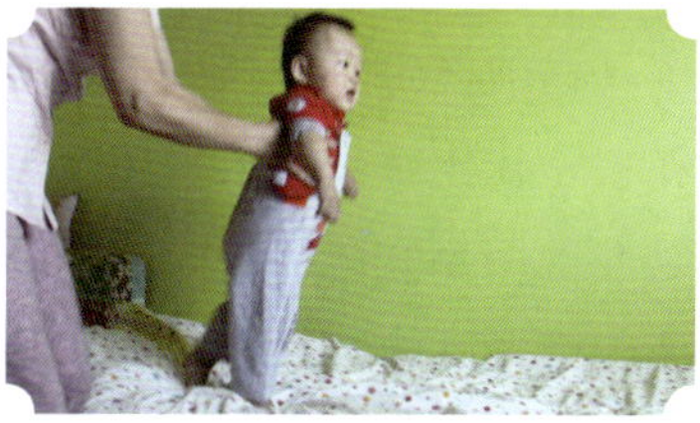

第1拍：左，抬高左手，让孩子抬左腿。

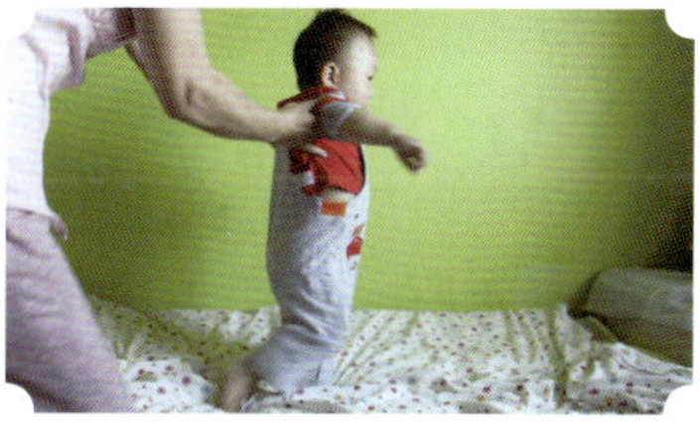

第2拍：右，抬高右手，让孩子抬右腿；

第3、4拍同1、2拍。

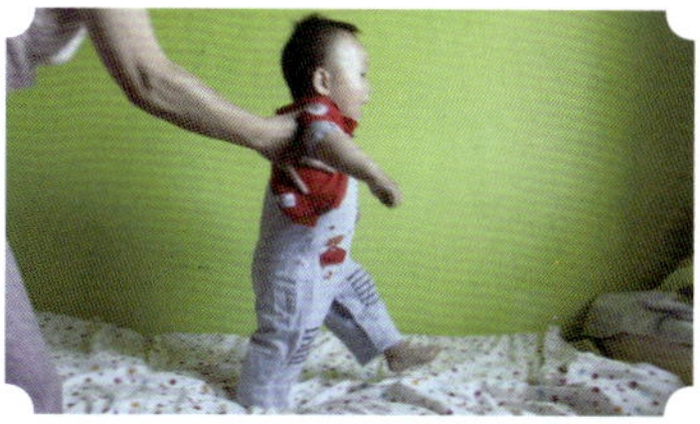

第5拍：左，向前推左手，让孩子向前迈左腿。

第6拍：右，向前推右手，让孩子向前迈右腿。

第7、8拍同3、4拍。

共两个8拍。

第七节 下蹲运动

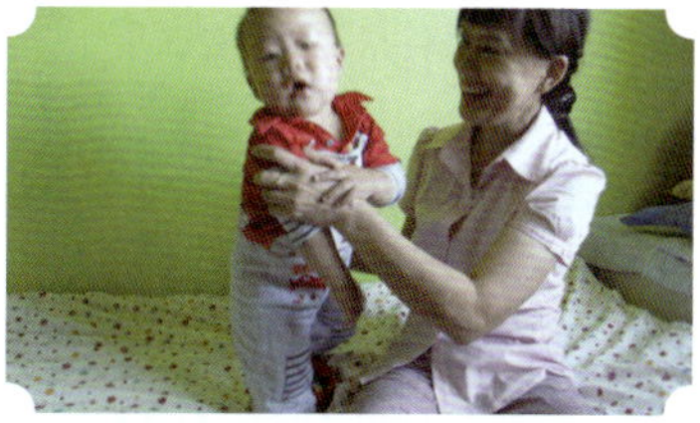

准备：与孩子面对面站立，双手扶孩子腋下。

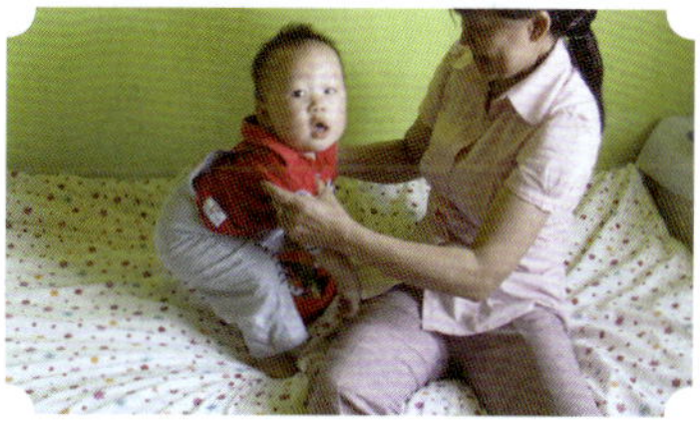

第1拍：蹲下，双手往下用力使孩子蹲下。

第2拍：站起，双手往上用力使孩子还原成站位。

共两个8拍。

第八节 跳跃运动

准备：与孩子面对面站立，双手扶孩子腋下。

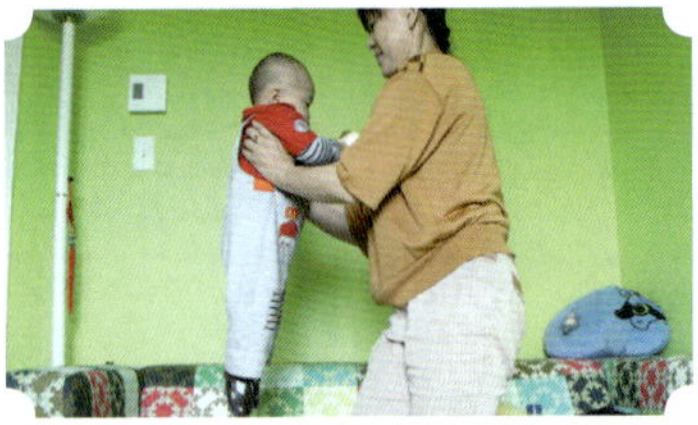

第1拍：跳起，双手往上用力使孩子双腿跳起离开床面。

第2拍：落下，放下孩子还原成站位。

共8拍。

爱心提示：孩子7个月时运动能力增强了，能有意识地进行一些运动，可以和妈妈一起做上面的主动操。一边数拍子一边做动作，一边做操一边放孩子喜欢的音乐。做操时动作要轻柔、缓慢，双腿抬高的角度和身体弯曲的角度要小一点，以免牵拉臂部致使关节脱位。有的孩子很喜欢做操，并且随着孩子年龄增长，做几次后他就会自己用力，爸爸妈妈最好顺着孩子自己用力的方向进行就可以。如孩子不愿做也不能强行进行。腰部运动时托起腰部要尽量提高，但头部和脚不离开床面。提腿运动开始训练时，双腿提高约30°就可，以后可以从30°增加到60°、90°或更多。要让孩子的双肘用力，尽量把身体抬起，让双腿和身体成一条直线；使腰部得到锻炼。以后还可让孩子的双肘伸直，用手臂支撑身体，使手臂力量得到更好的锻炼。最好能坚持每天做一次，从小培养孩子爱好运动的习惯。

爬着追玩具

目的：训练爬行能力。

方法：准备一个可以拉着走的小马玩具或其他可拉着走的玩具，爸爸或妈妈拉玩具在前面走，让孩子追着玩具爬行，和它一起比赛，看谁“跑”得快。也可以准备一个红色鲜艳的球或小车，让孩子爬行去追球或车。

爱心提示：孩子开始学爬行是俯卧匍行，孩子用手、腹部、膝落地支撑体重，向前爬行。以后你可教孩子双手和双膝落地爬行，即叫手膝爬行，还可双手和双脚落地爬行，叫手足爬行。

有观察发现，孩子最早7个半月（多数8个半月,最迟9个半月）俯卧匍行，手腹能支撑体重。孩子最早8个半月（多数10个半月，最迟1岁零半个月）孩子能手膝落地爬行。所以如果你的孩子此时还不能爬也不是发育不正常的表现，重要的要为孩子创造爬行的机会。一旦孩子会爬行，就会自由自在地通过爬行去取自己想抓住的物品。有些爸爸担心孩子到处爬会出危险，也有的怕孩子爬行弄脏了孩子的手和衣服，不愿意孩子爬行或限制孩子爬行。殊不知，没有充分得到爬行锻炼的孩子，不经过爬行阶段就会走路的孩子，其动作发展将不及会爬行的孩子，还可能会导致感觉统合失调，到了学龄前期，就会显得反应迟钝、动作笨拙，游戏能力逊于同龄伙伴，危害就大了，爸爸妈妈要考虑清楚。

妈妈经常用玩具逗引他爬行，看7个月的犇犇能用手腹支撑体重俯卧匍行。

不要因担心卫生和安全问题禁止孩子爬行，爬行后让孩子洗洗手、换身衣服就好。为孩子创造一个好的爬行环境，避免安全问题。你现在需要做好的事是将地面清扫干净，特别要清除地上的纽扣、硬币、别针、耳钉、小豆豆等，6～12个月的孩子喜欢把碰到的东西往嘴里塞，吞咽下去，这会造成窒息的危险。

塑料口袋不能乱放，以免孩子套在头上导致窒息。

不要把热水瓶、茶具、花盆、热的饭菜等放在地上和孩子能够着的桌面上。

摘掉桌布，防止孩子抓住桌布往下拉，把桌上的物品拉下来，砸着孩子或烫着孩子。

将家中所有橱柜都锁好，孩子会想方设法打开它，拿到柜中的药物、香烟、化妆品等不宜接触的物品。

墙面上的电源插座用胶布贴好，防止孩子因好奇把小手或别的东西塞进电源插座内，导致触电，造成恶性事件。

连续翻滚

目的：翻滚打转训练孩子全身肌肉运动，训练运动协调性。

方法：“翻滚抓玩具”。当孩子能连续翻身达360°后，可让孩子躺在柔软、平整的垫子上玩时，妈妈把小球或小车从孩子身边推出一小段距离，让孩子去抓取，孩子会将身体翻过去但仍够不着，妈妈指着小球或小车说：“翻过来，再来一个、再来一个。”让孩子连续翻滚去抓取。熟练后，孩子将会十分灵巧地连续翻滚。

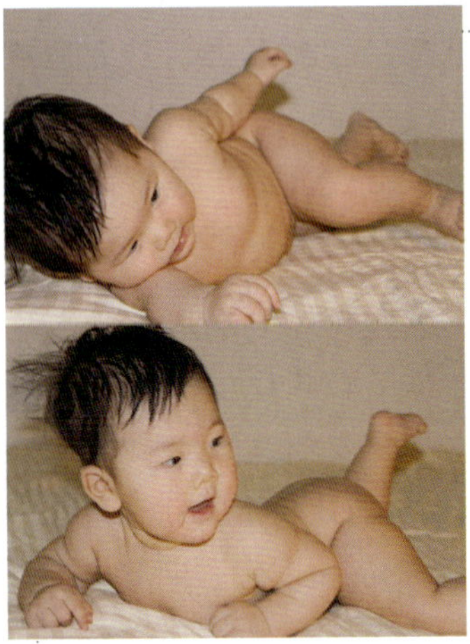

扣扣7个月，可从仰卧到俯卧、从俯卧到仰卧连续翻滚了。

“全家快乐翻滚”。爸爸妈妈还可以经常和孩子一起在地毯上来回翻滚。让孩子躺在爸爸和妈妈的中间，左翻儿圈再右翻儿圈，大家一边翻滚一边开心地笑，全家人一起游戏，这是孩子最喜欢的游戏形式。

爱心提示： 孩子用连续翻滚的办法来移动身体，抓取远处的玩具，不必依靠妈妈帮忙，会感到兴奋和自豪。连续翻滚可使孩子动作灵敏，全身活动协调，又能促进孩子的爬行动作。孩子在游戏中学习运用自己的身体及感官领会周围的世界，拓展他的智力、语言能力、协调能力、创造能力。 而你需要做的只是在游戏中陪伴他，鼓励他就可以了。

自己扶物站起

目的： 锻炼孩子腿部力量和行走能力。

方法： 让孩子坐在地板上，妈妈坐在一个有靠背的椅子上，面向椅子的靠背。然后用玩具逗引孩子，让孩子自己爬或挪动身子到椅子旁，再扶着椅子的靠背往上站起。

也可让孩子爬在或坐在沙发旁，爸爸或妈妈坐在沙发上拿着玩具逗引孩子，让孩子自己扶着沙发站起来取玩具。

如果孩子的小床是有栏杆的，也可逗引孩子扶着栏杆站起来。

7个月的皮皮自己扶着小床站起，先从坐位到蹲位、再从蹲位到站位。

爱心提示： 孩子坐稳当后，他的动作就开始向竖立发展。此时孩子喜欢站立，但7个月的孩子一定是在支撑物的帮助下才能完成站立，支撑物可以是成人的手、床、沙发、凳、小桌等。孩子最早满7个月（多数8个半月，最迟12个月）能扶着椅子、栏杆或其他支撑物站起来。如果孩子不能扶着椅子站起，爸爸可蹲在孩子的后面，教孩子用手抓住椅子，或扶住孩子腋下往上用力帮助孩子站起。

早期学跨步走

目的：训练孩子协调地跨步走。

方法：开始你可扶住孩子的腋窝，让他站在桌面上或地板上，让孩子跨步行走。当孩子跨步动作比较协调后你就可改为牵手跨步游戏。你可弯腰或蹲在孩子的面前，抓住孩子的双手臂，你一边慢慢地往后退一边牵着他缓缓地向前行走。

当孩子走得比较稳时，改为握住孩子的双手掌给予较轻的扶持，轻轻地用力带着孩子向前迈步。在你感觉到孩子拉你的力逐渐变小后，你可以把双手伸向孩子，让孩子拉着你的手，鼓励他试着自己走。

爱心提示：有的孩子在5个月时家长扶腋下就能跨步行走，推动自己的身体向前，但动作还不协调。孩子满7个月（多数8个半月，最迟11个月）不需要扶着孩子的腋下，只需牵着他的手，他就能协调地交替跨步行走。要注意的是，爸爸或妈妈牵着孩子的手走，孩子拉着爸爸妈妈的手走，自己独立走是完全不同的3个阶段。前两个是给予孩子支撑力大小的区别，与后一个比，是有无支撑的区别，有支撑时即使孩子走得很好、支撑力很小，可是没有支撑让孩子自己走就不一定行了。因此，拉手走只能用于练习迈步，即便孩子拉手走得很好，也不要急于放手让孩子独立行走，也不要过早让孩子练习独立行走，特别是对早产儿、肥胖儿、钙缺乏儿。孩子最早10个月左右才开始独立行走练习比较适宜。同时要注意不要强行地拉着孩子往前走，以免拉伤孩子的手臂。

先牵着孩子双手、再牵孩子一只手，再让孩子牵着你的手学跨步。

跨步运动练习对孩子行走发展有很大的影响，如果要想孩子早走路，可经常做此游戏练习。

骑木马

目的：促进平衡能力的发展，培养孩子的勇敢精神和愉快情绪。

方法：准备一把大靠背椅，让孩

子面对椅背坐好，两腿从椅背的空当伸出，双手抓住椅背两边。你站在椅背这一边与孩子面对面，双手拇指勾住椅背，手掌伸开扶住孩子的双手。以椅背两条后腿为支撑点，前后摇动椅子，或以椅子的两条左腿为支撑点，左右摇动椅子。边摇边唱儿歌《摇到外婆桥》或其他儿歌。

你也可和孩子以同样的姿势一起坐在椅子上，边摇边唱儿歌。这样更有趣和安全。

如果你购买了真正的木马，也可以让孩子骑木马。只是此时孩子坐得不是很稳固，手抓握可能不牢固，身体平衡控制能力不强，还有胆子小，所以你一定要扶孩子上马，并要一直在孩子身旁保护着他。

孩子能坐稳就可以骑木马。身体前后运动可促进平衡能力发展。

爱心提示：在此运动中孩子的身体上下左右运动时就会使平衡感得到锻炼，防止上述平衡感觉发展不良的表现发生。

我们曾在第3个月升降机的游戏中谈到，平衡感觉是一种十分重要的运动感觉。平衡感受器位于中耳内，由大脑的前庭平衡器官控制。它主要调控人体的左右、前后、上下、旋转等感觉，并力图使人体在这样的环境中保持机体的平衡。因此平衡感是人类行动的基础，它能帮助身体姿势保持平衡，形成空间方位感，平衡感与眼球的追视能力、专注力、阅读力、音感能力、触觉和语言能力都有关。平衡感觉发展不完善的孩子，运动会有不协调的表现，比如原地转圈后站不稳，会一下子摔一跤；站坐姿势不正，形成站无站相、坐无坐相；拿东西不稳、走路撞墙，容易跌倒；打球接不住，打不准；不敢走独木桥，恐高。性格上也有不良表现，心烦气躁、好动不安、注意力不集中、人际关系不良、有攻击性等一系列表现。所以锻炼孩子的平衡感也是极其重要的。

在游戏过程中，家长应注意观察孩子的反应，孩子如果胆小，家长应放缓摇椅子的节奏，并鼓励孩子勇敢一些。如果孩子不怕可以增加摇晃的幅度和速度，让孩子的大脑得到更大的、更剧烈的刺激。同时要注意孩子的安全。让孩子扶好椅子，以免摔伤。

单臂撑

目的：增强上肢的力量，发展平衡

能力，为爬行做好上肢力量的准备。

方法：你可先让孩子做双臂支撑体重练习。你和孩子相对俯卧在地板上，你尽量用两臂撑起上半身，抬起头往上望，做狮身人面状。告诉孩子你是狮子，并且尽力抬头向前张望，向左、向右交替地张望，同时发出长长的狮吼声，让孩子模仿你的动作。

平平每天都做“狮子吼”，还会做双臂和单臂撑。

当孩子双臂有力后，你还可以为你和孩子各准备一个狮子玩具，你单臂支撑着身体，另一只手拿起狮子玩具玩耍，如在孩子面前摇晃，告诉孩子说：“狮子来了，来把你的狮子拿起来，让它们一起玩一玩，来让他们一起跳舞、拥抱、打架等”。鼓励孩子模仿你用单臂支撑身体，用一只手拿起玩具和你玩耍。你们可以拿着其他玩具玩耍。还要注意左右两臂轮流练习。

爱心提示：爬行动作的实现需要全身协调运动，爬行动作由最初的爬行反射，再经过抬头、翻身、坐起、匍行等中间环节，最后四肢的力量和协调能力得到了发展，爬行才成为可能。进行一些锻炼双臂支撑力的游戏，对孩子早日爬行有一定的促进作用。

孩子的姿态由以往的静态到爬行的动态变化，孩子视听的范围扩展了，大脑得到的刺激量增多了，这样有利于大脑的神经网络的形成，有利于脑神经系统结构的完善，所以鼓励孩子早爬行、多爬行，可促进孩子的大脑发育，使大脑对手、足、眼的神经运动的调控得以加强。

拇食指捡小物品

目的：练习手指抓握小物体，锻炼眼—手协调的能力。

方法：买一袋入口即化如花生粒大小的小馒头或爆米花。教孩子用拇指和食指去捡起它们。开始的时候孩子可能不会，只是大把抓，还经常掉下来。爸爸或妈妈可以用食指和拇指钳住这些小食品，一粒一粒地捡起来放入碗中，示范给孩子看。当孩子能用拇指和食指钳起来时，要给予鼓励，让孩子自己将小食品放进嘴里吃。

孩子一边玩，妈妈可念一首儿歌给孩子听。

小馒头：小馒头，圆滚滚，宝宝吃了，真高兴。

心灵手巧，让孩子多动手才会聪明。这个月开始给孩子一些小食品，让孩子练习用拇指和食指相对抓着食物吃。

小馒头，圆又圆，孩子吃了，白又壮。

爆米花：噼啪、噼啪，爆米花；一朵一朵像棉花。

噼啪、噼啪，爆米花；一颗玉米一朵花，两颗玉米两朵花，很多玉米很多花。

爸爸妈妈还可以伸出手，让孩子把捡起的小点心放在你的手心，张开嘴让孩子把点心放入你的口中，或者拿一个小碗让孩子捡起放入碗中。

爱心提示：训练孩子用手指拿东西的能力。首先爸爸或妈妈要示范怎样用食指和拇指把小面包捡起来再放下。孩子能用大拇指和食指捏起小物品是最好的，但开始有的孩子用3个手指去捡物品，中指也参与了，也不要急于去纠正他，多练习孩子就会学会的。据观察，孩子最早满6个月（多数7个半月，最迟9个月）能用拇指与其他手指配合的方式抓取小物品。

用拇指与食指拿东西，对于成人来说是一件可以忽略不计的能力，而对于孩子来说却是一件很大的工程，是手的动作发展非常关键的一步，需要不断和练习才能达成。据观察发现，孩子最早满7个月（多数近9个月，最迟12个月）才能用拇指和食指精确地、相对灵巧地捡起小的东西。

假如孩子到了8个月还只是用拇指和其余几个手指配合抓起东西，而不是单独使用食指与拇指配合对捏，你也可以试一试用手将孩子的中指、无名指及小指握在手里，让他只能学着用拇、食指对捏取东西，这样对孩子早日学会拇指与食指钳拿东西有帮助。

你也可以让孩子捡其他小物品，如葡萄干，葡萄干小而软，不易滚动，孩子捏起来既有难度也容易拿取。也可捡小糖丸、花生、豆子。注意玩此游戏时爸爸妈妈不能离开，看着孩子不要把花生、豆子放进嘴中，孩子可以吃的小糖丸、小面包，也要告诉他每次只捡一粒放入口中，不可大把抓起塞入口中，以防呛噎。还要防止孩子将小粒物品塞入鼻孔和耳道内。

拍拍手

目的：训练孩子两手在胸前相碰。

方法：和孩子面对面坐好（如果他还不能自己稳稳当当地坐住，就在他身后塞一个靠垫）。爸爸妈妈自己拍手，让孩子模仿你们拍手。如果孩子不会，可握住他的两只小手，教他将小手在胸前相碰并对拍。然后不握他的手，让他自己对拍。

可用你的左手拍孩子的右手，你的右手拍孩子的左手，左一下右一下。也可与孩子双手对拍。

当有小朋友来家里玩时，让孩子拍手欢迎。当有唱歌和表演节目时，和孩子一起拍手叫好。

你还可以边唱《拍拍手》儿歌，边伴随着歌词内容做出相应的动作。

拍拍手，点点头，敬个礼，握握手。拍拍手，点点头，笑嘻嘻，好朋友。

拍手常是最早教孩子的肢体语言，从这个月开始，你可教孩子做拍手动作。

爱心提示：孩子什么年龄会拍手？孩子10个月了还不会拍手正常吗？这都是爸爸妈妈想要了解的。有观察发现，孩子最早满7个月（多数近10个月，最迟满1周岁）才会在没人帮助的情况下能两手在身体中间相拍。

拍手动作的早晚与平常训练多少有关。爸爸妈妈需要明白的是，每个孩子的发育水平都是存在差异的，千万不要拿你们家的孩子和别人家的孩子去比，不要刻意强求他，更不能数落他说："别的小朋友都会了，你怎么什么都不会"等。你不要以为他什么都不懂，此时的孩子已经能区分批评和表扬了，批评和指责会影响他的情绪和自信。爸爸妈妈要经常表演给孩子看，让孩子在无意识的情况下就学会了。但如果孩子满1周岁后还不会拍手，就要引起注意了。

抓小鸟

目的：训练眼—手协调能力。

方法：先准备"能飞的小鸟"。用绳子将小鸟、飞机、小球或其他孩子喜欢的小玩具等吊在一根木棍、一块木板或一块有一定强度的纸板上。当孩子能够比较熟练地抓起放在桌面上固定不动的玩具后，先让孩子坐好或俯卧。在孩子的眼前晃动吊有小鸟等玩具的木棍，让玩具在孩子眼前移动，让孩子伸出手去抓握住"飞起来"的玩具。

可配合孩子的反应移动小鸟的位置，并适时变换移动的速度。还可将小鸟依次放在孩子的前方、头上方、左边、右边，轮流更换方向。孩子会被飞动的小鸟和其他玩具吸引，会抬头、向前、左右转头去看，转换身体方位和举臂触摸玩具。爸爸妈妈可顺势将木棍拿高、放低，锻炼孩子的双臂力量。

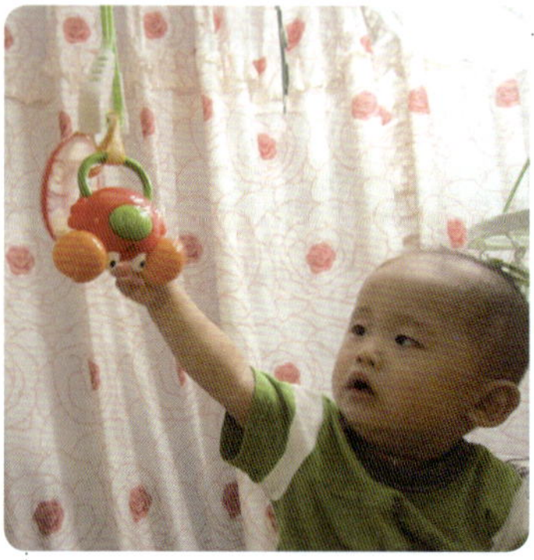

妈妈喜欢让明哲抓动来动去的玩具，锻炼他的眼—手协调能力

爱心提示：抓握移动的物体比抓握静止不动的物体难度要大，一开始孩子只能触碰到物体，还没有抓住它，它就移动了，再伸手，它又移动了。这样经过多次的努力，孩子终于伸出两只手把玩具抓握在手里。让孩子抓动态的物体，可进一步地锻炼了孩子眼—手的协调能力，等他终于能协调一致抓到时，孩子会兴奋得嘴里叽叽咕咕“说”个不停，爸爸或妈妈就要及时给予鼓励：“宝宝能抓住在飞的小鸟了，真棒！”可以经常更换木棒上的玩具，还可在木棒上挂上不同颜色的气球、彩色纸条，以提高孩子抓触的兴趣。我们会发现，孩子非常乐于多次重复一个动作，因为他需要不断地体验失败与成功，需要不断地学习和探索。

推杯子滚小球

目的：发展手推的动作，了解运动与物体运动的关系。

方法：准备1个塑料杯或一次性杯子，在杯子里装1个小球，放在地上。爸爸妈妈先告诉孩子：“贝儿，看妈妈怎样让球滚起来的。看！杯子倒了，球滚出来了！”边说边做，当着孩子的面用手背将杯子推倒，让孩子看见小球从杯子中滚出来。然后，让孩子爬过去把球捡回来，放进杯子里，叫孩子模仿你“推”倒杯子的动作，你可用手示意做推的动作。当孩子推倒杯子后，你要拍手叫好，以表示对孩子的鼓励。

大卫喜欢反复地推倒花盆再把它扶起来。

你还可把多个装有球的杯子放成一排，让孩子用手一一推倒，也可给孩子

一根棍子，让孩子用棍子去推倒，推倒后再捡回球放好，再推，反复玩耍。

你也可让孩子把球倒向指定的方向。如先在杯子的某个方向放上一个布娃娃、小熊或小狗玩具，然后告诉孩子说："来，贝儿，把球推给布娃娃。"让孩子往布娃娃的方向推杯子，然后再往其他方向的小熊或小狗玩具推杯子。

爱心提示：推的动作常与拉的动作联系使用，推的动作需要手臂和手腕外伸的力量，拉的动作主要使用手臂和手腕内收的力量，开关门、拉抽屉就是拉力和推力在起作用。实际生活中我们做拉的动作多于推的动作，特别是手背推物体的动作很少用，此游戏可让此动作受到锻炼，让孩子学会使用手背推动物体。往不同方向推球又可训练对手的力量大小和方向的控制及孩子的眼—手协调能力，同时在反复的游戏过程中，孩子会把推的动作和杯子倒联系在一起，了解到自己的动作与物体的运动的关联，意识到自己的力量，这样可以促进孩子的意识发展。孩子一旦意识到这一点，游戏的目的性就会极大增强。

开开关关

目的：训练手按的动作，使手指更灵敏准确。

方法：准备一个用电池的小台灯和八音盒。教孩子按一下开关，台灯就亮了，八音盒就响了，再按一下台灯就灭了，八音盒停了。让他自己学习操作。一旦操作使灯亮了，发声了，孩子会十分高兴。

可以让孩子学习开关录音机等其他带开关的家用电器。录音机的按钮较多，可教孩子会认出"开、放"和"关、停"的标志。

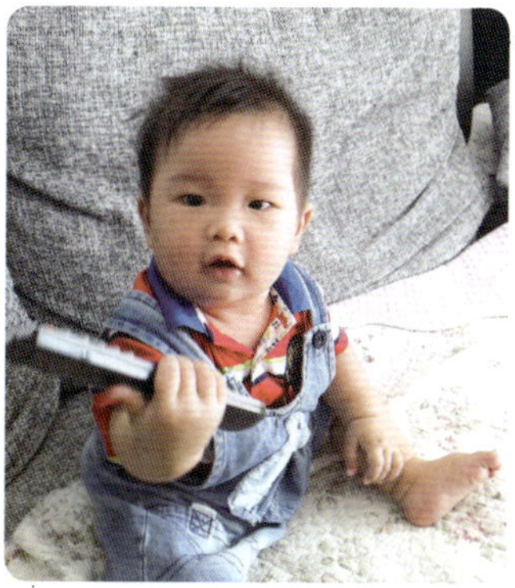

给孩子一些带开关的玩具和用品让他练习手指按的动作。看！川川，喜欢按摇控器。

爱心提示：此年龄的孩子好奇心极强，对于未曾见过的、未曾摸过的，都表现出极强的好奇心，非要摸一摸、瞧一瞧方才罢休。当孩子每天看到你一按开关，灯就亮了，收音机就响了，他会很好奇，他也会伸出小手想去按一按。开始"啪嗒"一声按了下去，灯光应声而灭，声音一下发出，孩子会很吃惊。以后他就能预期发生的结果了，一按开关，他就知道去看灯是否亮了、收音机是否有声了，如果没有出现预期的结果，他会疑惑。这样让孩子理解动作对事物的影响。最好不要让孩子去开关电视，电视屏幕的闪动对孩子视力影响不好。还有孩子经常开关电视，你的电视也看不成了。带电用品的开关都要在爸爸或妈妈监督下操作，注意安全。

手拌大杂烩

目的：培养用手搅拌的能力，学习自理和分享。

方法：给孩子穿上容易清洗的衣服，在孩子坐椅下铺上废旧的报纸，洗好手。准备一个有多个格的托盘，把做好的面条、碎的青菜、煮烂的肉末分别放在托盘各个小格中，教孩子先把各种食物放在一起，然后用手搅拌均匀，再用手抓起食物与孩子相互喂食。

你也可把不同的水果除皮和籽后先分放在多格盆的不同格中，再让孩子用手把它们抓在一起，搅拌均匀后再用手抓起与孩子相互喂食。

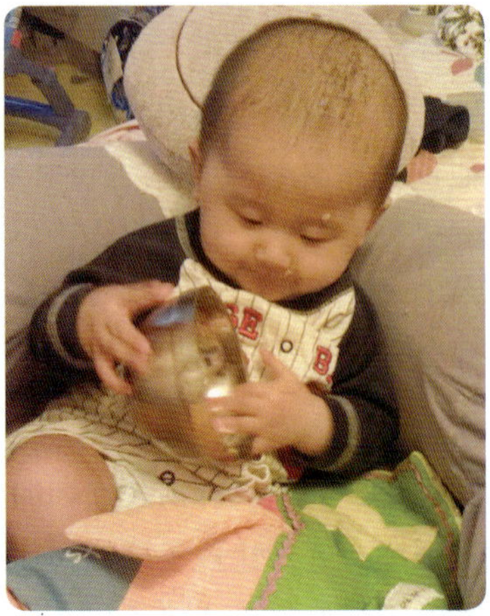

明哲喜欢用手把饭菜搅拌在一起再用手抓。

你也可再将煮熟的面条倒去汤，拌上调料，凉凉后端到孩子面前，你先用手搅拌一会，然后你用手抓起面条喂自己，让孩子模仿你的动作。你还可以抓起面条喂孩子，也让孩子抓起面条喂你，让孩子学习与你分享食物，这样你一口我一口，孩子会很高兴，你也会很高兴。

也可以把不同的小饼干让孩子先混合好再用手抓起与孩子相互喂食。

爱心提示：手的运动对孩子的智力发展有非常重要的作用，儿童心理学家认为，伸手抓物是孩子开始对客观世界进行探索并为智力发育打下基础的一种重要方式。也许用餐具吃饭是一种文明，然而用手抓食即是一种智慧。如果家中没有客人，如果不是在外面进餐，你大可以让孩子自己用手抓着吃任何食物。需要注意的是食物一定要放温时再让孩子抓，不要烫着孩子。

智商开发 >>

认水果听歌谣

目的：学认识常见的食物。

方法：上个月让孩子认识香蕉，你也可把孩子最喜欢吃的水果作为首次教孩子指认的水果。

所有水果都可按认香蕉的做法和步

骤进行。苹果、西瓜、桃子、大枣都是常见的水果，可以优先教孩子认。先教孩子认，再让孩子指，如果孩子能指出你所说的水果，说明孩子已经认识这种水果了。

教孩子认识他经常接触的物品，如常见的水果、玩具、日常用品等。

教孩子认水果最好每次教认1种，等孩子能指认这种后再认第2种，以免混淆。

认识真实的水果后你可再让孩子指认水果的图片。同1种水果照相的角度不同，会构成不同的图案，因此，认图比认实物难度大多了，需要你有极大的耐心去教孩子。

你还可以给孩子念相应的歌谣，这些歌谣多简单而明确地阐述了这些水果的特点，短小、好记忆，因此，可以促进孩子对水果的认知，也能促进孩子的语言发展。如：

橘子：橘子圆，橘子黄，又香又甜，有营养。

苹果：苹果圆，红又艳，吃起来，脆又甜。

大西瓜：大西瓜、圆又圆，皮绿绿，心红红。

小蜜桃：小蜜桃，像颗心；红红脸，歪歪嘴。

红枣：红红的枣，个儿的小，甜甜的脆，营养的好。

爱心提示：6个月以后孩子的学习能力有了新的发展，表现为记忆能力增强了，对物体的再认能力加强，使孩子的学习能力增强了。在孩子能听声指物后要加大教孩子认识物体的力度。水果是孩子常吃的食物，而且有形、漂亮，水果摊到处可见。可以先教孩子认水果。

先教孩子感兴趣的物品，孩子会更容易记住，起到事半功倍的效果。在教孩子认水果时要先让孩子看一看、摸一摸、闻一闻、尝一尝，调动孩子的视觉、触觉、嗅觉、味觉同时进行，会更容易记住，同时要反复教孩子这个物品的名称，让孩子模仿发出这个物品名称的音。当孩子指着他想要的东西时，要帮助、鼓励孩子发出这个音来。

找盒中的小球

目的：理解“没了”和“有了”的意义，学会寻找不见了的物品。

方法：准备1个小盒子，2个不同颜色的小球。你先告诉孩子：“妈妈要把球放进盒子里了。”再把小球放到小盒子里。摇动装有小球的盒子让它发出声音，然后将所有的球倒在桌子上，再立即把小球捡起来放进盒中，摇响它，再偷偷地把球倒掉，把空盒子给孩子，看孩子有什么表情，会不会很奇怪小球去哪儿了？会不会把盒子翻来翻去到处寻找呢？做游戏时要一边做一边说：“贝贝，小球在盒子里，妈妈摇一摇，响了，倒出来了，再放进去，盒子给你，看小球去哪里了？”

重复上述游戏，这次不把球偷偷地倒掉，而是把装有球的盒子给孩子，他的表情会是怎么样呢？是不是很奇怪玩具又回来了。

扣扣7个月2天，正在玩找瓶子里的球。球去哪儿了，她还不明白。

爱心提示：盒子要大，特别是盒口一定要大，便于孩子把彩球投进去。示范动作一定要仔细、缓慢，让孩子看得清清楚楚。

当你摇动装有球的盒子，观察孩子的情绪，如果孩子很高兴，表明他会想到“球在盒子里，太好玩了，一要找到它”。当他见盒中没有球时，他会明显地去找盒中的球吗？如果孩子知道找球了，他会不会很迷惑呢？“球去哪儿了呢？我明明看到妈妈放进去了，怎么它会不见了呢？”这就促使孩子去思考。会找球说明孩子的智力有了一个飞跃的发展，他有了物体永恒性的概念。当孩子知道，看不见的球还在，才会寻去。没有形成这一概念的孩子，他不会去找看不见了的物体。据观察，孩子最早满7个月（多数近10个月，最迟13个月）每次游戏时都会明显地寻找盒子中的小球。如果孩子没有明显寻找的表现，你可以多次重复这个游戏，并用语言指导孩子，告诉孩子说：“贝贝，找一找，球在哪儿？”多做几遍孩子就知道去探索球的去向了。

著名教育家说过：“小孩子生来是好动的，是以游戏为生命的。”确实，游戏是他们生活中最基本、最喜爱的活动。而有目的地带孩子做这些智力游戏，有利于早期开发孩子的智力。

找发声的物品

目的：发展孩子的听觉集中能力和听觉辨别能力，促进对物体永恒性的理解。

方法：准备各种能发声的玩具或乐

器，如口琴、小鼓、摇铃等。当孩子正在玩耍时，爸爸或妈妈敲响玩具或乐器走向孩子，以引起他的注意和兴趣。然后，走到孩子视线以外的地方，让孩子随着声音的方向找东西或人。

爸爸或妈妈拿一个钟或音乐盒等能持续发声的物品，先让钟和音乐盒响起，引起孩子的注意，然后当着孩子的面拿块布或纸毛巾将闹钟或音乐盒盖住，在盖着毛巾的情况下让它发出声音。看孩子能不能辨别声音是从哪里发出的，会不会再去看闹钟或音乐盒所在的位置，或揭开布或毛巾寻找声音来源。

也可先摇响玩具，再当着孩子面拿块布或毛巾将玩具盖上，在盖着毛巾的情况下玩具不再发出声音，看孩子会不会揭开布或毛巾寻找。如果孩子不寻找，可隔着布摇响它，让它发出声音，引起孩子的注意和寻找。

经常把发声的玩具或用品当着孩子的面藏起来，让孩子找一找。看！皮皮正在找妈妈藏在枕头下发音的钟。

爱心提示：能发出声音的玩具是孩子的最爱，意想不到的声音会给孩子带来惊喜。把能发声的东西藏起来，让孩子去找，你会发现孩子有多喜欢这个游戏。要注意玩具发出的声音不要太响，当孩子找到时，爸爸妈妈可把玩具给他玩以提高兴趣。或者抚摸孩子作为奖励，起到强化作用。

打电话

目的：训练手指的灵活性，促进听觉分辨力，发展语言能力。

方法：打电话是孩子最喜欢的模仿动作，此月你可以给孩子买一部玩具电话让孩子玩拨电话和打电话的游戏了。电话的键盘有拨键和按键两种类型。这两种键盘对手指锻炼的功能是不一样的。如果你家真正的电话是拨键的，你就给孩子买一个按键的玩具电话，否则就买一个按键的，如果你担心真正的电话被孩子玩坏了，最好买两种玩具电话。就可以和孩子做以下游戏了。

“键盘手指操”。让孩子分别用左手、右手每个手指去拨电话键盘上的0～9这10个数字，或去按每个数字，让每个手指都得到锻炼。

“拖着走”。话筒和话身有一根长长的电话线相连，因此，电话又可作为孩子的拖拉玩具。你可以让孩子拖着电话爬、扶物走和独自走。

纤纤已经“爱”上了玩电话，经常会用手按键并会拿起话筒“啊、啊”叫。

“看键盘上的数字”。电话键盘上标有数字0~9，你可指给孩子看，读给孩子听。虽然孩子现在不一定能认识数字，但可为今后学认数字打下基础。

“听数字发出的声音”。电话键每按一下，都会发出悦耳动听的声音。你可能听出来了，每个数字发出的声音是不一样的。你可指导孩子去听它们有什么不同，学习分辨它们的差异。如当你按“1”时，你可以对孩子说“听！这是1的声音”，然后你可让孩子听“0”“2”“3”一直到“9”的声音，锻炼孩子的听觉分辨力。

“打电话”。你可让孩子拿起话筒和你打电话。你可和孩子面对面坐在一起拿起另一台电话假装和孩子通话。你可以对他说你日常生活中经常对他说的话，如叫他的名字，告诉他你是妈妈，问他是谁等。注意“通话”中你不要只顾自己说，你要多问孩子，让孩子有“说”的机会。虽然此时孩子还不会说话，但他能咿呀作语了，如你们面对面对话一样，他会和你在电话中咿呀地发音了。

爱心提示：打电话是孩子爱模仿的游戏。你要有目的地让孩子玩电话游戏，使孩子的各项能力都得到发展。特别是孩子手指的灵活性、声音分辨能力、语言理解和表达能力。而且这些游戏要符合孩子的年龄特点，简单、容易操作、孩子喜欢。在孩子两三岁时我们会设计更多的发展孩子各项能力的电话游戏给爸爸妈妈们。

认花

目的：促进嗅觉发展，亲近大自然。

方法：也许在你家的阳台你就种满了各种花草，也许此刻正是鲜花盛开的季节，你可以有意带孩子去阳台看看那些美丽的花朵，给他介绍这些花的名称、颜色，特别是把孩子抱起来，让他的脸靠近一朵刚刚绽放的鲜花，让他闻一闻花香。看看当他看到那些漂亮的花朵、闻到花甜甜的香味时孩子会有什么表情呢？你可以好好地欣赏和感受一下孩子脸上的惊奇和愉悦了。

如果你家没有种花草，可以去街心

或社区花园、去公园、植物园，甚至可以去花市，也可去临街的花店等任何你能找到的有鲜花的地方。

爱心提示：随着孩子一天天长大，孩子的好奇心不断增长，他也越来越留意自己周围的世界了。孩子为了适应生活环境会通过他的眼睛、鼻子、耳朵、触摸既视觉、嗅觉、听觉、触觉来感知这个世界。

我们的感官感觉到的色彩、气味和声音可以直接影响到人的情绪和行为，如当我们闻到喜欢的气味时，就会高兴和心情愉快，并产生愿意接近的情绪反应和行为。而相反的，当我们闻到不喜欢的气味时，不仅会出现恶心呕吐等生理反应，也会出现难过、不愉快的情绪反应以及逃避行为。孩子天生嗅觉灵敏，又喜欢鲜艳的色彩，如果每天在花丛中待一会儿，一定会让孩子心情舒畅、精神愉快的，这也是让孩子亲近大自然和激发孩子好奇天性的好做法。

让孩子亲近大自然，多到室外走走，看看美景，闻闻花香。看！扣扣正在看她喜欢的花儿呢。

需要注意的是不要让孩子接触到有毒和有害的植物。茉莉花、桃花、梨花、栀子花、玫瑰或熏衣草等都可以让孩子看一看、摸一摸、闻一闻，但不要让玫瑰和仙人掌的长尖刺伤到孩子。也不要让孩子接触到一些有毒的鲜花和植物，如夹竹桃花、郁金香、杜鹃花、一品红、虞美人等都带有毒素，如果孩子吃下去会引起不良反应。家中一定不要种这些花草或树木。

此时孩子已经会抓东西了，你带他去赏花时，要轻轻地握住他的手，不让他有抓到、并把这些花往嘴里塞的任何机会。如果孩子能爬行后，一定要将室内栽培的花木搬到阳台，并将阳台关好，以免不小心让孩子去触摸和抓食这些植物。

看爸爸妈妈画画或写字

目的：引起对绘画和笔的注视。

方法：喜欢绘画或书法的爸爸妈妈，当你画画时和书法时可让孩子坐在你的身边观察，你可一边画或写一边告诉孩子你在干什么，引起孩子注意你画画和写书法的动作和你手中的笔。

你也可以为孩子准备一些油画棒和数张素描纸。让孩子坐在桌子前，你专门用油画棒为孩子画一些图，如画一些小猫、小狗、小鸡等小动物。也可以随意地画些点、线，你要一边画一边对孩子说：“妈妈画画了，画一个点、画一条线、画一只小鸡。”引起孩子注意和观察你画画。如果孩子不注意你的笔和画，你可以用笔敲敲纸，再画再说，多次反复进行，让孩子注意到你的笔和画为止。

爸爸经常让天天看他练书法，激发了天天的兴趣，看，天天和爸爸一起「练习书法」多认真。

有的孩子会来抢你的笔，这时你可以把笔交给孩子，看他能否模仿你拿笔“画画”。如果孩子能随意拿笔涂鸦是最好的，孩子拿笔涂鸦的过程中手指的抓握动作和灵活性就得到锻炼，在涂鸦中孩子就逐渐学习了掌控笔的动作。

如果孩子不来抢你的笔，你可对孩子说：“来拿笔啊，像妈妈这样画一个。”然后将笔递给孩子，让孩子模仿你握笔画画，如果孩子不接你的笔或接笔不画，你也不用着急，你可另拿一支笔在纸上反复画，并一边画一边兴高采烈地说，以此引导孩子注意你握笔画画的姿势和模仿你画画的方法，直到有一天孩子能自动拿着笔画画为止。

爱心提示：孩子学会了用拇指与食指拿东西后，为书写和绘画的发展打下了基础。这时你可以让孩子观看画画，为孩子准备画笔，鼓励孩子自己拿笔涂鸦。有的家长问：“孩子学画时需要准备点什么东西？”其实你只要画笔和纸就可以了。选择什么笔好呢？刚学画的孩子选择油画棒比较适合，因为它比较软、油性足、涂色面积大，孩子使用起来比较方便。蜡笔是将颜料掺在蜡里制成的笔，不适宜用过于光滑的纸，不能通过色彩的反复叠加涂色而得到复合色，而且容易被孩子折断或者弄坏笔头。水彩笔优点是水分足，色彩丰富、鲜艳，缺点是水分不均匀、过渡不自然，两色在一起不好调和。纸张一般选用8开的铅画纸，铅画纸指的是素描纸。专门用铅笔画素描的，一般文具店都有卖。需要注意的是画画后要洗手，不要让孩子把彩笔弄到嘴里。防止色彩中的重金属铅中毒。

有专家观察发现，孩子最早满6个月（多数近9个月），会注意到你的示范性画画，有的孩子也会拿起在纸上涂画，但多数情况下孩子还不能用笔在纸上画下一点印迹，所有爸爸妈妈不要因此时孩子不会握笔、不会画画而着急。但如果你经常和孩子玩上述游戏，孩子就会早一些产生对画画的兴趣。

亲子阅读

目的：养成阅读习惯。

方法：购买适合小婴儿阅读的图书，如图画清晰，颜色鲜艳，漂亮美观，每一页有一行十个左右的文字解释图的内容。文字要大，图画书中的内容是日常生活中孩子能接触到的、反映孩子生活内容的图书。在孩子愉快的时候，把孩子抱起坐在你的膝盖上，面向前方，用手指着书中的字一个一个大声地阅读。注意阅读的声音要抑扬顿挫，绘声绘色，全心投入，以引起孩子的注意，激起孩子的兴趣。

开始孩子未必会安静下来听你读书，你可采用最经典的姿势把孩子面朝前抱坐在膝盖上，这样把孩子紧紧地拥入你的怀抱，孩子会感到很舒服和安全，他会留恋你温暖的怀抱而安静下来听你阅读的。当然有的孩子还是不能安安静静地坐下来听你读书，怎么办呢？你也可给他一个小玩具，让他一边玩耍一边听你读书；你也可给孩子一块饼干让孩子一边吃一边听你阅读；你也可把孩子放在一个风景优美、空气新鲜的地方给孩子阅读。

爱心提示：阅读是孩子今后求学过程中需要掌握的最重要的学习技能之一。阅读兴趣的浓淡、阅读能力的强弱，关系到孩子智力发展和今后学业成就的好坏。培养阅读兴趣是培养阅读能力的先决条件，因此，爸爸妈妈要从早就开始培养。培养孩子爱读书的第一步，最重要的是让孩子对书感兴趣，愿意听书中的故事。把孩子抱在怀中，给孩子读书，不仅增长了知识，又能和爸爸妈妈相拥在一起，享受与爸爸妈妈的亲密感，有哪个孩子不愿意听爸爸妈妈读书、享受这种读书乐趣的，又如何不能激发孩子读书的兴趣呢。

妈妈每天定时和天天一起阅读，天天喜欢和妈妈在一起读书的时光。

开始读书时，孩子未必一定听得懂，但此时给孩子读书不一定求孩子能听懂，给孩子读书的目的主要是培养孩子读书的兴趣和习惯。那些漂亮的图画书、优美的散文、朗朗上口的诗词、经典的童话会引起孩子的注意，久而久之也会形成孩子的记忆，形成孩子语言的基础。

此时孩子的注意力常不能长时间集中，孩子比较好动，不能安静地坐下来看书。这时爸爸妈妈不要着急，更不能责备和强迫，这会影响孩子的情绪。可让孩子情绪好的时候再读，如果每次孩子能坚持2~3分钟也是很不错的，慢慢孩子就能习惯和注意力集中了，再逐渐增长时间。

培养孩子读书的行为习惯，重要的是每天坚持。每天在固定的时间进行阅读，每次时间不一定要有多长，开始能坚持2~3分钟，每次读5~10页书，一个简短的故事就好。不要因为孩子不配合、家务和工作忙等其他原因而放弃。只要你坚持下来，终有一天，会得到很大的收获的。

孩子喜欢听自己熟悉的内容，所以同一本书要经常读，当孩子熟悉此书内容后再换别的书。以后还要不时地重读以往读过的书，反复阅读可加深孩子的记忆。

每次都要用手指着书中的文字一个一个地念，使孩子认识到书中的文字中写的就是故事，让孩子知道好听的故事是从书中来的，进而对书感兴趣，愿意听爸爸妈妈一起读书。也为培养孩子对文字的兴趣打下最初的基础。有很多家长已经践行过，从孩子6~8个月开始，每天和他一起读书，容易培养孩子读书的兴趣和养成每天读书的良好行为习惯。

敲鼓

目的：培养孩子对音乐的爱好，按音乐节奏做动作。

方法：找一些废旧的铁罐、如奶粉罐、饼干盒、玻璃瓶、杯和碗等任何可以敲响的物品都可以作为孩子的“鼓”，你也可给孩子买一个真正的小鼓，或者和孩子一起做一个小鼓。

你坐在地板上，让孩子坐在你两腿中间，把“鼓”放在他面前。你先拿起鼓槌给孩子演示怎样敲鼓，你还可以一边敲鼓一边用嘴发出节奏，如“咚咚、咚咚、咚咚、咚咚”。你可以一会儿轻轻地敲，一会儿重重地敲，一会儿慢慢地敲，一会儿快快地敲，也可以一边唱一边敲，让孩子体验不同的节奏。并告诉孩子去听一听，感受鼓声的动人之处。

当孩子看到你敲得高兴，会想自己来敲一敲鼓时，你就把鼓槌给他，让他模仿你。如果孩子没有模仿你的动作，你也可拿着孩子的手来敲一敲。当孩子具备了一定的节奏感以后，可以和孩子同时敲，并引导孩子跟随你的节奏。

爱心提示：有观察发现，孩子最早满4个月（多数5个半月，最迟8个月）给他一根筷子、勺子或鼓槌，他会很感兴趣，会高兴地拿起来敲打桌面或小鼓。

音乐早教很重要是大家公认的，但是大部分家长却对该如何进行音乐教育有些不知所措。音乐早教的主要内容是要让孩子多听和多动手，多欣赏多练习。培养孩子对音乐的兴趣和爱好，而不是进行音乐技巧灌输。如果只是想着让孩子学习技巧，很容易让他们对音乐产生抵触情绪，反而得不偿失。让孩子在玩中学，学中玩，可能会更能收获好的效果。

给孩子能敲响的任何东西，让他练习抓握、敲打和节奏。

如果孩子不愿意按照你教的做，没有节奏地乱敲，不要抱怨他敲得不对，不要急忙去纠正他，强迫他一定要按你的做法做，这样会抹杀孩子的热情，你就让他先乱敲一阵好了，这也是孩子在练习，慢慢他会了解音乐节奏有秘密的。你也可以一边敲、一边“一、二、三、四”大声地喊节拍，孩子就会慢慢地跟随你了。你也可以多和孩子玩随音乐拍打身体的游戏，还可以握着孩子的手一边唱歌一边跟着节奏拍手或拍打身体，直到孩子能有点节奏感再学击小鼓。跟着节奏敲鼓不仅可以让孩子感受音乐的节奏，又可以训练孩子对肢体有控制能力，还初步学习了怎样与他人的配合和协作，学习遵循一些简单的游戏规则。

听自己的声音

目的：训练听力和发声。

方法：你可以把你家的老式录音机和磁带翻出来再利用，它的效果是最好的。如果你家有录音笔、mp3及其他高科技录音产品也可以。把录音机放在一边，然后逗孩子开始咿咿呀呀地说话，你可以和孩子“对答”。挠挠孩子的脚心和胳肢窝，逗孩子笑。在孩子哭的时候也可以录下来。录音可随时进行，一点一点积累，这样你就有了一段珍贵的记录。

你可以把它回放给孩子听。孩子第一次听到自己的声音，是个值得记录的时刻。你最好仔细观察孩子，有的孩子开始可能都不会意识到这是自己的声音，有的孩子听到自己的声音会有惊讶和探询的表情。而对你来说，看着他经历这一切是充满乐趣的。你可告诉孩子这就是他在说话呢！

还可以把你教孩子说的话录下来，一遍遍重放，直到孩子跟着录音说话。

安安第一次听到自己的声音，表情有点怪，好像在说："这是谁在哭，是我吗？怪不得听起来这么熟悉，我再听一听。"

爱心提示：你可以随时录下孩子的哭声、笑声、咿呀学语声，如果你以前没有这样做，现在做也还来得及。孩子在任何时候都会发出声音，但最容易发音的时间是睡觉前安静的时候，你可以在此时开始你的录音工作。把录下的磁带或mp3好好保存，这可是很棒的纪念品。孩子在很快地成长，如果我们不把他成长的历程记录下来，总是有些遗憾的。

学手语

目的：训练孩子用身体语言与人沟通和交流。

方法：多数孩子在1岁半前，有的甚至在2岁前都不能很好地用语言来清楚地表达自己的意愿，但此时孩子已经有了与人交流的强烈愿望。为了和孩子沟通，爸爸妈妈常常有意无意教孩子一些手语，孩子也天生就会使用一套他们自己的身体语言来表达自己的感受。如用食指指物表示我想要，挥手表示再见，点头表示同意，摇头表示不同意，拍手表示高兴，等等。这些简单的手势无须解释，每个人都可以凭借直觉了解其含义。在此基础上，美国心理学教授特意设计了一整套孩子非常容易学、容易被理解的、简单的、符合日常习惯的、不需要专门培训就能掌握的婴儿手语。爸爸妈妈可以教孩子学习和运用这些手语，这样你与孩子交流才能更畅通，你可以不必绞尽脑汁去猜测孩子到底在想要什么了。下面介绍一些生活中常用的婴儿手语。

吃和饿了——用食指轻触嘴巴。

喝和渴了——拇指抬起，其余四指微屈形成奶瓶的形状，做“喝”的动作。

还要——双手手指并拢反复碰撞到一起。

没了——屈臂放于胸前，手掌朝下，从上到下挥动。

热——不停地吹气，就像你把水吹凉时所做的动作一样。

冷——抱紧双臂，紧贴身体两侧。

牛奶——反复握紧、张开拳头，就像牧民挤奶的动作一样。

停——五指并拢，手掌朝前推出。

安静——用食指指向嘴巴（但不接触），然后发出“嘘”的声音。

帽子——食指微曲轻敲头部。

看书

要大的

给你

一个

教孩子手语让他更早地学会表达和沟通。

电话和打电话——做“六”的手势（中间3个手指弯曲，大小拇指伸开，然后放在耳边不动）。

看书——用两只手掌做出翻开、合上书本的动作。

睡觉——双手合十放在头部左侧，然后将头靠向手掌，做出睡觉的样子。

洗澡——用手摩擦自己的身体。

尿湿了、换尿布——轻拍自己的臀部。

你也可以自创一些手势和你孩子共用，如尿尿——手指往下指并发出“嘘嘘”声；大便——手拍自己的臀部发出“嗯嗯”声；不准——竖起食指；同意、好——竖起大拇指等。

爱心提示：7~9个月的孩子有了初步的模仿能力，开始用身体语言与人交往，能用体态表达意见，不但有表情、有动作，有时还发出声音，这个时期被称为身体语言期。婴儿手语就是孩子此时身体语言主要的表现形式。婴儿手语已经在美国广泛使用，并成为美国儿科医生的标准“工作语言”。研究认为，婴儿手语是孩子开始学习人际交往技能的最初方式。孩子的人际交往首先体现在与爸爸妈妈的交往中，婴儿手语可帮助亲子之间更好地沟通，帮助爸爸妈妈更明确了解孩子的需求，减少因沟通困难造成孩子和爸爸妈妈的焦虑与挫折感，加深亲子相处融洽度。有的爸爸妈妈担心学用手语会影响孩子的口语学习，有观察发现，教授孩子手语时，妈妈一定会边说边做，无形中激发了孩子对语言沟通的兴趣，而用身体语言来辅助记忆将记得更深刻，有助于学习的效果。还有观察发现，凡是学过婴儿手语的孩子，口语及其他语言能力都比同龄孩子要好。同时学用手语后能快速正确表达自己的意愿，有助于孩子建立自信心，并能促使孩子更加乐意表达。

手语学习选择什么时间开始比较合适呢？一般婴儿手语适用于任何一个正在学习说话的孩子，但6~9个月期间是开始学习婴儿手语的最佳时机。因为这时孩子已经开始具备了手语所需要的身体运动机能，同时具备了对语言和动作的理解力。除了根据年龄来判断之外，也可用以下3点表现作为观察指标：孩子常会东指西指，并向大人投以询问的眼光；已经懂得挥手表示“再见”；当东西掉落时，会低下头寻找东西。当孩子出现其中任何一种表现时，就表示孩子已经适合学习手语。

情商培养 >>

点头说“是”，摇头说“不”

目的：学习用动作表达自己的意愿，体验接受与拒绝的技能和情感。

方法：当孩子想要某件玩具时，当孩子想吃某种食物时，爸爸或妈妈拿到孩子想要的东西，然后问孩子：“贝贝，你是想要这个玩具（食物）吗？”一边说一边点头，让孩子也模仿你点头表达“是”。或者爸爸或妈妈故意拿他不想要的东西，然后问孩子：“贝儿，你是想要这个玩具吗，不想要是不是？”一边说一边摇头，让孩子模仿你摇头表达“不是”。

在类似的情景中都可用上述做法教孩子用点头表达“同意、是、对或好”等赞同的意愿，用摇头表达“不同意、不是、不对或不好”等反对意愿。注意在使用以上动作时一定要加上语言问孩子“同意或不同意”“是与不是”“对与不对”“好与不好”等，让孩子理解其动作所表达的意义。

经过几次训练之后，你可以检查孩子是否能运用“点头和摇头”正确表达意愿了。当孩子要出门玩时，他会用手指门外，拉着你往外走，此时你问孩子：“贝儿，想出去玩，是不是？”看看孩子能否点头，如果他不会，爸爸或妈妈做给他看，等他用点头表示之后再带他出门。

当孩子会用“点头和摇头”表达意愿后，你也可用点头和摇头回答他，点头表示同意孩子做某事，摇头表示不同意孩子做某事。当你不同意孩子做某些事时，如在爸爸午睡时哭闹、抢小朋友的玩具、把小东西放进嘴里、啃脏手、乱扔玩具等，你可以告诉他“不”，同时摇头，相反的情况告诉他“可以”并点头。

6个月26天的扣扣正在模仿妈妈，用“点头”来表达“是”。

爱心提示：通过上述游戏孩子渐渐看懂爸爸或妈妈用动作表达的意愿，并学会用动作表示自己的意愿。孩子会模仿爸爸或妈妈在适当的场合主动用“点头”表示对，用“摇头”表示不对。对7个月的孩子如果你十分友善地和他谈话，他会很高兴。如果你训斥他，他会哭。从这点来说，7个月的孩子已经开始能理解别人的感情了。因此，此时是给孩子建立行为规范的时机。爸爸妈妈可以通过点头、摇头来告诉孩子什么是他可以做的，什么是他不能做的，让孩子初步学习遵守家庭生活常规，遵守群体的生活常规，遵守社会的规则。这也是孩子社会发展的重要内容之一，在社会交往中学习如何与他人合作，如何遵守一些生活常规，如何接纳他人的意见，如何拒绝他人的不合理要求，如何应对不公平的待遇，如何与不同人相处等。当然孩子的社会性发展是一个长期的过程，家长在养育孩子时教他如何对人、对事、对自己这是家长要重点考虑的问题，它对孩子一生的学业、事业和幸福的影响从某种程度来说超过对孩子的影响，所以爸爸妈妈不可不重视。

另外对孩子说“不”、教孩子说“不”时必须要有充足的耐心，要用温和的、轻松的、平静的语气说出来，这样不会让孩子有不愉快感和挫折感，不会让孩子的内心对“陌生世界”充满了恐惧感，同时也避免了与孩子发生冲突，这样取得的效果会更好，同时也不会让孩子学会大声说话，遇事就嚷的坏习惯。当然说过“不”后一定要坚持执行，也就是要有温和的语言和坚决的行动。这是社会交往中孩子需要学习的技能。在生活中总会碰到意见相左的事件，教孩子学会用轻松愉快的口气表达不同的意见，甚至是反对的意见，会让孩子在今后的社交生活中更加顺利。

据观察，孩子最早满5个半月（多数6个半月，最迟7个半月）会用推开、皱眉表示不喜欢，用伸手、点头表示喜欢。孩子最早满8个月（多数近11个月，最迟16个月）出现不当行为，爸爸妈妈说“不或不准”时，他会停止活动。孩子最早8个半月（多数9个半月，最迟10个半月）对自己不喜欢的事物会用手表示“不”。当然不提倡家长过多地对孩子说这个不能，那个不行。不能因害怕孩子受到伤害就禁止孩子尝试和探索的行为，而限制孩子成长的空间，重要的是为孩子营造一个安全宽松的环境。只有孩子越过了安全线——你才能说：“不准。”

尊重孩子

目的：了解孩子的情感发展，培养自尊和自信。

方法：“不要当着孩子的面议论他”。很多爸爸妈妈一见面就会谈孩子的事，说自家的孩子哪些好，哪些不好，脾气如何，今天做了什么好玩的事、昨天做了什么可笑的事等，毫不在意孩子是否在场。毫不避讳地当着孩子的面说他们的事，特别是批评孩子的话，可能会伤害孩子的情感和自信。

“不要抱怨孩子”。抚养孩子是很艰辛的事，孩子有时会给你带来很多麻烦和不便，甚至让你不舒服，但是作为爸爸妈妈，你不能抱怨孩子。当给孩子换尿片时你可能会抱怨说“臭死了”；当孩子把饭弄得到处都是时你可能会抱怨说“脏死了”；当孩子晚上不睡、哭闹不停时你会抱怨说“烦死了”；当孩子不断地让你抱、让你讲故事时，你会抱怨说“累死了”；当孩子达不到你的要求时，你会抱怨说“笨死了”。也许你心里不这样想，但孩子听到的是你的抱怨，感受到的是你的沮丧和气恼，这会让孩子觉得自己不好，自己是爸爸妈妈不开心的根源，因而会不安和愧疚，甚至会觉得自己是一个惹爸爸妈妈讨厌的人而缺乏安全感。

“不要当他人的面指责孩子”。有的爸爸妈妈如果孩子做错了什么事，就会当着很多人的面毫无顾忌地指责孩子、批评孩子，更有甚者还会当着他人的面打孩子，只考虑到自己的面子，完全不会考虑到对孩子的伤害。每个人都会有做得不好的地方，每个人都有犯错误的时候，孩子更是如此。但爸爸妈妈要记住的是，孩子做这些绝不是有意而为的，孩子做错了任何事，你没有必要那么气愤难当，你只要告诉孩子他哪些做法是对的、是可以做的，哪些是不对的，是不可以做的。如果你经常当着他人指责孩子，孩子的自尊心就无法形成和建立，如果孩子没有了自尊他会怎么样？不用说你也可想而知，他会故意地做让你失望的事。

“不要给孩子下否定结论”。当孩子在某些方面做得不好时，不能否定他们的人格特质。如不要说孩子笨、没用、脾气大、太淘气了等。虽然孩子还不能理解这些词，但他可能会记住你说的词，当他长大一点明白这个词的意思后，他可能就会把这个词当成自己的一个标签，有更多的自我否定。把一张坏的人格特质标签贴在孩子的身上，将很难撕下来。他也许会认为自己就是你说的那种人，也许会做你说的那些事，这岂不是太糟糕了。

孩子已经能听懂大人的谈话内容。看！嘉嘉听到大人议论她表现出不好意思。

爱心提示： 很多爸爸妈妈都认为7个月的孩子还不会说话，也一定听不懂我们说话。实际上你是对孩子的能力估计过低了，孩子能听懂你谈话的时间比你们想象的要早得多，懂得的内容比爸爸妈妈想象的要多得多。当着孩子的面说话一定要慎重。据观察，孩子最早满7个半月（多数9个月，最迟10个月）知道大人谈论自己，是表扬他还是批评他，甚至会害羞地躲到大人的背后。

爸爸妈妈一定要设身处地为孩子想一下，不要觉得自己说什么、做什么都是为了孩子好，根本不考虑孩子那颗容易被伤害的心灵。记住在别人面前议论、抱怨、批评和指责孩子，什么问题都解决不了，有的只是伤害孩子，爸爸妈妈千万要注意。记住一句话，不管孩子有多么小，他也是一个人，需要你的尊重和爱护。

如果爸爸妈妈经常传达一些消极的语言信息，如“你不行”“你太笨了”“你又错了”等，孩子的自我评价就低，这样的孩子不愿意尝试新事物，他们会轻易地放弃努力的机会而等待别人的帮助，容易失望，情绪不稳定，缺乏自信，成功的可能性就小了。

爸爸陪着玩

目的： 促进智力发育，感受父爱。

方法： “和孩子到户外活动”。一般来说，这是爸爸的强项，经常带孩子去户外玩耍，可以享受大自然的风光，呼吸新鲜空气，孩子小时需要爸爸抱着或推着，当孩子1岁后，爸爸可以拉着孩子走，和孩子进行跑、跳、爬、攀等活动性游戏。

父爱不能缺失，有爸爸陪孩子玩耍，孩子会更开心。

“和孩子玩大动作游戏”。很多大动作游戏需要大力士爸爸才能完成，如坐飞机、升降等游戏。在爸爸强有力的胳膊支撑下运动，会更有安全感

“和孩子玩竞争性游戏”。也就是讲输赢的活动。当然这类游戏要在孩子长大以后才能进行，比如赛跑、捉迷藏等，孩子可从中获得成功的喜悦。

“和孩子玩智力游戏”。有你和孩子一起搭积木、捉迷藏、讲故事，孩子的收获就更多。

爱心提示： 对孩子来说，玩的意义远远不止是“有趣”，通过玩耍可以促使孩子使用身体的各个部位和感官，

丰富想象力，开发孩子的智能。孩子需要母亲的爱，也需要父亲的爱。但中国家庭中多数人认为抚养孩子是妈妈的工作，爸爸忙于工作无暇照顾孩子是理所当然的事，忽略了爸爸在参与抚养和教育孩子中的重要性。有著名的心理学家曾说过，爸爸对培养孩子有一种特别的力量。爸爸的教育与孩子的逻辑思维能力、身体运动智能的发展、意志力和坚强性格的养成以及创造性意识的形成有重要关系。在孩子人生的头3年中爸爸的作用是无与伦比的，爸爸的角色无可替代。

美国的一项调查显示，即使是尚处于朦胧状态的婴儿，他也会因为缺乏父爱而出现焦躁不安、夜哭不眠、食欲减退、抑郁易怒等所谓“父爱缺乏综合征”的典型症状。缺乏父爱的孩子年龄越小，罹患“父爱缺乏综合征”的危险更大。爸爸妈妈是在缺乏父爱的家庭中长大的，孩子患“父爱缺乏综合征”的可能更大，而以后他自己的孩子患“父爱缺乏综合征”的可能性也大。男孩子患“父爱缺乏综合征”的危险比同龄女孩大1～3倍。患“父爱缺乏综合征”的孩子，长大后成为穷人的可能性要比一般孩子高5倍。中学辍学率高2倍。犯罪率高2倍。如果是女孩，长大后成为单身母亲的可能性也要高出3倍。有研究还发现，孩子智能发展的高低与爸爸和孩子接触的密切程度息息相关。一天中与爸爸接触不少于2小时的男孩子，比那些1周内与爸爸接触不到6小时的孩子，智商更高。更有趣的是，研究人员还发现，爸爸对女孩子的影响力要大于对男孩子，与爸爸密切相处的女儿数学成绩更佳。可见爸爸的爱对于孩子成长的重要性。

爸爸每天至少陪孩子玩30分钟，这对孩子的健康成长有很大的帮助。因为孩子不能缺少爸爸的关注和爱护，每天陪孩子玩一会儿是情感交流和教育孩子的好机会，可以让孩子更好地感受父爱。随着孩子年龄增大，孩子活动能力增强，非常愿意和爸爸妈妈一起玩耍。千万别低估了逗孩子玩，更不要以忙为借口逃避和孩子一起玩。爸爸和孩子玩亲子游戏，可减轻妈妈的负担，也能让自己在工作之余真正有所放松。

从杯中喝水

目的：学习自理，自己双手捧杯喝水。

方法：首先训练孩子从大人拿着的杯中喝水。准备有两个手柄的杯子1个，爸爸或妈妈先给孩子示范端着杯子喝水的做法，并做出很喜欢喝水的样子让孩子看，然后在杯中倒进10～20毫升的温开水，拿起孩子的手，捧住杯子的两个手柄，将杯口倾斜，对着孩子的嘴，慢慢地将水倒进孩子的口中。反复多做几次，孩子就会掌握用杯喝水的要点了。据观察，孩子最早满6个月（多数7个月，最迟8个月）就能从爸爸或妈妈端的杯中喝水。

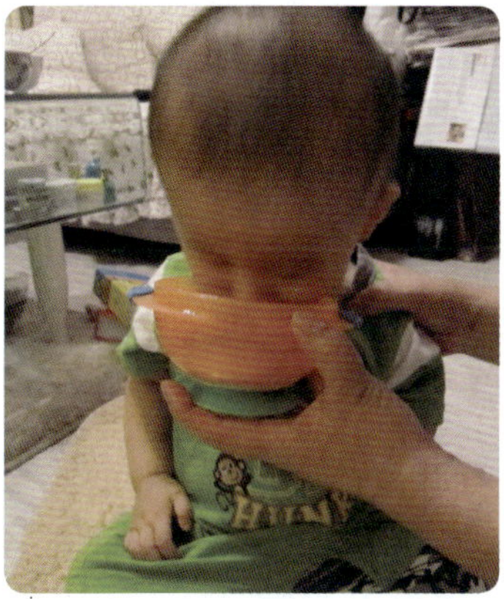

在此月你可开始训练孩子从杯中或碗中喝水，培养孩子的自理能力。

以后训练孩子自己捧杯喝水。你可只用手帮助托一托杯底，让孩子自己拿着手柄喝水。之后你就可以在旁边观察孩子自己捧杯喝水就好，待杯中的水喝完后再加水。每次只加20~30毫升，防止加水太多会洒出来。但这个训练的时间比较长，据观察，孩子最早15个月(多数18个月，最迟22个月)才能自己端杯喝水不漏或漏得很少。

爱心提示：多数孩子出生后就用奶瓶喝奶，都很黏奶瓶。有专家认为孩子在1岁以后可以逐渐断掉奶瓶，改用杯子较好。通过奶嘴孔的液体流量非常慢，会使得喝东西的过程耗费太长时间。孩子在奶嘴上花的时间太长，可能会使他开始说话更晚。尽早让孩子脱离奶瓶改用杯子，让孩子做自己力所能及的事，是孩子自理能力的提升，对孩子的独立性、自主性、自我意识等社会性发展有很大的影响。这也是孩子其他各项能力发展的动力以及养成各种良好行为的基础。

要做好准备，这是一个漫长的过程，因为孩子要学会将嘴对准杯口、吸水入口、及时吞咽才能将水喝进，而爸爸妈妈也要配合好，在孩子张嘴时倒水，在孩子闭嘴吞咽时抬起杯口不再倒水。孩子从杯中喝水，这事虽小，即要亲子完美协调地配合才能做到。孩子熟练地用杯喝水之后，白天可以练习用杯喝奶，为最后告别奶瓶做准备。

洗泡泡浴

目的：激发愉快的情绪。

方法：孩子洗澡时，你可在浴盆中放一个浴网，让孩子躺在浴盆中，你也可在浴缸里放一张洗澡椅，让孩子坐在浴缸中，你就可以和孩子安全地玩泡泡浴了。你可手捧泡泡向孩子的身上吹去，让泡泡落在孩子的腿、胳膊、手、肚子等身体部位上。给你的孩子一点时间观察身上的泡泡，体验泡泡落在身体上的感觉。同时告诉他泡泡落在了他身体上哪些部位，说明这些部位的名称，如你可以说：“有个泡泡在你肚子上！”或“有个泡泡在你手上！”。肥皂泡的一个奇怪特性是它们会粘在湿皮肤上而不会破。你可以让孩子用手把落在身上的泡泡打破。要是你能吹出大泡泡那就更好了，孩子会特别喜欢打破大泡泡的感觉。

这个游戏也可以在不是洗澡的时候玩。如在夏天时让孩子脱光身子躺在地板上和躺在室外草地上（要垫一张毯子）玩，冬天也可让你的孩子安全地坐在椅子上玩。你朝孩子轻轻吹几个泡泡，让他伸手去抓或打破泡泡；你也可吹起一大堆泡泡，让它们成串地飘向孩子，这突如其来的一阵阵泡泡雨都会让孩子笑个不停；如果在室外，泡泡在阳光下会折射出五颜六色的光，你可以指给孩子看。

纤纤最喜欢洗泡泡浴，满身的泡泡让他很开心。

爱心提示：这个游戏对孩子有很大的吸引力，也可增加洗澡时的乐趣，如果你的孩子不愿意洗澡，可以用玩泡泡浴吸引他高高兴兴来洗澡。但不管你们有多乐翻天，在洗澡时，你的眼睛一秒钟都不能离开孩子，避免溺水的危害。这个游戏会带给孩子无穷无尽的乐趣哦，但是小心别让肥皂水溅到他眼睛里。最好选用洗泡泡浴的浴液来吹泡泡用，不宜选用洗涤剂、洗衣粉和洗衣液，它们对孩子的皮肤有很大伤害，也有可能伤及眼睛。玩完泡泡浴游戏后要给孩子清洗干净身体或换衣服。

如果你是让孩子在大浴缸中洗澡，可以采用孩子洗澡专用椅，特别对总是不能安静的孩子采用洗澡椅比较安全。洗澡椅上一般会有一个吸杯式的锚定系统，可以很容易地吸在成人浴缸里。洗澡椅是一个防滑座椅，孩子坐在上面可以一边玩一边洗，不容易摔倒在水中而避免了意外发生的可能。

第7个月发育评价

动作

★独坐自如

★扶腋下站立两腿能跳动

★能用手掐起小糖丸

★能用拇指、食指和中指抓取玩具

智商

★会牵拉离自己近的绳子获取玩具

★能发爸爸、妈妈、打打或其他3~4个重复的辅音

★听见叫自己的名字会回头找人

★记得1周不见的亲人和熟人

情商

★玩捉迷藏游戏时积极参与，懂得配合

★别人拿走自己玩着的玩具会反抗

★会推开和皱眉表示不喜欢吃，伸手点头表示喜欢吃

★自己拿饼干吃，会咀嚼

第8个月（211～240天）全面发展方案

第8个月（211～240天）全面发展方案

动作发展

模仿爬行

目的：学爬行。

方法：有些孩子到了8个月已经爬得很好了，有的孩子还不会爬，什么原因呢？重要的原因可能是因为孩子不知道怎么爬，也许是他从来没有看过孩子爬行动作。解决这个问题的做法是找一个会爬的小朋友来和孩子一起玩，鼓励两个孩子在一起爬。孩子的模仿能力极强，当孩子看到别的小伙伴爬行时，他也就会模仿，很快学会爬了。

为了增加趣味性，家长可有意设计竞赛，在前面用玩具逗引孩子，鼓励两个孩子一起爬向目标，进行爬行竞赛。

如果找不到合适的孩子，爸爸或妈妈可以和孩子一起爬，让孩子模仿。

不会爬行的孩子要多和同龄小伙伴玩，可相互模仿爬行动作。

爱心提示：孩子通过爬行，让自己能四处活动，是一件很神奇的事。这让孩子有机会探索很大的周围环境和接触更多的东西，还可完善感觉统合能力，所以要多给孩子鼓励爬行。学爬是一个长期训练的过程，妈妈要很有耐性，每天都和孩子玩一会儿爬行游戏，孩子就逐渐学习爬行了。你可以采用各种方式逗引孩子，促使孩子努力往前爬行，并让孩子保持对爬行练习的兴趣。实践证明，爬行多和爬行灵活的孩子，站立行走比爬行少的孩子来得早。

孩子学爬行需要一定的时间，所以爸爸妈妈不要焦虑，要记住每个孩子的发育进程是不一样的，遗传因素对孩子运动技能发展的影响也是不可忽视的，如果爸爸妈妈小时候爬行开始时间较晚，孩子也会如你们一样。当然经常地、科学地训练也是促进孩子爬行的重要因素。还要给孩子创造一些爬行的机会，如准备爬行的场所，把家里的客厅清理好，让孩子有爬行的地方。你要关注孩子爬行动作的发展进程，不要让孩子还没有经过爬行就开始走路了。

安全上下

目的：学会从高处爬下，发展爬行能力、空间智力和运动协调能力。

方法：先教孩子爬上床。让孩子爬在床边，扶着床站好，再将右脚抬高到床上，同时双手用力支撑身体向前移动，让整个身子上床后，再抬高左脚到床上，这样整个身体就上到床上了。

告诉孩子安全上下很重要。8个月的孩子已经有了深度感觉，会注意深和浅、高矮的差别。看！扣扣不知如何下床，表现出害怕的神情。也有的孩子还意识不到这个危险，抬起就跨下，容易摔伤。

然后再教孩子自己下床。下床前让孩子变成俯卧位，慢慢滑向床边，身体爬在床上，右脚先落地站稳，左脚再落地站稳，再爬下床，或直接站直身体。

也可以让孩子从沙发上、凳子上、桌上等高处练习，但其高度一定要让孩子俯卧爬下时双脚能触地为宜，否则孩子会感到不安全，不愿意爬下。让孩子多训练，直到他能自己安全上下为止。

爱心提示：8个月的孩子活动能力增强了，可以自己坐起、翻滚、爬行了。初生牛犊不怕虎，孩子对高度的认识还不太清楚，往往会从高处一步跨下，很容易摔伤。因此要切记，不能把孩子单独放在床上、沙发上、桌子上等高处，以免摔伤孩子。同时要教孩子正确的、安全上下的做法。第一次上下床孩子不会，爸爸妈妈可以拿着孩子的腿先做一遍，多训练几次，孩子就可自己安全地从高处爬下和爬上。

学坐下

目的：锻炼孩子的腿部力量和运动协调能力。

方法：“扶物坐下”。当孩子扶物站立时，你可以在孩子身边放一个小板凳，让孩子扶着物体自己坐下。多数孩子最初扶物站立时，还不会坐下，爸爸妈妈应教他如何学会低头、弯腰，然后坐下。

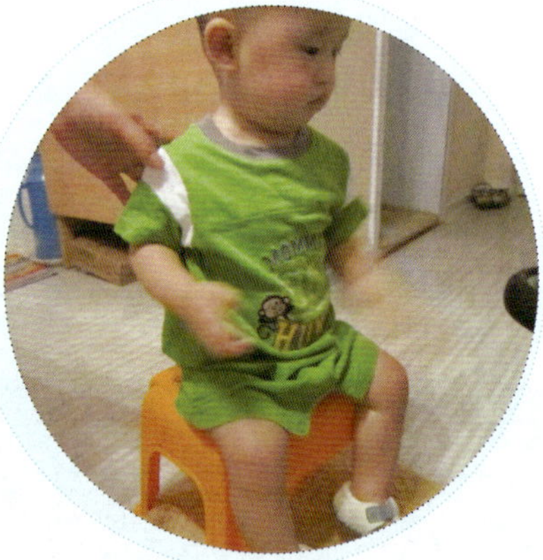

妈妈正在教明哲坐。让孩子多练习降低身体坐下可发展平衡能力。

“拉手站立和坐下”。让孩子坐在小凳上，妈妈站在孩子的对面，握住双手、拉起孩子，让孩子起立，放下孩子，让孩子坐下，来回运动，可边做边说“起立”“坐下”或说“上”“下”“上”“下”。注意不能强行拉起孩子，应顺势让孩子站起或坐下。

“随物站起和坐下”。当孩子能站起和坐下后，可拿一张手绢或一个气球，一下提高，一下降低，一边做一边叫孩子抓住它，让孩子跟着手绢的一上一下站立再坐下。

爱心提示：孩子在能扶栏站或独立站后就可进行自己坐下训练了。在从站立转到坐下的游戏中，孩子正在学习怎样降低身体位置和弯曲膝盖，这个动作其实比你想象的更难掌握。孩子学会坐下通常比学会站起来困难一些，大约要晚3～4周的时间才能学会。最初孩子控制不住自己的动作，会重重地跌下来，爸爸妈妈可告诉孩子，先用一只手掌放在板凳的中间，支撑自己的身体，再轻轻地坐下来。孩子先用手扶住板凳，往下坐时会更有安全感。另外也可给孩子准备一个带柔软坐垫的板凳。有观察发现，孩子最早满7个月（多数9.8个月，最迟12个月）可从站立位降低自己的身体至坐位。

扶栏走

目的：练习协调地跨步和行走。

方法：“双手扶物走”。沿着一面墙摆一排椅子，帮助孩子扶着一端的椅子站好，爸爸或妈妈在另一边用玩具和说话逗引孩子，让孩子扶着椅子慢慢地从一把椅子移动到另一把椅子旁。

“单手扶物走”。孩子开始扶物行走时会以双手扶物，以后可训练孩子单手扶物行走。让孩子手中拿着一个玩具，在另一边用玩具逗引他，这样孩子就会以单手扶着家具走过来了。

皮皮妈妈从这个月训练他扶栏行走，8个月的皮皮已经扶栏行走自如了。

爱心提示：你也可以把孩子最喜欢的一个玩具放到沙发、床边、栏杆、墙面的另一端，让孩子走过来取玩具。等孩子走到另一边拿到玩具时，为他鼓掌叫好，给他一个大大的拥抱。再把另一个玩具放到另一端的椅子上，让孩子再走回去。只要他还有兴趣，并且他的小腿还能撑得住，这个游戏你就可以一直玩下去。

孩子最早8个月（多数10月，最迟13个月）能扶栏走来走去，扶双手可向前迈步。此游戏锻炼孩子的行走能力。注意孩子扶的物体一定要牢固，以免翻倒伤了孩子。拿开暖瓶之类的危险物品，让孩子有充分练习的空间。爸爸妈妈有一个人最好站在孩子身后保护他。还需要注意的是，如果孩子不想走，千万不要强迫他。

独站

目的：锻炼孩子腿部力量和行走能力。

方法：爸爸或妈妈拉着孩子的手，让他站在自己的对面，对孩子说："贝儿、站一下。"当孩子站稳后，放手并说"站好"。让孩子独站一会儿，当孩子快要倒时尽快抱住孩子。注意开始游戏时让孩子独站的时间可短一点，不可让孩子摔倒。游戏可多次进行，孩子很喜欢玩"站"的游戏。游戏后给孩子一个吻，表示鼓励。

爱心提示：练习独站是一个新的挑战。每个孩子的个性不同，有的胆大，有的胆小，有的孩子开始会因为害怕不愿意站立，爸爸妈妈放手后他会大哭，如果这样可先让孩子多进行靠物站立的游戏。当孩子靠物站立时，爸爸妈妈可以递给孩子大的单手拿不住的玩具，如大气球、布娃娃等，让孩子不知不觉放开双手，独自站立。也可以把玩具放在另一边，逗引孩子转动身体，独自站立。通过这样的训练孩子就会克服害怕的心理，愿意独站了。当会独站时，要给予表扬。孩子最早满8个月（多数11个月，最迟14个月）能够不在任何物体支撑下独自站立3秒。

从这个月起可放手让孩子独站一会儿。瑞瑞8个月7天，能独站5秒钟左右。

当孩子刚刚能够离开支撑物独立站立时，爸爸或妈妈切忌急于求成让孩子马上独立行走，而应让他继续在支撑物的帮助下练习行走。只有当孩子离开支撑物，能够独立地蹲下、站起来，并能保持身体平衡时，才真正到了孩子学步的最佳时机。具备一定的腿部力量是蹲下、站起并保持身体平衡的前提。

高处取物

目的：训练举手向上、爬上高处。

方法："向上举手"。让孩子靠沙

发站好，你与孩子面对面站立，对孩子说："贝贝，做操了，上上、下下，高高、低低。"边说边做动作，双手上举再放下，让孩子跟随你做动作。

"举手取物"。当着孩子的面，将他喜欢的玩具或食物放在一个较高的柜子上，告诉孩子"取下来"，让孩子自己举手将高处的物品取下来。

"爬上高处"。将玩具放在床上和沙发上，让孩子搬个板凳放在床前或沙发前，先上板凳，上身趴在上面，然后把一条腿抬起放床上，帮助他爬上床和沙发上取到物品。

此年龄的孩子喜欢爬高，仁仁妈妈在沙发上放一个球，逗引他爬上爬下。

爱心提示：据观察，孩子最早8个多月（多数9个月，最迟近10个月）能举手取比自己头高的物品。孩子活动性增强，可以爬高和举手取高处的物品了，生活中面临的危险性增加，所以你要看好孩子，尽可能不要让他离开你的视线。同时应将热水瓶及一些容易破碎的、玻璃制品、笨重的物品等一切可能伤害孩子的物品移走。桌子上不要铺桌布，以免发生意外事故。

握笔画痕

目的：学习握笔和模仿涂鸦。

方法：有的爸爸妈妈可能在孩子第7个月就让他玩过"看爸爸妈妈画画"的游戏了，有的孩子可能会抢爸爸妈妈手中的笔在纸上乱涂乱画了，也可能有的孩子此前还没有和孩子玩"看妈妈画画"的游戏，孩子还不会拿笔。从此月开始，你不仅要让孩子注意你画画，还要尽可能让孩子对握笔感兴趣，且注意孩子的握笔姿势，如果孩子能模仿你在纸上画出线和点来更好。

你可为自己和孩子各准备一支油画棒一张纸。同上次一样，你要兴高采烈地拿笔在纸上随意画点、线、圆、小动物等内容，并边画边告诉孩子你在画什么，引起孩子注意和模仿你。孩子看见爸爸妈妈在一旁画得兴致勃勃，他也会感染，激发他模仿你的欲望。

你可把你画的点和线说成是画孩子生活中常见的、熟悉的东西，如你在画点时你可说"我们来画饭粒了、画白糖了、画芝麻了"等，画线条时你可说成"画面条了、头发了、下雨了"等，这样来激发孩子画画的兴趣。

当孩子拿起笔时，你要观察他握笔

方法是否正确。如果孩子握笔的姿势还不正确，你要先耐心地给他示范正确的握笔方法。开始孩子会采用一把抓的握笔姿势，以后在爸爸妈妈多次的示范下可学会正确的握笔姿势，在这一过程中孩子会学会抓紧笔杆，轻松、灵活地转动手腕，最后在纸上画出点或线条。

爱心提示：有的爸爸妈妈担心地说："我的孩子怎么现在还不会画画，是不是没有绘画天赋？"其实有观察发现，不同的孩子开始涂鸦的早晚不同，但这与孩子有无绘画天赋关系不大。孩子此时的涂鸦更多是一种探索行为，就像孩子喜欢用手抓物体一样，而非真正意义上的"绘画"。所以不要为你的孩子什么时间能拿笔，什么时间能画线、画点而过分担心。

孩子一开始握笔涂鸦，你重点要注意孩子握笔的姿势是否正确。如果握笔的姿势不正确你一定要想方设法给予纠正。在每次玩"画画"游戏前你要先给孩子示范握笔的姿势，温和地对孩子说："看！妈妈是这样拿笔的。"让孩子模仿你的拿笔姿势，你也可以手把手地教孩子握笔。如果开始时孩子拿到笔后就"画"了起来，不愿意听你的话纠正握笔姿势，你也不能急，不要强迫他停止"画画"，强行去纠正他，这是没有必要、也不可能让孩子一次就纠正错误的握笔姿势。为了不破坏孩子的兴致，为了不打击孩子的积极性，你这一次就让孩子这样先拿着笔画就好了，待下次画画前你要记住，先给孩子示范拿笔的姿势，或手把手教孩子握好笔后再开始"画画"就好。

纠正孩子的握笔姿势时你一定要讲究方法，不要抱怨、批评和指责孩子，否则很可能会把孩子学画画的兴趣扼杀在萌芽之中。孩子成功时多表扬他，失败时要鼓励他，多为他创造练习的机会，任何事情都会做好的。

据观察，孩子最早满8个月（多数12个月，最迟16个月）能努力模仿爸爸妈妈握笔画画和写字的姿势，恰当地握笔，能将笔的一端对准纸，或企图模仿乱写；最早满11个月（多数13个月，最迟18个月）能自动乱写，在纸上画出一点痕迹或画出小点；最早满13个月（多数17个多月，最迟25个月）能用笔模仿画一画。

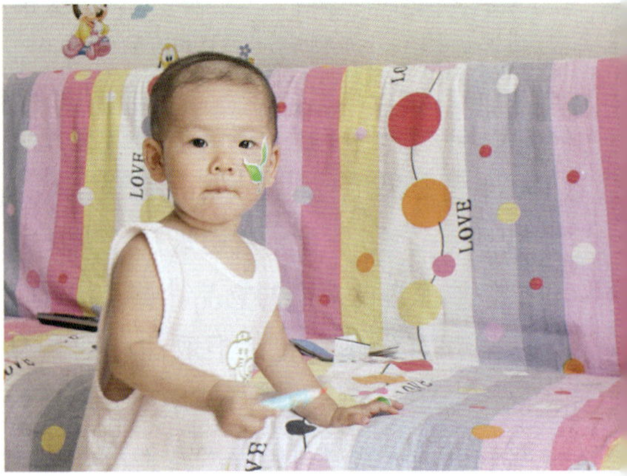

扣扣妈妈给她一支油画棒，她正拿着笔随意去涂鸦。

揭开和盖上盖子

目的：训练手指旋转物体的动作，增加手腕的灵活性。

方法：准备一个带盖的瓶子，装一些孩子喜欢的食物或玩具。爸爸或妈妈先将瓶盖揭开，再把瓶中的物品倒出，如果是食物如小馒头、巧克力等可喂孩子一颗，再把食物装进瓶中，盖上盖子，可把瓶子摇一摇，吸引孩子的注意。把瓶子交给孩子，孩子对瓶中看不见的食物很好奇，会伸头去看、寻找，有的会伸手进去掏。让孩子拿着瓶子看一看、摸一摸、转一转，对他说："贝儿，想要巧克力是吗？要打开瓶盖，试一试。"鼓励孩子照你的做法去做一遍，揭开瓶盖，把瓶中的物品倒出。如果孩子不会揭开盖子，爸爸或妈妈可拿着孩子的手去做一遍。当拧开瓶盖后可给孩子瓶中的一个食物作为奖赏，再鼓励孩子将物体放进瓶中，盖上盖子。

爱心提示：家中有很多纸盒、瓶子、杯子、碗都是带盖的，可以随时找几个让孩子玩盖盖子游戏。还可以把小玩具或零食放在瓶中，以便孩子掀开盖时，能得到一个惊喜。孩子可以把瓶子放在地上，用单手去盖好，也可以左右手配合盖上瓶盖。对孩子来讲，拧紧拧松瓶盖还有一定难度，盖子对准瓶口放上去，孩子多放几次才可以完成。爸爸或妈妈要耐心地指导孩子做，或和孩子一起去完成，让孩子慢慢学会转动瓶盖。开和盖瓶盖看似简单，它需要孩子有很好的眼—手协调能力和手指、手腕灵活性。孩子总是先学会开盖子再学会盖盖子的。据研究发现，孩子最早满8个月（多数11个半月，最迟16个月）能成功地揭开盖子。最早满11个月（多数14个多月，最迟19个月）会盖上盖子。

孩子有很强的好奇心，对盒中的东西总是很感兴趣，给他一个有盖的瓶子或盒子，让他去探索。看！7个月16天的安安正想方设法去揭开盒盖找东西呢。

翻书

目的：锻炼手指、手腕的灵活性，培养孩子对书的兴趣。

方法：给孩子购买几本画面简单、色彩鲜艳的婴儿读物，最好有立体触摸面的。爸爸或妈妈和孩子坐在一起看书，告诉孩子如何去翻书，一边翻一边给孩子介绍书的内容，吸引孩子的兴趣。发现孩子有兴趣时，可以把书给孩子，让他自己去翻动。爸爸或妈妈可指导他用手指去触摸，并告诉孩子，这是什么样的感受。

明哲7个月13天就会翻书，他高超的翻书技巧是因为爸爸妈妈把布书作为他最早的玩具之一。

爱心提示：让孩子练习翻书，可以锻炼孩子手指小肌肉动作的灵活性，也是孩子锻炼精细动作的好项目。

孩子翻书的方法各不相同，有的孩子两手一起翻书，有的是五指抓翻。造成这些情况的原因是孩子手指小肌肉的发育还不完善，动作不够协调。你可让孩子学着用右手拿着书一边，用力将书弯起，再用左手手指将书页翻起，这样就能顺利地将书翻页。这时孩子还不会一页一页翻书，可能一翻就是几页，对此爸爸妈妈应了解这个年龄阶段孩子发展的特点，不要操之过急。有观察发现，孩子最早满8个月（多数11个半月，最迟16个月）有企图翻开书页的表现。孩子最早满10个月（多数12个半月，最迟16个月）能真正将书打开和合上；孩子最早13个半月（多数15个半月，最迟18个月）可向不同方向翻书2～3页。这项技能的好坏与孩子是否经常接触书、家长是否教过他翻书有关，没有接触过书和接触少的孩子学会翻书的年龄会延后。

另外，由于孩子手部的控制能力比较差，容易把书撕坏，给孩子看的书最好给孩子做一本布书。布书不怕撕咬，可以洗涤和甩干。你还可将想让孩子看的图或字贴在布上，孩子认识后可撕下来再粘上新的图和字。书中的水果、动物、故事等既能让孩子认物、认颜色、认形状，也能让孩子学数数、认身体部位、分清上下、左右、大小、里外等。既有游戏性又有知识性。当爸爸或妈妈看书时，给孩子看布书，让他自言自语自己玩，学会翻书、或将布书上贴的图或字撕下来再贴上去，可发展孩子的精细动作。

拍小鸭

目的：训练上下挥动手臂，做拍的动作。

7个月16天的扣扣，正高兴地拍着她那能发声的大娃娃睡觉。

方法： 准备一个软塑料的或橡皮的能发出声音的小鸭、小鸡或娃娃等玩具，抱着孩子坐在桌子前，爸爸或妈妈先用手掌去拍打几次玩具，让它发出声响。你告诉孩子说："贝儿，拍一拍，它会叫。"鼓励孩子模仿你拍小鸡。当孩子拍响小鸡后及时亲孩子一下以示赞美。如果孩子不会你可以拿着孩子的手，让他展开手指，再轻轻地拍打玩具。

你还可以让孩子左右手交替或同时将玩具拍响。不要突然大声地拍响，以免孩子受到惊吓 。

爱心提示： 通过此游戏可训练孩子手臂运动的控制能力。有的孩子可能对小鸭、小鸡，特别是小娃娃特别钟爱，不留意你的拍打玩具的指令和示范，你可等孩子玩过后，再让孩子拍打。有的孩子不让你打他的小鸭、小鸡或娃娃，你要告诉他"它们想睡觉了，要你拍它"。根据实际情况采用各种方法让孩子学着做。据观察，孩子最早满8个月（多数11个月，最迟16个月）会模仿家长拍打玩具并能让它发出叫声。

推小车走

目的： 训练孩子眼—手协调能力，了解自己的动作与小车运动的关系，发展认知能力。

方法： 准备一辆玩具小车，爸爸妈妈和孩子一起趴在地上，爸爸或妈妈慢慢地推着小车走，经过孩子的视力范围，再推到孩子的眼前。一边推一边说："贝儿，小车要走了，快来推推它。"吸引孩子像你一样来推车。

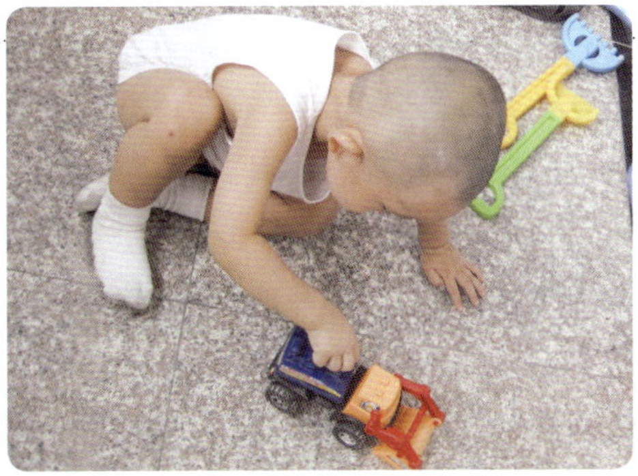

犇犇正在玩小车快跑游戏，此月也可让你的孩子学习推小车的动作。

爱心提示： 开始推车的速度不要过快，最好手不要离开车，均匀地用力，让车缓缓前进。以后再教孩子一下将车"开"向远处。

你可以给孩子画两条线作为车道，让孩子在车道内推小车前进。你还可在车道两旁放上一些小瓶、积木等，让车前行时不能碰倒两边的物体。你还可让孩子把车“开”向左边，“开”向右边。将一块木板架在小板凳上，让车从木板下“开”上、“开”下。用一个盒子放在前方当做车库，让孩子把车“开”进车库中。你还可以和孩子玩赛车，看谁“开”得远，看谁到达了指定的目标。可以有很多种玩法，特别是男孩子一定非常非常喜欢。有观察发现，孩子最早8个月（多数近11个月，最迟15个月）能在桌面上推动有轮的小汽车。

智商开发

智取物品

目的：借助工具取物，训练思维能力。

方法：“拉餐垫取物”。准备一个孩子喜欢的玩具和一个比较大的餐垫，最好玩具的颜色与餐垫的颜色差很多，如一个红一个黄（没有大餐垫可用鼠标垫或用一张毛巾）。把孩子喜欢的玩具，如女孩的娃娃、男孩的小汽车放在餐垫上，玩具离孩子很远，即使孩子伸手也不能够着，但他正好可以够得着餐垫。你可以让孩子去取他心爱的玩具，告诉孩子说：“把你的玩具拿过来。”如果孩子用劲伸手去够玩具，你要问他：“想一想，有别的办法拿到玩具吗？”引导孩子将餐垫拉到身边，最后取得玩具。

“拉绳子取物”。准备一个孩子喜欢的小玩具，如1只小鸡、1个红环、1辆小汽车等，30厘米左右长的红绳子2根。把绳子系在玩具上。先拿起绳子在孩子面前摇晃玩具，引起孩子注意，再把玩具放在桌子上，孩子伸手不能抓住的地方，绳子靠近孩子，孩子能伸手抓住绳子。引导孩子拉动绳子，取到自己喜爱的玩具，并模仿爸爸妈妈摇晃悬吊的玩具。

“拉哪根绳好”。当孩子熟练“拉绳取玩具”后，可在一旁再放一根没有栓玩具的绳，让孩子去辨别拉哪一根绳才能得到玩具。

看，扣扣7个月22天，会通过拉绳子够取玩具了。

爱心提示：孩子第一次“拉餐垫取物”“拉绳取物”也可能是在无意识情况下发生了，但是被拉过来的玩具会引发孩子的好奇心。爸爸或妈妈这时可以让孩子把这个动作多做几遍，孩子会很喜欢这个游戏的。如果多次试验孩子还是不会，你可以教教他。如果孩子几次努力不能拿到玩具，就会产生挫败感和焦虑感，爸爸或妈妈要及时帮助孩子得到玩具，并做出非常高兴的样子。当孩子拿到玩具时，可以将玩具给他玩，以示鼓励。

玩具可经常更换，每次当他拿到玩具后顺便教他说玩具的名称，也可让孩子看相应的图片。

通过以上游戏让孩子学会判断和理解物品的远近，知道如何利用工具（绳子）来够取自己想要的物体，促进孩子思维能力的发展，同时也发展眼—手协调及用手抓、拉的动作及语言理解能力。有观察发现，孩子最早满8个月（多数11个半月，最迟18个月）会通过拉绳子够取玩具，并能拿到玩具后模仿你摇晃玩具。

比大小

目的：训练大小的认知能力。

方法：让孩子认大小最好从经常接触的身体部位、食物、玩具、日常用品等的开始。

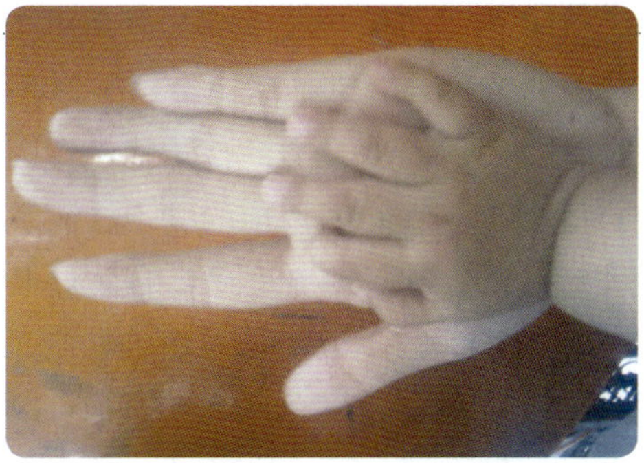

利用各种物品和身体部位比大小，训练大小的认知能力。

“比身体部位”。在给孩子洗手、洗脸、洗澡时，和孩子玩游戏时，将手伸到孩子面前告诉孩子：“这是妈妈的大手。”然后拿起他的手说：“这是贝贝的小手。”再把2只手合起来比一比。也可和孩子比脚等其他身体各部分的大小。

“比食物”。拿2块孩子经常吃的、大小不一的饼干，告诉孩子哪块是大的，哪块是小的。也可以比2个大小不一的苹果、小面包和大面包等。

“比生活用品和玩具”。每次吃饭时，爸爸或妈妈用大勺子喂孩子，同时给孩子一个小勺子，2个勺子的形状、颜色一模一样，告诉孩子：“妈妈的是大勺子。”然后又指着他手中的小勺子告诉他：“你的是小勺子。”

还可以比球的大小，水果的大小，总之你可以拿所有物体让孩子来比较。

爱心提示：辨认大小是孩子认知世界的基本技能。据观察，当孩子在

4个月左右，你给孩子大球时他会用两只手去接球，给他小球他会用一只手去接，表明4个月左右的孩子就已具有了大小知觉，6个月以前的孩子已能辨别大小的能力。大小是重要的数理概念，让孩子尽早地认知，可促进智能开发。生活中的东西都有大有小，你可以结合生活随时和孩子玩辩大小，比大小的游戏。

安安特别喜欢车，妈妈开始教他认识不同的车了。

认识车

目的：学认不同类型的车，扩大认知范围和语言能力。

方法：早晨或傍晚交通不繁忙时，带孩子到室外停车场看各种车、带孩子在街上观看各种各样的车；休息日开车或乘坐公共汽车带孩子去奶奶家、去公园玩；节假日乘轮船、火车和飞机去旅游。在此过程中教孩子认识如自行车、小汽车、双层大公共汽车、小公共汽车、出租汽车、摩托车、平板三轮车、运货大卡车、轮船、火车和飞机等各种交通工具。

买一些玩具车和车图片集，让孩子看车模型和图片识别各种车辆；每天送爸爸出门上班，看看爸爸是骑自行车还是乘公共汽车或开汽车；告诉孩子各种交通工具的名称。当孩子1岁左右还可以教孩子认车的颜色；孩子更大一些还可让孩子记住车的形状，车的品牌。

爱心提示：孩子都喜欢车，特别是小男孩。现在到处都是私家车，路上停满了各种各样的车，你可以随时带孩子去看去认。你也可在网上搜各种车图片，打印下来，贴在墙上，教孩子认识各种车。你还可以拿着车的图片和孩子一起到街上去找真正的车，当孩子找到了与图片中一样的车，一定会很高兴的。如果爸爸妈妈经常教他，也许你们家爱车的小男孩会很快辨认好几种不同的车哦。

但是你不要让孩子在交通繁忙地带久留，也不要在地下车库久待，以免严重的空气污染损害孩子的健康。

认五官了解功能

目的：学认五官，了解五官的功能。

方法： 孩子在4个月就开始认五官了，现在你要结合让孩子了解自己其他五官。你可以和孩子并列坐在镜子前，一边指着五官，一边结合各个器官的动作进行，如认鼻子时教孩子耸一耸鼻子，认眼睛时眨一眨眼睛，认耳朵时轻轻地揪一揪耳朵，认嘴时抿一抿嘴，认舌头时弹一弹舌头；你也可以编个顺口溜，念给孩子听，这可以锻炼孩子理解语言的能力和模仿力。

认五官

小贝贝，认五官，

鼻子耸耸，

眼睛眨眨，

耳朵揪揪，

嘴巴抿抿，

舌头弹弹，

认得快、记得牢，

贝贝是个好宝宝。

你还可以告诉孩子各个器官的功能，如鼻子是用来闻气味的，眼睛是用来看东西的，耳朵是用来听声音的，舌头是用来尝味道的，嘴巴是用来说话、唱歌、吃饭和喝水的。你还可以编一个儿歌，让孩子进一步记住五官的功能。

鼻子：左一孔，右一孔，是香是臭它最懂。

眼睛：小眼睛，亮晶晶，样样东西看得清

耳朵：小耳朵，真是灵，说话唱歌听得明。

舌头：小舌头、滑又滑，它能分辨酸苦辣。

嘴巴：小嘴巴、说起话来呱呱呱，唱起歌来啊啊啊，吃起饭来喳喳喳，喝起水来吧吧吧。

皮皮1岁22天，会指耳朵、鼻子、眼睛、嘴巴和手5个身体部位了。

爱心提示： 1周岁左右的孩子，语言理解能力增强，同时在听到一些特定的语言信号时，就能用动作表示出来了，此时你不妨多和他玩一玩听声音做动作的类似游戏。指五官是一个爸爸妈妈和孩子可共同玩的、快乐的听声音做动作的游戏。孩子一定喜欢有爸爸参与的游戏项目。爸爸在游戏中要热心一点，全力以赴参与。据观察，孩子最早7个多月（多数8个月，最迟9个多月）会指身体的1～2个部位；最早10个月（多数12个多月，最迟14个月）会指身体的3个部位；最早13个月（多数18

个月，最迟24个月）会指身体的5个部位；最早20个月（多数24个月，最迟30个月）会指（说出）身体的6个部位。

神奇套碗

目的：通过视觉和操作，体会物品大小概念和认知物体的差异。

方法：找3个大小不同的木碗或不锈钢碗让孩子玩套碗。

“叠宝塔”。你先把碗由大到小一个一个排成一排，然后告诉孩子：“妈妈给你叠宝塔了，大碗放下面、中碗放大碗上、小碗放上碗上，宝塔叠好了，看，宝塔漂亮不漂亮。”你一边说一边做，把3个碗叠成了一个“宝塔”。让孩子欣赏完“宝塔”后，你再一边说一边将碗取下，由大到小一个一个再排成一排。让孩子模仿你把碗按上述方法叠成“宝塔”再取下来排成排。如果孩子套不上或拿不下碗来，你要协助孩子套上和拿下来。当孩子叠“宝塔”玩熟练后，就可玩以下游戏了。

“3个碗变一个碗”。你可如上将碗排好，然后一边说一边做：“把小碗放下面，中碗放在小碗上，大碗放中碗上，3个碗成1个了。看，其他的碗不见了，找一找它们去哪儿了。”看孩子会不会去找不见了的碗，如果不会找，你可摇动一下碗，让它们发出声音，引起孩子的注意。你也可让孩子模仿你的方法叠碗，这样孩子也许就知道其他2个碗去哪里了。

爱心提示：当孩子看到3个碗因为他的移动而变成高高的“宝塔”或是“3个碗变1个碗”，会感到很新奇和兴奋。爸爸或妈妈这个时候也要表现得很惊奇，鼓励孩子自己去发现杯子大小的差异。爸爸或妈妈可以把这个游戏重复几遍，孩子如果不懂，他会用表情、手势主动让你再次为他做这个游戏的。当然，如果孩子已经明白了，爸爸或妈妈就要退出游戏，以孩子为主，让孩子亲自做几次。给他3个碗可让他一个人玩很长的时间，直到能够熟练地玩这个游戏。

如果孩子不喜欢用碗，那么可以换成其他大小不一的玩具，如杯子或盒子玩这个游戏。你还可以用这些东西教孩子说它们的名称，辨大小，认颜色，敲响，滚动等。3只碗（或3个盒子或3个杯子）能让孩子独自玩上半个小时以上了。

纤纤正在自得其乐地玩套碗游戏。孩子在想“另一个碗去那儿了？”这会激发孩子的好奇心和想象力。

无论何时玩具的安全性都应该是爸爸妈妈首先要考虑的问题。孩子探索世界的方式和成人是不一样的，孩子除了去玩去看去听，他还会去闻一闻，甚至最经常把玩具放到嘴里咬一咬，使劲敲打一下，所以要求孩子的玩具不能存在安全隐患。最好不要用有颜色的或容易掉颜料的木碗，也不用容易打碎的瓷碗和玻璃碗，不要细小零件多且容易掉下的玩具，不要容易摔碎的玩具，不要有角、有锋利的毛刺的玩具，这些都可能对孩子造成伤害。

鹦鹉学舌

目的：激发说话的兴趣。

方法：当孩子吃饱、情绪很好时，自言自语地、自得其乐地、不厌其烦地、发出“咿咿呀呀”声音。他会说过不停，像一只关不住嘴的小鸟。此时你可以在一旁欣赏孩子的“自由发言”，也要不时地接话，孩子说一句有所停顿时，你要抓紧给孩子回答一句，一问一答地与孩子“对话”交流；你可以模仿孩子说话的语调和声音，引发孩子对自己发音的兴趣。让孩子对与你“交流”或“说话”增加兴趣。

你要多与孩子“对话”交谈。与孩子“对话”交谈时你说话的速度一定要慢，让孩子模仿你说话的声音；你说话的音调要有高有低，让孩子模仿你高低交错的腔调；你要有一定停顿和等待，给孩子一段时间，让孩子有时间回答你。

扣扣正哇哇地“说”不停，这只是她在模仿爸爸妈妈说话的声调和锻炼发音器官。

你可以给孩子念儿歌，慢慢地、带有丰富情感的、配合动作念，孩子喜欢看着你有声有色一边说话一边做动作的样子，这可以引起他跟随你哇哇的大声念，这样最好，如果孩子不会念，他能听到也不错，也会给孩子留下很深的记忆的。

爱心提示：8个月，孩子语言发展已经进入了敏感期，进入一个语言发展的新阶段，“模仿语言阶段”，或是“学话萌芽阶段”。孩子此时可以说出几十个，近百个音节，出现了不同的声调，开始模仿爸爸或妈妈发音了。有观察发现，孩子最早满8个月（多数11个多月，最迟15个月）可模仿爸爸妈妈谈话的样子，模仿你的声音，而且还常常伴有手势，你会发现孩子模仿的某些声音就和真正的说话声十分相似。孩子此时的发音中差不多包含了你说话时所用的语音。

虽然这时的孩子鹦鹉学舌一样说个不停，但孩子并不能真正理解自己正在说着什么，表达的是什么，但毫无疑问，这是孩子语言发展过程中重要且不可缺少的一个阶段，大量发音可以锻炼发音器官，也可能是孩子为以后真正开口说话做开幕练习呢。重要的是此时爸爸妈妈不要只顾自己滔滔不绝地说个不停而忽视孩子说话的需求，给孩子“说话”的机会，引导孩子多“说话”。如果你总是自己滔滔不绝地说个不停，没有给孩子说话的空间和时间，孩子说话的欲望就会受到压抑，进而影响他的语言发展。

叫“爸爸、妈妈”

目的：训练有所指的发音，提高语言能力。

方法：如以前学习叫“爸爸妈妈”一样，妈妈抱孩子迎接爸爸下班回家，说“叫爸爸”鼓励孩子叫出声音；早上起床也要让孩子学习叫爸爸妈妈；当给孩子喂食前让孩子先叫爸爸妈妈，孩子对食物表示兴奋时，要让他先叫“爸爸或妈妈”后再喂他吃；有时孩子十分想要某个玩具也让他先喊“爸爸或妈妈”才将玩具给他。

响响会看见妈妈叫妈妈，看见爸爸叫爸爸了。

孩子一句爸爸妈妈的呼叫，会令父母兴奋不已，但巩固是十分重要的，要天天练习，让孩子学会见到爸爸叫爸爸，见到妈妈叫妈妈，逐步学会称呼家里的人。

爱心提示：孩子6个月左右发出“爸”“妈”“奶”等语音了，听起来好像是叫爸爸、妈妈和奶奶，但实际上是无意发出的音，还不能把“爸”和“妈”的音同真正的爸爸和妈妈联系起来。8个月左右，孩子会真正懂得一些词语的意思，比如会把“杯子”一词和真正的杯子或看起来像杯子的东西联系起来，而不是和别的东西联系起来。“妈妈”一词的发音或类似的发音只代表妈妈，而不代表其他女性，也不代表爸爸，也不代表其他人。有观察发现，孩子最早8个多月（多数近12个月，最迟14个半月）能看见爸爸叫爸爸，见到妈妈叫妈妈，也就是能有意识地叫爸爸妈妈了。

有的孩子开口说出的第一批词来得非常缓慢，如果你的孩子到此个月，甚至到满1周岁时只能说出1～2个词，也不要以为他学话晚。孩子说出第一批词的早晚，说出词的多少与很多因素有关，爸爸妈妈平时的教育是主要的影响因素，多和孩子“对话”，创造一个好的语言环境是促进孩子早说话的关键所在。

听声音做“再见和欢迎”等动作

目的：训练孩子听声音做动作。

方法：结合日常生活教孩子用动作表达意愿。如在妈妈或爸爸出门时抱孩子到门口，拿着小手一边招手一边说“再见”。

当妈妈或爸爸回家或家中来了客人时，抱孩子孩子迎上去，教孩子拍手说“欢迎”。

当说对时点点头；说不对时摇摇头。

见到小朋友握握手。

感谢别人拱拱手。

一边给孩子说歌谣一边配合歌词教孩子做动作。

拍手歌

一、二点点头，三、四伸伸手，五、六弯弯腰，七、八拍拍手。

拍拍手

拍拍手，点点头，敬个礼，握握手。拍拍手，点点头，笑嘻嘻，好朋友。

动作歌谣

说得对、点点头，说不对、摇摇头；说再见、招招手，说谢谢、拱拱手。

爱心提示：有观察发现，孩子最早8个半月（多数9个半月，最迟10个多月）能用动作表示“再见、欢迎、不”3种动作。此时孩子不需要任何手势指导，听爸爸妈妈说“再见”懂得挥手；说“欢迎”懂得拍手；说“不”行就会摇手。此游戏让孩子理解动作与语言的联系，训练言语与动作的协调能力。当他做对了，一定不要忘记表扬“真棒”，以鼓励孩子学习。

让孩子听说再见做“招手”，听说欢迎做“拍手”动作，培养孩子对语言的理解能力。

找指定的物品

目的：了解声音与物体的联系，促进语言理解能力和对物体的认知能力。

方法：6个月开始一直玩“听声指物”游戏的孩子，这个月可以玩“找指定的物品”的游戏了。将以前教过孩子指认的2个玩具放在桌子上，抱着孩子坐在桌子面前。问孩子“把娃娃拿给妈妈”或是说“哪个是娃娃，拿给妈妈”等。看孩子是不是能听懂你的话，把你指定的玩具从2个中找出拿给你。找指定的物品要从孩子以前指认过的物品开始，从最小数量开始。如先从2个物品找起，以后再从3、4个物品找起。你可以按以上方法让孩子找玩具、食物，衣物，日常用品等。

看！婷婷正在和妈妈做找水果的游戏。经常和孩子做找物品的游戏，能够促进孩子语言能力的发展。

如果孩子对你的话没有反应，可能是他没有听明白你说的话，你要多说几次；也可能是孩子还不知道玩具的名称，你可以再将指定的玩具拿给他，告诉孩子玩具名称，再让他做上面的游戏。经过多次练习后孩子就能拿你指定的物品了。如果孩子还不具备这个能力，就应该先和孩子多玩一玩“听声指物”的游戏再做此游戏了。

爱心提示：在孩子进入语言发展敏感期后，除了发声明显增多，理解成人语言的能力也得到增强，孩子慢慢懂得了一些具体事物的词儿了，而他们对词的理解进展迅速，到1周岁时孩子能理解几十个词义了。通过“找指定的物品”的游戏，可了解孩子是否真正懂得这个物品的名称，或把这个名称与它相应的物品联系起来，真正地认识这个物品。语言不单纯只是说和听，将词汇与具体事物做完整的联结，语言才有意义。通过上述游戏，让孩子知道每一个物品都有一个名称，而每一个词都是与一个物品相连起来，这样让孩子能更清楚地了解语言存在的意义。

有观察发现，最早8个多月（多数9个月，最迟10个月）孩子会指3～4种学过的东西。最早10个多月（多数12个月，最迟14个月）不需要任何手势表达，会听你的命令拿指认过的玩具2~3种。

听妈妈的吩咐

目的：了解语言理解能力，知道服

从家长的吩咐。

方法：在8个月前你经常对孩子说话，告诉孩子你正在做什么，也经常教孩子认识他常见的日常用品和玩具。从现在开始，你要经常吩咐孩子做一些日常生活中、游戏中他力所能及的事了。

如给孩子喝奶时，你可让孩子坐在桌子前，把配奶的奶瓶、匙放在孩子的前面，吩咐孩子说："把奶瓶拿给妈妈，把匙拿给妈妈。"当奶配好后，你可吩咐孩子说："自己拿着奶瓶喝奶。"

你可让孩子听吩咐拿玩具和日常用品，培养孩子的认知能力。看！川川会听妈妈的吩咐拿橙子了。

在玩游戏时也一样，让孩子自己拿玩具，如你对孩子说："坐下，把积木拿过来，把球放在玩具箱中""把娃娃给妈妈"等。

当然你不能只顾自己不停地说，说话时你要慢慢地说，同时要一边说一边做手势。当你说完一句话后，你要观察孩子的反应，看孩子是否听懂了你吩咐，并留一定的时间让孩子按你的吩咐去做。如果孩子没有听懂你的话，你要多说几次，让他理解你的意图。如果孩子不按你的吩咐做，你要带他去做，慢慢地就能听懂你的吩咐了并能按你的吩咐去做了。

爱心提示：生活中爸爸妈妈可能会过多地关注孩子会说多少话，而忽视孩子能听懂你说的多少话，也就是语言理解能力的发展。但孩子语言理解能力发展是非常重要的，因为孩子总是先听懂才会说的。此游戏可以促进孩子的语言理解的发展，也可以检查孩子语言理解和程度，同时可培养孩子凡事自己动手的行为习惯。

据观察，孩子最早满7个半月（多数9个月，最迟10个月）至少能听懂并能服从下列命令中的3种，如拿来、坐下、不要吃、给妈妈等。你想了解孩子能否听懂你的吩咐，你可采用下列方法测试孩子。准备1个小板凳、1块饼干和1个球，然后对孩子说"坐下"，也可说"把球拿给妈妈"；还可说："把球拿过来"；当孩子拿饼干吃时，你可告诉孩子不要吃。 看孩子是否注意你说的再完成你的吩咐。注意你可以反复说两次，但不要有任何肢体动作和目光的暗示。你也可用其他你教过孩子的吩咐来检查孩子是否听懂了你的话和服从你的吩咐。如果孩子能完成以上3个吩咐，说明孩子听懂了、理解了你的话，语言理解能力很强；如果孩子只能完成前2个吩咐，说明孩子还不能很好地听懂你的所有话，所以生活中要注意多和孩子说话，并多吩咐孩子做一些他力所能及的事，促进孩子语言理解能力的发展。但不用担心，你稍微注意一点，孩子很快就能适应比较长的句式表达。如果你的孩子只能完成1个吩咐，你可能需要引起重视了。你要特别关注本书中各年龄阶段语言发展的内容，多和孩子对话，重视孩子的语言能力的发展。当然你也可用其他吩咐来测试孩子，只要他在10个月之前能听懂你至少3个吩咐就行。

“语言按摩”

目的： 训练孩子听和理解语言的能力。

方法： 为了促进孩子的健康发展，在孩子出生后就提倡给他做全身抚触，也许你现在还在每天给孩子做全身抚触。以前我们说给孩子抚触要给孩子介绍身体的各个部位，让孩子认识自己，现在你可以告诉孩子更多的知识了，也就是一边做抚触一边和孩子说话或对话。不仅给孩子介绍抚触的器官名字、作用或功能，还可介绍一下相关的知识和歌谣等。如当你轻轻抚触孩子的肚子时，你可一边抚触一边说：“妈妈正在揉你的肚子，一圈一圈又一圈；肚子是圆圆的，中间有一个肚脐；上方是胃，下方是肠子，贝儿吃的食物先进入胃，再进到肠子里，营养就会被吸收，有了营养，贝儿就长高了长大了。”你还可以说：“贝儿小时候是在妈妈的肚子里长大的，贝儿在妈妈的肚子里住了10个月，贝儿的肚脐和妈妈相连，妈妈通过脐带给贝儿送营养。”做完腹部抚触后你还可以说：“肚子是软软的，敲起来嘭、嘭、嘭地响；来摸一摸你的肚子，是不是很软软啊？听敲起来响不响啊？”你可拿起孩子的小手摸摸和用双手敲一敲他的肚子，让孩子也参与其中。

抚触其他部位时你也可参照以上做法给孩子做“语言按摩”。

爱心提示： 孩子现在还不会真正地说话，但孩子的语言理解能力总是先于孩子开口说话的能力的。在你絮絮叨叨地讲述时，孩子对这些东西会留下印象，打下烙印，进而成为记忆，并为开口说话打下基础。爸爸妈妈要经常和孩子说话或与孩子对话，让孩子有机会系统地模仿你说话，这样能促进孩子的语言理解能力的发展，为孩子今后说话做好准备。孩子在和爸爸妈妈学习发音的过程中也能获得极大的快乐。

在抚触的同时，你跟孩子说话或与孩子对话没有固定的内容和格式，你可以随时发挥，说你认为可以说的就好，不管说什么均可让孩子获得很好的教育效果。同时也别忘记让孩子参与其中，与孩子互动，让孩子咿咿呀呀地跟着你说话，让孩子动动手动动脚，如抚触腹部时，让孩子摸摸和敲敲肚子，抚触手臂时让孩子左手抚触右手，右手抚触左手，抚触手掌时让孩子拍拍手，抚触脚时让孩子摸摸脚，拍拍脚掌等。让抚触作为亲子交流的平台，把抚触作为语言学习的时机。

营造看“文字图”的环境

目的：提高孩子的注意力，视觉分辨能力。

方法：将孩子看过的“文字图”贴在相应的物品上，在教孩子认识实物的同时让孩子看相应的“文字图”。

如孩子经常外出玩耍会进门出门，开门关门，你可在门上贴上“门”的“文字图”。客厅里有漂亮的吊灯，灯也是孩子最先认识的物品，你可在灯的开关旁贴上“灯”和“开关”的“文字图”。在客厅中有电视机、电话、沙发、窗等，你也可在它们的旁边贴上相应的“文字图”。在餐厅中有桌子、餐具，你也可在墙上贴上相应的“文字图”。在孩子的玩具区你也可贴上孩子喜欢的各种玩具的名称的“文字图”。

当你和孩子每次玩游戏和进行相应活动时，你可先教孩子“认物品”，再让孩子看一看相应的“文字图”。如每次外出开门或关门时你可先指着真正的门教孩子说“门、门、门，这是门”，再指着门的“文字图”同样说几次“门、门、这也是门”，再打开或关上门。认其他的实物时同样也让孩子看一看相应的“文字图”。

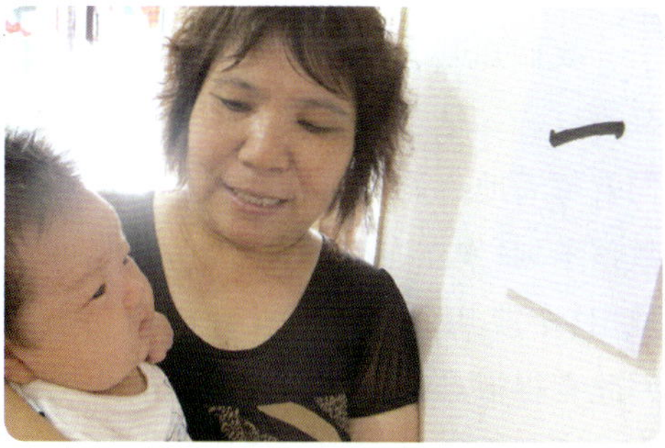

有的妈妈会很早就在家中贴上很多“文字图”，让孩子尽早有机会接触到汉字。

爱心提示：孩子什么年龄开始识字好呢？各家学说不一。有的学者认为从0岁开始识字，有的认为从3岁开始识字，有的认为上学后开始识字。各种声音争论不休。爸爸妈妈该听谁的？该怎么办？我认为爸爸妈妈最好的办法是选择适合自己孩子的时间，只有适合孩子的才是对孩子最好的。因此，爸爸妈妈可以尝试着从0岁开始教孩子看“文字图”。如果孩子对看“文字图”很感兴趣，活动可持续下去，如果孩子不感兴趣，就可以等一等，当孩子有兴趣时再进行也不晚。需要注意的是，只有适合孩子发育特点的、孩子自己喜欢的、愿意去做的才是对孩子最好的。

另外你应明确，让孩子看“文字图”不是教孩子识字，不要总是去测试孩子、去考查孩子认不认识这个字，认识了多少字，让孩子去指哪个是“门”字、哪个是“猫”字等，而孩子不会时就失望和放弃，这样做是不对的，有点太功利了。

我们知道语言有两种形式，一是口头语言，二是书面语言。孩子一出生我们就每天地、无时无刻地教他说话，多数孩子到1岁左右有的甚至到1岁半才会说出1个或几个词，但没有爸爸妈妈会因此觉得很难、抱怨的，更没有人会放弃。而书面语言的学习要比口头语言的学习困难得多，认识文字是一件很难的事，为什么我们不能像教孩子说话一样用更多的时间去教孩子认识文字，去等待孩子掌握文字而不轻言放弃呢？

让孩子看“文字图”，为孩子打造一个学习书面语言的环境，目的是让孩子有更早地、更多地接触和亲近文字的机会，是为了促进孩子视、听能力、语言能力和认知能力的发展，也是为了让孩子知道物体不仅有形状，还有发音和文字。帮助孩子在语言、实物、文字之间建立起最初步的联系。这不是单纯让孩子认不认字、认了多少字的问题。即使孩子看了很久的“文字图”仍然不识字，但在他的大脑中已经形成了文字的图画和印迹，相信只要时机成熟，孩子的能力就会迸发出来。

给孩子看“文字图”的机会，让孩子在没有任何压力、负担和烦恼的情况下，轻松愉快地自然地接触文字，与汉字相识。

如果你要购买识字卡作为“文字图”，最好选无图的识字卡，因为有图的很容易分散孩子的注意力，看文字的效果会大大降低。

如果孩子认物体和看“文字图”时表现出高兴的神色，可每天教孩子认2～3个物品和看相应“文字图”，如孩子哭闹或不愉快，要立即停止，待孩子高兴时再进行。进度根据孩子的特点，并多给孩子鼓励和表扬。

情商培养 >>

相互逗乐

目的：营造快乐的气氛，培养快乐的性格。

方法：在第2个月“看谁笑得响”的游戏中，介绍了“搔痒痒”“藏猫猫”“模仿不同的声音”“表演一个节目”“发出怪声怪调”“做一个鬼脸”“轮流藏猫猫”“斗牛牛顶鼻子”。8个快乐的游戏项目，那时只是爸爸妈妈逗孩子玩，此个月重点是让孩子参与和你一起玩这些逗笑的游戏了。据观察，孩子最早8个月（多数11个月，最迟16个月）不仅知道爸爸妈妈在与他玩游戏，还能重复引人发笑的把戏，会故意做鬼脸或怪异的动作逗爸爸妈妈发笑。你还可设计一些小幽默的游戏，和孩子一起相互逗乐。

纤纤是个搞笑「专家」，你看他把爷爷都逗得笑翻了。

“戴错了”。把纸盒或装菜的小筐相互戴在对方的头上，并且照照镜子说“好漂亮”，再说“搞错了”，然后大家哈哈大笑。

“穿错了”。故意把衣服当裤子穿，把裤子当上衣穿，把手套当袜子，把袜子当手套，然后傻傻地问：“搞错了吗？”

“走错了”。回家时故意走错路，把去其他地方当做回家的路，再傻傻地问：“走错了吗？”

“叫错了”。故意把爸爸叫做妈妈，把妈妈叫做爸爸，把孩子叫做爸爸妈妈，这样孩子会乐翻天的。

“睡觉了”。当孩子来叫你时你假装睡着了，大声地打鼾，让孩子去推你，叫你，再突然醒来。

爱心提示：除了以上引人发笑的把戏外，你可能还有更多有趣的小把戏，可拿出来和孩子一起分享。你可以随时和孩子玩这种逗人发笑的游戏。重要的是记住让孩子参与进来，引导孩子和你一起玩，让孩子重复各种引人发笑的把戏。当孩子做出逗你发笑的动作和表情时，你要有积极的反应，要和孩子一起哈哈大笑，这样激发孩子的热情和兴趣。

多鼓励孩子

目的：培养孩子的自信和自主能力。

方法：随着孩子年龄增大，活动能力增强，伴随的是孩子所遇到的困难、挫折、失意也会增多，犯了错误的可能性也增加了，当然孩子获得成功的机会也增多了，这些都需要爸爸妈妈给予孩子及时的鼓励和支持，爸爸妈妈正确地使用鼓励和支持的做法会促进孩子有更好的发展。如何鼓励孩子，爸爸妈妈需要注意的是：

“多说积极正面的语言信息”。经常告诉孩子说：“你真棒”“你一定行”“我相信你”“你能做到”“再试一试”“你很可爱”“我们喜欢你”“你真了不起”“你很努力了”等正面积极的信息。当孩子成功时为他高兴，当孩子有好的行为时肯定他。

“适当地支持”。困难总是无处不在，对孩子更是如此。当孩子遇到困难时，给他支持，鼓励他面对困难。如孩子游戏中遇到困难时，首先爸爸妈妈先给孩子尝试的机会，让孩子自己去解决问题；当观察到孩子自己不能解决时，你可以在一旁进行此游戏，并一边做讲解游戏的玩法，吸引孩子注意和引导孩子模仿，让孩子从模仿中获得解决困难的途径。需要注意的是，当孩子遇到困难时不要越俎代庖，替孩子去解决困难，让孩子失去发现自己能力的机会；也不能让孩子独自面对困难，受到挫折，失去自信，进而讨厌和放弃玩这种游戏。爸爸妈妈要根据情境适时地协助孩子解决困难，让孩子得到战胜困难的信心，能获得突破挫折的成就感。记住你要在孩子遇到困难时鼓励他，遇到挫折时帮助他。

“允许犯错误”。错误总是难免的，要允许孩子犯错误，你要做的是告诉孩子避免错误的做法。也许你的孩子抓翻了你精心准备的菜饭，打破了你心爱的花瓶，大便拉在裤子上了，等等让你生气的事。爸爸妈妈要知道，此时孩子做这些事都不是有意的，所以你不需要生气和迁怒于他。孩子出现这样那样的错误，源于孩子强烈的好奇心和探索能力，但孩子动作能力还不协调，理解能力还不够好，控制能力才犯了错误。你首先要做的是确保你的东西是放在安全的地方，其次是告诉孩子做错了事不要紧，你下次怎样去做就好。呵斥孩子，责骂孩子，只是让孩子无所适从，只会挫伤孩子活动的自主性和积极性，让孩子丧失自信，而一切都于事无补。

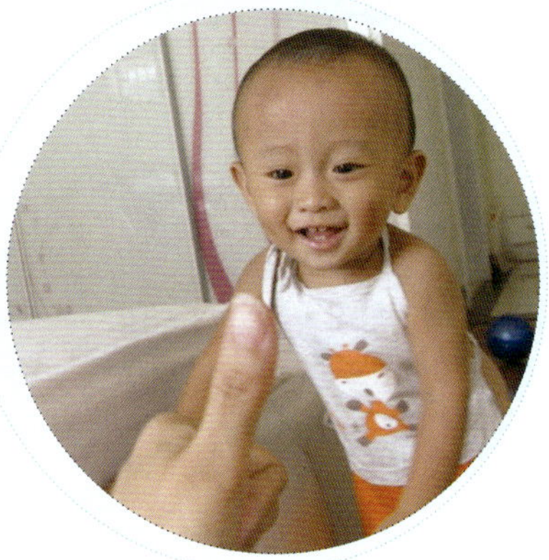

在天天的教育中，爸爸经常使用鼓励的方法，因为爸爸相信适时的鼓励会让孩子做得更好，看，在爸爸的赞美声中天天多自信。

“理解不成功”。孩子还不会坐、多次搭积木总是不成功，样样测量都落后，爸爸妈妈该怎么办呢？不成功、落后总是常有的事。孩子一件事或者是多件事做不好，并不意味这个孩子无能，只不过他还没有发育成熟或者是他还没有掌握技巧而已。每个孩子都是不同的，发育有早有晚，这一切你要理解和认同，你要做的是，多给孩子鼓励，耐心地指导孩子，等待孩子成长。一旦孩子发育成熟了，技巧掌握了，他就能把事情做好。爸爸妈妈总是抱怨和指责，呵斥和暗示孩子智力差、无能，这样会让孩子的自信心受到伤害，结果只有更差和更坏。

爱心提示：每个孩子在成长的过程中都不可避免地会遇到困难。有了爸爸妈妈的鼓励，孩子就有了克服困难的信心。每一个孩子都需要不断鼓励，就好像植物需要阳光雨露一样。但有的爸爸妈妈奉行的是不打、不骂不成才，轻视对孩子的鼓励，忽略了对孩子的鼓励，甚至忘记对孩子鼓励。许多爸爸妈妈甚至错误地认为孩子需要的是知识和特长，爸爸妈妈的责任就是教育和训导，而没有想到还有爱、赞美、鼓励是更加重要和有效的教育方法。

爸爸妈妈最容易做得最糟糕的事情之一，就是动不动指责孩子，对孩子不满意，挑孩子的毛病。人是一种喜欢被别人爱、被别人理解的动物，孩子更是如此，小小的心灵更需要爸爸妈妈的呵护与赏识。对孩子来说，重要的是具有自信、自爱的精神，这种精神最初更多来源于爸爸妈妈的给予。爸爸妈妈鼓励的眼神、肯定的话语，像是自信的种子，播撒在孩子的心田。如果爸爸妈妈希望孩子成功，你就要多鼓励孩子，不管何时何地。

孩子的自我评估的萌芽和发展是在孩子的早期成长中形成的。如果爸爸妈妈多传达一些积极的语言信息，多信赖和欣赏孩子、多肯定和鼓励孩子、少批评和指责孩子，孩子的自我评估就较高，这样的孩子就比较自信快乐，比较善于自己解决问题，喜欢社会交往活动，乐于遵守游戏规则，表现出来的是他的情商就比较高，因而会有更大的成功可能性。

下雨啦

目的：了解水的特性，为生活制造快乐。

方法：准备一个饮料瓶，用锥子在瓶底和瓶身上戳很多个小孔。孩子洗澡时，你把饮料瓶装满水，然后让孩子看着你把装满水的瓶子往浴盆里洒水，告诉孩子说："下雨啦、下雨啦。"把瓶子给孩子，让孩子看一看"雨"怎么下下来的；看一看"雨"打在水面上，产生的一圈一圈的涟漪；听一听"雨"打在水面产生的"哗、哗、哗"响声；让孩子伸出小手，感受"雨水"对小手的冲击和在小手上的流动；告诉孩子怎么控制"雨"的大小，用手捏一捏，看"雨"是否下得大了，不用力时"雨"是不是就小了。

这样一个玩具还有其他作用，如你可用它往孩子身上的不同部位淋雨；让他用瓶子当喷水头，往自己身上各个部位淋水，给自己洗澡；还可用它来给橡胶娃娃或小鸭子洗澡。

爱心提示：这个游戏就是让孩子制造出"下雨"的效果，能培养孩子手的控制能力；同时让孩子意识到手的动作与“雨”的产生和“雨”的大小的关系，引导孩子对动作与结果的认知，激发孩子的创造力和想象力。

你也可像天天妈妈一样和孩子玩各种下雨游戏，激发孩子的好奇心和想象力。

在孩子洗澡时玩一玩水，甚至制造点小事件，弄得水花四溅，会让洗澡变得有意思多了，可让孩子喜欢上洗澡。不仅是洗澡时可让孩子玩一玩水，你可随时准备一盆水让孩子玩一玩。夏天是孩子玩玩水的好时光，冬天你也可创造条件，如准备一盆温水让孩子有机会玩一玩水。这会增加孩子生活乐趣，孩子也会很喜欢。需要注意的是，孩子玩水时你一定要寸步不离，防止发生意外。

配合穿衣

目的：学习自理，为自己穿衣做准备。

方法：“穿开衫”。让孩子配合穿开衫时，可一边说“胜利”，一边让孩子举起一只手，再说：“小手要钻山洞了”，让孩子把胳膊伸进衣袖中，这样就穿好一只袖子了，按上述做法再穿好另一只；爸爸或妈妈再帮助扣好扣子。

“穿套头衫”。穿套头衫也和穿有扣衣服一样，只是在说“胜利”、让孩子举起双手，再说“小手钻山洞了、头钻山洞了”，让孩子把两个胳膊分别伸到两边的袖口里，再把头从衣领口钻出来，把衣服拉下来就可以了。

爱心提示：学习穿衣服可以通过玩游戏的方式进行，以激发孩子的热情。爸爸和妈妈一定要有意让孩子在穿衣服的过程多动手配合，并且语言指导与动作配合相结合，可以训练孩子的理解语言能力，也让孩子学习自理，为逐渐过渡让孩子自己穿衣物做准备。据研究发现，孩子最早8个半月（多数满9个半月，最迟10个月）能伸手、伸头协助穿衣。

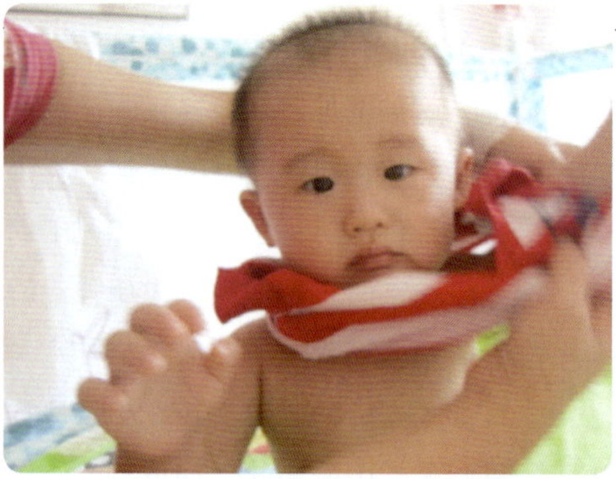

给孩子穿衣服时，要引导孩子主动配合。

注意购买孩子的套头衫时领口一定要宽松些，有的孩子比较胆小，怕黑、怕闷，因此，会非常抗拒穿套头衫，你可以让孩子观察你自己穿套头衫的过程，还可以在套头的时候，和孩子玩一玩“躲猫猫”的游戏，以此减少孩子内心的恐惧。

学坐便盆

目的：训练生活自理能力，提高自我控制能力。

方法：以前做过把尿训练的孩子，当孩子能坐稳时，可以不再给孩子把尿和把大便，开始进行孩子自己坐盆训练。女孩大小便均可自己坐盆，男孩子小便时可让孩子靠在妈妈的腿前站立撒尿到便盆中，大便时自己坐盆。

为了坐盆训练能有效和成功，重要的是你在孩子有大小便时及时让孩子坐盆，如孩子睡前和醒后抱孩子去坐便盆小便；当孩子喝水15分钟后问孩子要不要尿尿；孩子平时大便时抱孩子坐盆大便；注意观察孩子大小便时的表现，据观察，孩子最早6个多月（多数8个月，最迟9个月）大小便前均会有一些特殊表现，如玩耍时突然动作减少、发呆、神色不安或打冷战，有的孩子会双脚扭动等表现。有的孩子会指着尿布或者哭喊以引起你的注意。经常在卫生间把大小便的孩子，大小便前会用手指卫生间。孩子发出这些特殊的声音或动作时，就是在表示自己要大小便了，你及时抱孩子去坐在便盆，可不要耽误，因为孩子坚持不了多久。

开始学坐盆孩子可能不习惯，一时大便不能解出，可让孩子稍多坐一会儿，但一次不要超过10分钟。及时和成功的坐盆要及时鼓励，失败也不要批评，你不能期待孩子每次都能坐盆成功，批评孩子只会挫伤孩子的积极性。

为了让孩子喜欢坐盆，爸爸妈妈可以先和孩子一起去商场买一个孩子喜欢的便盆，如带有小动物扶手的便盆，先让孩子不时去坐一坐；还可把便盆用漂亮的布包好，又柔软又温暖，以免孩子在冬天时怕冷而拒绝坐盆；把便盆放在比较明亮的地方如客厅里或孩子活动地点附近，告诉孩子什么时候使用它的，或当着孩子的面将尿布上的屎抖入便器，以便让孩子明白它的用途；如便盆放在卫生间里，还需有爸爸或妈妈的陪伴，以免孩子害怕孤单而拒绝坐盆。

爱心提示：孩子何时能控制大小便与孩子的发育有关，也与日常训练有关，孩子需要的是你的帮助。爸爸妈妈可以建议孩子坐便盆，但不能强迫孩子，让孩子自己决定是否需要坐便盆。给孩子充足的训练时间，孩子不愿意坐盆，他公然反对或是大发脾气时，你不要强迫他或骂他，过几天等孩子忘记此事后，很自然地再要求他坐便盆就好，强制性执行，强迫孩子坐便盆，这只能起到相反的效果。不能因为怕孩子尿湿衣裤，就过于频繁地让孩子坐盆，这样有可能会造成孩子尿频，也不利于增加膀胱的贮尿量，小便的控制能力得不到锻炼。把孩子能够控制大小便理解成孩子的一个显著的进步，当能“把”到孩子的大小便，孩子能坐盆大小便是值得你表扬的事。

爸爸妈妈要注意提醒孩子及时坐盆。皮皮8个月开始学坐盆，看，1岁21天他已经很高兴去独自坐盆了。

据观察发现，通过训练，特别是“把”便时家长常发出“嗯、嗯、嗯”声的孩子，最早11个月（多数13个月，最迟15个月）大便时也会发出模仿“嗯、嗯、嗯”同样的声音“叫人”；孩子最早到12个月（多数15个月，最迟19个月）有大小便会及时找盆坐下。

还需要注意，不要对孩子的大小便表现出恶心或是厌恶，让孩子认为自己排出的大便臭，让爸爸妈妈不高兴，进而让孩子不愿意排便。或者让孩子误认自己是个臭孩子，爸爸妈妈不喜欢自己，进而影响孩子的性格发展。大便后用卫生纸擦屁股时要注意，一定从前向后擦。便后一定要教孩子洗手。便盆冲净后要用84消毒液消毒。84消毒液有一定的刺激性与腐蚀性，必须稀释以后才能使用。一般1000毫升水里面放2～5毫升84消毒液，浸泡时间为10～30分钟。消毒时便盆要全部浸没在消毒水中，消毒以后应该用清水冲洗干净后才能使用。

第8个月发育评价

动作

★牵手能站立
★扶腋下站立会跨步
★能翻滚360°
★企图抓第3个玩具

智商

★听声音会指学过的东西如“灯”“电视”等2种
★有目的地摇动玩具、打击玩具和倾听它发出的声音
★注视大人将小球投入瓶子内，会寻找小球
★大人说“宝宝、饼干、猫”等熟悉的词语会倾听、改变表情或发出声音

情商

★对同龄孩子感兴趣，见面会有兴奋的表情
★妈妈和熟人在有安全感，不躲避生人
★懂大人表情，见大人高兴时会笑，生气时会哭，悲伤时会安慰
★会从大人拿的杯中喝水

第9个月

（241～270天）全面发展方案

第9个月（241～270天）发展方案

动作发展

弯腰捡物

目的：训练孩子弯腰，锻炼孩子的腰部肌肉力量。

方法：“扶栏拾物”。当孩子扶物如沙发、小床等站着时，把玩具放在孩子的脚下，告诉孩子“把玩具捡起来”，让孩子懂得低头、弯腰去抓玩具，再让孩子扶着家具自己站立。

“牵手捡物”。你也可以牵着孩子的一只手，让孩子弯腰捡物。

“独自捡物”。让孩子独自站立，爸爸或妈妈在背后，扶着孩子，左右手分别支撑住孩子的腹部和膝盖保护孩子。在孩子脚下放一个色彩鲜艳的玩具，孩子看到色彩鲜艳的玩具会主动弯腰去捡。

如果孩子没注意到玩具，爸爸或妈妈要引导孩子弯腰去捡玩具。孩子捡到玩具会很高兴，爸爸或妈妈要及时鼓励孩子。

爱心提示：孩子在扶栏站立时学习单手扶栏弯下腰捡起玩具，再扶住栏杆站好，需要维持身体平衡，孩子要经常训练才能学会在弯腰和站立时维持身体平衡。刚开始训练孩子扶物捡物时，爸爸或妈妈动作要轻柔，随着孩子的运动给予支撑。有时玩具会移动，孩子需要迈步才能捡起，会增加捡物的困难，爸爸或妈妈先放一些不动的玩具让孩子捡到，让孩子获得成功和快乐，再放一些能滚动的小车小球等供孩子进一步练习。据观察，孩子最早8个半月（多数9个月，最迟10个月）能扶物弯腰捡物到玩具。

你可以开始扶孩子弯腰捡物，还可让孩子自己扶物弯腰捡物。看！8个月23天的扣扣正在妈妈的扶持下弯腰捡东西。

爬隧道

目的：练习从走、到爬、又到站、又到走。

方法：“制作隧道”。找2个或3个大纸箱放在屋中间，将每个纸箱两面打通套在一起，再用胶条把套在一起的纸箱粘好，就变成一个长长的“隧道”了。用手从箱内外仔细地摸一遍，确保没有可能挂伤孩子的装订钉后，就可以让孩子爬行用了。

纤纤喜欢在椅子“隧道”下爬来爬去。多爬行可让孩子四肢协调运动能力和感觉统合能力得到发展。

“向前爬”。让孩子走到纸箱前，从一边向前爬到另一边，再起身、站立，走回去再爬过来。如果孩子不能独自走，爸爸妈妈可以牵着孩子的手走到纸箱前，然后让孩子爬过纸箱到另一边，再牵起孩子再走回去。可多次反复。

“倒爬”。让孩子先爬进“隧道”，从一端出来前，你爬在“隧道”的这一端，然后你告诉孩子说：“妈妈也要爬进隧道”，然后你向前爬，让孩子倒退着爬。

爱心提示：在大型游戏场有为孩子准备的长长的“隧道”，你可以经常带孩子去玩；市场上有滚筒式的“隧道”卖，你也可购买，但你和孩子一起做一个自己的“隧道”，孩子一定更喜欢玩。

据观察，现在2/3的城市儿童缺乏爬行训练，主要原因是过早地使用学步车。或家中缺乏孩子爬行的环境。婴幼儿在爬行的时候，会努力抬头，四肢、手眼的协调能力得到训练。没有爬行经历的孩子，长大以后对手的控制能力差，写作业时过慢，注意力不集中，上课常走神，这样常导致学业差。此年龄的孩子很喜欢爬，有的孩子还喜欢钻到桌子和床底下，容易弄脏衣服，也不安全，爸爸妈妈要为爱钻洞的孩子创造条件。刚学习走后的孩子可以将爬行、走、起立等动作联合起来训练，让孩子动作协调能力进一步发展，孩子行动更加熟练和敏捷。

孩子通过“隧道”的游戏可以帮助孩子对自己身体的形象作出正确的判断，对本体感不佳，触觉敏感或不足的孩子特别适用。进入“隧道”时，头、手、脚的协调，对孩子前庭感觉的调节也很有帮助。进、出“隧道”的时光、声音和光线的改变可增加对孩子视、听觉的刺激。

爬行捡水果

目的：训练爬行，激发孩子的想象力。

方法：准备10多个漂亮的水果，如苹果、橘子、梨、西红柿等，让孩子看着你从高处一下把水果倒在地上，让它们滚得到处都是，让孩子爬着去把它们一个一个捡起，放入爸爸或妈妈手中的筐里。

你可以把物品放在不同的地方，让孩子爬着捡回来。馨馨捡橘子时爬得快、捡得很多哦。

一边倒水果一边叫孩子看着，漂亮的水果从天而降，一定让孩子惊喜不已。同时要用语言鼓励孩子爬去捡水果，也可以和孩子同时爬。在往前爬时，一边追一边喊，“快快爬，看谁爬得快，看谁捡得多，贝贝爬得快，贝贝捡得多”等等。激发孩子的兴趣。

爱心提示：育儿专家认为，孩子智力活动的形成首先要有身体活动的表现，外在的身体动作可加速内在智力活动的发展。爬行对孩子运动能力和平衡能力的锻炼，具有不容忽视的促进效果。爬行少或不会爬行的孩子可能会导致感觉统合失调，特别是剖宫产的孩子，爸爸妈妈要给他们多爬行的机会。孩子最早8个半月（多数10个半月，最迟1岁零半个月）就能用手和膝爬行了，腹部能完全离开地面，爬行动作也比较熟练，速度也很快了，有的孩子满9个月（多数1岁多点，最迟1岁1个半月）还能手足爬行了。但也有一些孩子还不会爬，或者爬行速度不快。如果是这样，爸爸妈妈要考虑一下是否孩子抱的时间太长，是否总是把孩子放在小床上，缺乏爬行的机会。就应多把孩子放在宽敞的地面上，给孩子一个爬行的机会，如把玩具放远处，鼓励孩子爬行去抓住自己想要的玩具，这样他就主动地学习爬行了；另外也可看一看孩子是否太胖，腰部力量不够，腹部落地，影响了爬行，如是这样，更要让孩子多进行运动，同时在医生的指导下适当控制肉类、糖等高脂肪和高热量食物，使孩子体重回到正常范围；还可在孩子爬行时在他的腹部处围一条长毛巾，向上提起孩子的腹部，对孩子爬行也有帮助。

扶持下行走

目的：在支撑下练习行走能力和身体平衡能力。

方法：“扶腋下行走”。与7个月不同的是，你站在孩子身后，弯腰扶着孩子腋下，让孩子自己向前行走。

“拉着走”。用1条长毛巾绕过孩子前胸从两腋下穿过，在后面轻轻拽着孩子，让孩子向前行走；用1条背带（中间是正方形，每个角系一个结实的长绳）经孩子前胸从两腋下穿过，在后面轻轻拽着孩子，让孩子向前行走；你还可把背带兜住孩子臀部，向上提前后的各2条绳子，让孩子向前行走。

“扶棍子走”。拿一根结实的棍子让孩子扶着棍子的中间，爸爸或妈妈拿着棍子的两端，牵着孩子慢慢向前走。观察孩子的步伐，如果的确走得很稳，可以让孩子握着木棍的一端，爸爸或妈妈握着另一端，带着孩子往前走；以后可让孩子握着木棍的一端走在前面，爸爸或妈妈握着木棍的另一端走在后面。

“牵手走”。与7个月不同的是，你此时你只要轻轻地牵孩子双手或单手让孩子自己行走，或让孩子扶着你的手行走。

采用多种方法扶持孩子行走，训练孩子身体的协调运动能力，为孩子独自行走做好准备。

爱心提示：当孩子进行3个月的跨步练习，孩子基本上学会了左右交替地、协调地跨步了，孩子腿的力量也增加了，需要你的支撑力也减少，同时行走的自信心也增强了，下一个目标进入行走训练。你首先要给孩子找一个相对开阔的练习独立行走环境，采取上述多种训练方式，多给孩子一些练习的时间，孩子就能比较早地学会独自行走。

上面我们介绍很多种让孩子学习行走的方法，都是在支撑下练习行走。要注意的是，牵手走中爸爸或妈妈牵着孩子的手行走，孩子拉着爸爸妈妈的手行走，自己独立行走是完全不同的3个阶段。前两项是给予孩子支撑力大小的问题，与后一项比，是有无支撑的问题。有的孩子有爸爸妈妈的支撑时走得很好，或只需要爸爸妈妈给他一点点支撑孩子就走得很好，可是爸爸妈妈一放手没有了支撑，让他自己走就不一定行了。因此，牵手走只能用于练习迈步，即便孩子牵手走得很好，也不要急于放手让孩子独立行走。孩子行走练习要循序渐进地训练，先从轻轻扶住孩子双手让他能站立，到扶孩子的一只手向前行走，最后再放手让孩子练习独走，每一个环节都不可忽略。也不要过早让孩子练习独立行走，特别是对早产儿、肥胖儿、钙缺乏儿。独立行走练习孩子最早这个月的下半个月（满10个月的前5天左右）才开始练习比较适宜。同时要注意不要强行地拉着孩子往前行，以免拉伤孩子的手臂。在练习中爸爸或妈妈要控制好孩子行走速度、方向，以免孩子向前仆倒。通过上述训练，多数孩子满10个月能在轻微的支持下协调地行走，有的孩子可以进入放走几步练习了，如果你的孩子此月还不能在扶持下协调地行走，要多加强练习。

有的爸爸妈妈此时会给孩子买学步车，让孩子用学步车学走好不好呢？有很多观察表明，让孩子用学步车，并不是个好主意。只有当孩子会爬、独自站立，才可以真正地开始独立行走练习。如果将孩子“困”在学步车内，强迫孩子过早地站立行走，剥夺了孩子在地板上玩耍、爬行、扶着家具走的机会，剥夺了扶着东西自己站起来的机会，让孩子越过爬行直接进入学步，这样失去很多锻炼大腿肌肉和骨骼的机会，自然会影响到正常的行走，这对孩子运动技能发展是不利的。不要使用学步车，它可能给孩子带来伤害，弊多益少。

划小船

目的：训练全身肌肉和平衡运动能力，尤其是上半身的弯曲和伸直。

方法：“同向划船”。准备一根塑料棒或擀面棍。爸爸或妈妈坐在地上张开双腿，让孩子坐在怀中，面向前方，或你跪在地上，让孩子站在你前面，让孩子和你同时握住塑料棒，孩子双手握里边，你的双手握住孩子手的两边，一起前倾后仰，做划船动作。也可以左右来回做划船动作。

“相对划船”。你和孩子面对面坐着，如上面方法你和孩子握住木棍，前后摇摆做划船动作。你要注意控制前倾后仰的弧度，不要让孩子摔倒；你也可直接拉着孩子的手，大家都把手伸直了，在前后做划船动作。

天天在和妈妈一起玩划船游戏。划船的游戏有很多种，只要让孩子能高兴地前后运动，就可达到目的。

一边划船还可以一边唱儿歌。

划小船：划小船，划到大公园，公园很多小朋友，大家一起来划船。

摇小船：摇呀摇，摇呀摇，摇到外婆桥。外婆说我好宝宝，糖一包，果一包，还有饼儿还有糕！

爱心提示：这些游戏都可让孩子平衡能力和上、下肢运动得到好的动作。

开包寻宝

目的：训练手指灵活性；了解物体永恒性的概念，激发想象力。

给孩子打开各种物品包装的机会，促进孩子手的灵活性。这是8个月1天的纤纤正在学习打开冰棍。

方法：买一张漂亮的包装纸（也可用餐巾纸），裁成很多小张，将一些孩子喜欢吃的食物如小面包、糖豆，或一些孩子喜欢的玩具如积木、小玩偶、小车等在孩子看着的情况下包在纸中，对孩子说："贝贝，糖豆在哪里？你帮妈妈找出来好吗？"然后把纸包交给孩子，让孩子打开。

如果孩子不会，你可摇动纸包引起孩子注意，然后自己慢慢地打开。一边打开，一边说："妈妈开包了，找到糖豆了。"动作要慢，语言要夸张，以便吸引孩子，让孩子模仿你。开始时，孩子一拿到纸包会把纸撕破，拿出里面的东西。爸爸妈妈可再用另一张纸把它包起来，或再给他一个包好的让他打开，反复多次，让孩子知道不用撕纸，只要把纸包打开就能拿到糖果和玩具。

如果孩子对打开纸包找糖豆不感兴趣，你可以换别的、孩子感兴趣的玩具和食物。也可直接从超市中买些有漂亮纸包装的糖或其他食物，让孩子把包装纸拆开。

爱心提示：打开包裹需要各个手指的参与，特别是拇指和食指参与的捏、拉、手掌的展开等动作的实施和配合，这是一项很好的训练孩子手指灵活性的活动。以后家中买来有包装的物品你都可以交给孩子打开。打开前你还可以先摇晃一下这些物品，让孩子猜一猜里面是什么东西。孩子对任何关于东西出现又消失的游戏都会很有兴趣。看上去一个普通的小纸包、小盒子，打开后就能找到精美的玩具、好吃的食品，漂亮的衣物，这对孩子来说是一种非常美妙而神奇的体验，这会激发孩子的好奇心和想象能力。一个小人偶，放进纸包中就不见了？她去哪儿了？她消失了吗？我再也见不到她了？这些都是孩子在想的问题、想要知道的问题。打开纸包，啊，小人偶又出现了，她又回来了。哦！原来即使我看不见小人偶，但她仍然在。这样，孩子在游戏中逐渐会明白物体的永恒性的概念，促进了孩子思维能力的发展。有观察发现，孩子最早8

个半月（多数11个多月，最迟16个月）能用手指解开纸包裹找着里面的积木。

将小物品放入杯中和盒中

目的：学会捏稳物品和准确投入；锻炼精细动作和眼—手协调能力。

方法：“放入杯中”。准备一个杯子和一些小的物品，如珠子、骰子、小西红柿、核桃、红枣、小方木等。你先告诉孩子：“贝儿，把西红柿放进杯中。”如果孩子没有行动，你可以给孩子多次重复地做示范，西红柿放入杯中并来回摇晃，引起孩子注意，也可用语言和手势鼓励孩子，让孩子对你的命令作出反应。以后你还可以让孩子将多个西红柿放入杯中，孩子一边放你一边数数，看孩子一次能捡起多少个放入杯中。

给孩子1个杯子或1个盒子，让孩子把一些小物品装入其中，锻炼孩子手指的抓握能力。

“放入盒中”。找一个手纸盒子，把盒子上方的洞开大一点。爸爸或妈妈先给孩子做一次示范，把玩具从洞中投入盒中，一边投玩具一边对孩子说：“贝贝，看，把这些玩具放进盒子里，从这里投进去，你来放，好吗？来，把它们放进去，看，放进去了，玩具不见了，现在你来投”，再用手摇摇盒子能发出声音，再投入另一个玩具，然后让孩子学做。刚开始见到妈妈把球放进盒子里不知道什么意思，这个时候可以握着孩子的手来做一遍，当孩子把小球放进盒子里，爸爸妈妈要及时夸赞“你能投东西了，真棒”来鼓励孩子。

爱心提示：这个游戏可以训练孩子对语言的理解和反应能力，也能锻炼孩子手的灵活程度，训练孩子自主地取物品和放开物品的能力。手的精细动作能力是一个非常重要的能力，人类很多工作需要手来完成，如果手的精细动作能力不够好，孩子可能在日常生活和学习上都会经历一些困难，如穿衣动作不快、衣服穿不整齐，吃饭掉饭、容易打破碗，写字歪歪斜斜，画不好画等，当然也可能影响到成年后从事需要精细动作发展较好的职业，可能当不了一个好的书法家、画家和钢琴家了。所有要多训练孩子的动手能力。

有观察发现，孩子最早6个半月（多数7个半月，最迟8个多月）手可不用扶桌子，能用拇指和食指拿稳小球；

最早满8个月（多数10个多月，最迟14个月）会遵守命令将1个小物品放入杯中；有经常玩此游戏的孩子最早满8个月（多数11个多月，最迟15个月）能将3个小物品放入杯中；将6个小物品放进杯中，最早满10个月（多数近12个月，最迟16个月）；但有的孩子最早满10个月（多数13个多月，最迟17个月）能将9个小物品放进杯中。

玩电筒

目的：训练孩子抓握和准确放置的动作。

方法：爸爸拿起手电筒，先教孩子上下推动开关，打开光源，再让孩子拿着电筒照来照去。学习按开关，看看光带来的奇迹。

奶奶正在让纤纤玩手电筒。

然后让孩子将电筒分拆开来，先旋开后盖，取出电池，再旋开前端，再将各部位安装好。也可以让孩子先学会装电池。拧开后盖、将电池一一放入，拧紧电筒盖。以后再学会打开和装好前端。

爱心提示：拆开和组装电筒的游戏孩子都喜欢，可以训练孩子手的多种功能，按、上下推、左右拧、倒、装等动作。你可以给孩子一个电筒，让他自己玩半天。但要注意，玩耍时不要让孩子把手放进嘴里，玩耍后赶快洗手。电池中多含有铅等重金属，防止食入口中引起孩子重金属中毒。

投、接球

目的：训练孩子眼—手协调能力。

方法：准备一个软质球。让孩子靠着家具站好，如果你的孩子不能靠着家具站好，可让孩子坐在地板上。你和孩子一人一球，你站在孩子对面，弯腰对他说："把球投给爸爸（或妈妈）"，同时将你手中的球投出，让孩子模仿你投球。当孩子能模仿你将球投出后，你取回球还给他，让他再投。开始你可让孩子乱投球，不要求孩子把球投向何处，只要能向前投出，而不是从手中滚落下来就可。以后你可站在孩子对面，让孩子把球投给你。再以后你可以在前面放一个筐或纸箱，让孩子把球投入筐或纸箱中。孩子开始投球时可能站不稳，身子会随球一起"投"向前，最好有一人在旁边，在孩子出手时扶着他一点。

纤纤9个月就开始和奶奶玩投接球游戏，看！10个月的他能把球准确地投给奶奶了。

当孩子熟悉投球后，你就可和孩子玩“投接球”游戏了。你轻轻地将球投给孩子，告诉孩子“接球”。开始孩子不会伸手接球，或接不住球，你可先示范，让孩子模仿。你也可站在孩子的身后拿着他的手伸出来接球。你最好能把球投在孩子的手里。几次后孩子就能掌握接球要点了。

爱心提示：“投接球”对孩子来说是非常困难的事，需要眼—手协调和能正确地判断球的空间位置才能做到，需要多次训练才能达到。有观察发现，最早孩子满9个月（多数1周岁，最迟16个月）能听懂投球的指令，并能确切地往前投球。最早孩子满1周岁（多数15个月，最迟18个月）向前投球时手和身可不用靠在墙壁上和家具上。需要注意，孩子投接球的能力取决于有无练习的机会。同时孩子年龄还小，手的力量还不够，可先选择比较轻的球，如气球、羊角球等软球练习，以后再选择皮球、排球、篮球等，和孩子玩投球游戏时还可教孩子认识各种球，教孩子球的名称。

玩泡泡瓶

目的：锻炼手的抓握、运动能力。

方法：准备一个（或几个）透明的、250毫升的矿泉水瓶，装入1/3的水，加入几滴洗洁精和色素，把瓶子盖拧紧。让孩子抓住瓶子，模仿你摇晃瓶子，让瓶中摇晃出五彩缤纷的彩色泡泡来。

也可让瓶子在地上滚，让孩子跟着滚动的瓶子向前爬。

可用不同颜色的食用色素做出几个不同色彩的泡泡瓶，一手抓一个，双手一起摇；让多个色彩泡泡瓶一起在地上滚动，让孩子感受五彩缤纷的颜色变换。如果在室外，在阳光下滚动它们，颜色一定更加灿烂。

每种生活用品都能成为孩子喜爱的玩具，只要爸爸妈妈肯动手动脑筋。瑞瑞就很喜欢玩爸爸做的泡泡瓶。

爱心提示：这是一个花钱少又好玩的游戏，而且功能多样，爸爸妈妈一定要给孩子做几个玩一玩，也许比那些花了大价钱的玩具更让孩子喜欢呢。孩子在摇动瓶子过程中可锻炼手的力量，同时那些五彩缤纷的彩色泡泡会激发孩子的丰富想象力，给孩子带来无穷的快乐。

穿水果串

目的：训练眼—手协调能力和激发孩子的想象力。

方法：你可以买一些水果如苹果、梨、橘子、香蕉和山楂等水果，去皮和去核切成片，买一些可以生吃的蔬菜如黄瓜、小的西红柿和生菜等，洗净切片或扯成小块，都放在碗中，搅拌一下就可以用了。大家都洗干净手，每人拿一根筷子，将水果和蔬菜穿到筷子上。

纤纤正在串水果片。这是促进孩子眼—手协调能力发展的好游戏。把智力开发融入孩子的日常生活中，让教育变成轻松和快乐的事，这是妈妈的智慧。

爱心提示：穿水果和蔬菜串是需要眼和手，左手和右手协调配合才能完成的游戏，所以能促进孩子眼—手协调能力的发展。并且不同的水果、蔬菜的质地不同，摸一摸表面，有的粗糙，有的光滑，捏一捏，有的硬，有的软，这样会给孩子带来不同的感觉享受，又能促进孩子的触觉能力发展；游戏中你还可以告诉孩子多吃水果和蔬菜有利健康的营养知识，让孩子养成多吃蔬菜水果的好习惯，有利于身体健康。

智商开发

发声的魔术袋

目的：提高对声音的辨别能力。

方法：你也可以把孩子熟悉的、能发声物品如1个哗铃棒或1个小钟、能敲声的两把铁汤匙、挤压能发声的塑料娃娃或小动物，按键能发出响声风琴或八音盒等玩具放进魔术袋里，然后让孩子去摇一摇、按一按、捏一捏、敲一敲，让孩子仔细听一听，不同的东西发出的声音有什么不同。

爱心提示：当孩子碰到纸袋时，纸袋会发出声音。这时孩子的表情也不一样。有的孩子会好奇，有的孩子则会害怕地丢掉袋子。你要露出非常兴奋的表情，捡起袋子摇晃几下，然后递给孩子，说：“摇摇看看，响不响？”当孩子了解到这个袋子并没有危险时，就会非常好奇地要打开袋子。让孩子看爸爸或妈妈是怎样把东西拿出来再放进去的，然后再把袋子给孩子，让孩子学着拿出和放进物品，和高兴地摇晃袋子。

袋子中有什么响呢？皮皮正想打开袋子看个究竟。经常让孩子玩猜一猜什么响的游戏，可以提高孩子对声音的分辨力和探究的兴趣。

同时让孩子注意到，袋中放进不同的物体发出的声音是不同的，以促进孩子对声音的分辨能力。良好的听觉功能是孩子智力开发的重要条件，特别对语言能力的发展起着决定性的作用。让孩子仔细地辨别不同的声音，了解和区分它们的微小差别，就可促进孩子的听觉能力发展。

娃娃在哪个盒中

目的：促进观察力、注意力和短暂性记忆的发展。

方法：准备两个同样的盒子，一个孩子喜欢的小玩具，如一个小娃娃。把两个盒子并排放在桌子上，爸爸或妈妈当着孩子的面把娃娃放进其中第一个盒子内，拿起盒子摇一摇，再把娃娃从第一个盒子中拿出来放入第二个盒子中，为了引起孩子的注意，要一边做一边说：“妈妈把娃娃放进第一个盒子了，现在妈妈把娃娃拿出来，放进第二个盒子里，找一找，娃娃在哪儿？”看看孩子是到第一个盒子中去找还是直接到第二个盒子中去找玩具。孩子去第一个地方找，找不到物品就放弃不找了，还是继续找第二个地方呢？当孩子找到了娃娃时一定要把孩子举起，大声地夸他说“真棒”。

以后你还可在玩具放进盒中后，当着孩子面调换两个盒子位置，问“玩具在哪儿？”看看孩子是否找对。

找物体的游戏，让孩子学会思考。看，8个月1天的纤纤正在找娃娃。

爱心提示：本游戏主要是培养孩子的认知能力。孩子对物体的认识也是一个渐进的过程，8个月以前孩子以为不见了的物体就不存在了，不会去寻找视野之外的物体，8个月才认识到，不见的物体并不是真的不见了，可能在其他地方。他已经意识到“看不见的东西依然存在”，知道去寻找见到过又被隐藏起来的物体，这是孩子建立物体永恒性的过程，是孩子认知上的飞跃，也就是智力水平发展到一定阶段的孩子才会去找不见的东西。但多数8个月后的孩子仍存在一个特殊局限，当玩具转移后，即使孩子明确地看到了你把玩具拿走了，他仍会到第一个藏物处去寻找，找不到便放弃。这说明，孩子的某些认识过程还没有得到发展。到1岁左右（多数1岁半）他就能跟踪注视物体位置的连续变换了，他就能够直接到物体隐藏的地方去找物体了。此时孩子的智力又有一个飞跃的变化。多和孩子玩这样的游戏，有利于对孩子物体永恒性的建立。

把相同的物品放在一起

目的：培养初步的分类和归类能力及手的抓握动作。

方法：准备分类盘（一个带多个格子的托盘）和不同种的物品，如西红柿、积木各2个（也可是你家中有的、类似的各种其他物件）。

你先把两种物品一起放在分类盘的大格子中，然后对孩子说：“妈妈把西红柿放这个格子里，把积木放这个格子里，来，和妈妈一样做，把相同的东西放在一起。”

当孩子熟悉规则后，你可增加1个西红柿和1块积木，再让孩子分类。你可以让孩子随意抓到什么放什么，如抓住西红柿就放在放西红柿的格子中，抓住积木就放在放积木的格子中；也可让孩子按次序放，如先挑出所有西红柿先放在一边，再把剩下的积木放在另一边。

开始孩子可能听不懂你的要求，最好是你先做，让孩子模仿。如果一次孩子还不会，可多重复几次。另外也不要随便换物件，直到孩子能把这些物件全部分类放好为止，此后你再换一些新的物品让孩子继续玩上述游戏。你可先换1种物品，以后再换另1种。

天天正在把玩的和吃的分开，有了初步的分类能力。

爱心提示：有观察发现，10～12个月的孩子开始有了给东西分类的强烈欲望。生活中任何物件都可作为孩子玩分类和归类游戏的工具，如孩子吃的食物、玩具、用品、水果、蔬菜，如糖果、饼干，积木、球，衣、帽、鞋，苹果、橘子、西红柿、马铃薯等，自然环境中的小石子和树叶等一切物品也可以拿来用，让游戏与生活结合起来。

以后你可根据孩子的年龄让他按物件的大小、用途、质地、颜色、形状等分类或归类。开始你要选择差别比较大的两种或3种物件，以后再选择差别小的物体让孩子分类或归类。这是一个能让孩子玩上很多年的游戏。需要提醒的是，不要用任何那些小到可以让孩子吞下去的东西。

教孩子认识手指，认识自己。看！馨馨最先认识的是大拇指。

认手指

目的：知道手指的名称。

方法：9个月的孩子已经能自己动手做好多好多事了，此时你可以让孩子进一步认识他自己的手，告诉孩子每个手指的名称。你可一边说一边让孩子配合着动动手指和脚趾。你也可以一边掰开或屈曲孩子的手指一边说，大拇指、食指、中指、无名指、小拇指。

也可以每说出一个手指的名称，举起相应的手指，如当爸爸或妈妈说“大拇哥”时，自己举出拇指，让孩子模仿着做。

记得还要教孩子认识手心和手背，你可和孩子玩对掌，手心相对再手背相对，并可念“手心拍拍，手背拍拍”。

为了让认手指的游戏更有趣你可以结合儿歌和动作进行。你与孩子面对面地做着，你拿起孩子的手，边念下面的儿歌边做动作。

十个小伙伴

十个小伙伴（双手向前张开），
分成两个队（双手两边分开），
相亲相爱（双手指尖相对），
团结紧又紧（双手十指相叉）。

找手指

大拇指，在哪里？

在这里（伸出左手大拇指），

在这里（伸出右手大拇指），

你好吗（左手大拇指弯曲做鞠躬状）？

我很好（右手大拇指鞠躬回礼），

我走啦（左手放到身后），

再见吧（右手放到身后）！

你可以重复唱这首歌，把歌词和动作分别换成食指、中指、无名指和小指。结尾一段是个高潮，可以这样唱：“全家在哪儿？”在回答“我们在这儿”时，摇晃双手十指。鼓励孩子也摇晃小手对你作出回应。

爱心提示：上面的儿歌你可用你喜欢的任何曲调来唱，只要你唱得顺溜就行。在儿歌游戏中把每一根手指都展现出来。你还可用笔在你和孩子的每个手指尖的指腹上画一张笑脸，这样更能吸引孩子的眼球。孩子的手指还不能很好地伸直和屈指，展示手指时你要帮助他掰开或按住手指。

你可以对孩子说：“你的这双手是多么的奇妙，它能帮助你做很多事，你可用你的双手穿衣、洗脸、刷牙、吃饭、写字、做手工、玩游戏，还要帮爸爸妈妈干家务，洗菜、盛饭、洗碗等；手还能帮助你表达对爸爸妈妈的爱和对朋友的感情，如和朋友握手可以表达友好、信任，抚摸朋友可以安慰他，拥抱爸爸妈妈可表达你的爱，亲亲。”你也要教孩子欣赏自己的双手，让他为自己的双手感到自豪，并学会使用自己的双手。让孩子学会很好地用他的双手进行工作、社交、艺术活动和表达情感。

调色高手

目的：促进对不同颜色的分辨力，提高眼—手协调性。

方法：“水果调色”。你将不同颜色的水果如红色的西瓜、黄色的苹果、白色的梨、绿色的猕猴桃切成小玉米粒大小，分别放在分类盆中，你可以先告诉孩子各种水果的名称、颜色，尝一尝味道，然后鼓励孩子用小手将不同颜色的水果搅拌在一起，形成五颜六色的水果粒再吃。

9个月的纤纤看到妈妈做的漂亮水果拼盆，自己动手吃了。

“饭菜调色”。把不同颜色的蔬菜和肉，如黄色的胡萝卜、红色西红柿、绿色菠菜叶、白色的鱼肉、米色的面条，分别煮熟，剁成泥，放入分类盆中。先告诉孩子各种食物的名称和颜色、尝一尝味道，再让孩子把颜色不同的食物搅拌在一起，看一看变成了什么颜色，它的味道如何。

“果汁调色”。准备不同颜色的果汁，告诉孩子各种果汁的名称、颜色，尝一尝味道，再让孩子把果汁倒在一起、搅拌，看会得到什么样的颜色和味道。

爱心提示：孩子吃饭时常会弄得一塌糊涂，因为孩子会把他的食物当玩具摆弄着玩。何不来点创意，把它作为一堂美术教育课呢？还有什么更好的方式能让孩子体验运用手指使颜色发生改变的乐趣呢？这样你就不会担心孩子吃饭给你捣乱了。看见色彩的变换，孩子一定会从中获得启发，这是激发孩子的想象力的好游戏。当然，你可别指望孩子现在就能够记住或重复你说的这些颜色哦！孩子出生就能感受颜色的变化，但要记住和说出各种颜色的名称，对孩子来说，是比较有难度的事。

海洋球游戏

目的：预防触觉异常，促进感觉统合。

方法：儿童乐园或游乐场都有大型海洋球池，球池中有成千上万的色彩鲜艳的海洋球，是爸爸妈妈们节假日带孩子必去的地方，也是孩子们向往的游戏场所。孩子在球池中翻腾，海洋球撞击、包围和挤压身体的快乐让天真可爱的孩子兴奋不已。

扣扣喜欢在海洋球中玩耍。海洋球游戏对孩子发展有多种好处，不可让孩子缺失哦。

海洋球有多种玩法，如让孩子趴在球堆上面，像一条自由的小鱼游动。让孩子躺在海洋球里，看着他慢慢下潜的身体。你也可来回地拉动孩子的腿，让仰卧或俯卧在球上的孩子前后滚动。你也可将球堆在孩子的身上，将孩子的身体埋在球中。

你也可以拉着孩子的手或让孩子扶着小床的栏杆在球池中来回地走动。你也可拉着孩子的双手让孩子在球池中上下跳动。

你还可以玩扔海洋球的游戏，将球投入筐中。还可玩拍打海洋球的游戏，双手拍打海洋球，让它跳起来。你还可以把玩具藏在球池里，和孩子玩球中寻宝游戏。

你还可把海洋球放进浴盆或浴缸中，让孩子一边洗澡一边玩捉球游戏。

爱心提示：在海洋球里玩耍，柔软的海洋球不断碰触孩子的身体，可慢慢缓和孩子皮肤的敏感性。预防触觉防御敏感，还可锻炼身体的协调能力和平衡能力。特别是剖宫产以及七八个月前活动量少的孩子。为了预防感觉统合失调，可每周进行2～3次，每次30分钟海洋球游戏。不同的年龄对海洋球有不同的玩法，如1岁后的孩子还可通过玩海洋球，学认颜色、点数、计算、分组等游戏。

球池游戏好玩，好处也很多，但到游乐场去玩花时花钱太多，同时不能让孩子和爸爸妈妈一起游戏，只能让孩子在球池中胡乱扑腾，为此你可以为孩子造一个属于他自己的球池。上网花约60元钱购买300个海洋球，把球放进一个大纸箱、澡盆、浴缸或孩子带栏的小床里就可以让孩子玩了。需要注意的是澡盆、浴缸或孩子带栏的小床的边是硬的，为了防止孩子碰伤，最好用海绵或毛毯等柔软的东西把边包起来。购买海洋球时要质量好、无异味、不掉色、正规厂家生产的产品。

模仿说单词

目的：训练孩子说出第一个单词。

方法：语言模仿是儿童模仿的一个重要的内容。开始孩子是对一个字或一个词的模仿，在某一个时间是对一句话的模仿。此时你可以让孩子模仿你说一个字或一个词了。

“在对话时重复重要的字或词，让孩子模仿”。如当告诉孩子吃饭了时，你要重复地说：“吃、吃、吃”或者说：“饭、饭、饭”，也可说：“吃饭、吃饭、吃饭”；当带孩子出去玩时你可以重复地说：“走、走、走”；让孩子模仿，同时可一边说一边做动作，加深孩子的记忆。

“在读书和讲故事时重复核心的字或词，让孩子模仿”。当你给孩子读书和讲故事时，不要埋头快读，对核心的字和词一定要重复，让孩子模仿和跟读。

其他情景也一样，你要一字一句地教孩子发音，引导孩子模仿你。如果孩子不跟你说，你也不必着急，更不要责备他，你着急和责备都没有用，这只会让你和孩子双方都难受。想一想你就知道，这一定是孩子还没有准备好，你只需要每天耐心地和孩子练习发音，耐心地等待孩子成长，当一切时机成熟后，孩子很快就会说出你想听的所有话的。

爱心提示：据观察，孩子最早满9个月（多数12个多月，最迟17个月）会模仿大人说单词。孩子学叫爸爸妈妈比较容易，学说其他词难度就更大了。有一个家长在描述孩子第一次模仿说话时说："孩子特别卖力，向前弯着腰，伸着脖子，皱着眉，用力喊：'爷……爷……'似乎这是一件要用全身的力气才能完成的工作似的。教他说他不熟悉的词时，他都轻轻地、小心地、郑重地，像吐出一个宝贝珍珠似的吐出那一个一个的音，这些字好像无比珍贵、无比神圣，不能够随意地吐出似的。"这也许是对孩子第一次开口说词比较真切和直观的描述。

8个月16天的纤纤正模仿妈妈说「吃」字。

孩子开口说话的时间有很大的差异。有的孩子在第9个月就能开始说单个的词了，1岁半之前就能说简单的句子。但也有些智力正常的儿童到3岁才会说话。什么原因使得孩子的语言发展出现如此大的差距呢？其实孩子语言的发展受到很多因素的影响。孩子说话晚主要与语言环境有关，如有的家长为了防止孩子说地方方言，禁止保姆和爷爷奶奶与孩子说话，而有的爸爸妈妈上班走得很早，走时孩子还没有醒来，晚上回家很晚，回家不多久，没有和孩子说上几句话孩子就睡了，孩子听、说的机会太少，说话的能力自然就差了。有的人在家中讲不同地区的方言话，孩子学起来就有些混乱，开口说话的时间也会晚一些。孩子说话的早晚还与性别有关，一般男孩比女孩说话晚。孩子说话的早晚也与遗传因素有关，父母说话晚的，孩子也会说话晚。

有家长观察到，孩子9个月前开始叫爸爸妈妈，还有经常时不时地说出几个单字，可他现在又不怎么说了，这是什么原因呢？爸爸妈妈急切地想知道应怎样正确地引导孩子开口说话。据观察，孩子在学会叫爸爸妈妈之后，语言发育会进入一个停滞阶段，这个时间大概持续有半年之久，有人形象地把这段时间称为"沉默期"，孩子在此时说出的词语的量发展很慢，甚至出现一个短暂的相对静止状况，有专家认为，这是孩子理解语言迅速发展的阶段，孩子虽然说话少，但能懂的话却大量增加，一般1岁半后孩子又会突然开口，说话的积极性很高了。

总之，孩子说话晚点、进步不快，家长都不要着急，如果孩子听力有问题要及时上医院诊治，最好在2岁前能治好。如果孩子听力没有问题，他的语言学习就不会有问题，爸爸妈妈不要为此过分担心。孩子开口晚，但并没有耽误时间，他只是将更多时间花在语言的理解上，等他一开口说话就会进步很快，短时间内就会赶上其他孩子流利地说短句了。

西西妈妈从他6个月就开始和他一起看图、阅读，现在他已经能专心地听妈妈讲故事了。

讲三句话的故事

目的：培养语言理解能力和发音能力。

方法：找一本一图一物的认图书，面向前抱起孩子坐好，翻开书指着书中的图片说："这是小鸡，它会'咯咯咯'地叫，它在找妈妈。"讲完以后再问孩子："小鸡在哪里？"让孩子用手指小鸡回答，也可慢慢地教孩子说"小鸡"或"咯、咯、咯"，让孩子模仿发出相应的音。

或者说："这是大苹果，又香又甜，贝贝喜欢吃。"讲完以后再问孩子："苹果在哪里？"让孩子用手指苹果回答，也可慢慢地教孩子说"苹果"或"香"或"甜"，让孩子模仿发出相应的音。

或者说："小白兔在回家的路上，遇到了大灰狼，它很害怕。"讲完以后再问孩子："哪个是小白兔？哪个是大灰狼？"让孩子用手指回答，也可慢慢地教孩子说"小白兔"或"大灰狼"，让孩子模仿发出相应的音。

爱心提示：你可以根据以上方式，找一两幅图，根据图的内容编一个3句话的故事讲给孩子听。但同一个内容的图片每次讲的故事要相同，并反复多次地讲，孩子才能理解和记住。你要指着图片给孩子讲故事，在讲故事前先教孩子认图片，讲完后再让孩子指认图片。

8个月的孩子对词的理解进展迅速，他们开始能听懂简单的故事情节了。你仔细观察孩子的表情会发现，孩子的面部表情会随着故事情节的变化而变化。当你讲到紧张的地方时，孩子面部会出现紧张的表情；听到快乐处会高兴，听到伤心处会苦着脸。这样你能看出孩子是否已经听懂了。如果孩子有疑惑的表情，你要给孩子再说一遍。随着孩子月龄增大，语言理解能力增强，故事的长度慢慢增加。重要的是你要每天坚持，孩子会记住他感兴趣的故事情节和话语，这样孩子的理解能力就逐渐提升了。

对着镜子说话

目的：促进语言能力和自我意识的发展。

方法：把孩子带到一面大的穿衣镜前，让孩子在镜中从头到脚观察自己，从而认识自己。面对镜子，指着镜子问他："你看镜子里的是谁呀？这是贝儿。这是贝儿的头、手、胸、腹、脚。"先介绍整体，再介绍局部，如："这是谁的鼻子呀？贝贝的鼻子；这是谁的嘴？贝贝的嘴。"你还可握着他的小手，一边说一边指一指、摸一摸、活动活动各个部位。

你还可和孩子站在一起，告诉孩子："这是贝贝，这是妈妈。"也可介绍你的身体各个部位，再说一说你和孩子有什么不同。

以后你可和孩子一起站在镜前问："哪个是贝贝？哪个是妈妈？哪个是爸爸？"特别是有别的小朋友来家时，可以让他们一起站在镜前，问："哪个是贝儿，哪个是欣欣？"让孩子指认。

你可以慢慢地说，让孩子慢慢地看，仔细地听，最好能让孩子跟着你一起"说"。

几次游戏后，你会发现，孩子会独自去照镜子，凝视镜中的自己，摸自己的鼻子、眼睛、嘴巴，与镜子的自己说"悄悄话"，玩得很开心。

爱心提示：自我意识是人类所特有的意识，是人对自己的认识，是对自己与周围事物的关系的认识。孩子出生的前几个月还无法认识到自己和自己身体的存在，总是把自己的身体当玩具玩，如自娱自乐地吮自己的手指和啃自己的脚丫，孩子的头脑中没有"自己"这个概念。随着年龄增长和认识能力的发展，孩子才慢慢知道手和脚都是自己身体的一部分，认识了自己的身体各个组成部分，还对自己身体的感觉有意识，会说"宝宝饿""宝宝痛"等。知道了属于自己的名字，而且会用自己的名字来称呼自己。此时孩子开始有了这是"我"的意识，知道把自己与别人区分开来，开始有了自我意识的萌芽。自我意识的发展对孩子个性形成起着重要的作用。爸爸妈妈要在各种游戏中，让孩子早日认识到自己是一个独立的个体，促进孩子的自我意识的觉醒。

让孩子经常照镜子，认识自己。镜中的影像引起了扣扣的注意，她正和她的影像说话、对影像笑。

“行动三部曲”

目的：训练语言理解能力。

方法：为了尽快让你的孩子开口说话，在照顾孩子、和孩子玩游戏时，你可以采用“行动三部曲”的做法进行。如当你给孩子喂饭时，第一步，介绍所有的用品。把孩子用的勺子拿起来放在你的眼前，贴近你的脸，这样让孩子的注意就集中到你以及你眼前的勺子，跟孩子说：“看，这是勺子。”然后再一一给孩子介绍碗、饭和菜的名称。第二步，告诉孩子正要做的事。如你可以说：“吃饭了。”第三步，用语言指导行动。你一边说自己一边做或让孩子做，如你喂孩子饭时可以说：“吃一点米饭，来点鱼，张开嘴，啊，放进嘴里了，嚼一嚼，咽下去。张开嘴再来一口。”同时重复核心的字和词。

给孩子穿衣服时也一样，第一步，把他的衣服拿起来贴着你的脸，让孩子注意力集中到你以及你脸旁的衣服，然后跟他说：“看，你的花衣服。”第二步，告诉他：“该穿衣服了。”第三步，给他穿衣服时，边穿边兴高采烈地跟他说：“穿衣服啦！伸左手，抬起一下身，妈妈把衣服拿过来，伸右手，扣扣子了好，穿好了。”同时重复核心的字和词。

爱心提示：9个月的孩子对语言的理解能力增强了，对日常生活中爸爸妈妈经常说的某些话能听懂了，并能做出相应的动作反应。这时你在所有的活动中你还要坚持跟孩子说话，这样促进孩子慢慢地听懂日常生活所有用语，同时要让孩子配合你的言语做出相应的行动。如果孩子还听不懂你说的话，不会做出相应的动作，你可边说边做出手势。运用不同手势和语言，让孩子很快就能理解和记住这个词语，这些词语和手势就深深地印在孩子的脑海里，久而久之他就明白你要他干什么了。

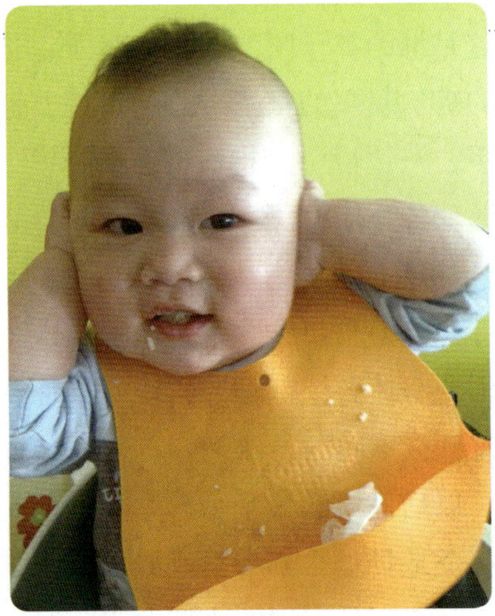

纤纤妈妈在给孩子吃饭等日常生活中总是详细地给他讲解各个步骤。

需要记住的是，在孩子的日常护理活动中，不要匆匆忙忙进行，你要给孩子反应的时间。这时孩子喜欢与你“对话”和“交流”，你要给时间等待孩子说话，回答你的话。你还要耐心地等待孩子听到你的话、理解你的话并做出动作。成人在这个过程也许反应很快，但孩子不一样，节奏会慢很多，同时孩子没有反应也许他还没有听懂，你需要有耐心再说一遍或几遍。你不能说“张开嘴”，孩子的嘴还没有张开，你的勺已经进了他的嘴里。你不能说“伸左手”，孩子的手还没有伸出来，你已经抬起他的手放入了衣袖中。这样孩子学习的效果就不好，因为孩子没有自己参与，学习和理解你说的词语的效果也就不好了，同时也会让孩子养成急躁的性格。

扣扣正学着妈妈的样子跟着音乐打拍子。拍子还打得像模像样的，不过要跟上节拍还得多练习。

打拍子

目的：了解音乐的节奏，随着节奏运动手臂。

方法：放录音或爸爸妈妈唱儿歌或童谣，你和孩子各拿2根筷子、1个或2个哗铃棒，面对面坐好，你先跟着节奏打拍子，让孩子模仿你也跟着打拍子。如果孩子不会，你可拿着孩子的双手一起打，等他慢慢地跟上节拍后再放手让孩子自己打。可反复放或唱同一首儿歌或童谣，直到孩子能跟着节拍敲打再换另一首。

爱心提示：音乐的节奏是一种有规律的运动,它包含有强弱、快慢、长短等形式和性质。要唱好一首歌，准确地表达歌曲的思想感情，就要正确而熟练地掌握歌曲节奏。有的孩子很有乐感，听到音乐就会有节奏地跟随音乐摆动身体，有的孩子则缺乏这种乐感，但音乐能力是可以培养的。这一切都可从让孩子听音乐、跟随音乐节奏律动、打拍子开始。打拍子就是很好的音乐学习活动。孩子开始学打拍子要选择节拍比较慢的、简单的儿歌或童谣，缓慢地念、间隔地拍。这样孩子才容易跟上和打得对。这个游戏也可以用简单的乐器和工具来玩，如打小鼓、摇摇铃、敲积木和奶粉罐等。还可以双手同时拍地板，拍自己的大腿或身体的其他部位。总之你可以和孩子随意地、尽情地玩哦！

听声找图

目的：训练语言理解和图的认知能力。

方法：拿2～3张图片，其中一张是孩子学认过的图片，其他几张是孩子以往没有学认的图片，如小狗、小猫、鱼的图片放在孩子的面前，然后叫着孩子的名字说：“贝贝，看看小狗在那儿，找出来给妈妈”，如果孩子没有反应你要多说几遍，或者拿两张图片放在孩子的手上，其中一张是小狗的图片，再说一遍同样的话，或者说：“贝贝，指一指小狗”，或者说“把小狗拿给妈妈”。如果孩子能用手指或拿小狗，说明孩子已经认识小狗了。如果孩子不会指和拿，也许是孩子还不能听懂你的话，更多情况是孩子还不认识小狗的图片，你要加强孩子地认图练习了。

扣扣正认真地在书中寻我妈妈说的图片。

你可以采用这种方法来检查孩子认过的图片，看一张图片教多长时间、教几次或教几天孩子就才能认识了；看孩子已经认识了哪些图片；孩子喜欢什么类型的图片，认哪类图片比较快，哪类图片认得比较慢；如何教孩子认图效果更好；共认识了多少张图片。有心的妈妈还可以记录下来，以便观察和总结孩子认图的特点，为孩子找到最佳的认图方法。你可以把孩子已经认识的图片和不认识的图片分别装开，每天的重点教孩子认不认识的图片，3天后复习一次已经认识的图片，这样让孩子不要在已经认识的图片上浪费时间，能集中力量认识新的图片，提高学习效果，也能巩固成绩。同时每天孩子都能面对新的挑战更能激发他的学习兴趣和热忱。能加快孩子认图的速度，提高认图的效果。

爱心提示：听声找图游戏最好从2张图片开始，并把孩子已经认识的图片放入孩子不认识的图片中让孩子找，这样容易找到。以后再增加图片的数量，孩子会从多张图片中找到你说的图片。你还可以把孩子已经认识的几张图片放在一起，让孩子找出你指定的图片，看孩子会不会辨别两张图片的差异，如小狗和小猫很像，苹果、梨、橘子也有类似之处，餐叉和餐刀也不好辨认，袜子和手套也差不多，随着孩子年龄增长，你把这些图放在一起看孩子能否识别他们的差异，找出你说的图片。如果两张差异不大的物体图片孩子都能分辨，说明孩子有很好的观察能力。

认图的多少与训练关系密切，当然每个孩子认图的速度是有差异的，你不需要为孩子认图的多少担心，你只要每天抽点时间教孩子，相信一定会有不菲的成绩的。你也会发现，随着孩子认图量的增加，认图的速度也随之加快。观察发现，中国家长让孩子识图的时间比较早，中国孩子最早满10个月（多数12个 月，最迟14个月）能指动物图片3种。而国外研究发现，最早能指3幅的年龄是15个月。

情商培养

用动作表示“要”和“不要”

目的：用动作表示自己的意愿。

方法：“要东西”。爸爸或妈妈当着孩子的面拿起孩子最喜欢吃的水果或饼干津津有味地吃，暂时不理孩子，待他伸手表示“要”时才给他。如果孩子没有反应，妈妈可在一旁对孩子说：“你想吃饼干吗？来，伸出手，爸爸给一块。”妈妈同时打开孩子的手掌，教孩子伸出手，爸爸立刻放一块饼干在孩子手中，并夸他“真乖”。以后不管孩子想要什么都要让他明确地做出表示才给，这样孩子很快就知道伸手“要”东西了。

“不要”。让孩子学习摇手表示“不要”。如到别人家做客，别人给食物时，摇手表示“不要”。也可故意给孩子一些他不喜欢吃的食物、玩具，做一些孩子不愿意的事，再问他要不要，教他摇手表示“不要”。

爱心提示：此时孩子开始会用身体语言向妈妈表达自己的请求。比如他向你靠近，可能是需要你的帮助，或者想和你分享让人激动的事情。如果妈妈给予积极的回应，孩子就能获得语言学习的良好结果。在孩子7个月时就开始教他用手语表达自己的需要，此时你可以多与孩子进行一些手语游戏，让孩子直接用手语来表现自己想要什么、不想要什么。想做什么，不想做什么。当孩子不会用语言来表达自己的需求时，孩子往往与爸爸妈妈沟通不畅而急得哇哇大哭，因此，让用手语表达需求很重要。

很多语言都可用动作来表达，在孩子要出门时，教他用手指门外并说“走”，要开灯时用手指“灯”说“开”，要大小便前指卫生间并说“尿”等。

其他的手语学习也是这样。让孩子有想法有要求你再去为他做，这样留给孩子想的空间和要的欲望。不要事事都为孩子规划好，让孩子要都没有要、想都没有想一切都被满足了，孩子被照顾得如此周到，不需要表达自己的需求和欲望就得到了一切，他还如何有去学习说话和用手语的欲望和必要呢？

孩子手语学习要注意一些什么问题呢？教孩子学手语必须一边说一边做手势，通过口语和动作反复强化，帮助孩子了解手势含义，也有助于日后口语表达能力的发展。在比画手势时必须和孩子有直接的眼光接触，以确定孩子正在接收讯息。同一内容手势表达要一致。要不断重复口语和手势。当孩子模仿你做出正确的手势时，要给予适当的鼓励。最好除了爸爸妈妈外，家中所有照顾孩子的家中成员都参与，这样孩子就有更多机会学习手语。另外手语也是一种“语言”，掌握它需要一定时间，最初2个月也许你看不到一点效果，所以爸爸妈妈一定要有耐心，不要轻易放弃。如果所有的教育都没有反应，孩子不愿意学、不愿意用手语，爸爸妈妈也不用着急和担心，毕竟口语才是孩子最终要掌握的语言，就直接让孩子说话好了，不要学手势也行，不要强迫孩子。

馨馨想要什么东西时，她会伸出小手，表示“我还要”。

有观察发现，孩子最早满10个月（多数12个半月，最迟16个月）会说“要”并会伸手要东西。通常在1岁左右可以学会用10个婴儿手语，1岁半以前就可以进步到用40个手语来表达意愿，而这还不包括虽然孩子自己不会用但却能够理解的手语。

一切行动听命令

目的：学习游戏规则，培养自我控制意识和能力，促进情商发展。

方法：你和孩子面对面坐好，先告诉孩子说：“贝贝听妈妈的指令，和妈妈做一样的动作。”稍后你说：“拍手”，然后你做拍手动作，让孩子模仿你做拍手动作，当孩子正高兴地做拍手动作时，你突然说“停”，你随即停止做拍手动作，让孩子模仿你停止拍手。

首次和孩子做此游戏时，要选择孩子能听懂的词和会做的动作，如拍手、招手、爬行等；你可先发出命令，然后和孩子一起做动作，让孩子模仿你；如果孩子做对了，可以伸出大拇指或摸摸孩子的头以示赞扬。如果孩子没有听命令行动，如一直拍手不听命令停下来，你要做摇头动作和说“不对”，并一直说“停、停、停”，直到孩子听命令停下来为止。游戏可反复进行，直到孩子会听命令做拍手和停的动作。当孩子掌握游戏规则后，你可只下命令不做动作，让孩子听命令做动作即可；开始游戏时孩子不懂规则或者不明白你的意图，不听你的命令时，你要有足够的耐心和做出示范让孩子理解和模仿你，不要生气或者简单粗暴地命令他，你可对他说这是游戏规则，妈妈和你都要遵守，同时你要反复训练孩子，直到孩子能熟练地做到，才可换下一个命令。

随着孩子的年龄增长和游戏的熟练你也可给他其他命令，如举手，放下；爬行，停下；起立，坐下；吃饭，停下；笑，哭；走，停；给、拿；说话，停止；唱歌，停止；卧倒，站起等命令和动作；你也可增快命令的速度；当孩子会说话后也可由孩子发出命令爸爸妈妈和他一起或就爸爸妈妈遵守他命令做动作。

爱心提示：9个月的孩子能理解的语言增强，据观察，孩子最早在9个月（多数近11个月，最晚16个月）孩子已经会遵照命令行动了。“一切行动听命令”的游戏可以培养孩子自我控制的能力。自我控制能力是自我意识的重要成分，也是一种人格特质。自我控制能力是主动掌握和调节自己的情绪与行为的能力。自我控制能力强的人，能根据外部环境因素及时调整自己情绪和行为表现，因此，其行为更符合群体规范，符合社会道德要求，有较高的社会适应性，高情商的人常常有较高的自我控制能力。而自我控制能力差的人常表现出情绪和行为上比较冲动，更容易出现人际关系和社会适应性问题，低情商的人常常自我控制能力较差。孩子的自我控制能力的发展直接影响到孩子的学习、生活、社会交往、人格品质及社会性的发展，也反映了孩子情商的高低。

9个月的纤纤听妈妈的命令：「不许动」，知道一动不动地坐着，不让头上的玩具掉下来。

孩子的自我控制能力主要是靠“外部强化”，需要爸爸妈妈用语言来指导，在日常生活和游戏中学习，孩子才能学会控制自己和情绪和行为，而“一切行动听命令”的游戏可培养孩子的控制能力，让孩子在无意识的游戏中学习有意识地控制自己的行为能力，从而也逐步学会控制、约束自己情绪和行为，提高情商。

天黑了我不怕

目的：发展孩子对光线明暗的反应能力，培养孩子敏锐的视觉。

方法：“开关窗帘”。白天爸爸妈妈和孩子玩得高兴、孩子情绪比较好时，你告诉孩子说：“我们来把窗帘关上。”然后和孩子一起先把纱帘关上，让室内稍微暗一点，让孩子适应后再拉上厚的窗帘，让室内完全暗下来，此时你要抱着孩子并和孩子说话，如你可以说：“天黑了，太阳公公回家睡觉了。”约1分钟后，感觉孩子有些不安时再扯开窗帘说：“天亮了，太阳公公起床了，笑一笑。”

晚上，和孩子平躺在床上，然后告诉孩子：“关灯了。”关灯1分钟，然后再开灯1分钟。关灯和开灯后跟孩子说：“天黑了，孩子不怕，妈妈陪着孩子。咦，天亮了，孩子笑一笑。”孩子不怕，妈妈陪着孩子睡觉了。

让孩子了解和经历不同的自然现象，能培养孩子的适应能力和勇气。

爱心提示：害怕和恐惧是人的本能情绪之一，这种本能情绪从孩子一出生便如影随形般开始了。一些司空见惯的事物可能对孩子来说简直就像怪兽或者恶魔，带给他一种莫名的恐惧感。如黑夜、陌生人，水、动物这些都是孩子常见的害怕事情。如果发现孩子有这种情况存在，爸爸妈妈要尽早消除孩子的这种恐惧心理。采用上述做法，让孩子在爸爸妈妈的陪伴下慢慢地适应黑暗就好。窗帘和灯关掉时孩子会安静几秒钟，可能会感到害怕，这时候爸爸妈妈轻轻拍拍孩子，跟孩子说说话，让孩子知道爸爸妈妈就在身边，孩子会有安全感，反复几次，孩子就不会对黑暗感到害怕了。你也可和孩子一起关上灯躺在床上说话，做游戏。另外在室内安一盏小夜灯，它不需太亮，在晚上孩子突然醒来时，能凭借小夜灯的微弱光线看见自己所熟悉的一切，就不会在黑暗中感到害怕了。

培养快乐和幸福感

目的：培养快乐幸福感。

方法：“直接地表达你的爱”。说爱他、拥抱他、抚摸他，陪他玩一玩，听他说一说，这是最直接的、最有效的、让孩子感到开心的做法，如果爸爸妈妈每天都这样做，孩子一定会快乐和幸福感无比。

“为孩子找到快乐的事”。爸爸妈妈在孩子的生活中要细心观察孩子做哪些事让他高兴和愉快，做哪些事让他不

我们都是快乐宝宝。

高兴和不愉快，有意让他多做让孩子高兴和愉快的事，尽量避免让他做不高兴和不愉快的事，这是最简单和可行的让孩子增加快乐和幸福感的办法。

“让孩子做力所能及的事”。每个孩子都是不一样的。这句话包含很多层意思，可以指每个孩子的长相不一样、身高不一样，也可指每个孩子的发育不一样、天赋不一样。正如我们知道的一样，稳定地独坐这一项，最早的孩子在5个月就能做到，最迟孩子8个月才能做到，跨度为3个月。模仿说爸爸妈妈，最早的孩子在9个月就会，最迟孩子17个月才能会，跨度为8个月。有的孩子有画画的天赋，有的孩子会唱歌，所以你不需要将你的孩子与别的孩子比，也不要为你的孩子不如别人而焦虑，帮助孩子做好他能做到的每一件事，一步一个脚印，孩子总会赶上甚至超过目标的。这样你快乐孩子也快乐。如果总让孩子做力所不能及的事，你累孩子也累，一家人都没有快乐和幸福可言了。你要记得，上面那句话还有另一层意思，就是每个孩子都是独特的、唯一的。你的孩子有自己的不足，也有自己的长处，多欣赏他的长处和优点吧，你和孩子的快乐和幸福感就会大大提升了。

“做快乐的爸爸妈妈”。每个爸爸和妈妈在工作中、在生活中、在情感上、在抚养孩子的过程中都会遇到困难，但不要把这种不快乐的情绪带回家传达给孩子，更不要把孩子作为撒气的对象。因为孩子那么弱小，在这世界上你是他唯一可以依赖的；因为孩子那么天真，你不快乐和幸福，孩子也不会快乐和幸福，你不快乐只会让事情变得更坏而不是更好。养育孩子很艰辛，但把享受孩子成长的过程当做是一件美好的事，而不要当做一件辛苦的工作，就会快乐和幸福得多。孩子犯错误你难过和生气是可以理解的，但你也要记得，你自己不也时时在犯错吗？错误总是难免的，允许孩子犯错误，因为孩子是在尝试和体验错误中获得经验和成长起来的。爸爸妈妈能为孩子做的最好的事就是自己成为一个快乐的、知足的人；所以，不管发生任何事，爸爸妈妈在孩子面前都要保持阳光和快乐才好、才对。

爱心提示：爸爸妈妈和社会对孩子都有很多厚望，希望孩子智力超群，技艺过人。让孩子学画画、弹琴、跳舞、打球和下棋等，这些都无可非议。可爸爸妈妈要知道，也要想一想孩子在做这些和学这些时是否开心？如果孩子不开心，学会了，即使学得很好，就算成功了、出名又有什么用呢？如果孩子喜欢玩球就让他玩球、喜欢玩水就让他玩水好了，他开心、快乐、幸福不是最重要的吗？

但有的爸爸妈妈说，我希望孩子能做、并要做好这件事，可孩子不喜欢，怎么办？有的爸爸妈妈也说，这是孩子必须要做的事，可孩子不喜欢，怎么办？一个办法，激发他的兴趣。经常给孩子讲这件事，带孩子去观摩这件事，陪伴孩子去做这件事，夸奖他为这件事做出的一点点努力；有爸爸妈妈的陪伴和夸奖，我想孩子做任何事时都会有快乐和幸福感的。如果你不想孩子玩球、玩水，你想让孩子玩车，你可以想尽办法激发孩子爱车的兴趣，但不要因此剥夺孩子玩球和玩水的快乐。有的爸爸妈妈会说，经过了很多的努力孩子还是不喜欢做怎么办？也只有一个办法，放弃。尽管你还没有死心，也要放弃。不要把自己的想法当做孩子的想法，不要把自己的愿望当成孩子的愿望，强迫孩子做不想做、没有能力做的事，只能让孩子失去快乐和幸福，世界上有任何值得你和孩子为它失去快乐和幸福的东西吗？没有！一件也没有！

配合洗澡

目的：培养自理能力。

方法：“配合穿脱衣”。洗澡前后让孩子配合穿脱衣。此时孩子能听懂爸爸妈妈的一些话，并能听命令，当给孩子穿脱衣服时，可一边说出衣物的名字，一边让孩子做动作配合你。如脱帽子时让孩子低头，脱衣裤、袜子时让孩子伸手、伸腿、抬脚等。

“配合认身体部位”。洗澡时，一边给孩子洗一边说出身体各部位的名称，让孩子配合爸爸妈妈做相应的动作，如洗手臂时，爸爸或妈妈要说：“洗手臂了，先洗左手。”让孩子伸出左手，洗完再说：“洗右手了。”让孩子伸出右手，如果孩子还不会配合做动作，爸爸妈妈可以拿起孩子的左手说："来，这是左手，洗一洗。来，这是右手，洗一洗。"如洗手掌时可以先让孩子张开手，说："洗手心，洗手背，洗手指，这是大拇指、食指、中指、无名指、小指。"洗脸时先叫孩子闭上眼睛，再说："洗额头，洗眼睛，洗鼻子，洗嘴，洗下巴，洗耳朵。"说得越细越好，让孩子逐渐学会身体各部位的名称。

皮皮妈妈尽可能让他参与到洗澡活动中，让皮皮自己动手洗澡。

爱心提示：多数孩子刚出生时非常喜欢洗澡，洗澡就像重温在妈妈体内的感觉，让孩子很快乐。但到了10个月左右，有的孩子开始害怕水，怕洗澡了，他会很不情愿地进入水中。有的孩子进水中后还要硬撑着要站起来，想向澡盆外跨，不肯坐在水里，无论在水里放多少玩具，怎么样逗孩子都不行，每次洗澡都少不了哭闹一通，让爸妈妈很崩溃。怎么办呢？首先要回顾一下以往洗澡时是否让孩子有不舒服的感觉了，如洗头时洗涤剂不小心弄进眼睛里了，或者帮孩子洗澡的人换了等，如是这样可以暂停洗头，让孩子不再害怕时再进行，或换回原来给孩子洗澡的人。还可以让孩子和你一起洗澡，或先让孩子穿着衣服玩玩水的游戏，如拍水、人造雨、吹泡泡，当孩子适应了后再让孩子下水洗澡。总的来说，要把洗澡当做游戏来进行，爸爸妈妈一边和孩子说话，孩子一边做，不知不觉洗澡活动就完成了，如果你当心孩子哭闹，强迫孩子下水，匆忙了事，这样孩子会感到不安、麻烦和无聊，就更不乐意洗澡。同时发挥孩子的主动性，积极参与到洗澡的活动中去，在洗澡的活动中学本领、长知识。

第9个月发育评价

动作

★会用手和腹部向前匍行
★能自己坐起，坐稳，身体不前倾，两手可自由活动
★能用拇食和食指抓小物品
★能举手取比头高的物品

智商

★会指鼻子、眼睛或身体其他2个部位
★会移开纸找出看见你盖着的玩具
★能听懂妈妈常说的话，并会做出适当的反应
★会观看书中的图画

情商

★会服从坐下、给妈妈、拿过来或其他3个吩咐
★懂得别人在议论自己
★会害羞，知道躲到大人的身后
★会模仿大人照顾娃娃，拍娃娃睡觉、哄娃娃不哭和给娃娃盖被子

第10个月

（271～300天）全面发展方案

第10个月（271～300天）全面发展方案

动作发展

手足爬

目的：训练孩子爬的动作，手足协调运动能力，增加亲子情感和生活乐趣。

方法：“带球爬”。孩子学爬行时多是手膝爬行，双手和双膝落地，向前爬行，现在可让孩子练习手足爬行了，就是如猴子那样，让双手和双足落地，膝盖不落地。先让孩子手足落地爬在地板上，在手足之间放一个球，再让孩子向前爬动，同时带着球一起前行。

“双人爬”。爸爸妈妈也可和孩子一起手足爬行。让孩子也在爸爸或妈妈的身下手足落地趴在地上，然后和孩子一起爬行。

这个月的孩子多数会爬了，不仅会手膝爬行，还会手足爬行。皮皮手足落地爬行像不像一只小猴子。

“小火车”。爸爸或妈妈手足趴在地上，让孩子从腹下爬过。告诉孩子他是“小火车”，你是“隧道”，然后鼓励他从你的腹下爬过去。他爬的时候，你要发出火车开动的轰隆声和鸣笛声。

爱心提示：孩子的爬行能力已经较强，所以一定要有专人照顾孩子，一刻也不要让孩子离开你的视线，特别是有的孩子危险意识不太强，有可能爬上沙发和床，再直接从沙发和床上跨下来，可能会摔伤，安全很重要。据观察，孩子最早满9个月（多数12个多月，最迟13个半月）能手足爬行了。

爬台阶

目的：训练孩子用手和足爬台阶。

方法：将小板凳放在沙发下，做成二级台阶，确定稳固安全，并在一旁护着孩子，让孩子从地上爬上板凳，再爬上沙发，爬上后让孩子自己转身扶着坐下。

也可在沙发下放两个高矮不一的板凳做成3级台阶。也可把家中结实的箱子相叠成一级一级的台阶，确定稳固安全后，在一旁护着孩子，让孩子从下往上爬。

如果家中有楼梯，让孩子直接学爬楼梯就好。先将楼梯擦干净，把玩具放在第3个台阶上，逗引孩子往上爬上台阶来取玩具。

天天从10个月开始练习抓台阶，11个月的天天已经能手足落地爬2级以上的台阶了。

待孩子能够熟练用手和足爬上1级台阶后，再把玩具放高一层，让他再试着手足爬上第2级台阶。

当孩子爬上台阶后让孩子自己转身坐下玩一会儿，再教孩子往后退下台阶的做法。孩子后退下台阶时一定要让他的脚踩稳再下来，整个过程爸爸或妈妈要守护孩子，确保孩子安全。

爱心提示：据观察，孩子最早满10个月（多数12个多月，最迟14个月）能爬上椅子并且能自己转身坐。最早孩子满10个半月（多数13个月，最迟15个半月）能够手和脚落地，膝盖完全不落地手足爬1～2级台阶。

你还可让孩子在不同环境中学爬行，在家里铺上不同材质、不同粗糙度的地板，比如塑胶、布料、木地板、蓬松棉等，让他在爬行的过程中促进触觉的发育。如果家里没有这样条件的，特别是家中比较狭窄，不能为孩子准备一个好的爬行环境的，要有意带孩子去一些室外或一些设置了儿童活动场所的商店快餐店、儿童游乐场等有可爬行的场所处，有可让孩子利用这些场所的设备练习爬行翻滚打等动作。还可在室外草地上爬，这种室外运动很好，不需要花钱，还能结识同龄小朋友。

学下蹲

目的：练习下蹲的动作而至抬头。

方法：“扶栏蹲下”。当孩子扶着沙发、床栏站立玩耍时，把玩具放在孩子的脚下，引诱孩子，扶着物体蹲下来玩玩具。如果孩子不会，爸爸妈妈可蹲下来，让孩子模仿下蹲。

“拉手蹲下”。以后可以牵着孩子的两只手，让孩子蹲下。以后再牵一只手，让孩子蹲下。

“独自蹲下”。让孩子独自站立，爸爸或妈妈在背后，在孩子脚下放一个色彩鲜艳的玩具，孩子看到色彩鲜艳的玩具让孩子弯腰、蹲下玩。

爱心提示：多数孩子喜欢坐在地上玩耍，没有蹲下的习惯。爸爸妈妈要有意识让孩子练习下蹲的动作。如果孩子一时不会蹲的动作，也不要着急，要积极引导他：“你看，脚边是什么？是小球，快快抓住它，蹲在这里玩。”爸爸妈妈和孩子一起蹲下玩是最好的办法，孩子会模仿你的动作。

孩子刚学下蹲时可能蹲不稳，可能会向后倒，爸爸妈妈最好站在孩子的后面保护孩子，当孩子蹲好后再转到前面和孩子一起玩。据观察多数11个半月的孩子能蹲下玩耍。

蹲下和起身站稳，可锻炼孩子的身体平衡。扣扣妈妈会有意地、经常地让孩子做下蹲动作。

放手走3步

目的：锻炼孩子的行走能力，培养孩子的勇气。

方法：当孩子扶着会走后、能独站、拉手走稳后，可放手让孩子独走3步了。爸爸妈妈可以蹲在孩子的前方，展开双臂或者手拿玩具，对孩子说："走过来。"鼓励孩子过来，当孩子第1次迈步时，你需要向前迎接一下，避免他第1次尝试时摔倒。然后再让孩子尝试着迈出第2步、第3步，同时你在孩子面前向后退两步。如果孩子走不稳，一定要赶快抱住孩子，不让孩子摔跤。练习结束后，不管孩子是否能走好，爸爸妈妈要把孩子抱起，亲亲他，夸奖他，鼓励他。也可让孩子靠墙站好，爸爸或妈妈退后两步，伸开双手鼓励孩子，叫他"走过来找妈妈"。

反复练习放入走，用不了多长时间，孩子就学会自己独立行走了。等孩子敢走后，爸妈可以分别站在两头，让孩子在中间来回走。

爱心提示：据观察，孩子最早满10个月（多数12个多月，最迟16个月）放手至少走3步，最早满10个半月（多数13个月，最迟18个月）就能放手独自走稳了。当同龄的孩子已经能放手自己走了，自家的孩子还不能时，爸爸妈妈都很担心，是不是自家的孩子发育落后了，其实不是的，从上述观察发现，不同孩子开步行走的时间相差6～7个月，相差为什么这么大呢？这与孩子的发育、遗传因素、营养状态、锻炼情况相关，你可以先看一看孩子是否过于肥胖，营养不良或缺钙，是否行走锻炼时间不够，方法不对。排除这些因素，你就不要着急了，耐心地等待就好，当孩子发育成熟了，做好准备了，自然就会走了。在这之前可让孩子在扶持下练习跨步行走就好。在孩子独自迈出他的人生第一步前，提前让他尝尝到处走带来的乐趣也很不错呀。

需要注意的是孩子学行走时摔跤是难免的，如果孩子摔倒了，在确定孩子没有受伤的情况下，最好是镇静地扶起孩子，告诉孩子说："摔倒了，妈妈看一看，问题不大，不要紧的，妈妈吹一吹就不痛了。"给予他小小的安慰，让孩子有安全感，然后继续进行。爸爸妈妈的态度可以影响孩子的行为，如果孩子一摔跤爸爸妈妈就大惊小怪，安慰过度，过度紧张，反而让孩子没有安全感，会加剧孩子对学步的恐惧。孩子就会因害怕不再学习行走了，也可能会养成胆小怕事的性格。所以爸爸妈妈要随时注意自己对孩子摔跌后的态度。

孩子对物体依赖比较小时，可放手让孩子独自走几步了。

独自站起

目的：让孩子没有助力的情况下自己站起。

此年龄的孩子都会像扣扣一样尝试着自己站起来，爸爸妈妈只要给他鼓励就好。

方法：让孩子仰卧躺在床上，爸爸或妈妈手拿玩具逗引孩子说："起来，妈妈给玩具给你玩。"或者说："起来，快点，妈妈带你出去玩去了。"逗引孩子从仰卧自己站立起来。

如果孩子不自己起来，开始可以轻轻地扶一扶他或拉一下孩子的一只手，让孩子稍微借助一点外力自己起立，以后不要去牵拉孩子，也不要让孩子扶任何物体，只让孩子自己站起来。

如果孩子不会自己站起，你可以和孩子一起仰卧，然后说："来比一比，看谁先起来，你要快点起来，一、二、三，站起来。"你再慢慢地站起，让孩子模仿你。在无任何物体支撑下孩子不管以任何姿势能成功站起就是胜利。

爱心提示：当孩子10个月要注意孩

子自己站立的能力训练，这样可增强孩子平衡能力和身体各部位的协调能力。不同年龄的孩子起床站立的姿势不同。孩子开始是从仰卧转为俯卧，再站立起来，这个动作孩子最早满10个月（多数12个半月，最迟17个月）就能做到。孩子从仰卧转为侧卧，再站立起来，这个动作孩子最早满13个月（多数20个月，最迟30个月）才能做到。孩子先稍微侧一下身，再向前坐起，再站立起来，或者不需要转身，直接向前起身站起，这个动作孩子最早满25个月（多数30个月）才能做到。爸爸妈妈要多和孩子做独自站起的游戏，促进孩子站立动作和平衡能力的发展。

豆豆搬家

目的：训练手触觉能力、手的灵活性以及拿取物体的准确性。

方法：准备黄豆，大小碗各一个。把黄豆放在碗里，让孩子去抓一抓、捏一捏、揉一揉，搅拌一下，让它从指缝中流下。

把黄豆从大碗抓到小碗中，再从小碗抓进大碗，反复多次地进行。

爱心提示：可以把黄豆换成你家有的任何小物品，如大米、小米、玉米粒，也可以是小石头、沙子、泥土，只要能抓起的东西就可。但不要用太细的面粉和玉米粉，以免被孩子吸入呼吸道。另外在碗下垫上一张旧报纸，便于收拾。同时游戏时要注意不要让孩子把东西放到嘴里，游戏后将地面清理干净，确保无遗漏，以免孩子捡食，造成窒息等危险。

天天喜欢豆豆搬家游戏，他正在把碗里的豆豆抓到碗外。

不同质地的物品抓起的感觉是不一样的，这可促进孩子对不同物体的认知，也可促进孩子触觉能力的发展。同时训练孩子准确地去抓握物体和将抓到的东西放下的能力。让孩子从无意识的松手到有意识和有目标地放下，训练孩子的抓握动作和眼手协调能力。鼓励孩子多做几次这个游戏，让孩子的抓取动作更熟练。同时你还可以告诉孩子这些物体的名称和作用，你也可以说一说抓握时的感觉，如粗糙的、细腻的和滑滑的，这可发展孩子的语言能力。

装糖豆和倒糖豆

目的：练习眼—手协调和解决问题

的做法。

方法：准备几个颜色鲜艳的糖豆或如雪花一样的爆米花，一个透明的、瓶口比较大、瓶身比较矮、孩子的手能伸入且手指能触到底部的小瓶子。把一颗糖豆放入瓶内，故意摇动瓶子，发出响声，引起孩子的注意，再把糖豆倒出来，让孩子看清楚你是如何进行的。再当着孩子的面把糖豆放入瓶中，并问孩子："糖豆呢？拿给妈妈。"给他一些时间，在一边慢慢地观察他的行动，看他如何拿取糖豆。看他是否会伸食指入瓶去取糖豆，如果取不到，看他能否会将瓶子倒扣，将糖豆倒出来。

以后再把糖豆倒出来，放在孩子面前，让孩子把糖豆放在瓶中。瓶口比较小，孩子将糖豆放入瓶中，要学习将手移到瓶口上、将手中的糖豆对准瓶口、松手放入。孩子的眼—手不协调，对手的控制不精确，将糖豆放入瓶中就有困难，此时要让孩子多多练习。

皮皮正在用拇指和食指灵巧地将糖豆捡起来放入瓶中。你也要为孩子创造倒和装糖豆的机会。

爱心提示：记得我们学过《伊索寓言》"聪明的乌鸦"的故事，讲的是聪明的乌鸦为喝到瓶子里的水，衔石子丢到瓶中以提高水位的故事。此时孩子如能想出办法获取瓶中糖豆，绝对比聪明乌鸦棒多了。

取出瓶中的糖豆，需要技巧。开始孩子可能会用手指伸进瓶中去钩糖丸，糖豆又圆又滑孩子可能很长时间都不能钩出，或手伸进瓶中根本够不着糖豆，孩子可能会生气，此时你要及时给孩子做示范，一边说"倒出来"一边将瓶子扣到桌上或手上倒出糖豆，让孩子模仿倒出糖豆的动作，理解你的话的意思，而不要生气和扔掉瓶子。有的孩子不是手指去抠瓶中的糖豆，而是直接倒出来，这是很聪明的表现。不过你要把这两种做法都教给孩子。

对于孩子来说装糖豆比倒糖豆难多了，这时孩子手的动作不协调，一颗一颗捡起来和放入瓶中很不容易，有时手未到瓶口就先放手，有时超过了瓶口才放，每次都投不中。做出很大的努力才偶然投入一个，这就是很大的进步，爸爸妈妈一定要大加赞扬，以巩固成果。

有观察发现，孩子最早10个月（多数13个多月，最迟17个月）能直截了当地将瓶子中的糖丸倒出来。最早15个月（多数18个月，最迟23个月）能从瓶中倒出10个糖豆。但将小糖丸投进瓶子中要比倒出来难很多，将1个糖豆投入瓶子中要比倒出晚1个月，最早11个月（多数14个月，最迟16个月）。将3~4个糖豆投入瓶子中，最早18个月（多数24个月，最迟27个月）。

玩糖豆时一次不要给孩子太多糖豆，且要让孩子一次捡完，养成有始有终的习惯。生活中有很多东西都可用于孩子玩此游戏，如可让孩子捡花生、黄豆放入瓶中。可以从较大的物品开始。做游戏之前要数一数拿出了多少颗花生和豆子，游戏时一定不能让孩子把花生和豆放进嘴里，游戏做完后将花生和豆子如数收回。

插桩钉

目的： 训练插的动作和眼—手协调能力。

方法： 找一个包装用泡沫，或1个西葫芦（将西葫芦从中间剖开），用笔筒在上面打一排能插进筷子大小的洞6个，就做成了桩床，用一次性筷子一根切分为两根，做成桩钉。在洞的周围涂上颜色，如红色或黄色，让孩子容易找到洞穴。

先在孩子面前将桩钉插好再拔掉，放在一旁，然后指着桩钉和桩洞对孩子说："把它们插到洞里去。"如果孩子不会你可再插给他看，如果孩子只重复地插一根桩钉，插上又拔掉，再插上，你要告诉他："把所有的都插上。"

皮皮正在将木棍插入小的洞穴中。此游戏可训练孩子的眼-手协调能力和注意力，你可自制一个类似玩具让孩子玩。

爱心提示： 这是一个很好的训练孩子眼—手协调的游戏。你可以经常让孩子玩，还可让他和别的孩子比赛，看谁插得快。

这是一个可以让孩子单独玩耍的游戏。给孩子时间，让孩子慢慢地练习插桩，让他想一想如何才能把所有桩钉插好。但你要在一旁看着孩子一点，注意不要让孩子拿着筷子到处移动或扶物走动，以免摔倒时戳伤眼睛等部位。

这是一个能让孩子玩很长时间的游戏。让孩子在一定时间内把所有桩钉都插完并不是容易的事。据观察发现，孩子最早10个月（多数12个半月，最迟16个月）能重复插2支桩钉，可以是在1个洞中，也可以是在不同的洞中。随着孩子年龄增长，能力也增强，插桩速度也增快了，孩子最早满13个月（多数16个月，最迟20个月）能在70秒内插完6根桩。最早满14个月（多数17个半月，最迟23个月）能在42秒内插完6根桩。最早满15个月（多数20个月，最迟30个月）能在30秒内插完6根桩。最早满20个月（多数28个月，最迟30个月）能在22秒内插完6根桩。

撬出和放入形块

目的：训练食指拇指摄取和抠洞的能力，了解物体的形状。

方法：你可以买一个形板玩具，也可利用日常用品代替形板玩具。饼干都有圆形、方形、三角形等不同的形状，现在有的饼干会一块块放在一个压制成与饼干形状相同的塑料模板中。买回这种包装的饼干，让孩子自己用手将饼干一一抠出，再让孩子一一放入。

你可先做示范，将圆形饼干从塑料模板的洞穴中取出，再放入相应的洞穴内。然后递给孩子，让他模仿。你可先指着圆形饼干对孩子说："把圆形饼干撬出来。"如果孩子不会，你可再示范给孩子看，直到孩子听懂你的话,并用手指将饼干从塑料模板的洞穴撬出，你再教孩子将圆形饼干放入洞穴时，你可一边指着圆形洞穴一边对孩子说："把圆形的饼干放进它的洞穴中。"或者说："把它放在合适的地方。"

当孩子放进圆形饼干之后，再把第2块圆形饼干递给他，并告诉他："把这一块也要放进去。"当孩子两块都放好后可再给第3块。以后你可给他正方形饼干，让他放入。以后你还可以圆形和正方形饼干交替给孩子，同时还可以让孩子将放入的饼干一一从洞穴中抠出来。

9个月28天的扣扣正努力地用手指将圆形模块从洞穴中撬出。你可让孩子将各种形状的模块从洞穴中一一撬出再一一放入，同时还可利用它教孩子认识形状和颜色。

如果你买不到类似包装的饼干，你也可和孩子一起制作一个形板。先准备一张比较厚的正方形硬纸板或泡沫块，圆形和正方形积木各一块，将它们放在纸板或泡沫上，先刻一个圆形，再刻一个正方形。这样反复进行，各刻出4~5块形块，再取出形块弃之，这就做成了制形板和形块，在洞的周围涂上红颜色或黄颜色，以便孩子找到。这样就可让孩子把积木或饼干放入刻出的洞穴里了。注意洞穴比积木或饼干稍大一点，这样比较容易取出和放入。

爱心提示：先让孩子学习用食指、拇指从洞中抠出形块，以后再让孩子学习放入形块，再取出，反复多次的训练，让孩子手指的动作得到发展。一般孩子最先学会放入圆形，因为圆片没有角，随便从哪个角度放入都可。在孩子开始玩放饼干的游戏时，你可以用手指着相应的洞穴让孩子放，以后就不要直接用手指点洞穴了，让孩子自己寻找合适的位置，并给足够的时间让孩子去尝试。如果孩子放错了，爸爸妈妈不要急着去纠正他，要给孩子尝试错误的时间和机会，尝试错误也是一种学习的做法。在孩子多次尝试、确有困难、临近放弃前给孩子一些指点，以免孩子受到大的挫折。

这也是一个可以让孩子单独的、长时间玩耍的游戏。你可以给几块积木或饼干和一个型板让孩子慢慢去把型板撬出来和放进去；你不仅可让孩子把型板平放着，也可把型板竖放着把积木或饼干放进去。有研究发现，孩子最早满10个月（多数12个月，最迟14个月）可用手指将圆形或方形型板撬出洞穴。最早11个半月（多数14个月，最迟16个半月）可正确放置圆形模块入洞穴。最早13个月（多数16个半月，最迟22个月）能放入2个圆形模块。最早13个半月（多数15个半月，最迟17个月）能放入方形模块。

荡秋千

目的：发展孩子的平衡能力，培养孩子的胆量和快乐的性格。

方法：在婴儿椅上系两条长绳，把长绳牢固地固定在高处，如家中的门框上、室外的树枝上，做成一个秋千；把孩子放在前面有保护的婴儿椅子里，固定在婴儿椅上，告诉孩子抓紧绳子，然后妈妈前后轻轻地摇动椅子，让秋千荡起来；当孩子适应后可让秋千荡得越来越高。有的孩子很害怕荡秋千，也不要紧，爸爸或妈妈可以抱着孩子荡秋千。开始可以先让孩子面对面地坐在你的腹部，紧贴胸前；当孩子习惯了再让面朝前方坐着。

荡秋千是让母子快乐和放松的游戏，要带孩子经常去玩。纤纤从8个月开始就喜欢上了荡秋千。

爱心提示：在古代，荡秋千的风俗与放风筝一样流行，现在成为很多国家、很多民族都喜欢的运动和娱乐项目。秋千还是中国少数民族体育运动会正式比赛项目，它不仅是一项精彩的竞赛运动，也是中国大部分地区儿童活动项目，多数儿童游乐园都有秋千设备，你可以带孩子去玩。荡秋千能够锻炼孩子的意志，培养勇敢精神，也能促进孩子平衡能力的发展。同时荡秋千是一个提高快乐指数的游戏，有研究说，每天荡秋千20分钟，大脑分泌的“快乐因子”会增加80%。爸爸妈妈当“助力推动器”兼保护人，对融洽亲子关系有良好助益。

需要注意的是，自制秋千一定要系牢固，孩子坐上前一定先拉一拉绳子，看是否结实，上面是否固定稳妥，坐凳是否与绳子系紧，并考虑孩子能否坐稳等因素，先要消除一切安全隐患。同时孩子开始坐秋千不要送得太快和太高，以免孩子害怕。如果孩子开始害怕坐秋千，不要强迫他，让他先在一旁看一看，熟悉一下，看见别的孩子玩得高高兴兴、快快乐乐的，他自然愿意玩了。

推拉呼啦圈

目的：增强双臂及腹背力量。

方法：“坐位前后推拉”。准备一个小呼啦圈或其他圆圈。爸爸妈妈和孩子坐在铺有软垫的地板上或床上，3人都用双手抓住呼啦圈，然后爸爸妈妈先稍微施力，把呼啦圈往自己的方向拉。让孩子感受到力量时，身体前倾，再轻轻往孩子方向推动呼啦圈，可多次反复重复，一拉一推像推大磨一样。当孩子熟悉规则后，爸爸妈妈可少用点力，让孩子根据爸爸妈妈的节奏主动推和拉呼啦圈。

纤纤正在和妈妈玩救生圈，这个救生圈有点重，但他玩得很开心。

“上下推拉”。让孩子坐下拉紧呼啦圈，爸爸或妈妈往上拉呼啦圈，让孩子随着呼啦圈站起，再往下推呼啦圈，让孩子随着呼啦圈坐下，上上下下反复进行。

爱心提示：此游戏也可以训练孩子的抓握能力。当孩子玩推拉游戏有了经验，可改换姿势，或是变化力度，有时放轻一些，有时用力一点。让孩子面对不同的挑战，在互动的过程里，孩子的腹、背和手臂的力量不仅自然提升，平衡能力也得到发展。

智商开发

室外捡宝

目的：增强精细动作的协调性，培养注意力。

方法：准备一个篮子。天气好的时候，把你的孩子放到手推车上，带着他去公园里走走，把你看到的所有有意思的东西都指给他看——也许是一片红色的树叶，或是一小段形状奇特的小树枝，也许是一片美丽的花瓣，或是一个光洁圆润的小石子。把它们捡起来放到孩子的篮子里。很快，他就会开始指出他自己想要的东西了，告诉你他希望把什么东西加入他的收藏品中。

你也可以把孩子抱出小车，让他在草坪上和光洁的地面上爬一爬，拉着他的手走一走，和他一起去捡他喜欢的各种小东西。

你也可故意把一些小物品，如一朵小花、一个小玻璃球、一辆小车等放在草丛中让孩子找。

回到家后，将你们找到的东西再一一拿出来，再看一看你们都捡到了什么，告诉孩子它们的名称、形状、颜色，它们让你喜欢的原因。也可让孩子把它们按种类、或形状、或颜色分类和归类。你也可问问孩子最喜欢哪一个宝贝。让孩子找一找你的画册上有没有相同的东西。

还可把捡来的树叶、树枝、小石子粘在纸上，做成拼贴画并挂在墙上。这些是要你自己做的，可以让孩子看着你，当你的小助手，给你拿你要的东西。

孩子已经能注意到一些小的物品，为培养纤纤的注意，妈妈正有意让他在草中寻找一块小石头。

爱心提示：把东西集到一起的冲动在孩子很小的时候就开始了，你的孩子可能已经有了一些玩具或小装饰物，是他在外出时喜欢随身带上的。用一次大自然寻宝之旅继续培养小收藏家的这种本能吧！这也是在温暖的傍晚吃完晚饭后可以进行的不错的消遣活动。

不过要注意的是，不要碰那些有毒的植物，如果捡到那些小小的圆形的东西，要让孩子交给你保管，不要让孩子抓在手上，让他有机会在你不小心时放进嘴里的可能，这可能会有导致孩子窒息的危险。

辨别大小

目的：识别大小，学习分析和判断事物。

方法：“指大小”。当和孩子多次做“认大小”“比大小”的游戏后就可以和孩子一起玩“辨别大小”的游戏了。这时孩子还不能说话，但是已经能听音指物了，可让孩子指哪个东西大，哪个东西小。如你拿两个大小不一的球，问孩子：“哪个球大，指给妈妈看。”你也可问2块饼干、2个苹果、2把勺子等谁大谁小。

“拿大小”。你可以准备2个大小的物品，让孩子把大的或小的拿给你。如拿1大1小的苹果（1个大于另1个约一半），告诉孩子哪个是大的，哪个是小的。再把2个苹果放在一起，对孩子说：“把大的苹果给妈妈。”看孩子会不会按要求做，如果孩子不能按你要求做，你可再对孩子说：“把小的苹果给妈妈。”

爱心提示：可以把识别大小的游戏与日常生活结合，如吃饭时让孩子分辨2只匙的大小、2个碗的大小、2个鸡蛋的大小等。开始可拿2个大小差别较大的物品让孩子辨别，以后再用大小差别比较小的让孩子辨别。开始只比较2个物品的大小，即让孩子从2个中挑一个小的，以后可让孩子从多个中挑1个最小的给你。

孩子已经能识别物体的大小。宣宣正把小的苹果拿给妈妈。

游戏中需要注意的是，不要先说把大的苹果给妈妈，孩子即便是能分辨大和小，也不会按要求把大的拿给他人的，也许孩子更愿意把大的留给自己呢。你先让孩子拿小的给你就好。

小球去哪儿了

目的：训练孩子视觉搜寻能力、眼—手协调能力和起立下蹲能力。

方法：准备1个装手纸一样大小的空纸盒，1个小筐，10个小球或核桃或西红柿，胶带。先把一个纸盒上下挖一个孔（上面的孔与下面的孔稍稍错开一点）。以胶带固定在小床旁，高度与孩子站立时胸部平齐。小筐放在挂着的纸盒下，能接住掉下来的物品。让孩子一手扶着小床，一手将玩具丢进盒中。玩具丢进盒中会突然不见了，敲一下盒子，“砰”的一声它掉在了小筐里，小球失而复得了。当孩子见到小球被丢到盒里、看到小球掉落、听到掉在筐中发出的声音，会感到非常惊奇。你这时要及时做详细说明：“球放进盒中你看不见了，哇！它又从盒底出来了！”当玩具落下时，你夸张的一声惊呼，以达到很好的渲染气氛。这会让孩子感到你的兴奋，孩子也会知道这个游戏很好玩，也会很开心。

如果玩具没有及时掉下，玩具不见了，他也会好奇，会伸过头看盒子，想要明白这是为什么。你要告诉他把盒里摇一摇，球就掉下来了。然后重复做这个游戏，满足孩子的好奇心。

天天喜欢把球放进洞中，再听球滚下来的声音。他也能把球一个个捡起来放进盒中。

如果孩子不动，你要告诉他如何做，并将球投入盒中，说：“看妈妈把球放进盒子里了，你也来做一做。”让孩子模仿你。

如果孩子还不太会站，也可将纸盒固定在低一点的椅子上，让孩子坐着玩。

你也可以买一个类似的玩具让他。

爱心提示：据观察，孩子最早满10个月（多数12个月，最迟16个月）能将6个较小的物体如积木放入盒中或筐中。最早满10个月（多数13个月，最迟17个月）能将9个较小的物体放入盒中或筐中。这说明此年龄的孩子眼—手协调能力有了很大的发展。同时孩子对物体也有了新的认知。这一时期的孩子大脑中正形成一种概念，即使看不见的物体，它也仍然存在。这个游戏还能帮助他寻找被移出视线范围的物体。

它们在哪儿

目的：培养孩子的记忆力和分享意识。

方法：把孩子用的、吃的、玩的东西放在固定的、孩子能够着的地方，在需要用时，先问孩子东西在哪儿，让孩子想一想，再自己去找出来。

“找食物”。把买回来的小零食，和孩子一起把它放进固定的食品盒中，再让孩子放在桌子上或食品柜里。第2天孩子在吃点心的时间，先对孩子说："要吃饼干了，去把你的饼干拿过来。"让孩子爬过去或扶着物体走过去取饼干。如果孩子没有反应要提醒孩子："想一想，昨天和妈妈一起买的饼干放哪儿了，是不是在桌子上，去取来呀。"如果孩子还想不起来，你可带他去找，并提醒他要记住，下次再让孩子去找。

让孩子找自己的东西，可促进孩子的好奇心和记忆力的发展。看，皮皮正在找他的玩具。

"找玩具"。每次要玩具时，也要让孩子自己去取，你还可以指定他取什么玩具，如可以说："贝儿，把球拿来，我们玩球了。"或者："贝儿，把小车拿来玩。"每次玩过玩具后，和孩子一起收拾，告诉孩子把球、车放在固定的地方，下次好容易找到。

"找用品"。孩子穿戴的物品也一样有自己固定的位置，外出时也让自己先取来，回家再放回原处。孩子所用的每种物品你都需要告诉他，这是他用的，都要放在固定的位置。有的物品放的位置比较高，如孩子用的毛巾，有的物品不宜孩子自己取，如孩子的抹脸油、洗涤用品等，取用时你可让孩子用手指在哪里。

爱心提示：许多人都遇到过这样的情况，一个还不会说话的孩子随爸爸妈妈到朋友家做客，主人打开柜门取糖果给他吃。过了几天，这个孩子再来这家，他就主动要求打开那个柜子的门。他仅一次就记住了放糖果的地方。孩子的这种惊人记忆就是无意记忆，是没有预定目的的，通过生活的接触，在不知不觉的过程中记住的。3岁前这种记忆都占有绝对优势。孩子，尤其是1岁以内的孩子靠这种无意记忆获取有关周围许多事物的经验，变得越来越聪明。

记忆力是人类学习和获得经验的基本的和重要的能力。正确的培养和教育能增强孩子的记忆力。通过上述找隔1、2、3及多天吃过的食品、玩过的玩具、用过的物品，让孩子有目的地去记忆或追忆前一阶段发生的事件的情节，重现自己经历过的事件，从而加深其对事件的理解，起到加深记忆的作用。这样就促进了孩子的有意识记忆的发生，开始有目的地去保持对日常物品的记忆。

跟说最后一个字

目的：让孩子模仿说话，激发孩子对说话的兴趣。

方法：爸爸妈妈同孩子讲话时要慢、清楚，特别拉长最后一个音，让孩子跟着说出另外一个字，如家长说“爸……”，拉长声音，等待孩子说另一个字“爸”，教孩子叫各种称呼都可以用此办法。

教孩子讲句子也可用此做法，如说“我们上……街”，让他说最后一个字“街”。“买……菜”，鼓励他说“菜”。

也可学说儿歌每句的最后一个字，家长在念儿歌时留下最后一个字让孩子接上。如“小白……兔，白又……白，爱吃萝……卜,爱吃……菜,蹦蹦跳跳,真可……爱”,让孩子接说最后一个字“兔、白、卜、菜、爱”。孩子对押韵的一个字最喜欢跟着说了。

鼓励孩子跟你说最后一个字，为孩子早日开口说话做准备。馨馨喜欢跟妈妈说“兔”。

爱心提示：据观察，孩子最早满10个月（多数12个半月，最迟15个月）孩子学大人讲话能跟上最后一个字，念歌谣跟上最后一个字。与孩子说话时，爸爸妈妈应尽量与孩子保持一样的高度，爸爸妈妈应蹲下去与孩子面对面地讲话，你要看着孩子的眼睛说，使他能完全看见你的口型，注意你的发音与口型的变化，这会极大地刺激孩子尽早发音或说话。当孩子稍稍能说出一些字词时，你要专心地倾听孩子说话，并鼓励他继续发出声音或表达意愿。家长跟孩子说话时，应放慢速度，话尾可留一段空白时间，让孩子有机会练习跟你说，这样提高他开口的积极性。

教孩子念儿歌时，你说的话要简短、具体、准确和清晰，要多重复。你要一边说做一边动作，这样孩子才能更好地理解。边说话边做动作，也就是多用肢体语言，孩子喜欢看着你一边说话一边做动作的样子。说话时你的表情要丰富，同时嘴唇动作要比较明显，孩子通常是看着妈妈说话时的表情来学习说话的。这样孩子不仅会记下你说的话，你的声调，还会记下你的神情。

念歌谣做动作

目的：发展语言能力，为认识小动物做准备。

方法：小动物是所有孩子都喜欢

的，在生活中、动物园、图画册孩子会上经常看到小动物，你可教孩子各种描述小动物特性的简单的儿歌，为孩子认识小动物做准备，并在最后一句加一个动作，并随着儿歌的节奏摇动双手和身体，让孩子模仿你做动作。

小猫：小花猫，胡子翘，爱吃鱼，喵喵叫（两食指放在嘴角处）。

小鸡：小鸡小鸡，叽叽叽叽。嘴巴尖尖，捉虫吃米（作OK状）。

小鸭：小鸭小鸭，呷呷呷呷。嘴巴扁扁，爱吃鱼虾（食指向前指）。

小鱼：小鱼小鱼，住在水里。摇头摆尾，游来游去（手指打开、竖放，往左右运动）。

小狗：小狗小狗，坐在门口。看见朋友，摇尾点头（弯腰、双手向后伸直、点头）。

小青蛙：小青蛙，呱呱呱，就像孩子叫妈妈，妈–妈–妈（双手手心向外立起，左右摇摇身体）。

小蝴蝶：小蝴蝶，嗡嗡嗡，飞在花丛中，传授花粉是英雄（竖大拇指）。

小蜜蜂：小蜜蜂，嗡嗡嗡，来匆匆、去匆匆，采好花蜜好过冬（双手向前，手心向下、手指分开，左右摇摇身体）。

小白兔：小白兔，白又白，两只耳朵竖起来。爱吃萝卜爱吃菜，蹦蹦跳跳真可爱（两食指放在头顶，上下跳动）。

你可一边教孩子念儿歌一边做动作，让孩子模仿你。看，扣扣正跟妈妈做“两只耳朵竖起来”的动作。

爱心提示：孩子是否能随歌谣做动作，取决于是否有人教他。据观察，孩子最早10个月（多数12个半月，最迟16个月）可随歌谣做点头、拍手、摇身和踏脚等动作了。在给孩子念歌谣时，速度要慢，让孩子有时间反应，能跟最后一个字；你可在最后一句话任意编排一个简单的动作，增加孩子学习儿歌的兴趣，同时训练孩子的注意力、记忆力、反应能力、韵律、身体协调运动的能力和语言能力。只是每次念到同一个句子时动作要保持一致，便于孩子记住和模仿。

“百宝箱”

目的：认识物体，听声音会拿出相应的物品，训练记忆力。

方法：准备1只纸箱子（一个干净

的鞋盒就可）在箱外贴上漂亮的图案，告诉孩子这是他的“百宝箱”，里面装上孩子熟悉的、形状不一的、大小不同的玩具如小球、小娃娃、小汽车、小狗、小猫等。你就可以用它和孩子玩听声音取玩具的游戏了。

先教孩子认识“百宝箱”中的每件玩具，反复地告诉孩子它的名称，估计孩子已经认识这个玩具，并记住这个玩具名称的发音后，对孩子说出这个玩具的名称，让孩子听到玩具的名字后从“百宝箱”中找出这个玩具。如你可以说“把小球拿给妈妈”。

开始做“听声找物”游戏时你只在“百宝箱”里放两个玩具，让孩子先从两个玩具中挑出一个给你。以后你可以让孩子从更多的玩具中找出这个玩具，如3或4个玩具中。如果孩子能挑出你说的玩具，拿给你，说明孩子已经听懂了你的话，并认识了这个玩具，记住了这个玩具名称的发音。如果孩子不会，你可一而再地重复上述游戏，直到孩子会找出为止。

用这个做法让孩子认识其他玩具和各种物品，记住各个玩具和物品的名称发音。

爱心提示：孩子看到自己的玩具都在“百宝箱”会很兴奋，会很喜欢玩这种找玩具的游戏的。据观察，孩子最早满10个月（多数12个月，最迟14个月）能听声音拿玩具2~3种。妈妈要趁孩子心情好时和孩子玩游戏。当孩子可以准确地找出你说的玩具时，妈妈可以故作夸张地、高兴地大叫“答对了，拿对了”以示鼓励，让孩子知道他做对了，妈妈为他高兴，很欣赏他。看到妈妈很兴奋的表情，孩子也会乐意和你一直玩下去。另外每次介绍玩具、物品名称时要一致，并力求准确。每个玩具都要有一个固定的名称。如家中有很多小车玩具，如果都叫小车就不太好，你可以根据车型，明确地告诉孩子这是卡车、火车、吊车等。娃娃也一样，女孩多数有很多娃娃，最好给每个娃娃起一个特别的、永久的名字，这样孩子找物品时不会感到混乱了。同时每一个玩具或物品都成为孩子唯一的、独特的玩具和物品了。但孩子年龄小时一定不要给孩子太多的玩具，以免孩子失去对玩具的兴趣。

给孩子一个「百宝箱」，让孩子认识箱中的物品。10个月的纤纤正在玩自己的「百宝箱」。

我的相册，我的故事书

目的：认识自我，训练有意注意力和记忆力。

方法：照相是家庭出游常做的事，你可以为孩子把这件事做得更好、更有意义一些。出游时你不要只给孩子照相，把参加的人都照上，每个人都留下和孩子一起玩的瞬间；你不仅照人，也把风景留下来，留下美丽的自然风光。你不仅照孩子高兴愉快的时刻，当孩子发生点小故事时，如孩子哭泣、摔跤等事都可照下，留下孩子调皮可爱的形象。你不仅让孩子摆好姿势照，还要多抓拍孩子玩耍时的各种状态，展现孩子不同方面的姿态。

出游回来后你要把照片洗或打印出来，再做一些后期加工。把出游的时间、地点、参与的人，天气、当时的天气、心情、愉快的事、有趣的小插曲等，你感觉有意义的、难忘的或想记住的一些事情尽可能详细地写在照片下，再用装订书页用的活页环或装订绳订好，并取一个能再现这美好的一天的、富有情趣的“书”名，孩子的书就做成了。每一次外出或重要的日子里你都可做这样的一本“书”，你就可和孩子经常阅读这本“书”，给孩子讲述每次出游的故事，和孩子一起回忆那些美好而快乐的时间。

为孩子做一个相册，让孩子经常翻阅，和孩子一起重温经历的那些美妙的时刻。

爱心提示：把和孩子一起欢度节假日、外出旅游、家中接待小朋友、与小朋友玩耍、孩子生日的时光，孩子学会坐、滚、爬、站立、行走的第一次，孩子长牙、生病、打预防针、上托儿所的一瞬间都拍下来，制成一本本的“书”，并经常让孩子翻阅，和孩子时常回忆起当时的情景，激发孩子美好的情感。在你的回忆中、讲述中，孩子会重新再经历那些美妙的时刻，再回想“书”中的人、物、事，可以训练孩子的记忆力。在你读“书”的时刻，你的叙述又能提高孩子对语言的理解能力，这对促进孩子语言发展有很好的作用。同时它也是孩子成长的里程碑，日后它可就是你和孩子珍贵的纪念品了。

生活解说员

目的：训练孩子熟悉和理解日常生活用语。

教孩子认识日常生活用品，让他能听到更多的词语，丰富孩子的语言环境，促进语言理解能力和早日开口说话。妈妈正在教孩子说："这是电话。"

方法：教孩子认识各种物品是这一阶段的重点，此时你的孩子的语言理解能力已经不同一般了，和以往不同的是，你不仅要教孩子学习各种物品的名称，还要简单地给孩子讲解各种东西的功用，讲解你自己和孩子各种活动的过程和目的。

介绍家中的各种生活用品、食物、玩具，教孩子说出它们的名称和用处。如你可一边指着一个物品一边和孩子说："这是灯，晚上照明用的；这是碗，吃饭用的；这是桌子，画画和学习用的；这是小凳子，坐着和妈妈玩的；这是小床，睡觉的；这是大皮球，拍一拍它会跳一跳。"将孩子经常接触到的物品一一说给孩子听，一次，多次，孩子就会知道每种物品的名称和用途了。

描述孩子和你正在做的事。例如，给孩子洗澡时，告诉他你要给他洗澡了，然后边讲边做，如你可以说，"爸爸正在给你洗脸，湿毛巾敷在你的脸上，你闭上了眼睛，噘起了小嘴，水从你的脖子上流了下来。"你可把整个活动都描述出来。

同时要记住让孩子参与整个活动过程，并且孩子一边做你也要一边讲，如你可以说："爸爸把毛巾给了贝儿，贝儿自己用毛巾给自己洗澡，用右手拿着毛巾擦脸、胸部、腹部，贝儿还用双手拍水，拍起了很多水花，贝儿很开心。"这样孩子就能无意中熟悉这些日常生活用语。

爱心提示：爸爸妈妈要反复多次地给孩子介绍生活中他所能接触到的东西，让孩子知道这些东西的名称、功用，这是孩子学习语言的第一步，也是孩子认识物品的第一步；不断地用语言对孩子活动、生活的环境和接触的事物进行描述和介绍，让孩子慢慢地熟悉这些声音，并开始把这些声音与当时能够感觉到的事物联系起来。将感知的物体和动作、语言建立联系。

据观察发现，孩子11个月时，理解的词语一般可以达到50个左右。听懂成人说话，对孩子心理发育具有很大的意义，也为今后的语言发展打下了基础。通过知道物品的名字，再了解物品的功能，通过孩子的视觉、听觉及感官来帮助孩子进一步理解语言，让孩子的语言理解能力和认知能力进一步提高。

你可以一边说一边看孩子的表情，最好能引诱孩子和你一问一答。孩子不回应也没关系，你可以慢慢介绍，孩子会无意中记住你所说的一切的，也许不知哪一天，你所说的一切他都会突然复述出来，吓你一跳呢。

吹气

目的：训练口腔肌肉，为说话做好生理准备。

方法：“吹羽毛”。找一根羽毛放在面前，将羽毛吹动。将不同颜色的羽毛放在桌上，然后将羽毛吹起。

经常做吹气动作可训练口腔肌肉。川川已经会做吹气动作了。

“吹棉球”。在桌上画一条界线，将棉花球由一端吹至终点。还可以两人对吹，或与爸爸妈妈一起比赛。

“吹纸”。将餐巾纸或手纸扯成一条条，拿在面前吹起，让纸条飘动。将五颜六色的皱纹彩纸剪碎，放在桌子上，用力吹起。放在透明塑料袋中，往袋内吹气，使皱纸在袋内飞扬，跳动。

“吹乒乓球或气球”。在桌的一角放一个倒立的纸盒作为“龙门”，将球从远处吹入“龙门”。

爱心提示：吹气对成人来说再简单不过了，可要训练孩子吹气你得下一点工夫，你最好先做，再让他模仿。开始孩子可能会学得不像，甚至只吹吐出口水而不是气，这不要紧，你不需要着急，你可以和孩子大笑一场，而后再来，总有一天孩子会学会的。而且一旦学会，孩子会很高兴玩这些游戏的，特别是五颜六色的皱纹纸和纸条被吹起，在空中飞扬，还会带来一种唯美的感觉，激发孩子的想象力。需要注意的是在吹装在透明塑料袋里的皱纸时，塑料袋用完后要收好，千万不能把它单独留给孩子，以免孩子不小心套在头上，导致窒息等危险。

情商培养

听爸爸妈妈做什么

目的：训练孩子的听觉能力和注意力。

方法：早晨也许孩子和妈妈还在床上睡觉，爸爸已经起床准备上班了。或许是爸爸和孩子还在睡觉，妈妈已经起床做早点了。在宁静的早上你可以和孩子一起聆听一下爸爸或妈妈在忙碌中发出的各种声音。如听听洗脸、洗手、洗菜时流水的“哗哗”声。听听烧菜做饭时“得得”的剁肉声，菜下油锅的“吱吱声，炒菜时的“哗啦”声。爸爸妈妈来回走动的脚步声、出门时的关门声。如果妈妈起得早，爸爸可以和孩子一起听，可以跟孩子说：“听，水在哗哗地响，妈妈在洗菜。”让孩子注意听。

你还可以和孩子根据声音猜一猜爸爸妈妈正在干什么，卫生间发出“刷、刷、刷”的声音，猜一猜是爸爸正在刮胡子还是在刷牙呢？厨房中发出“吱、吱、吱”的声音是爸爸在炒菜还是在刷锅呢？猜得对不对，和孩子一起去看一看，证实一下就好。

让孩子有机会去关注你，关注家中所有的人。看，纤纤已经注意到爸爸在另一个房间发出的声音。

爱心提示：听音乐是发展孩子智力的好做法之一。但我们周围的世界充满了各种美妙的声音，让孩子谛听、辨别周围世界的各种声音，其感知要比听音乐更直观、更具体，其内容要比听音乐更丰富、更有趣。训练孩子谛听、熟悉周围世界的各种声音，孩子即可获得以听觉替代视觉，凭声音感知事物或现象的能力。这种能力，心理学上称为“跨通道知觉能力”。它的获得主要依赖我们有目的地、经常地去聆听周围的各种声音，也就是我们的听觉要获得直接的经验积累和学习。孩子如能尽早获得并发展这种能力，无疑能促进听觉感知和智力的发展。

指认自己的东西

目的：发展自我意识，提高认知能力、记忆力和责任心。

方法：当孩子能听懂若干个物名时，教孩子认识自己的东西。先教孩子学认识他最喜欢的东西，例如新买的漂亮帽子及他最喜欢的布娃娃等效果较好，也可教孩子认识自己的衣服、裤子、鞋、书、各种玩具等。并告诉他“这是你的东西，要爱护，要保管好”。

当外出到朋友家里或上公园玩时，妈妈故意把孩子的东西拉下，看看孩子有何反应，会不会伸手去抓自己的东西或者示意让你去拿。如果孩子没有注意到，你可以说：“你的东西拿好了吗？”或者说：“想一想，还有什么东西没有拿呢？”提醒他。

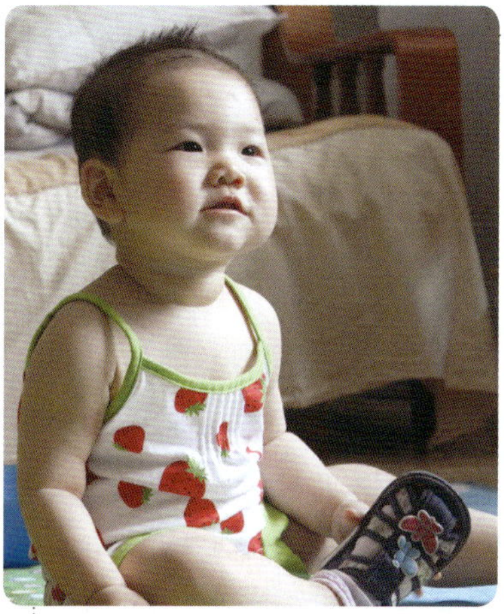

教孩子识别自己物品，促进自我意识发展。10个月的纤纤能指认自己的鞋。

以后给孩子买了东西也要告诉孩子：“这是你的东西，要爱护，要保管好。”

爱心提示：你可以把一件孩子喜欢的玩具和一件其他的东西让孩子送给小朋友玩，看他是否愿意，如果孩子对送出自己的玩具不愿意，送出别的东西没有不愿意的反应，说明孩子已经知道哪些是自己的东西了。观察发现，孩子最早满11个月（多数13个月，最迟19个月）当你问他“你的衣服呢?”“你的鞋子呢？”“你的玩具呢？”孩子能指点、用手去摸、或看着你说的物品。说明孩子认识自己的东西了。

自己握勺进食

目的：训练眼—手—口的协调能力和生活自理能力。

方法：先给孩子戴上餐巾，盛小半碗黏稠的食物如大米糊、鸡蛋羹，妈妈抱着孩子坐在桌子前，然后教孩子自己用勺喂食。

孩子开始用勺时，可能握勺的方式不对，会手指向下捏拳握勺，先帮助孩子正确使用勺子。爸爸或妈妈喂饭时，给孩子另外一个勺子，让他把勺插入碗里、在碗里搅动、随便练习舀东西，但不要让孩子拿勺子乱挥舞。

再学习用勺盛上食物送入口中。爸爸妈妈可以先给孩子表演用勺盛上食物送入口中的动作，让孩子模仿，也可手握孩子的手让孩子练习，先拿住勺盛上食物，慢慢地抬高手，把食物放入孩子口中。

纤纤正自己握勺进食。让孩子做力所能及的事，可培养孩子的自信心和生活自理能力。

最后让孩子自己用勺盛上饭送进口中。开始孩子自己握勺勺食时往往会使劲舀一大勺，还未到嘴边就洒得到处都是。但你不要打断孩子，让他自己练习一些时间，就能将食物送进口中了。你可先让孩子自己喂自己一些后，你再喂他一些，让他吃饱。也可与孩子同时进行，他喂自己一口，你喂他一口。

爱心提示：随着孩子长大，什么事都想自己做。当爸爸妈妈用小勺喂孩子吃饭时，他往往会抢过去要自己吃。用勺吃饭这个动作对成人来说非常简单，但孩子学会它并不是一件容易的事。开始孩子很难用勺盛上食物，把食物送进口中也是一件困难的事，由于孩子手的灵活性还很差，他很可能会把饭菜弄得满地都是。这个时候，爸爸妈妈不要生气，更不要因此而剥夺他用小勺吃饭的权利，其实每个孩子学用小勺都有这个过程，你要有耐心去帮助他。告诉他正确握勺、用勺的姿势，放手让他练习。不要因为孩子有困难就放弃或包办代替，自己喂食可培养孩子生活自理能力。据观察发现，孩子最早满8个月（多数11个月，最迟13个月）会用勺子在杯中或者在碗中搅拌，或让勺与杯或碗碰撞发生声音。最早满10个月（多数12个月，最迟14个月）能握住勺子，凹面向上装上食物，但还吃不到嘴里。所以爸爸妈妈要给孩子充分的时间学习自己用勺。如果给孩子训练的机会，多数到1岁半（最早15个月，最迟23个月）孩子能自己用勺吃饭吃完全量的一半食物。如果完全由大人喂，则2岁之后孩子仍张口待喂。让孩子做自己力所能及的事，可培养孩子独立自理能力，家长不可轻视。

为了既让孩子充分练习，又能方便打扫“战场”，妈妈可以在孩子吃饭前，给孩子穿上罩衣、戴上围嘴。在小餐桌下和周围的地上铺好报纸，告诉他，从今天开始，你要自己吃饭了。为了吸引孩子，不妨准备一个形状好看的餐盘，如树叶形的、草莓形的。将五颜六色的饭菜放入餐盘，这样孩子对自己吃饭会很感兴趣，也好清理“战场”。

配合“穿裤子”

目的：学习自理能力。

方法：先让孩子坐在床上或板凳上，爸爸或妈妈双手抓住孩子裤子的裤腰，然后说：“抬腿，钻洞”，让孩子抬起两条腿，把脚放进裤腰里再往前伸，爸爸或妈妈往上拉裤子，这样裤子就套在腿上了，爸爸或妈妈再用手或让孩子自己用手把裤腿往上拉露出小脚来，然后让孩子站起来，再让他自己用双手拉着裤腰把裤子拉上去就可以了。

孩子的能力培养要从日常生活开始，从穿衣裤、吃饭做起。

你也可给孩子念一个童谣：“一条裤子3个洞，两个裤腿像山洞，双腿一起钻山洞，看谁先出山洞洞。”

爱心提示：把穿衣裤作为游戏，让孩子在游戏中训练孩子的动手能力和生活自理的能力是有效的教育做法。多数孩子能乐意配合爸爸妈妈做穿裤子的动作。如果你的孩子不愿意自己动手动脚，你一定要督促他。还要让孩子注意抬腿时要两脚分开，以免两条腿伸进同一个裤腿里了。一边教孩子穿裤子你要一边说过程，让孩子能够听懂裤子、抬腿、伸洞等词，并掌握抬腿、伸腿等动作。如果孩子能做到，每次都要及时鼓励，促进孩子配合动作的积极性。要注意的是，你跟孩子说指令语言的时候，要像做游戏一样的语调和语速，不要用命令的口吻。据观察，孩子穿裤子时会自己抬腿最早满10个月（多数13个月，最迟16个月）。

餐桌艺术课

目的：早期艺术熏陶，激发孩子的食欲和妈妈的爱心和责任心。

方法：9个月的孩子大米饭、肉、蛋、蔬菜、水果等各种食物已经开始变为主食了，孩子每天都要接触到这些食物，只要爸爸妈妈用点小心思，花费一点小时间，可把饭菜做到很艺术，给孩子一些艺术熏陶。

“小动物和小娃娃画”。如你可把煮好的米饭先盛在比较浅而宽的碗中，用勺压平再扣在盘子中，米饭就成了一个扁平圆形了。你还可用切得很碎的、煮熟的、不同颜色的菜和肉，如红黄色的胡萝卜泥、有颜色的蛋黄，米黄色的土豆泥，红色的西红柿泥、深红色的猪肉末、绿色的各种菜叶及不同颜色的水果泥，在米饭上点出眼睛、嘴巴、耳朵，就可做成孩子喜欢的小狗、小熊、小猫、小娃娃等形状。

“拼图画”。你也可用不同颜色的菜和肉在扣好的圆形的米饭上“画”出一幅幅不同的、美丽的山水画和景观画；如用圆勺挖一块圆形的西瓜放在米饭上方，下面铺上绿色的蔬菜肉末，就是一幅“日出东方”图；在一边用绿色的蔬菜肉末筑一座高高的山，山下放一个太阳，就是一幅“日落西山”图。这些是不是都很美丽啊。

你还可以用不同颜色的菜饭拼成

不同的图形。如先把西红柿肉末放在碗的中间，周围再放一圈米饭，压平、扣在盘子中，就成了“红太阳”图案了；你也可再在饭的外围放一圈不同颜色的食物如蔬菜末，就做成3色圆圈图案；你也可一边放蔬菜肉末，一边放米饭做成八卦图案；你也可做成不同颜色的米饭，如红豆饭、绿豆饭、黑米饭，用它们拼成不同的图案。

“立体画”。你还可用不同颜色的饭菜、水果分层放进比较深的酒杯里，压紧，再扣在盘子里，再在盘子空余的位置，点缀一些不同颜色的饭菜水果，是不是就是一幅立体画了。

爱心提示：生活既是艺术，艺术就是生活。你可以尝试着把食物变成一堂生动有趣的“艺术课”。把餐桌作为给孩子传播艺术的场地，把饭菜作为传授艺术的教材，把吃饭作为传播艺术的时间。让孩子在日常生活中时常享受和体验到生活之美。特别是这种花时、花钱不多，又能把生活装点得更美好的事，可以多为孩子做一点。相信你有更好的想法、更美的图画，做出来和孩子一起分享。

当然你要记得让孩子欣赏你的作品。当饭菜端给孩子时，你要让孩子先看看，你要告诉他你做的作品的名字（不要忘记给你的每个作品都取一个名字），你要告诉他这次饭菜水果的名字，你要问他美不美、喜欢不喜欢。你还可能把你的作品拍下来，以后和孩子一起慢慢欣赏；把照片保存下来，在上面写下以上的内容，也许在今后的某一天一个有意义的日子，如孩子18岁成年仪式上、孩子结婚的仪式上，作为礼物送给孩子，孩子一定会非常非常惊奇，一定会激起他美好的回忆，一定会感激你的用心的。

需要注意的是，不要为了做你的艺术品，每天只给孩子吃固定的几种食物，这可能会导致营养不良；记住你可应用任何食物来做你的艺术品，不仅仅局限上面说的几种。孩子的食物尽可能要多样化和均衡，肉、鱼、蛋、奶等蛋白质丰富的食物不能少，蔬菜水果也要适当供给。另外不要只顾欣赏而舍不得让孩子吃掉了。

爸爸妈妈只要用一点心，生活就会更艺术。艺术美要从孩儿时开始培养，在日常生活中熏陶。

第10个月发育评价

动作

★扶物能站起和坐下
★支撑下能弯腰捡玩具
★能将食指插入洞中钩出小物品
★会拍手

智商

★听声音指物体3~4种
★会寻找盒子里面的东西
★见哗铃棒知道先拿棒柄
★会模仿发1~2个音

情商

★懂得挥手表示“再见”
★能用手势表示“不”
★喜欢小朋友，会点头、笑、摇身体等方法打招呼
★能举手伸头协助穿衣服

第11个月

（301～330天）全面发展方案

第11个月（301～330天）发展方案

动作发展

推物走

目的：促进视觉和运动协调能力，锻炼行走能力。

方法：“推板凳走”。当孩子能扶栏行走自如时，爸爸妈妈找一个小靠背椅，让孩子扶着板凳的靠背，推着向前行走。

“推车走”。拿一辆婴儿车，在“车”上放些东西，你可先抱着孩子，或让孩子站在你的前面，两只手扶着车把，你再抓住孩子的手，和孩子一起用力推着车往前走；以后你可慢慢放手，让孩子自己推车走，你在后面保护他就可，最后让孩子自己在家推着车走来走去。

让孩子扶物站立和行走，以满足孩子日日增长的好奇心和行走的欲求。看！11个月的西西喜欢推着小板凳到处走。

爱心提示：如果你的孩子还不会行走，但孩子也已不再满足于爬行了，扶着家具站起来和走动是他喜欢的项目。这时你可以让孩子推着车子“走”。这样可以让孩子活动的范围大大增加。孩子可推着“车”从这个房间到那个房间，穿过门，避开家具，往前走路，转弯等。当孩子能很好地控制“车”的运动后，可让孩子在室外推着玩。行走时，注意车速不要快，孩子的脚后跟要着地，一步一步行走。你最好在“车”的前面退着走，保护孩子。还要事前检查小车是否稳固，车轮的运动是否太快，如太快，可以在车轮上裹一层布，增加摩擦力，能有效地控制速度。

爬过障碍物和爬斜坡

目的：锻炼身体平衡，控制四肢运动协调，训练孩子勇敢穿越、达到自己的目的的能力。

方法：“爬过障碍物”。把家中的枕头、棉被、沙发垫用浴巾裹起来扎好成一座“小山”，也可用大的海绵块、纸箱或一大堆书做成“小山”，以它作为障碍物，阻挡在孩子和妈妈爸爸之间，爸爸妈妈在一端呼唤孩子，叫孩子爬过来找爸爸妈妈。

如何爬越障碍物好呢？你不要给孩子任何提示，让孩子自己想办法，是从障碍上爬过，或绕过障碍物找，都要给予赞扬。你想孩子怎么做，不要去告诉他，你自己去和孩子一起爬就可以了，孩子会模仿你的做法去做的。

孩子爬行能力增强，可爬越一些障碍物。颐颐正从姐姐身上爬来爬去，这不仅锻炼了爬行技巧，也增加了姐弟情感。

“爬斜坡”。将木板如洗衣板一头放在小板凳上，一头放在地面让之倾斜，鼓励孩子从低处向上爬行。

爱心提示：就算你的孩子已经开始学走路了，他也还是有必要多做爬行运动。你可以在家中制造各种机会让孩子爬一爬，爬上沙发和床。让孩子爬障碍物时要注意“小山”要稳固。把最大号的、最稳当的沙发靠垫和枕头堆放在最下面，然后再堆上椅子靠垫或其他零散的小靠垫。让孩子爬上“枕头山”，然后胜利地站在上面和孩子一起高呼：“万岁，我胜利啦！”“爬斜坡”开始木板倾斜的角度不要太大，30度左右即可。如孩子爬不上去，你可手扶他的脚或屁股往上推。

绝对不要把孩子一个人留在“枕头山”上和斜坡上无人看管。这个游戏需要一直有人在旁保护孩子。另外，你要记得事先将带有棱角的家具移开，这样万一孩子摔倒了，也不会伤害到他。

扶助单腿独站

目的：训练单腿站立和平衡能力。

方法：让孩子一手扶着家具站好，你和孩子面对面站立，你用一只脚独站。让孩子看着你，模仿你。你还可和孩子手拉手单腿独站。你还可一只手扶着物体单腿站好，用另一只手或另一只腿做不同的动作，让孩子模仿你。左右腿要交替地练习进行。

孩子单腿站立锻炼平衡能力。馨馨正在尝试一下自己的新技能。

爱心提示：如果孩子不会提腿，可以先给一只小板凳在孩子的左脚下，让孩子左脚踩在凳上，在孩子右足站好后，让孩子保持姿势不动，再抽走板凳，这样孩子就知道什么是单腿独站了。有研究发现，孩子最早满11个月（多数13个多月，最迟17个月）牵手或扶物情况下右足能独站；最早为12个月（多数14个月，最迟17个月）牵手或扶物情况下左足能独站，左足比右足独站要晚1个月左右。

拖着玩具侧身走

目的：激发孩子行走或爬的兴趣，发展大动作能力。

方法：给孩子买一个拖拉玩具，让孩子拖着玩具来回地走动，增加孩子运动兴趣。

也可为孩子做一个拖拉玩具。如找一个铁罐头瓶子，在里面放几块石头，然后在罐头瓶边用钉子扎一个洞，拴一根绳子，让孩子拖着罐头瓶运动时，小石头发出“哗哗”的声音，既好听又好玩，孩子高兴了，走起路来更有劲了。或在一条绳子上绑一个铃铛，或用一辆小汽车或其他玩具让孩子拖着走。

如果孩子还不能独立行走，你可以牵着孩子拖着玩。

爱心提示：当孩子拖着玩具走时，玩具发出的声音和运动会激起孩子的好奇心，孩子会侧着身子回头观望，这样孩子就会拖着玩具侧着身子行走了。最早孩子满11个月（多数14个月，最迟17个月）能拖着玩具、或不拖玩具时能侧身走。

11个月的纤纤喜欢奶奶拉着他拖着玩具到处走。

在自制拖拉玩具的过程中要让孩子参与，爸爸妈妈一边做一边讲解，让孩子在一旁观看，也可让孩子拿小石头，拿绳子，激发孩子的兴趣。和孩子一起自制玩具，可以培养孩子的动手能力，同时激发孩子的想象力和创造力。

拉手上下台

目的：锻炼膝盖弯曲伸直和身体平衡控制能力，为孩子自己上下楼梯做准备。

方法：把一个小凳子放在屋的中间。妈妈或爸爸牵着孩子的手，让孩子抬高脚跨上小板凳，协助孩子在凳子上站好后，再让孩子迈下来。上台阶的动作孩子一般都会，而下的动作孩子一般不会，妈妈或爸爸拉着孩子的双手让孩子一只脚先下来，再让另一只脚下来。

也可以将数个凳子按一定距离排成一行，拉着孩子的手孩子一上一下的玩耍。

在外出时玩时，在楼梯的最后一个台阶上和室外的坡上也可拉着孩子的手让他练习上下台阶。

你还可以编一些儿歌和孩子一边念一边上下，如：

上下台阶：台阶台阶一节节，上上下下慢慢行 ，一步一步要走好，宝宝勇敢摔不倒。

天天10个月开始练习上下台阶，11个月的他拉着妈妈的手已经能熟悉地上下台阶了。

爱心提示：上下台阶是孩子动作发展上很重要的一项功能。也能提供孩子练习大动作的机会，特别是为孩子学习自己上下楼梯做好准备，同时也是一个能带给孩子快乐的游戏，很多孩子喜欢蹬高的感觉。但也有的孩子对蹬高有较强的恐惧心理，上下台阶时显得迟疑不决，动作僵硬，爸爸妈妈要多给予鼓励，并多在家中、在爸爸妈妈的扶持下练习，随着孩子的力量增加，信心也会增强。

开始爸爸妈妈扶幼儿上台阶时，可以看到孩子上身挺直，脚比身体早一步往上走了，这是因为孩子本身的力量、四肢的灵敏度不足的原因，这时孩子常常无法控制身体，若一时站不稳，就容易跌落下来。因此，爸爸妈妈一定要扶好孩子，特别是对还不能独立行走的孩子。在扶助孩子时，要以双手牵着孩子的上臂，让孩子利用四肢的力量向上移动。千万不要只抓住手掌或手肘，因为孩子自己的力量还不够，要借助你的拉力才能上下，而他的骨骼太脆弱，拉力过大就容易造成伤害。当孩子腿部力量增强，对手的力量依赖减少时，只稍微扶持一下孩子就能上下台阶时，你就可以只抓住孩子的手掌或让孩子扶着你上下台阶就可以了。总之一切要循序渐进，安全为要。

从高处滑下

目的：学习滑行，攀爬迈步，锻炼身体协调运动能力。

方法：找一块长的木板，如果没有木板用烫衣板也不错，把它靠在沙发上，扶孩子坐在上面，再扶着孩子从上面滑下来。

到公园等场所，找专用的滑梯让孩

子练习滑行。爸爸或妈妈扶住孩子一步一步爬上滑梯，再扶着孩子坐稳，慢慢滑下。

滑滑梯让孩子第一次感受快速运动带来的乐趣。皮皮特别喜欢这个游戏。

爱心提示：10～12个月的孩子最喜欢爬高了，滑滑梯能满足孩子的这一愿望。如果孩子还不能行走或已经能行走了但还走不稳，上下滑梯时爸爸或妈妈都要扶好孩子，特别是下滑时要控制好速度和身体的平衡，太快和身体倾斜过多会让孩子感到不安全，甚至恐惧，拒绝再滑。如果有很多孩子在玩，告诉孩子要排队，一个轮流一个上去滑，同时要等前面滑下的孩子起身离开后你才能滑下。让孩子在排队中学会等待和学习与小朋友一起玩耍的游戏规则。

倒提和倒立

目的：锻炼上肢肌肉力量和爬的技能。

方法：先让孩子俯卧在床上，你（最好是爸爸）可以提起孩子的双腿，让孩子的身体倒起来一会儿；你也可晃动一下孩子的双腿，让孩子的身体倒着荡一荡。但动作不能太剧烈，注意不要让孩子碰到周围的物体，不要让孩子身体离开床的范围，除非你确信你能提得动孩子不会让他摔下。

你也可以带着孩子一步一步向前、向左、向右走和向后退。你也可双腿并拢直立，带着孩子一蹦蹦地向前、向左、向右跳动。你还可带着孩子原地转圈。你还可以带着孩子做动作，如你一只腿交替站立，另一只腿向前、向后和向一侧伸展，让孩子也跟着你运动。

11个月的天天很喜欢和爸爸做倒提的游戏，这对孩子的平衡能力发展也有好处哦。

爱心提示：换一个角度看世界会有不同的风景。让孩子倒立时和你玩一会儿，看一看东西，孩子一定很新奇。倒立时孩子要用双手支撑整个身体的重量，这对孩子的手的力量是很好的锻炼。需要注意的是，开始孩子身体处于倒置位的时间不要太长，等孩子适应后再逐渐增加一点时间，但要注意观察孩子的神情，如果孩子不愿意、不高兴就立刻停止。

积木搭两层塔

目的：训练孩子眼—手协调能力和多种智力活动。

方法：和孩子一起坐在地板上，把三四块积木放在孩子面前，告诉孩子说："我们来搭房子，1、2、3块。"一边数一边将2块积木搭在一起："你也来搭房子好吗？"让孩子模仿你搭房子，尽可能搭得高一些。

如果孩子不感兴趣，你可先搭2～3块积木，只让他搭最后1块，也可手把手地让他搭。搭好后，立刻表扬他，并可让他推倒作为鼓励。每加一块都夸奖他，用激励的语言让孩子爱上搭积木。同样让孩子在成功中体验到了快乐，良好的情绪激发孩子的兴趣。

爱心提示：有专家说，积木是孩子的最好礼物。积木看似平凡无奇，但它可让孩子玩抓握、敲响、投筐、滚动、搭建、点数，辨形状、认颜色等游戏。特别是在搭积木的过程，孩子尝试用不同颜色、大小、形状的积木进行空间组合和构建，这不仅使孩子手的精细动作能力得到很好的锻炼，也训练了孩子对平衡、对称、重复、比例、颜色的认识。因此，搭积木不仅能促进孩子眼手协调能力，还能促进孩子大小、形状、颜色等概念的形成，视觉空间智能的培养，及对艺术、科学和数学的初步了解。专家认为搭积木是一种极适合孩子玩的游戏。或许在孩子搭积木的过程中，还会学习到如何将自己所见的、将自己的想法和自己的梦想，表现在他们搭建的积木作品之中。

搭积木能促进孩子多项能力发展。皮皮11个月开始玩搭积木，17个月27天的皮皮已经能搭6块以上的塔了。

让你的孩子拥有自己的积木，并能随时玩耍，同时培养孩子对搭积木的乐趣，是每个爸爸妈妈都需积极考虑的事。有的爸爸妈妈说："我的孩子不喜欢玩积木，怎么办呢？如何才能激发孩子的兴趣呢？经常和他一起玩积木，只要孩子有一点进步，都要表扬和鼓励他，这样孩子就会有兴趣了。把积木一块一块地排起来，需要眼—手的配合，孩子眼—手协调还不够完善，要搭好积木是件不容易的事，为此你不要对孩子要求太高，特别要求孩子做他还不能做到的事。据研究发现，如果孩子经常玩积木，最早满11个月（多数13个月，最迟17个月）可搭2块积木。最早满12个半月（多数15个半月，最迟20个月）可搭3块。最早满17个月（多数20个半月，最迟30个月）可搭6块。

另外积木玩过后，教孩子收拾好，一一摆放整齐。从开始就要让孩子学会把积木放回积木盒中，让孩子养成游戏后把玩具收好、做事有始有终和爱整洁的好行为习惯。

滚球

目的：训练手推和接的动作，开始学习与人合作和游戏的规则。

球是孩子最好的玩具之一，推球、投球让孩子从中感受自己的力量。仁仁喜欢和妈妈一起玩球。

方法：准备一个中等大小的皮球。开始爸爸或妈妈坐在孩子的后面，大家都将两腿分开，另一个人相距1米左右坐在对面，将球滚在孩子的两腿之间，让孩子将球滚过去，再滚来，反复进行。

也可以爸爸、妈妈同孩子坐地毯上，成一个三角形，互相滚球。

你也可让孩子自己玩球。在客厅的另一边放一个侧卧的纸箱，让孩子将球往纸箱方向滚或滚进纸箱中。

爱心提示：有的孩子还不会做双手推的动作。爸爸或妈妈可以扶着孩子的手腕，将孩子的手掌打开，放在球上，再和孩子一起做往外推的动作。接球时，也要让孩子双手先张开放在前面，等待球的到来。有的孩子拿着球不愿意滚出去，爸爸或妈妈要耐心启发。告诉孩子，“接到球了，现在把球滚给爸爸，滚啦”。让球能不停地滚动起来。让孩子学会用手腕去推动皮球向前进。锻炼孩子手腕的力量和方向感，同时在球滚出去后，让孩子学会有耐心地等待球再滚回来。在室外玩滚球游戏最好了。多数孩子11个月会向大人滚球。

戴指环、手镯和脚环

目的：培养眼—手协调能力和初步学习数数。

方法：和准备能套进成人的手指上

的环5～10个。妈妈先伸出食指，让孩子看着自己把环一个一个地套在自己的食指上，再一个一个取下来，让孩子模仿你做。你也可让孩子伸出食指，你把环一个一个地套进孩子的食指上。你可以让孩子把环套进你的食指上。你要告诉孩子说："伸食指"，让孩子听吩咐伸出食指。

奶奶正在教纤纤戴手环，这个游戏可发展孩子眼—手协调能力。

你还可准备能套进手腕和脚腕里的大环5～10个，和孩子玩套环入手腕和脚腕上的游戏。

爱心提示：环可用窗帘环、钥匙环或自己用一根电线卷成圈做成，也可以用硬纸剪成环状，涂上颜色。把环套入手上和脚上，套环动作需要手的抓握、放松，眼—手协调和双手配合才能完成。孩子套入第一个环是一件很不容易的事，孩子每做好一次，爸爸妈妈都要拍手鼓励和表扬。据观察，孩子最早在8个半月能将食指伸直，让妈妈将4个环套入，并自己也能抓起一个环套在手指上。如果孩子不能套环，你要协助，如拿着孩子的双手帮他套入，或者用你的手指去找孩子手中的环，这样孩子会感到成功的快乐。游戏多重复几次，孩子就会知道怎么玩了，争取不在你的帮助下把环套入自己的手脚。一边套环，要一边数数。计算孩子每分钟能套入几个，然后记录在挂历，看看孩子的进步情况。

月光宝盒

目的：发展手的掏、拉和塞的动作。

方法：准备一个装大米或薯片的圆形纸筒，将一些漂亮的纸、头饰、小花，孩子喜欢的小球、小娃娃、小车、食物、妈妈的漂亮纱巾、爸爸的领带等物品塞进圆形纸筒里面，盖上盖。你可以告诉孩子："这是'月光宝盒'，里面装有你、爸爸、妈妈的宝贝，你想看一看是什么吗？"先让孩子自己打开宝盒的盖子，再让孩子把盒子里面的"宝贝"一一掏出来。孩子掏出一个和他一起观赏，赞赏他找到的好东西，鼓励他再继续下去，看还有什么，直到都掏出来；再让孩子自己将"宝贝"物品装进去，你和孩子再一起找。游戏可反复进行，每次可换上不同的物体。

爱心提示：以后还可以让孩子猜一

猜“月光宝盒”，先让孩子猜一猜“月光宝盒”中有什么宝贝，再和孩子一起“挖掘”盒中的宝贝。

还可以和孩子玩找“月光宝盒”的游戏。把“月光宝盒”藏起来，再让孩子去找。需要注意的是，你现在要当着孩子的面藏起来他才知道去找，当1岁后，你可不当孩子的面藏，但要露出一点，1岁半可把“月光宝盒”藏得隐蔽点了，这样让孩子比较容易找到，激发孩子的兴趣和自信。

天天喜欢妈妈为他制做的“月光宝盒”，在掏物品的过程中找到了乐趣。

智商开发

小魔术——找饼干

目的：训练孩子的观察力和注意力，同时让孩子体会努力之后获得食物的快乐。

方法：准备一条干净的毛巾、一个不透明的小容器，如小碗、小饼干或其他可以用手抓着吃的小点心。

“找毛巾下面的饼干”。给孩子看一块小点心，然后用小毛巾或餐巾把它们盖起来。让孩子自己掀起毛巾或餐巾，找到他的点心。

“找手中的饼干”。你还可以加一点儿魔术的灵感进去。爸爸或妈妈先张开手掌，让孩子看到手心里有一块小小饼干，当着孩子的面把手轻轻握起来，手心向上伸到孩子面前，让孩子的小手来拿。让孩子用手来抠和掰动你的手指，找出饼干。用饼干奖励孩子。在孩子吃完后，再换另一只手，做同样的游戏。注意一边玩“魔术”要一边说和摇动手中的饼干，引起孩子的注意，引诱让他掰动你的手指找饼干。

随着孩子熟悉上一个游戏后，你还可增加一些难度。将饼干放在一只手的手心，先让孩子看一看，然后双手合在一起， 上下抖动几下，再分开，让孩子找一找饼干在哪只手，如果孩子掰开一只手，饼干不在，看他是否知道去掰另一只手，如果不会，你要告诉他：“看妈妈这只手里有没有。”

“找杯子下面的饼干”。在桌子上扣3个杯子，把1小块饼干放在1个杯子下，再移动杯子的位置，然后让孩子找饼干在哪个杯子下面。

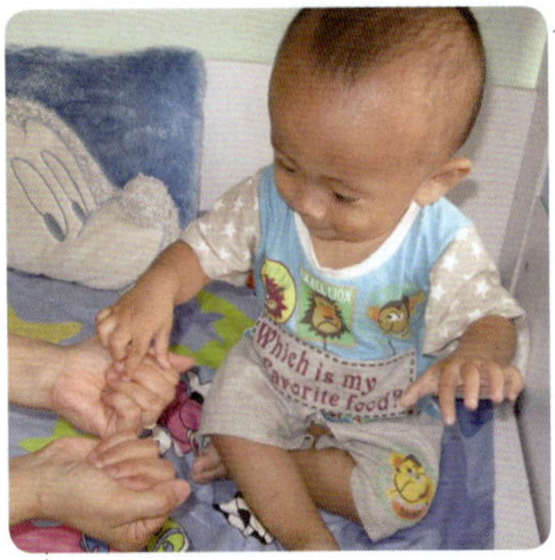

小魔术可促进孩子的观察探究能力。看，11个月的天天会从爸爸手中找饼干了。

爱心提示：当你做这些游戏时，动作一定要很慢地进行，因为孩子反应的速度比较慢，太快了孩子可能反应不过来，效果就比较差了。如爸爸或妈妈要慢慢地抖动手，慢慢地移动饼干和杯子，或者多做几次，孩子明白是要找饼干，就会自动去掰开爸爸或妈妈的手了。刚开始不要让孩子很容易地掰开你的手拿到饼干，要让孩子多做几次努力，然后再把饼干给他，这会让孩子很有成就感。孩子拿到饼干后会很高兴，这时爸爸或妈妈要及时鼓励他，你的鼓励是孩子最好的动力。孩子在吃完找到的食物后，他就满怀期望地看着你，希望再进行一次游戏。这个时候你可再换另一只手，做同样的游戏。也可以换成一些孩子喜欢的小玩具，让孩子掰开手找到而获得。

水果大变身

目的：训练注意力、观察力和记忆力。

方法：准备几个橘子，先让孩子认识橘子。再拿起1个橘子，告诉孩子说："橘子大变身了。"把橘子皮剥开，放在一个没有剥皮的橘子旁边，让孩子看一看橘子剥皮前后变身的样子；你还可再拿1个橘子一瓣一瓣肉剥开，再拿1个橘子沿横断面切开，放在一起进行比较，告诉孩子这些都是变身后的橘子，告诉他说它们有什么不一样。

其他水果也可以采用上述做法来变身，只是苹果、梨、西瓜等实心的水果不能像橘子一瓣一瓣剥开，但你可拿刀子切成一瓣一瓣的。你可以先切成两瓣，切好后让孩子看一看、比一比，再数一数。以后可以切成4、8瓣。而且你可以横切，还可以竖切。让孩子仔细看一看横切和竖切是不是不一样。

让孩子看一看水果的不同形态，培养孩子的认知能力。

爱心提示：水果是我们日常生活中经常吃的食物，可我们是否好好地观察过它们？是否真正认识了它们？有的爸爸妈妈总是要让孩子去观察美术品、艺术品、天空、星辰，当然这很好，但忽视了对我们日常生活最密切相关的事物的认知就不太好了。

生活是一切艺术的基础和来源。因此，爸爸妈妈要有意引导孩子去注意和观察我们日常生活中事物的特点，指导孩子学习全面地认识事物的做法，在爸爸妈妈一声声“橘子大变身了”“苹果大变身了”的提示下，会更加吸引孩子的眼球，用这些孩子感兴趣的形式，让他在不知不觉中观察到和记住许多东西，获得许多经验，逐渐提高记忆力。这样就促进了孩子对事物的注意力、观察力和记忆的发展。

认识鱼

目的：认识小动物，培养注意力、观察能力和爱心。

方法：买几条大小、颜色、品种不同的鱼养在玻璃缸中，和孩子一起观察。

先简单地告诉孩子鱼的一些基本特点。如告诉孩子这些都是鱼，鱼的种类很多；鱼都是生活在水中的，它喜欢游泳。

让孩子看一看鱼的形状，它们都是长长的。问孩子：“鱼都是扁扁的，为什么呢？因为好游泳啊！”

让孩子看一看鱼的身体，并伸手摸一摸，告诉孩子有的鱼身上有很多鱼鳞，有的没有，鱼身上光溜溜的。问孩子：“为什么呢？因为好游泳啊！”

鱼又漂亮又温和，你可以让孩子成为鱼的好朋友。

让孩子看一看鱼的鳍，摸一摸胸鳍、背鳍、尾鳍，告诉孩子鱼都有鳍。问孩子：“为什么呢？因为好游泳啊！”

鱼喜欢吃什么呢？拿一些青菜叶、鱼食让孩子喂鱼，看一看鱼在水中自由自在游动和吃食的模样。

让孩子摆动身体，模仿一下鱼游泳的姿势。

让孩子看鱼的文字和图片。

爱心提示：鱼是孩子最好的朋友了，基本上不会给孩子造成伤害，也没有听说害怕鱼的小朋友，鱼可以作为孩子观察小动物的第一个动物。

上面介绍了关于鱼的很多内容，最好分很多次介绍给孩子，因为对于不满周岁的孩子，是不会一次很长时间去有意注意一件事物的，有的可能注意时间不到1分钟，所以在介绍小鱼时，语言要轻松愉快，不仅让孩子听，也要让孩子动动手，去摸一摸鱼（注意摸鱼时不要让鱼鳞和鳍刺伤了孩子的手），让孩子给鱼喂点食物，学会鱼的动作，激发孩子的兴趣，增长注意的时间；同时不要强调一次让孩子看多长时间，不在意一次给孩子说多少内容，最好根据孩子的兴趣进行，孩子如果不喜欢可等下次再进行。

双手拉绳子取玩具

目的：发展用手抓、拉的动作，培养孩子理解语言及思维的能力。

方法：准备一个带柄的、矮的、塑料杯，一个孩子喜欢的玩具，一根约50厘米长的红绳子。将玩具放进塑料杯内，再将绳子穿过杯柄并将绳子两端放在孩子面前，杯子的位置较远，孩子伸手不能够着，绳子离孩子近，可伸手够着。告诉孩子说：“把杯子取过来。”让孩子拉绳子取玩具。如果孩子用以往游戏的经验拉一根绳的一端，绳子就会拉掉，拉不动玩具。这时你不要立刻去告诉孩子怎么做，也不要忙着去纠正他，孩子把绳子拉掉了你再系好，让孩子获得几次失败的体验。经过失败后，看孩子是否思考改变做法。当孩子有明显的挫折感时，爸爸妈妈可给孩子示范，可握着孩子两手，同时拉绳的两端，把杯子拉到自己跟前，并让孩子明白要两根绳子一起拉才行。

杯里的玩具可以时常更换。游戏前可先告诉孩子玩具的名称，说一说玩具有多好玩，激起他够取玩具的兴趣。

爱心提示：双手拉绳取玩具的游戏是有一定难度的，要知道如何借助绳子取到玩具，还要克服以往的经验，寻求新的做法取到玩具。在此游戏中要让孩子有独立思考解决问题的时间，让孩子有一定程度的挫折体验，自己寻求解决的方法。

孩子最早11个月，多数13个月，最迟15个月会双手拉绳子取玩具，纤纤正在想取玩具的办法，这个游戏可促进孩子的思维能力的发展。

但又不能让孩子挫折感太深而失去热情和自信，这是你要掌握的度。实际上这是孩子在每个游戏中你都需要注意的事。如何让孩子尽可能发挥自己的能力，而不让自信心受损呢？这需要你仔细观察孩子在游戏中的表情，特别是在玩新游戏和有一定难度的游戏时。

当游戏受挫时，有的孩子会不时回头看你，这就是给你发出了信号，是在告诉你："爸爸妈妈，我搞不定了，请来帮帮我。"会说话的孩子可能会直接叫你过去帮忙，这时你一定要及时出现在孩子面前给他一些实际的指导，不要再说你先试一试之类的话了。有的孩子不会叫你，也不会回头看你，只是他的表情越来越不安和烦躁，动作显得越来越忙乱，这时你也要及时出现在孩子面前给他一些实际的指导，否则，等一会儿孩子可能会放弃游戏和哇哇大哭了。但在这之前你可让孩子尽情地自己去探索而不要去打扰他。

用手指表示1

目的：了解"1"的意义，建立初步的数概念。

方法："表示年龄"。可先教孩子用手指表示自己的年龄。你可教孩子竖起一个手指表示1岁，如竖起食指对孩子说："1岁了。"让孩子模仿，经过几次练习后，可以问孩子："你几岁啦?"让孩子竖起食指表示，这时你要马上表扬他说"答对了"，亲亲他使他高兴。

"表示物品"。当给孩子吃饼干、苹果、糖果时你可以问孩子："你要1块饼干？""要1个苹果？""1粒糖是不是？"同时竖起食指，让孩子模仿你竖起食指表示"1"，并点头说"是"，或摇头说"不是"。当孩子要其他东西，如玩具、书等都可这样做，多次训练孩子就可以问孩子："你要几个？是1个吗？"以后还可用上述做法让孩子学会手指表示2～10个。

让孩子数数、用手指表示数，促进对数概念的理解。10个月21天的响响会竖食指表示"1"了。

爱心提示：通过玩上述游戏，孩子最早11个月（多数13个月，最迟15个月）。当你问他"你几岁?"孩子会竖起1个食指回答。通过多次反复地用1个手指来表示数字1，让孩子知道1个物体可用"1"来表示，而"1"可以表示任何1个东西，如1朵花、1个人、1条狗、1个苹果、1个吻等，从而让孩子初步有了数的概念，建立数与物一对一的概念。

怎么不在了

目的：训练孩子的观察能力和注

意力，促进对物体永恒性的理解。

方法：“会逃跑的球”。拿一个孩子喜欢的玩具，如一个小皮球，对孩子说：“看，球不见了，帮妈妈把球找出来”，一边说一边当着孩子的面，在孩子的注视下把球藏在一条毛巾下，然后同样在孩子的注视下把球转移到另一张毛巾下藏好，再问他：“球去哪里了？”叫他找出来。

“消失的巧克力”。让爷爷奶奶坐在沙发上，你当着孩子的面，把一块巧克力先给奶奶，再拿走转给爷爷，让孩子找出来。

“不见了的妈妈”。藏猫猫的时候你也可以在孩子的注视下，你先藏在一个地方，然后在孩子的注视下再转移到另一处，让孩子找你。

孩子已经理解不见的物品仍然存在的概念，经常让孩子找自己的物品，训练记忆力和观察力。纤纤妈妈正引导他找自己玩具。

爱心提示：这与9个月“娃娃在哪个盒中”的游戏一样，是为促进孩子物体永恒性建立的游戏。如果孩子在第一个地方找不到物品，你可以提醒孩子：“再想一想，它去了哪里？”引导孩子去思考，能继续往第二个藏物处寻找。

这个游戏对孩子的智力开发有很大的促进，爸爸妈妈要多和孩子玩找东西及捉迷藏的游戏。当然孩子如果不感兴趣，也不要强迫孩子，可再等待一段时间，记住每个孩子的发展速度是不一样的，也许你的孩子再长大点他就有兴趣了呢。

说两个不同的词

目的：引导孩子开口说话，发展语言能力。

方法：有的孩子在8个多月就有意叫爸爸妈妈了，见到爸爸妈妈叫爸爸妈妈，见到别的人不会叫。但多数13个月，才能意义清楚地说出两个不同的词，如有的孩子会有意地叫爸爸和妈妈，有的孩子能在特殊的场所和对特定的物体用恰当的语言自发地说出2个词，如出门玩时会说“走”，会说“门”，看到小狗会说“狗”，看到帽子会说“帽”，穿鞋时会说“鞋”等。

爸爸妈妈要注意孩子在周岁左右是否能说出两个不同的词。如果不能，你需要多用我们以前介绍的方法或用下列方法引导孩子开口。

“用‘妈妈语’和孩子说话”。多数妈妈和孩子说话时，常常会不自觉地放慢语速、提高声调并采用夸张的语气和简短的句子，这就是所谓的“妈妈语”。观察发现，孩子容易被“妈妈语”吸引。听到“妈妈语”，孩子会逐渐地安静下来，注视着妈妈，并会用“咿咿呀呀”的声音、微笑的表情或其他身体语言来作回应。

“让孩子说”。当孩子用“咿咿呀呀”回应你时，你要停下来听孩子说，在孩子停顿时你再回答，还可借助于眼神交流、身体接触等途径和孩子交流，又让孩子跟随你再发音或用手势、眼神反应作出回应，引导孩子和你对话一样，让孩子有说话的机会。这样一步一步地引导孩子慢慢地说出第一个词语。

小伙伴一起玩耍，会相互模仿发音。颐颐有姐姐左右相伴，11个月就能发5个常用的词了。

“时常提问”。在生活中要多对孩子进行提问，经常问孩子：“你想吃什么？你要去哪儿？你喜欢吗？你想睡觉了吗？”提问可以刺激孩子的大脑，促进语言功能的发育。

“多和小伙伴玩耍”。与小朋友在一起，他可参与到孩子们的人际间互动活动中，小朋友之间更容易学习和沟通，在“咿咿呀呀”的交流中会让发音得到练习。

“关注孩子的兴趣”。你要细心观察和及时发现孩子所注意的、感兴趣的事物，然后适时地告诉孩子，他看到的什么，听到的是什么，这种方式能让孩子更乐意和你“交流”，能很好地帮助孩子开口说话。

爱心提示：用速度慢且富有情感的“妈妈语”说话，更能引起孩子注意，孩子会用“咿咿呀呀”高质量的发声来回应你，在这种互动的模式中，孩子会从你的语句中识别重要的词，继而理解并运用这些词语；同时亲子互动的方式有助于加强亲子之间的情感联结，促进亲子关系的顺利发展。

如果孩子对你的话没有注意和反应，你要耐心地等上一会儿，或者看一看孩子正被什么吸引，你可跟随孩子的视线捕捉孩子的关注点，和他谈他有兴趣的事物。只要你满怀耐心和爱的关注，孩子就会学会用声音来传达不同的需求，从而和妈妈形成了一个初始的会话模式。这不仅是语言发展的高起点，也是孩子心理发育的高起点。

多和孩子说话，留有给孩子说话的时间和机会，多带孩子出去玩，多和其他人接触。这些都是你为孩子创造一个良好的学习语言的环境所必须做的。模仿是孩子学习说话的主要途径，所以你在对孩子说话时语速要慢，语气要轻，吐字要清晰，让孩子听清每一个音。

如果你的孩子已经懂得了很多话，现在还会说字和词，或者是少点儿，不要着急，他的语言发育一点问题也没有！只要你持之以恒地和孩子交流，和孩子对话时不要训斥和责骂孩子，多表扬和鼓励他，慢慢地他就会开口了，等孩子想说话或真正的学说话时，孩子语言发育就会一日千里。

据观察，孩子最早满11个月（多数13个月，最迟18个月）会经常模仿父母的发音，至少会说出“爸爸、妈妈”两个不同的词，有的能说出“姨、奶、抱”等5～10个简单的词，常常用一两个词表达自己的意思和情绪，会发出一些惊叹词。

把东西放到指定的地方

目的：理解和执行与动作相关的一些词，记住常去的地方和常用物品的名称。

方法：“小动物回家”。如将3~4个孩子认识的小动物玩具，排成一排，然后告诉孩子说“小熊要回家，把小熊送到玩具柜里去”，或说“小狗要睡觉，把它送到宝宝的小床上去”，或说“小鸡要找妈妈，看，它的妈妈在沙发上，把它送到沙发上去”等，看孩子能不能正确地将小动物送达到你说的地方。

你也可让孩子把苹果放到桌子上，把玩具放在板凳上，把筷子放在碗上，把匙子放进杯子里，把馒头放在盘子上，把娃娃放在盒子里等，让孩子按指令把东西放在指定的地方。

孩子已经能听懂日常用语，并能执行你的指令。纤纤正听妈妈的指令“抱起娃娃”。

爱心提示：据观察，孩子最早满12个月（多数15个月，最迟18个月）能把3个玩具放在指定的地方。

当孩子认识一些物体理解一些词后，你就可以让孩子做把东西放在指定的地方的游戏了。你可经常和孩子玩上述游戏，在生活中你也要指导孩子做一些他力所能及的事。当你给孩子指令的时候，开始可给一些简单、直接的指令，以后再慢慢地给一些复杂指令。在给孩子下这些指令的时候，一句话要完整地说出来，中间不要有停顿，不要把一句话拆分成几个词慢慢地念出来。如果孩子听不懂，你可以重复几次。尽可能减少肢体暗示，不要用手指示孩子拿什么。这样孩子的语言理解能力才提高得快。

学动物叫

目的：练习发音，发展语言能力。

方法：当孩子能认识几种动物或动物图片后，你就可以教孩子模仿动物叫了。妈妈爸爸先选几张动物图片或动物玩具，告诉孩子每个动物的名称，然后告诉他这种动物是怎样叫的。

如小猫叫“喵喵”，
小狗叫“汪汪”，
小鸡叫“叽叽叽”，
母鸡叫“咕咕咕”，
小鸭叫“嘎嘎嘎”，
小牛叫“哞哞哞”，
小羊叫“咩咩咩”，
小猪叫“嗡嗡嗡”，
青蛙叫“呱呱呱”等。

当孩子会模仿一些动物叫后，可让孩子玩根据叫声找动物的游戏。你可先把一些动物玩具或一些动物图片放在孩子面前，妈妈先叫一声“喵”问孩子“这是什么叫”，如果孩子还不能说话回答，可让孩子指一指或找出相应动物的玩具或玩具来回答。

学习动物的叫声，了解不同的发声方法。纤纤正跟奶奶学小鸭“嘎嘎嘎”叫。

爱心提示：孩子很喜欢学动物叫，这也让孩子对练习发音更有兴趣。以后每当看到动物图片、在室外看见动物和去动物园玩时，都可让孩子学动物的叫声，如果他不会，妈妈或爸爸可做示范。据观察，孩子最早满12个月（多数19个月，最迟21个月）会模仿模仿小猫等2～3种动物叫。

孩子的DV

目的：认识自我，训练有意注意力和记忆力。

方法：你也可买一架DV，将你和孩子在一起的时刻拍下来。DV的好处是你可以一边拍一边说，所以不要忘记先要拍一点花絮，介绍一下出游的时间、地点、人物，天气；再一边拍一边介绍活动内容。别忘了在拍摄中你要详尽地讲述发生的一切事情，你的语言要尽可能轻松有趣、愉快；也别忘了在拍人物时要描述当事人的心情；同时也要描绘周围的环境和当前的景色。

拍摄时注意到景色的安排，不仅要拍一些近景，还要拍一些远景。

孩子总是生活的主角，给他的镜头时不要忘了逗引他“咿咿呀呀”说说话；不要尽拍他可爱的一面，也可拍他的一些“糗”事，如尿裤子了、哭了；也可抓拍一些有趣的小插曲，如孩子摔跤，有趣的表情，等等。当然也不要把陪伴孩子的你自己和大家给遗漏了，尽量能给每个人一些镜头。

创造孩子自己的影视节目，让他观察自己，促进孩子自我意识的发展。10个月的扣扣正在好奇地看自己的“表演”。

在当天回家后，你就可和孩子一起欣赏你的DV大作了。DV摄下来的镜头和孩子当时看到过、经历过的场面是不一样的，当孩子从电视里看到自己的言行举止、喜怒哀乐，看到和爸爸妈妈在一起的快乐玩耍时，一定又有不同的喜悦和感受。

爱心提示：尽可能把孩子的生活拍下来，过去的岁月不再来。过去的、和孩子在一起的每一刻都是美好的回忆。随着孩子一天一天地长大，这些都会成为珍贵的礼物。以后你也可以经常和孩子一起观察这些DV作品，每月可安排一次“回忆幸福时光”的节目，花10～20分钟和孩子一起重温过去美好的时刻，一边看一边和孩子重温当时的情况，这样激发孩子美好的情感，也可以训练孩子的观察力和记忆力，相信在每次的观看中每一个人都会有新的发现和感触。

游戏解说

目的：了解常见动作的描述。

方法：孩子在玩游戏和你在陪孩子玩时，他一边玩你一边讲，把你所看见孩子所做的一切说出来，就像一个运动场上的解说员一样。如孩子正要玩拍球，你可以在一旁描述孩子的动作和球的运动，你可以说：“他拿起了一个红球，拍了一下球了，球跳起来了，跳了3下，球滚走了，他正爬过去抓球。”你还可以加一些对孩子的情绪进行一些描述，如你可以说：“他看见球跳起来，好高兴。”这样孩子就学会了与自己和球的运动和情绪的相关语言。

孩子在玩积木时你可以说："贝贝，拿起了一块红色的方形积木放在地上，他又拿起了一块同样的积木放在第一块积木上，积木放上去了，叠成了一个高塔，也有点像小屋，他又拿起了一块三角形的积木，他要放在哪里呢？他正放在屋顶上，放上去了，搭成了三块积木的屋，小屋真漂亮啊。"

不管孩子在做什么游戏你都可当他的解说员，孩子做一个动作你讲解一句，把孩子的每一个动作、活动及场景用语言表现出来。

解说动作，让孩子明白语言与动作的关系。纤纤玩游戏时妈妈会不时在一旁讲解。

爱心提示：谈论孩子正在做什么，是与孩子交流的一种方式。有的爸爸妈妈可能不知道怎样与孩子交谈，那么从讲解孩子的活动开始就是一种不错的与孩子交流的做法。你所必须做的是观察孩子正在做什么——当他正在玩耍时，对它进行描述就可以，你不要担心自己描述得不够好，你可以把你想成正在打电话告诉朋友你的孩子在做什么一样，在讲解孩子的活动中实际上你也是在告诉孩子他正在做什么。这种交谈很重要，因为孩子能够听见和学习到伴随着自己活动的、与之相对应的那些日常用语。有你的讲解，他也会对他的游戏感到更有兴趣，因此，利用孩子游戏的这种兴趣和动作来学习日常用语，是孩子最好的学习语言的做法，让孩子经常听见他需要的日常用语，当他语言发育成熟，准备谈论自己的日常活动时，他就会熟悉地使用这些词语了，这样孩子就在无形中学会了描述和解说动作、行为和情绪。

做个好导游

目的：发展语言能力、注意力和观察力。

方法：随着孩子开始对他周围的世界越来越感兴趣，这时，你可以每天带孩子外出玩耍。早上去看晨曦和蓝天，傍晚去看晚霞和白云，晚上去看月亮和星星。去公园，看风吹杨柳，鲜花盛开，蝴蝶飞舞。去动物园，看可爱的大熊猫、调皮的小猴儿、漂亮的俏孔雀。或来到周围运动场所或居民集聚处，看各种各样的人和各种各样的活动。

而在和孩子看美景时，你要为孩子描述这些美好的事物，进而引导孩子去注意这些事物，去观察这些事物。

爱心提示：也许你会想，是用口语还是用书面语言去描述这些美好的事物好呢？两种语言都可以，最好交替进行，如果先来一段简单的、通俗的描绘，再来一段抒情的散文，再来一首优美的诗歌，那该有多美啊，会让孩子有多美妙的视听享受呢？不过你不要当心孩子听不懂，其实你的语言方式、语言的节律、陶醉的表情，都是对孩子有所影响的，耳濡目染一定让孩子受益匪浅。因此，爸爸妈妈带孩子出去玩耍、观景时最好先预习一下，别到时只有感动而没有词语来描述了。不过在指导孩子观察事物时，要让孩子看具体的物体说话，在情景中和孩子说话，你说的话就要简短、具体、准确和清晰，要多重复，尽可能帮助孩子理解。

室外活动时你要为孩子描述大自然美丽的景色，引导孩子欣赏。月月妈妈总是尽"导游"的责任，为她介绍她感兴趣的一切。

同时不要刻板地对孩子说你想说的、你正在做的，同时也要追随孩子的注意力，比如你要注意孩子在看什么，如孩子的注意转向了一只蝴蝶，你就说："你看见了蝴蝶，那是蝴蝶，它正停在花朵上，它在扇动翅膀，它身上的颜色好漂亮。"如果他的视力转向了一个人，你可以告诉他"那是一个小男孩，他正在跑步"。这样自然、亲切的语言"导游"和与孩子感兴趣的人物相结合的方式，对提高孩子语言能力非常有效，也很利于孩子的社会化发展。

谛听大自然的声音

目的：训练听觉能力和注意力。

方法：在起风时，你和孩子一起听听风吹过来的呼呼声，吹在树枝的"簌簌"声；打开窗户，让风儿扑面而来，让风从你和孩子的面前拂过。

在下雨时，你可让孩子坐在窗前，听着下雨的哗哗声，打在地面的嘭嘭声；穿上雨衣，打着伞，到外面去，听听雨打伞面的"嗒嗒"声。

在野外玩耍时，可和孩子静听小鸟的歌唱声、小溪流水的哗哗声、海浪有节奏的拍岸声，还有人们脚踩枯叶的"瑟瑟"声，沙滩行走的"吱吱"声；还有窗外蟋蟀的"唧唧"叫声，池塘青蛙的"哇哇"鸣声。

一边听一边感受，不要说任何话，

就这样和孩子一起听着；你也可以慢慢地、悄悄地、轻声地和孩子说那风的声音，说你心中的感受。

听！什么声？是鸟在叫吗？给孩子一个安静的时间，和他一起听一听周围的声音。扣扣是不是正在聆听风雪的声音呢？

爱心提示：听音乐是发展孩子智力的好做法之一。但我们周围的世界充满了各种美妙的声音，可让孩子谛听。其感知要比听音乐更直观、更具体，其内容要比听音乐更丰富、更有趣。

生活中、自然界有很多声音，如果你不去注意，你可能就会听而不闻，它就会悄悄地溜走，消失得无影无踪，生活的岁月可能就无处追寻。

你和孩子在一起不需要时时刻刻都热热闹闹的，你可以和他一起有意去享受片刻的宁静。而在这宁静中，和孩子一起听一听那些生命声响。你可悄悄地告诉你的孩子："听，那儿在响。"培养孩子用心去谛听周围世界的各种声音的兴趣，让孩子获得以听觉替代视觉，凭声音感知事物或现象的"跨通道知觉能力"。

情商培养

找朋友

目的：培养社会交往能力。

方法：爸爸或妈妈可带孩子去社区的活动中心、街心公园、商场、游乐场或亲子活动中心中玩耍，走进新环境，让孩子能看到和接触到家庭成员外的其他人，特别是能接触到别的小朋友，同龄、大一点或小一点的小朋友都可。看见别的孩子在玩耍时，家长主动带孩子过去，同他们打招呼"你们好"，或让孩子点头招手示意。

对于比较胆小的孩子，如他不太愿意与小朋友一起玩耍，你可先抱着孩子走向一个与孩子年龄相仿的小朋友，你先与小朋友的家长打个招呼，和小朋友的家长闲谈一会儿，并让孩子与小朋友面对面，看孩子的表情如何，如果孩子很有兴趣听家长谈话和看着小朋友，说明孩子非常喜欢跟小伙伴交往，此时你可把他们放在一起玩耍。他们可能会互相触摸，以表示亲热。你可鼓励孩子同小朋友拥抱，或者亲亲小朋友。离开时让孩子同小朋友拉拉手，挥手表示再见。下次再见面时，看一看孩子的表情是否很高兴，好像认识的样子，如果是这样，你就鼓励孩子直接跟小朋友打招呼了。

当然有的小朋友见面会不知道怎

么样互动，有的会一上来就去摸小朋友的脸或去抢小朋友的玩具，而得不到期待的回应时孩子就会大哭，急于离开。当出现这种情况时你要及时安慰他，告诉他正确的做法，特别下次见到小朋友时，你要先告诉他“与孩子打招呼、握手，不要去对方的脸等交往方法”，避免发生冲突。

见到了漂亮妹妹。

不理我，摸一摸她的脸。

妹妹瞪一眼，哭了。

与人交往的技巧是需要学习的。蛋蛋与扣扣第一天交往有点困难，第二天他们成为了朋友。

爱心提示： 如果孩子不愿意面对小朋友，甚至表现不高兴和有要走开的神情，你先不要急于让孩子马上与小朋友玩，可把孩子抱开，先让孩子在旁边观看其他小朋友游戏和玩耍，给孩子时间，同时你可在一旁告诉孩子小朋友们在干什么，在语言上激发孩子与小朋友玩耍的意愿。下次你再像第一次一样试一试，直到孩子与小朋友见面有高兴的表情，想要接触对方的意愿，再把孩子放在一起让他们玩耍，同时鼓励孩子与小朋友拉拉手、拥抱、亲一亲等亲密的交往活动。孩子在此年龄喜欢人亲他，他也喜欢亲别人。

等会儿再抱

目的： 学习等待，训练忍耐能力。

方法： 有的孩子看到爸爸妈妈一下班回家就伸手要爸爸妈妈抱，而且一抱上就不再放手，爸爸妈妈都来不及脱掉衣服、放下包、洗洗手；有的孩子想喝奶、要吃喜欢的饼干就急着要吃，晚一点都会哭哭啼啼；有的孩子和小朋友玩，总是一个人独占玩具不愿让给他人，等等。怎么办呢？爸爸妈妈可采取以下方法让孩子学会等待，训练孩子的忍耐能力。

“唱儿歌法”。当你下班回家孩子急着要你抱时，你不急着伸手抱他，你先微笑地看着孩子，念一首孩子熟悉的童谣，然后伸手抱起他，让他感受到短暂的等待。

“亲吻法”。在上述情况下你也可先让孩子亲亲你，给你一个拥抱，然后告诉他你爱他，你要脱掉衣服、放下包、洗洗手再抱他。你可让孩子看着你做完这些事再抱他。

“吃食物”。如果孩子想要什么东西，或想外出，你可以拿出一个苹果（当然也可是别的食物）说：“请等一下，等我吃完半个苹果再去。”然后邀请孩子也吃一小片苹果，同时对孩子亲切地说话，说说即将下楼见到哪些小朋友或是小动物、小食品等感兴趣的话题，会使孩子感受到等待中的小小乐趣。

适当地延迟满足孩子需求，训练孩子的忍耐力和对情绪的控制能力。皮皮已经能耐心等待妈妈吃完饭才抱自己了。

爱心提示：忍耐不是孩子与生俱来的东西，需要花费很长的时间来学习和培养，必须一刻一刻地、一天一天地、一年一年地教给他。在你的孩子学会忍耐的漫长过程中，抗挫折的能力和耐受延迟满足的能力得到了训练，坚持性和克服困难的能力得到了提高，孩子自控能力会增强，促进了社会性的发展。

需要注意的是，在让孩子等待时，你要用语言安慰他，当他听到你的说话声，他就会开始知道为什么爸爸妈妈要他等一等，下面将会出现什么。当孩子听到你的说话声，知道等一会儿他的要求会得到满足，他就会停止烦躁，抑制自己的不安，接受延迟满足的等待。忍耐能力就从这些简单行为中得到了培养。同时孩子开始只有很小的忍耐力，对1岁左右的孩子来说，忍耐意味着只能等待两三分钟。如果不及时地满足他的需要，他可能就会哭起来了，或哭声要逐渐升级了，同时他已经学到的所有关于忍耐的要求会被忘记得一干二净。如果每次等待的时间是他能忍受的，每次等待都能得到他想要的，他期望得到的东西和你的赞美，那你就是在教你的孩子相信他等待是值得的，这就使他信任你，并鼓励他下次能等待更长时间。

找出自己的东西

目的：发展认知能力、记忆力和自我意识。

方法：每天不管做任何事你都可先问孩子：“你的东西在哪儿呢？”让孩子自己找出来。如要穿衣服时爸爸妈妈就可以问他：“你的鞋子在哪里？”“你的花衣服在哪里？”要吃饭时问他：“你的碗在哪里？”喝水时问他：“贝贝，你的杯子在哪里？”出去玩时可问他：“贝贝，你的帽子在哪里？”“皮球在哪里？”“小狗在哪里?”让孩子用手指或扶着栏杆自己走过去找出他的东西来。

把孩子常用的物品放在固定的地方，让孩子自己寻找。扣扣能找到自己的帽子了。

爱心提示：随着年龄的增长，孩子的记忆能力有了发展。玩此游戏可以有目的地训练孩子记忆力，把这种训练孩子记忆的活动贯穿到孩子的游戏中和日常生活中，就能有效提高孩子的记忆力。为了让孩子能顺利找到自己的东西，你要注意孩子的每种东西要放在固定的位置，不可随手乱放；每次放东西时要让孩子或带孩子自己去放好，并一再告诉孩子：“你的衣服放在这儿，要记住。”这样孩子找起来才容易。

通过找自己的东西，还可让孩子知道我是一个独立的个体，有的东西是我的，从而促进孩子自我意识的形成和发展，并且可发展孩子的有意记忆的能力。

不怕小动物

目的：预防对小动物的恐惧心理，培养对小动物的热爱。

方法：多数孩子看到小动物又高兴又喜欢，但有的孩子看到小动物很害怕，又藏又躲。如果你的孩子是看到小动物害怕，任凭你怎么劝说都不肯靠近小动物，你要注意的是，不要强迫你的孩子去接触小动物，你先要做的是消除孩子对小动物的恐惧。

对于这类孩子首先要帮助孩子缓解对动物的恐惧情绪，先不要让孩子接触真正的动物，可先给孩子看动物的图片，谈论相关的话题，然后带孩子远远地观察这种动物，再慢慢靠近，接触小动物。

同时给孩子介绍动物的习性和特点，比如告诉孩子，猫和狗这类动物是人类的朋友，是可以和孩子一起玩的，它们不会伤害你的。

最好给孩子买一两个比较温顺的、对孩子没有危险的、卫生的、安全性很高的小宠物，如金鱼、小鸡、小兔子、小鸟等。经常让孩子观看和喂养这些小动物。如买回的小鸡可放在纸盒里，用盆装一些大米，让孩子自己动手抓大米，把大米撒进盒子里，喂小鸡，让孩子观察小鸡是怎样吃大米的。还可把大米放在孩子的手心，让小鸡在孩子手中啄米吃。先让孩子近距离地接触没有危险的小动物，对消除孩子对动物的恐惧感效果比较好。

让孩子先接触温顺的小鸡或小鸭，克服孩子对动物的恐惧感。扣扣有点怕小狗，妈妈先让她接触小鸡，她喜欢小鸡。

爱心提示：据观察发现，恐怖情绪在孩子身上是很常见的，年龄越小，越容易对具体的事物产生恐惧。性格内向，胆小而敏感的孩子。爸爸妈妈胆子小，见到小动物就有意避开或会吓得尖叫，孩子接收到了“动物很危险”的信号。听到过大人们的吓唬，如有的爸爸妈妈会对孩子说：“如果你不听话，小狗就会来咬你!”孩子会以为狗是一种凶恶的动物，爱咬人的。目睹过动物对他人狂叫不止、追赶或伤害过人的孩子都容易产生对动物产生恐惧情绪。对于这类孩子爸爸妈妈要非常有耐心，采用以上做法，让孩子慢慢地去接近惧怕的小动物，才能一步一步地消除恐惧。但千万不能强迫孩子去做他害怕做的事，以免造成孩子心理异常和行为障碍。

第11个月发育评价

动作

★单手扶物能行走
★会将1~2个小玩具投进盒中
★模仿握笔，想要画
★会模仿拍打动作

智商

★会推动玩具车
★会找出看见你包在纸里的物品
★听声音拿玩具3种
★会随歌谣做2~3个动作

情商

★能听从你“不”“不准”的命令中止活动
★能遵照吩咐替大人拿东西和将东西放回
★对表扬和批评有较明显的反应，夸奖会高兴，批评会不高兴
★会模仿用勺子在杯子中搅拌食物

第12个月

（331～360天）全面发展方案

第12个月（331～360天）发展方案

动作发展

独自行走

目的：训练孩子独自走稳。

方法：当孩子能放手走几步后，可训练孩子独自行走的能力了。经常放手让孩子独自行走，如在平坦的地方，爸爸或妈妈与孩子面对面站立，先放手让孩子站稳。你先后退一步，拍着手说：“来，到妈妈这儿来。”

也可让他站在爸爸妈妈之间练习独自向前走。

也可用一个能发响的玩具在孩子在前面逗引孩子说：“来，抓着小鸭。”让孩子试着往前走，爸爸或妈妈后退着走。走几步后，爸爸或妈妈把孩子抱起，亲亲他，夸奖他，鼓励他。并可唱童谣：

学走路

小宝贝，真可爱，
自己走，不怕摔。
一二三，走得快，
妈妈夸，宝宝乖。

爱心提示：孩子刚开始学独自行走时，爸爸妈妈不能退得太远和太快，与孩子的距离只一步之遥就好，当孩子有摔跤的可能，能及时上前扶持。如果孩子不敢走，不要强迫孩子，可让孩子多练习推车走，扶物走，再练习独自行走。如果孩子摔倒了，妈妈不要表现过分关心，如果摔得不重可让孩子继续练习，即使摔得重一点，只要没伤及身体的重要部位，没有流血不止，如只有手足一点擦伤，你可以给他吹一吹，安慰一下，休息一会儿，继续再练。以培养孩子勇敢的精神。

开始学走，孩子会有些害怕，爸爸妈妈要多鼓励他迈出第一步。1岁差2天的皮皮正蹒跚地往前行走。

多数孩子满1周岁就能放手走稳了，但有的孩子要在1岁半才能做到。如果你的孩子此时还不会放手独自行走，也不要焦虑，每个孩子的发展速度是不一样的，你的孩子也许在行走方面比别的孩子慢一点，但在别的方面比别的孩子快一点，都是正常现象，多让孩子练习就好。

蹲下捡物

目的：训练孩子自己蹲下捡物的

能力。

方法：用一个筐将家里的大小皮球全都装上，在家中的客厅里或在室外空旷地面将筐中所有的球都倒在地上，再把小筐给孩子。如果你的孩子会独自行走了，让他自己走过去，蹲下来，将球全都捡回筐里。如果孩子还不能独自行走，你可拉着孩子的拿来到球旁站好，再放手，让孩子自己蹲下，将球全都捡回筐里。

你也可以让孩子蹲下捡其他物品。

独自蹲下捡物需要很好的平衡能力，需多让孩子练习才能完成。1岁17天的扣扣已经能独自蹲下捡球了。

爱心提示：这时的孩子会很高兴玩捡球游戏，愿意自己蹲下把球一个一个捡起放入小筐里，然后，再交给妈妈，妈妈可以提醒他先把远处的球捡上，再捡近处的。如果孩子不能走，或不愿意走，爬着去捡球，也不错，不要去纠正他，强迫他蹲下去捡，你可以给他做示范，或以后再训练即可。孩子最早12个月时（多数15个月，最迟18个月）能不扶东西自己蹲下捡物。

扶栏上下楼梯

目的：训练协调运动能力，发展大动作和数数能力。

方法：当孩子能独自行走后，可让孩子练习扶着墙和栏杆学习自己上楼梯。你可在楼梯上一层放一个孩子喜欢的玩具，鼓励孩子上楼梯去取玩具，你也可站在楼梯上方，逗引孩子上楼梯。孩子最早初学时不敢迈步，爸爸妈妈要鼓励孩子，自己一级一级地上，一边上一边和孩子念1、2、3……一级级数数。

也可用上述做法教孩子学下楼梯。初学下楼梯时孩子会控制不好身体，家长要走在楼梯下方，保护孩子，以防孩子不稳时从楼梯上滚下。在教孩子下楼梯时也可先抓紧孩子的双手，保护好孩子，当孩子能控制身体平衡后，再牵一只手。

同时你也可以教孩子念歌谣：

上下楼梯

一二三，三二一，
小宝贝，上楼梯，
扶好了，不担心，
跨上去，要站稳。
一二三，三二一，
小宝贝，下楼梯，

扶好了，不担心，
跨下来，站得稳。

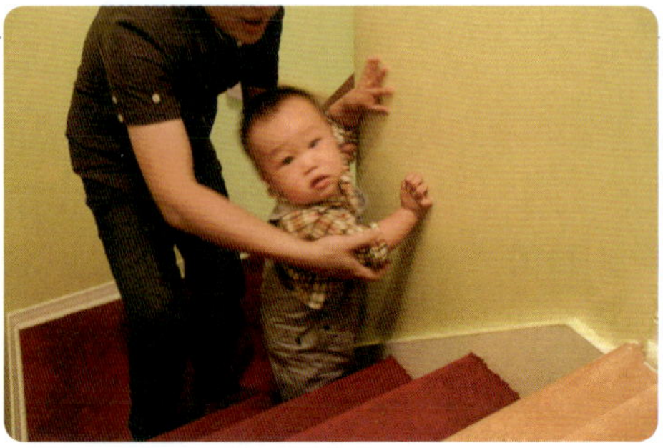

1岁21天的纤纤在爸爸扶持下学上楼梯，他好像还不敢迈步，爸爸正在鼓励他。

爱心提示：孩子初学上楼梯时只能两脚踏一阶梯，孩子一脚先登上一级楼梯，另一脚跟上踏在同一级楼梯上，待身体平衡之后再迈上另一级楼梯。下楼梯也是一样。

对于孩子学习上下楼梯要慢慢来，不可急于求成，多训练，就能学会。需要注意的是，孩子在上下台阶和楼梯时，爸爸或妈妈一定要在旁边看着，特别是下台阶和楼梯时要保护好孩子，防止孩子身体前倾摔跤。

孩子刚学会上下楼梯会很高兴，有时趁大人不在自己推开门去下楼梯。没有爸爸妈妈的保护有可能会从楼梯上跌倒而摔下来，所以家中有楼梯最好在楼梯口装一扇门，在孩子真正掌握上下楼梯前要时时关上，确保孩子不能独自上下楼梯；住楼房的家庭要注意把门关好，以防不小心孩子自己出门上下楼梯跌伤。孩子最早12个月（多数14个半月，最迟20个月）能扶助物体上下楼，但多数孩子学会扶助物体下楼比扶助上楼梯要晚半个月，多数15个月才能做到，训练少的孩子最迟21个月才能做到。

小鸟飞

目的：训练模仿动作的能力。

方法：教孩子向左右展开双臂做小鸟飞状。如果孩子能走了，爸爸妈妈和孩子3人可排着队（孩子在中间）在家中、在室外满地上下、左右飞转。

如果孩子不能走，可让他独自站稳或靠物站稳学飞。

也可让爸爸扶着孩子的双腋下提起孩子在客厅或室外快速跑动，让孩子展开双臂快速地“飞”。孩子最喜欢“飞”的方式了，他会高兴得不得了的，他会一次次要求再来。妈妈、爸爸和孩子3人一起飞吧！3人的家庭游戏会喜悦加倍。

你还可来点创意，双鸟飞。你和孩子并排站立，一人伸左臂，一人伸右臂，一起飞动。

一边飞还可以一边念：

大雁往南飞

秋天到了，天气凉了，一群大雁往南飞。一会儿排成个一字，一会儿排成个人字。

可根据歌词变换队形。很多歌谣都可配上飞的动作，如：

小蜜蜂

小蜜蜂，嗡嗡嗡，飞到东，飞到西；飞到东边采蜜忙，飞到西边忙采蜜。

你也可自己编一些儿歌。

爱心提示：小鸟飞手的基本姿势有两种，一是两手同时向上和向下移动，身子保持在中间位置；二是左右手轮流上下移动，身子同时倾向手在下方的这一侧。你可以教孩子学习好第一种手势再学第二种。还可以配合腰部的动作进行，一会儿弯腰往下飞，一会儿伸直腰往上飞，一会儿向左飞，一会儿向右飞，有无穷的变化。

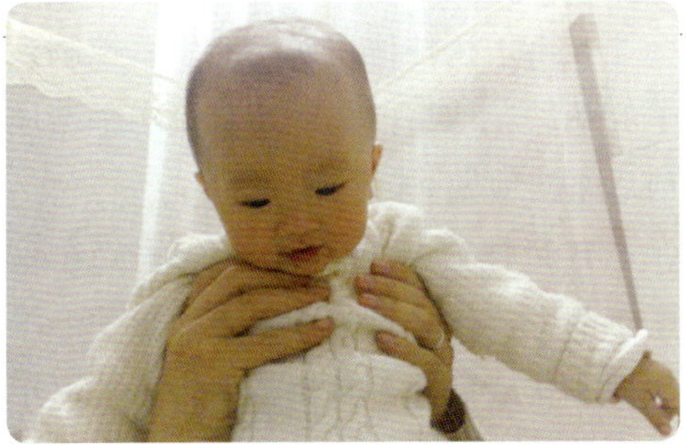

只有爸爸妈妈能给孩子插上翅膀，让孩子展翅高飞。看！颐颐在爸爸的支撑下“飞”了起来。

拿着孩子的手学小鸟飞不是好办法，最好的办法是，你在前面做动作，让孩子在后面模仿你。开始你不要在乎孩子的动作像不像、美不美、漂亮不漂亮，只要孩子大概能做出来就可，慢慢他会掌握节奏和动作要点的，到时动作自然会很美。

据观察，孩子最早12个月（多数15个月，最迟18个月）双臂能随大人做向上、下，前、外做运动；孩子最早12个月（多数17个月，最迟19个月）能模仿动物做3种以上动作，虽然动作模仿得比较笨拙。最早18个月（多数20个月）动作模仿得就比较像了。

倒退走

目的：学习倒着走，发展平衡和协调运动能力。

方法：“拉手前进和后退”。爸爸或妈妈与孩子面对面、手拉手地站立，你可一边数数，1、2、3，一边向后退3步，并拉着孩子向前行3步，再数1、2、3，向前3步，并轻推孩子后退3步；可这样来回多次地走来走去，就像在跳交际舞一样。

“拉玩具后退”。准备两个拖拉玩具，孩子拉一个，妈妈拉一个，告诉孩子说“妈妈要拉着玩具走了”。一边说一边拉动玩具向后退，让孩子模仿妈妈做后退动作。孩子开始做后退动作时，你要站在孩子身后作保护。初学时孩子走一步就往后看，有些害怕，当他看到爸爸或妈妈在后面保护他时就不会怕了，放心地往后走或者后跑几步。通过练习后孩子能够模仿妈妈，向后倒退着走。

“听命令前进和后退”。妈妈扮

演“熊妈妈”，孩子扮演“熊宝宝”，“熊妈妈”带领“熊宝宝”面对面站好，熊宝宝要根据“熊妈妈”的指令练习本领，当“熊妈妈”拍手和说：“熊宝宝、向前进。”“熊宝宝”要向前走；当听妈妈跺脚说：“熊宝宝，向后退。”“熊宝宝”就向后倒退走。

你还可以放一张小板凳在孩子身后，让孩子慢慢倒退到板凳前再坐下。

奶奶正在和纤纤玩“倒退走”的游戏，奶奶前进一步，纤纤后退一步，纤纤奇怪地望着奶奶，心想：“为什么要这样走呢？”

爱心提示： 在孩子练习倒退着走前，妈妈介绍向前走和倒退走的要领，向前走时，脚后跟先着地；倒退走时，脚尖先着地，自然摆臂保持平衡。妈妈边讲解边示范，让孩子尝试按照妈妈介绍的要领进行练习。

开始学倒退走时，孩子会不由自主地当心周围有障碍物，担心地面不平等，害怕摔跌。当孩子动作熟练后，他就可以凭感觉倒退着走，不需要时时盯着地面，可在脚着地时能感到地是否平整，双手可感到两边有无障碍，从而锻炼了孩子的本体感觉。孩子学会倒退着走路再向前走会觉得更加轻松自如。据观察，孩子最早12个月（多数15个月，最迟19个月）能倒退走3步以上。

扶助下踢球

目的： 训练单腿站立和踢腿动作，提高平衡能力。

方法： “扶助踢球”。准备一个中等大小的塑料球。你跪着或是坐在地板上，把孩子面朝外抱在胸前，用一只手环抱孩子的胸部，另一只手托住他的屁股，这样他的腿就能在你的身前伸展开了。先让孩子一足站好，并尽量多站一会儿。再用托住他的屁股的手，控制孩子的腿，让他往前踢，或直接用手帮他前后来回地做踢的动作。

“自己踢球”。把一个球放在孩子正前方，你扶着孩子，或让孩子一手扶栏或扶墙抬起一只脚，站稳了，再用腿去接触到球，或踩在球上，然后告诉孩子“挥”动腿，让孩子能“踢”着球向前。

踢球时，孩子不一定每次踢球时脚都能踢到球，你不要失望，鼓励孩子再来一次，再来一次，直到孩子的脚踢到球为止，此时你要发出鼓励的欢呼声，告诉他说：“你踢得多棒啊，就像个小小足球明星。”如你可以说：“踢球了，1、2、3，来一个，啊，太好了，踢中了，踢得真棒；或者说，遗憾，没有踢中，再来一个。”也可说其他别的鼓励他的话。

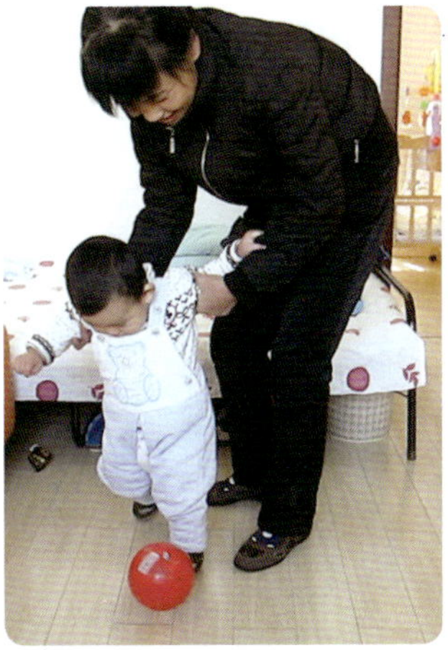

踢球的动作能锻炼孩子的平衡和对肢体的控制能力。皮皮在姥姥的扶助下经常练习「踢球」，看，11个月26天的他已经「踢」得有模有样了。

爱心提示：踢球游戏对你的孩子来说是个巨大挑战，需要他腿部有一定的力量，大脑能自己控制好腿部的肌肉运动，能独站和自由地挥腿。这个年龄的孩子都还不能做到，因此，爸爸妈妈只能“带着”孩子踢球。有的孩子在此时年龄（多数14个月）已经能在你的扶助下左腿独站时可让孩子玩玩“踢球”游戏了。踢球游戏中，可训练孩子在扶助下站立，也训练孩子控制肢体的能力。但游戏中要注意左右脚要交替着“踢球”玩，才能让两脚同样灵活。当孩子能自己挥腿后，你就可以放开控制孩子腿的手了，扶着孩子站好，让他自己来回地踢球就可。

荡远

目的：训练孩子空间感觉，发展平衡知觉。

方法：准备一根光滑木棒，让孩子双手抓住木棒，爸爸或妈妈分别站在两边，握住木棒的两端，将孩子提离地面，开始让孩子往前荡。

外出散步时，爸爸妈妈可以各抓孩子一只手，一边走一边提起孩子向前荡。

在门栏上吊一根粗绳子，下面拴一块木棒，让孩子抓住木棒，脚离地，前后荡一荡；爸爸妈妈也可推一推孩子，让孩子荡得更高。孩子也可自己用脚蹬一下地面，让自己荡起来。

纤纤和爸爸妈妈一起散步，一边走一边提起纤纤荡一荡，纤纤很高兴哦。

爱心提示：做这个游戏最重要的是要确保抓紧孩子的手，或让孩子抓紧木棍了才行荡一荡的动作，以免孩子摔伤。你有办法先检查一下孩子是否抓紧了。你可先轻轻抬一下木棒，就能感觉到孩子是否握紧了。让孩子用手掌抓木棒，比较容易抓牢。荡一荡的游戏开始最好在床上和地毯上进行，即使孩子摔下也不会伤及孩子。每次荡十几下，鼓励孩子不要害怕。多数孩子非常喜欢这种游戏。这也是发展孩子平衡能力比较好的游戏。虽然简单但效果显著。

开关抽屉装物取物

目的：锻炼孩子手的精细动作，学习收拾玩具。

方法：“装食物”。准备一个有抽屉的小盒子，先用餐巾纸铺在桌上，撒上几粒葡萄干，让孩子拉开盒子的抽屉，告诉孩子说：“把葡萄干收起来了。”你和孩子可一起将葡萄干逐粒捡起，放入抽屉内，然后关上盒子。一会儿你再说：“吃葡萄干，把它拿出来。”让孩子打开抽屉取出葡萄干。

“装玩具”。准备一个有抽屉的大箱子让孩子装玩具用，把孩子的玩具装在一个抽柜中，孩子玩玩具时，让他自己拉开抽屉，把玩具拿出来，游戏结束后将玩具再收拾好一一放入抽屉中，将抽屉关上。

你可以为孩子准备专门的、带抽屉食品盒、玩具箱，随时将食品或玩具装在里面，孩子需要吃和玩时，让孩子自己去取物品，取完后自己收拾好再关上。

开关屉、装取物是皮皮最喜欢玩的游戏之一，在抽屉里他总有新的发现。

爱心提示：开关抽屉装物取物可练习手的拉、推，拇、食指对捏的精巧动作能力，这是人类操作工具的基本动作之一，是生活和学习所需的常用技能，如写字和绘画都需要手有很好的精细动作能力，所以你可让经常让孩子做类似训练。你最好为孩子准备专门的、带抽屉食品盒、玩具箱，随时将食品或玩具装在里面，孩子需要吃和玩时，让孩子自己去取，取完物品后自己收拾好再关上，把有目的地训练融入日常生活之中，在生活中发展能力，提高技能，这是最好的、最适宜的教育。

需要注意的是，如果你给孩子用的是衣柜上、书柜上的、比较大的、有一定重量的抽屉，需要先在抽屉两边的滑轮处粘上一定厚度的木块，以确保抽屉不能快速地、完全地关合，防止夹伤孩子的手指。

拍气球

目的：训练拍的动作，促进眼—手协调，理解动作与球运动的因果关系。

方法：准备好几个红色的气球。将孩子放在一个长桌子上，与你面对面。吹起一个气球，然后用手轻轻拍拍它，告诉孩子，这就叫拍气球。然后把气球给孩子，让他学着拍。

拍气球是训练孩子眼—手协调能力的有效方法，颐颐喜欢和爸爸妈妈玩拍球游戏。

你可让孩子看你吹一个气球。气球从扁扁的再慢慢地鼓起来，变成一个圆球，这会让孩子非常兴奋，也会很好奇“这是干什么用的呢”，这个时候你把气球轻轻地拍几下，他就会知道这个气球是用来拍的。当你把气球拍给孩子时，孩子会有些无措或者会直接扑上去。爸爸或妈妈要诱导孩子“像妈妈这样拍拍”，拿着孩子的小手让他拍几下，然后让孩子自己拍。爸爸或妈妈见到孩子努力拍的时候，要给孩子鼓励和赞美。如果孩子做不好，就要反复做这一动作，直至孩子会模仿为止。

爱心提示：不要把气球吹得太大，避免气球拍破时的声响吓到孩子。最好质地较厚、弹性很好，不容易破的气球。拍好球是一件不容易的事，眼手要协调，空间位置和距离要目测好，力量大小也要控制好，才能把球拍起来。气球很容易滚走，你可让孩子爬着去捡球，这样可训练孩子的爬行能力。在拍球的过程中，也让孩子了解手与球运动的因果关系，“好神奇啊，我的手一拍，球就会跳起来”，激发孩子的动手能力。

套环入棍

目的：训练孩子的抓握动作和眼—手协调能力。

方法：准备钥匙扣环或窗帘扣环10个，一根筷子、一块厚的泡沫塑料块或一个从中剖开的西葫芦。

先将筷子插在泡沫塑料上或西葫芦上立起，以筷子为轴心，爸爸或妈妈先在孩子面前将环一个个套在筷子上去，再一个一个取下来，让孩子模仿你。

套环需要眼—手协调才能完成，12个月的平平能套2个环入棍子上了。

也可让孩子把环套在你拿的筷子上。开始你可将筷子固定好，让孩子用手抓握住筷子来套你的筷子，如果孩子不能套上，你可移动筷子去找孩子的环，帮孩子套进去，再让孩子去抓另一个环一个个套进去。

以后让孩子自己拿着筷子和环，自己将环套进筷子上去。

爱心提示：如果孩子不会套环游戏，你多重复几次孩子就会知道怎么玩了。让孩子争取不在爸爸或妈妈的帮助下把环套进轴上。套好后你还可以让孩子把筷子竖起，来回摇动，金属环可以发出“哗哗哗”动听的响声，塑料环也会闪闪发光或在你的挥舞中跳动，这可是给孩子最好的奖赏。

当环套进木棍时，你要给孩子表扬和鼓励。这个游戏让孩子双手动作配合行动，并在大脑的指挥和协调下，手的动作准确地指向眼睛所见的位置，将环套入棍子上，实现了眼—手的协调，这很好地促进了孩子动手操作能力的发展，爸爸妈妈可让孩子多做类似的游戏。据观察，孩子最早12个月（多数14个月，最迟16个月）能自己拿着筷子和套环，套2个环入棍子上。

洞中掏物

目的：训练孩子掏的动作和手指的触觉能力。

方法：准备一个纸鞋盒或一个装餐巾纸的盒子，在盒子上方中间和一侧挖一个直径比较大的圆洞，洞边用胶纸贴光滑。先让孩子将一些孩子喜欢的、质地不同的玩具投入纸盒里，如软的毛绒小玩具、球，不同形状的木制积木等。将纸盒放在孩子面前，轻轻摇动，让玩具在摇动中发出声音，吸引孩子兴趣。爸爸或妈妈可示范将手伸进圆洞里将玩具一一掏出来，让孩子模仿。孩子将手伸进去后，让孩子用手去摸、去抓，再一一掏出来。如果孩子能将物品掏出来，应该鼓掌。

以后你还可以让孩子按要求拿取指定的玩具，如你可以说：“把小狗掏出来给妈妈。”或者说：“把球拿给妈妈。”让孩子在眼睛看不见的情况下，仅仅凭手指的感觉，从洞里摸出指定的某个玩具或物品，锻炼手指触觉的判断能力。

爱心提示：孩子与生俱来有好奇和求知欲，在这个游戏里他的好奇和求知欲可得到满足。开始孩子会扑到盒子上，用眼睛观看洞内的物体，去探索物品的去向；也可能会拿起盒子高兴地摇晃，也可能会想把它们倒出来，这些你都可以让孩子去尝试；当孩子用尽各种方法不能将物品弄出来时，你再教他如何掏物品。让孩子用手伸进洞中去探究物品，进一步锻炼手，特别是手指的感觉，感知物品的软硬、粗细、大小、长短等性质，同时用手感知前面有无通路，如何取出的东西等，让手的触觉能力和认知能力得到很好的发展。

让孩子从洞中掏指定的物品，可训练孩子手的动作和触觉能力。纤纤很喜欢这个游戏。

尽量将洞口整理光滑，最好包上一层布或者其他比较软和的东西，以免割伤宝贝的小手。经常更换盒中的物体，最好是不同材质、不同形状、不同软硬度的玩具或物品，让孩子在触摸中有不同的触觉体验。

智商开发

木棍够取玩具

目的：有初步眼—手协调能力和思维能力。

使用工具够物，是孩子智慧的表现。12个月22天的扣扣会使用木棍够小积木了。

方法：同孩子玩耍时，爸爸或妈妈故意将玩具，如一只毛绒的小鸡、小狗或小兔子，放在桌子的另一边，孩子够不到的地方，旁边放一根筷子或木棍，对孩子说："把小鸡拿过来。"看孩子会不会拿筷子或木棍去够取小鸡，如果孩子不会，你可以用手拿起筷子或木棍敲一敲桌子再放下，引起孩子注意，再对孩子说："把小鸡够过来呀。"如果孩子还不会利用筷子或木棍，你可拿起木棍，对孩子说："看妈妈怎样让小鸡过来的。"你用木棍的一端指向小鸡，将小鸡够过来。然后把小鸡放回原处，告诉孩子"让小鸡过来"，让孩子模仿你用棍子去够玩具。

你也可故意将玩具丢在远处或当着孩子的面将玩具或其他物品滚进或丢到床底下，给孩子一根木棍，对孩子说："帮妈妈把玩具扒出来。"看他能否够出来。

爱心提示：孩子第一次用棍子够玩具时可能会将玩具推得更远，爸爸妈妈要告诉他或拿着他的手将木棍深入到玩具后面才能将玩具够出来。开始练习时最好用毛绒玩具，不要用容易滚动的球，以免孩子不容易够着玩具，或将玩具越够越远。孩子要经过多次练习，才能完全学会用棍子够物。孩子能利用工具够取物体比不用工具自己爬过去用手取玩具有进步。有研究发现，孩子最早这个月（多数15个最迟21个月）会用木棍试图去够取玩具，能触到玩具，但不一定能够回来。注意筷子和木棍用过后一定要收藏好，以免孩子玩耍时扎伤自己。

自制画册

目的：认识自我，训练有意注意力和记忆力。

方法：把孩子最喜欢的玩具照片，他喜欢的宠物照片。孩子的"画作"，你也可把你们粘贴树叶画、在野外采摘的野花，还有你从画册上剪下的、孩子喜欢的图片都放进相册里，制成一本独特的书。把这本书放在孩子的手边，让孩子随时翻看，可锻炼孩子的眼—手协调能力。

你也可和孩子一起翻看，先给他介绍照片中的人物，然后让他指认。你也可和孩子回忆一起做游戏，一起郊外游玩的情况，训练孩子的认知能力和记忆力。

爱心提示：你也可把照片和这些纪念品粘在硬纸板上，然后在一边钻上几个小孔用线绳把它们"装订"成书。这种书不仅内容丰富独特，还比较结实，作为孩子学翻书的材料是再好不过的了，而且留下了孩子的生活轨迹，它可就是日后珍贵的纪念品了。

和孩子一起制作成孩子自己的画册，是孩子爱不释手的读物和收藏品。

认红色

目的：训练对颜色的分辨能力。

方法：“这个红色”。当给孩子吃水果时，当和孩子玩游戏时，当拿到红色的水果或玩具时随时告诉孩子这个是红色的，让孩子听懂红色这个词和对红色有初步的感知。

“那个不是红色的”。拿红色的积木和1种其他颜色的积木放在一起，告诉孩子说：“这个是红色的，那个不是红色的”；在生活中和游戏时，你可经常问孩子：“哪个是红色的？哪个不是红色的”，让孩子指出或拿给你，也可把相同颜色的积木放在一起。

“找红色”。给一个红色的物品，如1个红色的西红柿，告诉他这是红色的，然后让孩子带着西红柿到处比较，去发现其他红色的东西。如在家中，可以给孩子一堆水果、蔬菜、玩具，让孩子找出红色的；让孩子看一看家庭用品，找出红色的；看看大家的衣服，找出红色的；哪些书画中有红色的。到室外，让孩子找一找哪些树、花、墙上装饰物是红色的，等等。

孩子找对了要表扬他，找错了要告诉他“这不是红色的”。红色之间会有差异，你记住不要现在就告诉孩子，因为他还分辨不出细微的差异，以免造成他的困惑。除非他问你，这说明他的观察力和颜色的分辨力有了很大的进步，你可以告诉说“这也是红色的，但它们有点不同”就行。

结合日常生活教孩子认识颜色，会事半功倍。扣扣找到了墙上的红色。

爱心提示：认识颜色包括两层含义：一是能够辨别颜色，也就是能“分清”不同的颜色，如分清红色、黄色或其他的颜色。有研究发现，孩子在三四个月就已经具有分清不同的颜色的能力了。二是能够将颜色与表达它的词汇联系起来，建立颜色视觉与颜色概念之间的联系的能力。如不仅让孩子认出“这是红色，那是黄色”，还要能正确地说出或指出“这是红色，那是黄色”，这也就是我们所说的教孩子认颜色的目的。

也就是说在上述游戏中孩子能找出红色，把相同颜色的积木归类，说明孩子能分清这些颜色是不同的。如果孩子不会指你说的颜色，如红颜色，只是他无法将实际的“红”颜色与表达这种颜色的词汇“红”互相联系而已，并不是孩子不知道这是红色。建立颜色的概念的早晚与是否经常教孩子密切相关。有观察发现，最早12个月（多数在1岁半，最迟18个月）会指红色，最早24个月（多数在3岁，最迟52个月）时能认识红、黄、绿、蓝4颜色。

孩子对颜色是有偏好的，偏爱程度依次排列为红、黄、绿、橙、蓝等。爸爸妈妈最好按这个顺序去教孩子认识颜色，可以取得事半功倍的效果。

对孩子来说认颜色是比较难的事，有的孩子认红色要用1年时间。爸爸妈妈千万不能着急，要让孩子循序渐进，不能说孩子笨，还要多鼓励孩子。

家长一定要注意，一次只能教孩子认识1种颜色，教孩子认红色时，只能说“这个是红色的，那个不是红色的”，不能说“这个是红色，这个是蓝色，或那个是绿色”。也就是说除了红色不能说出其他颜色，也就是说，只有是红色和不是红色两种状况。教孩子认红色就只能认红色，在这段时间的生活中就只给他认一切包含红色的物体，当孩子完全学会了认红色后，才能教第2种颜色，下一段时间就只认黄色，认识生活中所有黄色的物品，这样孩子就会很快掌握全部颜色，保证不易忘记。同时教孩子认两种或两种以上的颜色是大忌，这样容易使他混淆概念。

水果、玩具和家饰都是五颜六色的，认颜色要与这些物品相结合。你可经常用语言给孩子描述各种水果、蔬菜、玩具及日常生活中的物品的颜色，这些物品都是孩子感知色彩的好道具，可随时随地进行，这样来促使孩子有意去注意周围世界的颜色变化，加深孩子对颜色的感知和记忆。并可以通过认识色彩、感知色彩，来享受美的世界。培养孩子敏锐的色彩感觉，对孩子的智力发展和培养绘画兴趣都大有好处。

观察小猫咪

目的：认识常见的小动物，训练观察能力，培养有意注意能力。

方法：猫咪温顺又可爱，是很多家庭中喂养的宠物，日常生活中也容易见到，可以作为孩子认识第1种小动物鱼后的第2种小动物，当然把你们家喂养的小宠物作为第1个认识的小动物最好。如果猫咪就是你们家喂养的小宠物，你可让孩子抱起小猫咪，系统地教孩子观察猫咪的各个器官。

瑞瑞第一次看见的小动物是小狗，他正高兴地举手和小狗打招呼。

小猫咪有头、身子，身上有毛，有4条腿，还有一只小尾巴。让孩子用手摸一摸猫咪的毛，问孩子：“是不是摸起来暖暖的。”猫咪会“喵、喵、喵”地叫。喜欢吃鱼。一边说一边让孩子摸一摸小猫的各个部位，并学学小猫叫。

以后再先让孩子观察小猫的脸部。小猫有两只耳朵，眼睛很大很亮，小小的鼻子、小小的嘴，嘴上有长长的胡须。一边说一边让孩子摸一摸小猫的五官，并在自己脸上比画小猫的胡须。

爱心提示：如果你家喂养了猫，这就更好地让孩子能零距离地接触到猫了，把猫作为孩子观察动物的第2选是再好不过了，当然如果你们家喂养的是小狗，把小狗作为第2选也同样合适，但对于野生的和别人家养的猫，不要随便让孩子近距离地接近它，看似温顺的小猫也可能突然变得凶恶，可能会给孩子造成伤害。

通过对小猫的观察，爸爸妈妈还要教给孩子和培养孩子系统观察事物的技能。如要整体到局部、从外部到内部、从前到后、从上到下等做法。很多情况下，我们常常对眼前最熟悉的事物熟视无睹。当我们要描述它们时，就常常无话可说，如让你描述一下自己家猫的特点，你才发现，原来自己对它了解如此之少。这主要是没有养成有意注意和仔细观察事物的习惯；有的人可能会描述出自己的猫的很多特点，但往往是这里说一下，那儿说一下，显得很零乱，丢三落四，这就是没有很好地掌握有序观察和有序阐述的技巧。注意力、观察力和阐述事物的能力这是重要的智能结构内容，都是需要后天培养的。从小引导孩子有意识地、仔细地、有序地观察事物特征，培养良好的习惯，非常重要。

和小动物“藏猫猫”

目的：培养观察力、注意力和想象力。

将孩子熟悉的玩具遮盖一部分让孩子猜一猜，是开发孩子智力的游戏之一。皮皮妈妈经常和他玩类似游戏，找到了藏着的小动物他很开心。

方法：准备一些孩子喜欢的、熟悉的小动物玩具和一条毛巾。在孩子没有看见时用毛巾把小动物玩具遮盖1/3，先露出比较有特征的一部分，如小动物的头部或比较有特征的脚，然后告诉孩子：“小动物在玩和你‘藏猫猫’游戏了，你能猜一猜毛巾下藏着的是什么动物吗？”让孩子根据露出部分，猜出是什么动物。如果孩子会说话了，可让他说出动物和名称，如果还不会说话，可让孩子做动作比画，或发出动物的叫声来表示。

不管孩子猜对与否你都揭开毛巾让孩子看一看藏着的小动物是什么。如果孩子猜对了你要为他欢呼说：“猜对了，真棒”；如果孩子猜错了，你也不要指责他，你也可同样用轻松的口气和声调轻描淡写地说：“错了，再来一次”，这样传达一个信息，错了也无所谓，再来一次就好，并没有什么大不了的事。这样不要为了一点错误就失去信心、悲观丧气和情绪低落。同样的物体再让他猜一次，这样孩子一定会猜对了，你同样可为他欢呼，以提高孩子的自信心。

爱心提示：这是让孩子从局部推测总体的思维能力训练游戏。你可以从比较容易的游戏开始，如开始只遮盖物体的较少一部分，如只遮盖1/3，以后遮盖部位逐渐增多，遮盖1/2、2/3；开始让物体比较有特征的部分，如动物的眼睛或头部、车的轮子等露出，以后再露出特征不太明显的部分；另外要经常换物品，你也可以换一些花样，如让孩子猜一猜他平常熟悉的车、积木等各种玩具；经常接触和吃过的蔬菜和水果；经常穿戴的衣物鞋帽，经常用的杯子、碗等用品等；让它们“藏猫猫”，让孩子猜一猜是什么。但要注意选用不同颜色的西红柿、苹果让孩子猜，以免孩子仅根据颜色而不是动物和物品的其他特征来判断物品。孩子都喜欢玩各种各样的“藏猫猫”游戏，相信这会是孩子喜欢的游戏。

学数1和2

目的：学习数数。

方法：让孩子数一数日常生活中接触到的各种物品。如玩游戏时可先数再玩，数小球、积木、小车；吃东西先数再吃，数苹果、饼干；看图片、翻书页时边数1、2边看或一边翻；学走路时、上楼梯、上台阶时边上边数1、2，1、2，1、2地，数。这样为加深孩子对数的感知。当孩子会数1、2后，再数1、2、3，逐渐增加数目到5。

在日常生活中经常和孩子做数数游戏，从小建立数概念。姐姐正在教扣扣数1、2、3。

爱心提示：从现在起，爸爸妈妈要有意引导孩子关注自己周围的数。数学是一门逻辑性很强的学问，数的认知可促进孩子的思维能力的发展，尤其是逻辑思维能力的发展。对孩子进行数学启蒙教育要特别强调培养兴趣。与讲故事、看画册相比，数的学习比较抽象枯燥。因此，父母要采用游戏的做法，在日常生活中渗透数学教育，让孩子学得具体、自然有趣。就是教孩子直接数具体的实物。如数水果、玩具等，在室外数脚步、数大树等。让孩子从看得见、摸得着的实物中多数数，他就会从这些无数个实物中抽象出数概念。使孩子自然地学到了最初的数概念，觉得数有趣又不难。

爸爸妈妈要知道这个年龄的孩子刚刚开始模仿爸爸妈妈背数，所以不要给孩子有过高的要求，如要孩子数到10、20等。数不对就责骂他等。这会让孩子刚刚站在数学的门口，还没来得及入门，就让他对数学望而生畏，产生厌恶情绪，这对孩子今后的学习非常不利。

感受冷和热

目的：感知冷热，刺激触觉，预防冷热物品和环境的伤害。

方法：“感受冷热风”。打开吹风器，告诉孩子说：“伸出手来，这是冷风，有点冷是吗？再伸出另一只手，这是热风，好热啊”，伴随你的话让孩子分别伸出左右手，你先用冷风对准孩子的小手吹一会儿，再转到热风吹一会儿，让孩子感受冷与热的变化。需要注意的是，你在做这个游戏前事先要自己试验一下，吹冷风和热风的时间控制在多长比较舒服。同时无论如何不要把吹风机调到温度的最高点，并且边吹边移动吹风机，以免因时间过长温度升高，引起烫伤。

妈妈打开吹风机，变换冷风和热风，让扣扣体会冷和热的感觉。

“感受冷热的水”。用自来水和温水将两条毛巾分别浸湿，放在桌子上，让孩子分别用左右手去摸两张毛巾，告诉孩子这条毛巾是热的，那条毛巾是冷的。

准备3个小的饮料瓶，1瓶灌入冷的自来水，1瓶灌入温水（约40℃左右），另1瓶灌入有些烫手的热水（约50℃～60℃），均为半瓶，拧紧盖子。你先用双手握住3个瓶子，感受一下温度是否有明显的差异，并确定你手握热水瓶5秒钟以上不会被烫伤。然后告诉孩子“这是冷水瓶，来摸一摸，有点冷，这是温水瓶，伸出另一手来摸一摸”，一会儿，你叫孩子摸一下烫手的热水瓶，告诉孩子说：“这是一个烫手的热水瓶，你来摸一摸，小心一点，轻轻地、慢慢地摸一下，它很烫，不要被烫着了”，让孩子小心翼翼地伸出手摸一下热水瓶，感受到热度就赶紧把手拿开。

“感受冷热的饭菜”。当吃饭时，让孩子伸出手摸一下电饭煲，告诉孩子说：“烫，小心点”；装一碗不热的饭菜、一碗热的饭菜，告诉孩子“这碗不烫可以摸一摸，这碗很烫，不能摸”。同时吃饭时，要让孩子坐好，不能乱动手，等饭菜不烫时才开始吃。

“感受冷热的天气”。夏天天气很热，太阳很大，带孩子到室外去晒一会儿太阳，告诉孩子说：“天气很热，太阳很晒”，让孩子伸手摸一摸晒热了的石头，问他：“这是不是很热啊？太阳把石头晒热了。”再带孩子到有空调的屋中或阴凉的地方，让孩子感受清凉的感觉。冬天时你也可带孩子去室外，感受一下冷空气，有雪时（也可让孩子摸冰箱中的冰）可让孩子伸出手摸一摸雪，再让孩子把手伸进你的衣服里，或捧起孩子的手哈一哈热气，或把你的手伸进孩子的衣服里，摸摸他热乎乎的身体，问一问孩子哪个是热的，哪个是冷的，让孩子指一指或点头示意。告诉孩子天气太冷，我们要多穿衣服，不能在室外待得太久，会冻伤我们的。

爱心提示：生活中有很多事都能让孩子感受到冷和热，只要你有心带孩子去体会。除了冷热你还要告诉他有的东西，如水、饭菜会很热，太热的东西会烫伤我们的，不能去摸。同时告诉孩子摸东西要先轻轻地、慢慢地试探一下，不可鲁莽地一下去抱住它，这样很可能会烫着我们。也同时要告诉孩子太冷的物体和天气会伤害我们。让孩子把手伸进冰箱去体会一下冷的感受。通过这些体验孩子就会了解冷、热、烫。有观察发现，孩子最早11个半月（多数14月，最迟15个半月）知道食物烫，不随便乱动。

谁在水中浮

目的：感知物体的浮沉。

方法：在孩子洗澡时（也可准备一个塑料盆，在里面放一定量的水），放2～3只塑料玩具，如小鸭子、小鸡等。让小孩坐在盆里或蹲在盆外用手去推动小鸭或小鸡，告诉孩子：“小鸭小鸡要游泳了、游啊游，快快游回家找妈妈。”

鸭子和小鸡在水中有各种玩法，如你可让孩子一前一后推动小鸭小鸡，让它们前后行走；也可一同推动它们，让它们并驾齐驱；你还可教孩子用小手沿盆边顺时或反时针在水中旋转，让它在水中转圈；也可教孩子用手拍水，让它们上下跳动；你也可让孩子用手在水中胡乱搅动，让它们随水流翻滚。

你也可拿一些其他玩具，丢进水里，问孩子“谁能在水中浮起来”让孩子用手指一指，让孩子想一想。

在水中放不同质地的玩具，让孩子初步感受沉与浮的概念。妈妈会经常让小球和小鸭陪伴蛋蛋洗澡。

爱心提示： 水是孩子最喜欢玩的“玩具”，一盆水溅起的水花、水珠就会给孩子带来无限快乐和想象，加上会游泳的小鸭小鸡更让孩子快乐无比。每个季节都可以给孩子玩水的机会，冬天可给孩子一盆温水，夏天可给孩子一盆凉水，这就会让孩子兴奋好一阵子。只要在地面铺上一块塑料布，让孩子卷起袖子就好。在孩子洗澡时让孩子玩更好，也不怕玩湿地板和衣服了。重要的是，孩子玩水时你要时刻陪着他，不能离开片刻，以免发生溺水意外。

谁叫我

目的： 听懂自己的名字，唤醒自我意识。

方法： “告诉孩子他的名字是什么”。孩子是很喜欢照镜子的，你可抱着他照镜子的时候，指着他在镜子里面的影像告诉他“这是你，你叫贝贝”。当你叫他的名字时，你要告诉他说：“贝贝是你的名字，妈妈是在叫你啊！”你要回答“唉”然后再叫他，并和他一起回答“唉”。

“经常叫孩子名字”。日常生活上做任何事都要先叫孩子的名字，如说“贝贝吃饭了”“贝贝出门玩去”“贝贝把糖拿给妈妈”“贝贝把球送给爸爸”等帮助他反复练习。如果孩子有反应就鼓励他，抱抱他或亲亲他，反复几次，孩子听到叫他的名字就会有反应了。

“告诉孩子每个小朋友都有名字”。在孩子与小朋友玩时，你也可告诉别的孩子的名字叫什么。并且谈到他人时也要叫对方的名字，如“我们去找皮皮玩去”“和乐乐拉拉手”等。

“了解孩子是否知道自己的名字”。在孩子专心玩耍，你在一旁叫他的名字，如说“贝贝，过来”，等会再叫别的孩子的名字，看他有什么反应，如果孩子听到叫自己的名字就抬头看你，或走过来，而叫别人的名字没有相同的反应，说明孩子已经知道自己的名字了。

叫孩子名字，让孩子意识到自己与他人不同。11个月16天的扣扣听到妈妈叫她的名字会看着妈妈，走到妈妈身边。

爱心提示：我们提倡尽早给孩子取名字和经常叫孩子的名字，最早到5个月（多数7个月，最迟7个半月）孩子听到叫自己的名字时他会抬头看看，或回头找声音，但此时孩子不是听懂了自己的名字，而是对你发出的声音的反应。如果你发其他声音，也会吸引抬头看你或回头找你，孩子那时还不知道自己名字。但你不要着急，你天天用他的名字叫他就好，特别是在这个时期，如果你要对他发出什么指令，都要用孩子的名字称呼他，而不要用“乖乖”“宝贝”一类的亲昵称呼去代表他。这样慢慢孩子就知道自己的名字了，爸爸妈妈不用担心，让孩子知道自己的名字这不是一件让人头疼的事情。据观察发现，孩子最早12个月（多数13个月，最迟15个月）能真正知道自己的名字了，听到叫自己的名字就会走过来，不会走的孩子会扶着家具想法走到爸爸妈妈身边。

另外当你呼他的名字时，要让孩子学会用“哎”“到”或“在这儿”等方式来大声地回答，这是最基本的礼貌。养成这个好习惯，以后上幼儿园和上学后能及时地、响亮地应答老师的呼叫，可赢得老师更多的好感。

纸筒传话

目的：培养孩子仔细听他人说话的习惯。

方法：准备纸筒两个，可取卫生纸或保鲜膜中的纸筒或用报纸卷成筒。在孩子吃饱、尿好、精神状态好时一人抱着他，一人向孩子宣布：“贝贝，我要告诉你一个秘密。”然后把纸筒放到孩子的一只耳朵边，通过这个道具轻声对孩子说一些简短的话，如“贝贝，妈妈爱你”“贝贝，你好”“贝贝，拍拍手”或说“点点头”等简单、意义明确的话。

通常第一次玩这个游戏孩子还不习惯这种“对话”，会让他感到有点怪怪的、不舒服，他会用手去抓你的纸筒，掉头来看你和你的纸筒，你要告诉孩子“不要动，听妈妈说”，把刚才的话再说一遍，如果孩子能转头静下来听你说话就是一个不错的开始。

以后你可把纸筒移到孩子的另一只耳朵边，告诉他另一个“秘密”。当孩子熟悉这个玩法后，你可在任何时候用纸筒和孩子说话。

你也给孩子一个纸筒，让孩子用纸筒向你传话。

纤纤很有兴趣地在听妈妈说话，妈妈想以此培养纤纤认真听讲话的习惯，可纤纤还有点不习惯。

爱心提示：在你的孩子能够开口表达自己之前，最好要他早早地学习为倾听他人说话准备一副好耳朵。能仔细地听他人说话也是一种语言能力。需要注意的是，你要轻轻地说、慢慢地说、可以适当地增长说的时间，当然说话前也要做一些准备，确保每次说一些新鲜的、孩子感兴趣的话题。这样来培养孩子仔细和耐心听他人说话的好习惯。当孩子向你传话时，你也要给孩子做出榜样，认真地听完孩子对你说的话，哪怕是孩子没有说什么，只是哇哇地叫，你也要静心地听孩子说完，不要打断孩子的“话”，更不能显得不耐烦，爸爸妈妈的行为方式也会影响他的行为，你就是孩子的榜样，当你向他传话时或以后听别人说话时他也会表现这种态度。

孩子单单发现自己能用一只耳朵听到声音，这点就足以使孩子十分快乐着迷。你每次对孩子讲话，也是在培养孩子自己说话的欲望。用硬纸筒玩传话的游戏能够引起孩子的好奇心，并且能让他养成安静地、集中注意力地去听别人说话的好习惯。

模仿车的声音

目的：模仿不同车的发音。

方法：你可和孩子一起玩玩具车，在开车时让孩子模仿玩具车发出的喇叭声、行走声。

如果家中有小轿车，坐车时你有意让孩子听一听小轿车的起动声、行走声、刹车声、喇叭声等，和孩子一起模仿小车发出的各种声音。如果家中无小轿车可带孩子坐出租车或去公路上听一听小轿车的发音。

如孩子有机会坐火车，妈妈可让孩子听一听火车行走和鸣叫的声音。回家后拿出玩具火车，一边推动火车前进，一边说：“火车开动了，呜……

呜……”持续发出火车叫音，然后再发出火车“叮、晃、叮、晃”的行走声音，让孩子模仿。

川川一边开车一边学车“嘟、嘟、嘟”的叫声。

带孩子坐地铁、公交车，提醒孩子注意听和模仿这些车发出的各种声音。

在电视剧中或生活中你和孩子也许会看见救护车、警车、消防车，你也要提醒孩子注意听和模仿这些车发出的各种声音。

你也可和孩子一起坐在小板凳上假装开车，一边做开车动作一边口中发出车行走的声音和喇叭声。

当孩子掌握了几种常见类型的车的发声后，你就可以和孩子玩“猜猜什么车响”的游戏了。如你模仿一种车的开动声或喇叭声，然后问孩子：“什么车响”，让孩子说出来，如果孩子还不会说，可让孩子从玩具车和图片中找出这个车来。你也可指着不同的车问孩子：“这种车是怎么叫的？”让孩子模仿出它的声音。

你还可以随意编一个与车的喇叭声有关的儿歌，教孩子念，让孩子接儿歌每句的尾字，学会发“呜”“嘀”“嗡”“啦”的音。

车儿叫

火车唱歌“呜呜呜”，
小轿车唱歌“嘀嘀嘀”，
大卡车唱歌“嗡嗡嗡”，
宝宝唱歌“啦啦啦”

爱心提示：车在运动时会发出声音，不同的车行走的声音和喇叭的声音也是不同的。你可让孩子仔细去听、去辨别、去模仿它们的声音。当开始学车的声音时，不要几种类型的车的声音同时学习，最好一个一个来，当孩子基本认识这种车型和熟悉这种发音后，再学习另一种，以免造成混乱。

车已经成为我们生活中经常可接触到的东西，它种类很多，孩子喜欢，让孩子注意辨别不同类型的车的声音，让孩子学习用听觉去认识事物，要是你的孩子一听声音就能说出这是什么车，那一定会让人称奇，受人赞美，说明孩子有很好的听觉分辨能力，可能在音乐上也会有一定的天赋，同时在这一游戏过程还可培养孩子的有意注意力和记忆力，提高智商。

表演小动物

目的：听歌谣，感受节奏。

方法：选择幼儿节目、DVD或自己念动物儿歌。妈妈和孩子并排站立，妈妈跟随节目或自己唱着歌谣，跟着节奏一边拍手一边左右摇晃，并让孩子模仿你。

拿着孩子的小手，一边做动作一边唱动物歌谣。

小白兔

“小白兔、白又白”（双手放在胸前，跟着节奏左右摇晃脑袋，同时双手前后运动，表示自己是小白兔）；

“两只耳朵竖起来”（双手放在耳朵两边，跟着节奏左右摇晃脑袋和双手，表示小白兔有两只大耳朵）；

“又吃萝卜又吃菜”（交换地把手放在嘴边，表现吃萝卜的动作，注意手的动作幅度越大越好）；

“蹦蹦跳跳真可爱”（把双手放在耳朵两边，弯腰做上下跳动动作）。

爱心提示：你可以随便选一些短小的、趣味性强的、节奏感强的、通俗易懂的儿歌编排一些动作和孩子一起跳舞，表演小动物。

有的孩子很早就表现出对音乐的共鸣，每当听见歌曲响起就会跟着节奏挥动小手和摇晃身子，好像要翩翩起舞。这种类型的孩子有很强的乐感，可能有音乐天赋。会对学习儿歌很感兴趣。教孩子儿歌和诗歌都要采用与动作结合的学习方法，可以促进孩子的学习记忆。

孩子在1周岁左右多数还不会说完整的句子，但已经能跟着说儿歌的最后一个字，所以你唱儿歌时速度要放慢一点，同时尽可能突出最后一个字，让孩子慢慢跟上最后的字；1周岁的孩子已经有能力随着儿歌做动作了，但动作不要过多，且每一句儿歌的动作要固定，这样孩子才能记住和好模仿。开始孩子不一定模仿得好，节奏不一定能跟上，爸爸妈妈不要着急，让孩子慢慢来学。多次反复一定会有收获的。

孩子都喜欢小动物的歌谣，看扣扣会随歌谣和音乐的节奏跳起来了。

同时最好为孩子创造一些表演机会，如给爷爷奶奶、客人、小朋友表演，拍成DV，和孩子一起欣赏。

情商培养

学称谓

目的：学叫爸爸妈妈以外的其他称谓，学会观察和分辨人的年龄和性别。

方法：当孩子学会叫爸爸妈妈后，还要教他别的称谓，如叫奶奶、爷爷、姑姑、阿姨等。

学称谓可先从家人开始，如有的姥姥和姥爷或爷爷奶奶不和孩子住在一起，当他们第一次来家时，妈妈要对着孩子说："这是姥姥，快叫姥姥。"你要用夸张的口型、一个一个字地、慢慢地、重复地对着孩子说，让孩子能看见你的口型、听见你的发声，并模仿你的发音。如果姥姥手中拿着玩具，就要让孩子先叫"姥姥"才给他。这样多做几次，过几天孩子就会突然喊出"姥姥"来。

不仅教孩子叫自己的家人，还要让孩子称呼其他人。如在外面玩耍时碰到年老的女性让孩子叫奶奶或姥姥，年老的男性让孩子叫爷爷或姥爷。碰到比爸爸年龄大的男性让孩子叫伯伯，年轻的让孩子叫叔叔。和妈妈年龄相仿的女性让孩子叫阿姨。比孩子年龄大点的让孩子叫男孩叫哥哥，小点的让孩子叫弟弟；年龄大点的女孩让孩子叫姐姐，小点的叫让孩子妹妹。

当看到电视、图书和相册里有不同年龄、性别的人时，你也要教孩子正确地称呼他们。

第一次见到人你要告诉孩子如何称呼他们，如告诉孩子说："这是奶奶"，几次以后再见面时你就要让孩子自己称呼了。你可问孩子："看谁来了，快叫他"，让孩子自己判断叫对方什么称谓合适。

教孩子称呼家人，认识他们、亲近他们。妈妈正在教12个月的皮皮叫姥姥。

爱心提示：现在多数家庭为3口人生活，爷爷、奶奶、姥姥、姥爷不常生活在一起，所以要多带孩子出门玩耍，要多与人接触，认识不同年龄的人，教孩子称呼他们，这样孩子才会学会常见的称谓。教孩子根据不同的年龄、性别做不同称呼可以训练孩子的观察力、分辨力和记忆力。孩子要学会正确地称呼他人，首先正确地判断人的年龄和性别特征，要记住这个人的面部特征，而且不受面部表情、姿势和衣着影响。所以学会正确地称呼他人对孩子来说是一个不小的成就。教孩子学会正确称呼，可以让孩子理解语言与人物的联系，理解人与称谓的关系。有观察发现，孩子最早12个月（多数15个月，最迟18个月）除了会叫爸爸和妈妈，还会其他2个称呼。

孩子除最早学会叫爸爸妈妈外最容易学会叫的是姨，因为这是元音。有的孩子经常是奶奶带着玩，跟奶奶也很亲，天天教他叫奶奶也不会叫，可很少见面的爷爷即叫得很顺，这让奶奶很不爽。其实奶奶不要生气，这是因孩子“n”这个辅音不会发，才不会叫奶奶或姥姥，容他多练习，总有一天能学会。

请小朋友做客

目的：学习人际交往礼节，培养人际交往的技能。

方法：如果你的孩子突然到了一个完全陌生的环境，出现少动、发呆、退缩等行为表现，不愿与其他小朋友交往，爸爸妈妈可以采用邀请同龄的小朋友来家做客的做法，为孩子创造接触小朋友的机会，教孩子学习结交小朋友的技能。在自己熟悉的环境中孩子会有更多的自信，会更顺利地接纳别人。你最好请已经和孩子见过几次面的小朋友来家做客，这样孩子更容易接纳他们。当请小朋友来家玩时你可和孩子一起这样做。

请小朋友做客，为孩子开启人际交往的大门。欣欣妈妈经常请小朋友来访，也会让欣欣回访，欣欣有了很多好朋友。

“在门口欢迎小朋友的到来”。当门铃响起时，你要告诉孩子说：“欢欢要来我们家做客，贝贝去欢迎他好吗？”然后带孩子去开门，站在门内等小朋友到来（不要走出门外，以免孩子害怕），可以拍手欢迎小朋友，也可与小朋友握手欢迎，如果自己的孩子不愿意拍手和与小朋友握手也不要强迫他，更不要表现不高兴，以免让孩子感到不安和失去信心，只要孩子能站在门口等待小朋友就成功了一半，因为他已经开始有欢迎他人的表现了，以主人的身份迎接别人会让孩子增加信心。

“领小朋友进游戏室玩耍”。当小朋友来到家中后和孩子一起把小朋友带进孩子最熟悉的地方，如孩子的卧室或游戏室，然后爸爸妈妈和孩子一起高高兴兴地玩孩子日常喜欢的、擅长的或熟悉的游戏，吸引小朋友来参与。记住爸爸妈妈千万不可以把过多的时间和精力去照顾小朋友，以免引孩子心中有被忽略的感觉。先让小朋友站在一旁观察你和孩子游戏，然后再自己或让孩子邀请小朋友参入游戏。如果孩子能接受小朋友加入游戏就百分百成功了，如果孩子主动邀请小朋友加入或把玩具给小朋友玩，就是一次完美的互动交友了。千万不要强迫孩子邀请小朋友加入游戏，千万不要强迫孩子将自己的玩具给小朋友玩，特别是小朋友第一次来家做客时，这样会让孩子觉得自己没有受到重视，权利受到了侵犯，下次就不会再欢迎小朋友来家玩了。

爱心提示：只要孩子能开门欢迎别的小朋友，让别的小朋友走进家门，让别的小朋友站在他的身边，你就为孩子交友打开了一扇大门，迈出了第一步。你以后可多次邀请小朋友来家做客，有了一次次愉快交友的成功经历后，孩子就会喜欢和同龄小朋友交往了，在室外也会乐于加入小朋友的游戏了。即使第一次有不成功的经历，如孩子不去大门口欢迎小朋友，不邀请孩子进自己的房间等，也不要紧，即使小朋友来家后孩子哭了，也不要紧，过几天你同样可再邀请小朋友来家做客。让孩子适应几次就好了，同时经常带孩子去室外活动，多接触小朋友和外界环境，这样对孩子的社交能力和语言能力等都是有很好的帮助的。人际关系的和谐与否，交际能力的强弱与否，反映了孩子情商的高低。卡耐基曾说过，一个成功者，专业知识所起的作用是15%，而交际能力却占85%。所以，从小培养孩子良好的人际交往能力很重要。

人际交往不良的孩子常常性格内向，从不主动与其他小朋友交往，表现为沉默寡言、孤独、退缩、胆小和害怕。孩子内向的成因一种是先天性的，另一种则是后天养育方式不当造成的。如溺爱孩子，可造成孩子过分依赖；外出活动太少，与小伙伴接触太少也是重要原因之一。对于有内向退缩行为的孩子，爸爸妈妈一定要引起重视，可采用上述做法让孩子学会与人正常交往。对于这些有严重退缩行为的内向的孩子，如不及时进行纠正，会严重阻碍他的沟通能力和社交能力的发展。如果你的孩子让你有这方面的担心，可以咨询专业医生的意见，防止内向发展成自闭。爸爸妈妈有意识地给孩子提供与别人交往的机会，有意地引导孩子正确地与别人交往，对孩子交际技能的发展是非常重要的。

照料娃娃

目的：发展语言理解能力，模仿照料娃娃，学会关心别人，发展想象力。

方法：准备1个布娃娃、1张小板凳、1个鞋盒代替娃娃的床、1条手绢作为娃娃的被子，还有奶瓶、小碗、小勺或小杯子各1个，放在一旁。

游戏中孩子会再现生活情景，有利于孩子想象力的发展。扣扣正模仿妈妈拍娃娃睡觉。

当孩子在玩娃娃时，你可以对孩子说："娃娃困了，要睡觉。"看看孩子能否把娃娃放到"小床"上，然后用手绢盖上，拍娃娃哄它睡觉；过一会儿你可以说："娃娃醒来了、哭了"，看孩子会不会把娃娃抱起来，哄它不哭、给孩子把尿；再过一会儿你又说："娃娃想要坐在椅子上呢"，看孩子会不会让娃娃坐在椅子上；你也可以说"娃娃饿了，要吃奶"，看孩子会不会拿个小瓶子代替奶瓶，给娃娃喂奶，或用小勺和小碗喂娃娃饭；你还可以说："娃娃想喝水了，给娃娃喝点水好吗？"在杯中加一点点水，看孩子能不能端杯喂娃娃水；给孩子一张餐巾纸说："用纸巾给娃娃擦一擦嘴。"看孩子能用纸巾放在娃娃在脸上擦一擦。

以后你还可以准备一个可以穿、脱衣服的娃娃，让孩子给娃娃穿上衣服、裤子、梳头、洗脸、擦脸等。如果孩子能根据你的说词做出相应的动作，说明孩子已经听懂你的话，并能正确地执行你的指令了。

爱心提示：孩子近1周岁时，能说出的话还很少，但能理解的的语言已经比我们想象的多得多了。他已经完成听懂日常生活中的常用词语，如有关吃饭、喝水、坐、站、出门玩等语言，并能执行你的一些指令了。照料娃娃的游戏可以测试孩子对日常生活中的语言的理解能力和对你的指令的执行能力。有观察发现，孩子最早13个月（多数近18个月，最迟21个月）至少能对娃娃执行两条指令。

照料娃娃的游戏，还可以测试孩子的模仿能力。在游戏中孩子会再现妈妈照料自己的情景，模仿妈妈的做法去照料娃娃，像妈妈对待自己那样去关心娃娃。如他会小心地抱着娃娃，不让它掉在地上，关心它是不是饿了、困了、有什么不舒服。多数女孩都能做到，有些男孩也能做到。不过有些妈妈反对男孩玩照料娃娃的游戏，认为没有出息。其实这无论对男孩女孩都是有益的游戏，无论男孩还是女孩都应当学会照料别人。尤其是独生子女受到许多人无微不至的关怀，他们很少想到如何照料他人，而不是仅仅被他人所照顾，而照料娃娃的游戏让孩子学会了为别人着想。关心别人是一种十分可贵的品德，无论男孩还是女孩都应该具备这种品德，如果不会，就应给孩子补上这一课。同时也让孩子从照料娃娃逐渐过渡到照料自己，培育自理能力。

有的孩子会对娃娃生气，虐待娃娃，如把它扔到地上，或者用脚把它踢开。妈妈要说："娃娃摔倒了，快把它扶起来，看哪儿摔破了，给他包上。"或者说："谁欺负娃娃啦？不能用脚踢娃娃。"发现孩子的不良行为要及时制止。

妈妈和照料孩子的人对待孩子的态度会直接影响孩子的行为，孩子的表现很大程度是模仿照料者的，如果孩子有虐待娃娃的表现，那你要引起重视，注意自己或其他照顾孩子的人如保姆、托儿所的保育员是不是没有温柔地对待孩子，是否有虐待孩子行为，如果有，要及时解决和处理，不可大意，孩子这样总是有原因的，常言道，有样学样，保护好孩子不要让他受到伤害是爸爸妈妈的责任，爸爸妈妈要有这种意识。

自己脱和戴帽子

目的： 训练自理能力。

方法： "认识帽子"。准备一顶孩子出门要戴的帽子，先教孩子认识帽子，并告诉孩子帽子是戴在脑袋上的。

"给小熊戴帽子"。找一个比较大的玩具，如一个人大的熊宝宝，让孩子给熊宝宝戴帽子。让孩子拿着帽子前檐，扣在熊宝宝的头上；开始给熊宝宝戴帽子时可能会戴歪了，要告诉孩子用双手拉正帽子。

让孩子做自己力所能及的事。馨馨1周岁这天会抓起帽子放在头顶上了，还会将帽子从头上抓下来，这是她最早学会照顾自己的第一件事。

"给爸爸妈妈戴帽子"。当孩子会给熊宝宝戴帽子后就可让孩子给爸爸妈妈戴帽子了。孩子给你戴帽子时你要把头低下，戴上后你要去镜子前照一照，和孩子一起看看你戴好帽子的样子。

"给自己戴帽子"。把孩子带到镜子前，让孩子给自己戴上帽子。当孩子自己戴上帽子后，你要帮孩子整理一下。

"脱帽子"。爸爸妈妈和孩子外出玩耍回家，就会把帽子脱下来挂起来，同时你一边脱帽子要一边告诉孩子说："贝贝，爸爸脱帽子了，挂在这儿了，你也把帽子脱下来好吗？"让孩子模仿你把帽子脱下来放在指定地方。

爱心提示：有观察发现，孩子最早12个月（多数14个月，最迟17个月）会抓起帽子放在头顶上，但此时还不会将帽子戴正，需过1～2个月才会拉正。戴帽子对孩子来说是一件很大的工程，孩子要将手举向头顶，在正好放在头顶上，手和头都要相配合好。因此，当孩子能把帽子放在头上，你就要夸夸他。同时每当出门时，你要提醒孩子自己戴帽子，不能再包办代替了。同时让逐渐让孩子学会自己脱帽子，并把帽子放在指定的位置。学会脱帽子的时间比孩子学会戴帽子的时间要晚3个月左右，孩子最早15个月（多数18个月，最迟22个月）会脱掉帽子。

欢欢喜喜过周岁

目的：留下美好时刻，开启快乐幸福之门。

方法：周岁是孩子的第一个生日，也将成为亲子之间难以忘怀的里程碑。策划一个独特的、奇思妙想的、有纪念意义的生日聚会，全家人共享天伦之乐，给孩子留下一份珍贵留念和深藏在记忆中的美好时光是每个爸爸妈妈的愿望。下面的1周岁庆生形式是否适合你，可以参考。

1. 抓周：准备一些有各种寓意的物品，如预测志趣、前途和将要从事的职业的和代表爸爸妈妈期望的物品让孩子在过周岁生日的这天抓周。物品围绕孩子放一圈，让所有物品都有同等机会被孩子抓住，同时要在没有任何诱导下让孩子去抓他喜欢的物品。可选用以下代表不同的意义的8类物品。

书——代表文学家或科学家；

笔——代表书法家、画家、文人和文职工作；

笛子、口琴或CD——代表音乐家；

信用卡——代表银行家或金融事业；

计算器或算盘——代表商家或生意人；

手机——代表从事IT事业，高科技和通信业；

尺子——代表代表律师和法官等；

印章——代表官位或官权。

2. 才艺展示：1岁的孩子已经有很多方面的才艺了，可精心准备一下让孩子当众表演，如爸爸妈妈和孩子一起唱歌、跳舞或念歌谣，孩子会跟着节奏摇摆身子和做几个简单的舞蹈动作；让孩子听口令做动作，如欢迎——拍手、再见——招手、同意——点头、不同意——摇头、爱一个——飞吻等；让孩子做哭、笑、生气等表情；让孩子来几下涂鸦、乱弹琴、蹒跚走，快速爬等，即使很稚气，但也会得到大家的掌声和受到大家的好评。

3. 成长历程：事先将孩子1岁来的照片和录像制作一个VCD，在电视中播放给亲戚朋友观察。有声有色的画面将会是一份最好的成长档案。

4. 纪念册：（1）小手印和脚印。为了孩子的第一个生日聚会，买了一本精美的签名簿，然后让孩子的小手的小脚蘸不同颜色的颜料，轻轻地按在纪念册的第一页，爸爸妈妈或亲朋好友的手印按在其他页。（2）生日涂鸦。准备好纸、颜料或者彩色铅笔，让孩子在纸上随意涂鸦；也请所有的来宾为你的孩子画一幅画或者写上一句话对孩子祝福的话。

5. 照相和DV：用DV记录下孩子生日这天的所有活动，爸爸妈妈和孩子照一张比较正规的相片。

6. 生日报：购买孩子生日当天新出炉的晨报和晚报；录下当天重要的新闻；记下你和所有家人对孩子的祝福；挑出和写下这一天你认为孩子最好的、最有趣、最温暖、最感动、最有创意的照片、DV和趣事；整理好这一年孩子的点点滴滴的进步；一起扫进电脑中，做一份孩子专属的生日报。

7. 纪念品：自己烧制刻有孩子名字和照片的陶瓷制品，如杯子、盘子、娃娃等。

8. 生日蛋糕：戴上生日的装饰帽子，和爸爸妈妈一起点蜡烛和唱生日快乐歌。

爱心提示：“抓周”是民间流传已久的一种习俗。它是小孩周岁时举行的一种仪式，说是可以预测孩子的前途和性情，不过大家也都纯粹把这当做是一种娱乐形式，如果达到你的预期结果，高兴一下就可，不要寄予过高的期望，如果孩子抓周不是你理想的物品，也不需在意、抱怨，失去信心。孩子的未来靠你精心的教育和培养，而不是仅靠一次抓周就能实现的。不过才艺表演爸爸妈妈可要精心准备，孩子在这一天得到很多很多赞誉的话，会增加孩子和自信心和自豪感。虽然成长历程、纪念册、照相和DV、生日报、制作纪念品和生日蛋糕都是比较老套的做法，但如果每年爸爸妈妈都精心为孩子准备这些，持续下去就会非常有意义了。将一瞬间的记忆变成永恒的回忆，当孩子18岁成年时，你会为孩子积累一笔丰富的精神财富，点点滴滴的日子记录孩子的成长趣事，爸爸妈妈的幸福和付出，一定让孩子好感动。例如年年孩子生日爸爸妈妈和孩子以同一姿势照一张相，18年后，光阴的流逝，孩子慢慢长大，爸爸妈妈慢慢变老，是不是让人感叹。

扣扣1周岁了，爷爷奶奶从很远的内蒙来给我庆祝生日，妈妈给我准备了蛋糕，爸爸当上了专业摄像师。

第12个月发育评价

动作

★能独自站稳
★会向前投球
★能将书打开合上
★能揭开盒子的盖

智商

★听声音会指动物图片1～2张
★用棍子取物，可触到物体
★叫爸爸妈妈有意义
★会模仿大人谈话的腔调和手势咿呀发音

情商

★会听吩咐将手中的东西“给”妈妈
★会重复引你发笑的把戏
★穿衣服时会伸手入袖，穿裤子会抬腿
★会凹面向上拿勺装上食物

后 记

感谢你们：我的宝贝、我的朋友

把自己三十多年来所掌握知识、积累经验及对妇幼保健、婴幼儿教育的认知和感悟，再一次用简单而又质朴的语言编写成爸爸妈妈实用的育儿方案，是我近年来的愿望。经过三年的努力这个愿望终于得以实现，把书稿交给出版社的瞬间，心情一下就轻松了许多。三年来经历的点点滴滴，以及陪伴我走过的人都历历在目，此时最想说的是——感谢你们：我的宝贝、我的朋友！

首先要感谢的是书中所有的小宝贝，是你们真实精彩的喜怒哀乐，为我们演绎了人生的最初色彩，是你们点亮了全书的内容，使全书单单因你们而生动鲜活了起来。

感谢所有小宝贝的爸爸、妈妈、爷爷、奶奶、姥姥、姥爷，他们是我的朋友、朋友的家人以及朋友的朋友。因为我的职业，小宝贝一出生，我就成了他们的私人保健医师和教育顾问。我与朋友的联系也因此更加亲密了，小宝贝有了问题朋友会向我咨询，小宝贝有了进步他们也会通过我的QQ（1183554976）及时和我分享。也正因为与小宝贝们的亲密接触，我才能了解到目前的妈妈需要什么样的指导，宝贝们需要什么样的教育，我又能为他们做些什么。这也是我撰写本书的动力。

衷心感谢我的导师，北京大学医学部原健康教育研究室主任吕姿之教授。从我进北医的那天起，她就是我的良师益友，对我的学习和工作给予了很大帮助，并为本书提供了远在美国的外孙的照片。

我要感谢我的同事刘菊芬博士、张亚黎博士和王娟硕士，她们具有丰富的生育健康方面的专业知识，又是年轻的妈妈，为本书提供了很多建设性的意见和孩子的照片。

我要感谢蒋志萍女士，她是一位年轻的医务工作者和妈妈，她用镜头记录下了孩子的精彩时刻，为本书提供了许多具有专业水准的宝宝照片。

我也要感谢我的合作者胡足青先生，在本书三年多时间的写作与无数次修改中，给予了我充分的理解和支持。

我更要感谢我的家人，当我把业余时间和节假日全部地投入其中时，他们毫无怨言。

我还要感谢我自己，我惊异于自己能在工作之余静下心来持守一份孤独，完成一件自己想做的事。

在此，我还要特别感谢那些在儿童早期教育领域中潜心研究、为儿童早期教育作出巨大贡献的国内外专家，此书只是这些前辈研究成果的推广和应用。

本书中引用了专家在儿童早期教育领域中的研究成果，鉴于版面原因参考文献中只列出了部分参考书目，还有很多是我学习和参考过的文献没能一一列出，在此一并深深感谢、深深抱歉。

文晓萍

2012年12月30日晚于北京

参考文献

❶ Bayley N.Manual for the Bayley scaIes of Infant Development,New York,The Psychological Corp.1969.

❷ Rhodcs L,and Bayley N.Supplemrnt to the manual for the Bayley scaIes of Infant Development, York,The Psychological Corp.1984.

❸ 朱智贤.儿童心理学.北京:人民教育出版社，1994.

❹ 易受容.贝利婴幼儿发展量表（中国城市版）手册.湖南医学大学，1995.

❺ 龚耀先，戴晓阳.中国—韦氏幼儿智力量表（C–WYCSI）手册.湖南医科大学，1986.

❻ 范存仁.CDCC婴幼儿智能发育量表的编制.心理学报，1989，21:130–139.。

❼ 薛辛东，主编.儿科学.北京:人民卫生出版社，2010.

❽ 丰有吉，主编.妇产科学.北京:人民卫生出版社，2010.

❾ 区慕洁.儿童智力开发的科学方法.北京:北京师范大学出版社，1990.

❿ 陈文德.学习困难儿童指导手册（感觉统合积极疗法）.北京:中国少年儿童出版社，1996.

⓫ van den Akker AL，DekovićM，Prinzie P，et al. Toddlers temperament profiles：stability and relations to negative and positive parenting. J Abnorm Child Psychol，2010，38：485–495.

⓬ Althoff RR, Ayer LA, Crehan ET, et al. Temperamental profiles of dysregulated children. Child Psychiatry Hum Dev, 2012, 43: 511–522.

⓭ van den Akker AL，DekovićM，Prinzie P，et al. Toddlers temperament profiles：stability and relations to negative and positive parenting. J Abnorm Child Psychol，2010，38：485–495.

⓮ Althoff RR, Ayer LA, Crehan ET, et al. Temperamental profiles of dysregulated children. Child Psychiatry Hum Dev, 2012, 43: 511–522.

⓯ McCrea，Costa et al. Nature over nurture：temperament，personal i ty，and l i re span development. Journal of Personality and Social Psychology，2000，78(1)：173–186.

⑯ Nancy Eisenberg. Temperamental effortful control(self-regulation). Encyclopedia on Early Chi ldhood Development. 2005，1-5.

⑰ Moffitt T E，Arseneault L，Belsky D，et al. A gradient of childhood self-control predicts. health,wealth,and public safety. Proceedings ofthe National Academy of Sciences. 2011，108(7)：2693.

⑱ 庞丽娟，姜勇，叶子.幼儿社会性品质的结构维度及其对社会性行为的影响.心理发展与教育，2000（4）:14-19.

⑲ 王美芳,庞维国. 艾森伯格的亲社会行为理论模式,心理学动态，1997(5)：23- 29.

⑳ 陈会昌.儿童社会性发展量表的编制与常模制定,心理发展与教育，1994(4)：52- 63.

图书在版编目(CIP)数据

宝贝，我们能为你做什么：儿童家庭培养全方案操作方程：0～1岁 / 文晓萍著. — 北京：中国妇女出版社，2013.1
ISBN 978-7-5127-0599-9

Ⅰ.①宝… Ⅱ.①文… Ⅲ.①幼儿教育－家庭教育 Ⅳ.①G78

中国版本图书馆CIP数据核字(2012)第315130号

宝贝，我们能为你做什么——儿童家庭培养全方案操作方程（0～1岁）

作　　者：文晓萍　著
责任编辑：魏　可
封面设计：樊　帆
责任印刷：王卫东
出版发行：中国妇女出版社
地　　址：北京东城区史家胡同甲24号　　邮政编码：100010
电　　话：(010) 65133160（发行部）　　65133161（邮购）
网　　址：www.womenbooks.com.cn
经　　销：各地新华书店
印　　刷：小森印刷（北京）有限公司
开　　本：170×240　1/16
印　　张：25.75
字　　数：450千字
版　　次：2013年3月第1版
印　　次：2013年3月第1次
书　　号：ISBN 978-7-5127-0599-9
定　　价：49.80元